イタリア建築紀行

ゲーテと旅する7つの都市

con Goethe, ma non troppo

渡辺真弓

平凡社

装丁　守先正

目次

ブレッサノーネ
コモ湖
トレント
ミラノ
ガルダ湖
トリノ
ヴィチェンツァ
ヴェローナ
ヴェネツィア
パドヴァ
ジェノヴァ
フェラーラ
ボローニャ
ピサ
リヴォルノ
フィレンツェ
シエナ
コルシカ島
(フランス領)
ペルージャ
アッシージ
ローマ
アドリア海
サルデーニャ島
ナポリ
ティレニア海
ポンペイ
カリアリ
ペストゥム
バーリ
ポテンツァ
ターラント
パレルモ
カタンツァーロ
セジェスタ
メッシーナ
シチリア島
タオルミーナ
エンナ
アグリジェント
カターニア
イオニア海
ラグーザ
シラクーザ
N

序章

君知るや南の国

ゲーテと旅を

イタリアには大小問わず魅力的な都市がたくさんある。その中から七つの都市を取り上げ、それぞれの都市の成り立ちや建築的な特徴、魅力などを私なりに伝えたいというのが、この本の執筆の動機である。私の専門は西洋建築史で、特に十六世紀イタリアの建築家パラーディオとその周辺のことを中心に研究してきたが、今回はその経験を生かしながらもあまり専門に片寄らず、できる限り人間的にイタリアの都市のおもしろさを語るという冒険に挑戦しようと考えた。そのために助けを求めたのが有名なゲーテの『イタリア紀行』である。本書で取り上げた七つの都市は、すべてゲーテがイタリア旅行中に訪れた都市の中から選んでいる。

時はフランス革命の起こる三年前、一七八六年の九月にドイツからアルプスを越えてイタリアに入ったゲーテが最初に見たのは、ヴェネツィア共和国の本土側の領地であった。今はヴェネト地方と呼ばれているこの一帯で十六世紀に活躍した建築家がパラーディオである。私がゲーテの『イタリア紀行』にずっと親しんできた理由の一つは、ゲーテが『紀行』の最初のあたりでパラーディオへの関心をかなり強く打ち出していたからである。ゲーテがようやくイタリアに来たという興奮の面持ちで眺めた最初の数都市とその周辺の領域は、長年パラーディオを研究してきた私にとっては特になじみの深い場所である。そこで北イタリアからはすべてヴェネト地方の三都市、**ヴィチェンツァ**、**パドヴァ**、**ヴェネツィア**を最初の三章として取り上げることにした。

ここまではかなりゆったりした時間を過ごしたゲーテであったが、そのあとはローマへと急ぐあまり、どの都市にもゆっくり滞在していない。フィレンツェには三時間寄っただけなので、それをよいことに超有名なこの都市を本書では取り上げないことにした。ゲーテは**アッシージ**にも同じくらいの時間しか留まっていないが、ここには彼の建築観を知る手がかりが残されているので、第四章で取り上げる。ゲーテ自身はまったく関心を示さなかったが、アッシージは聖フランチェスコの生地であり、二〇〇〇年に周辺も含めて世界遺産に登録されたきわめて魅力的な丘上都市の聖地でもあるのである。

永遠の都**ローマ**は当時流行したグランド・ツアーの究極の目的地であり、ドイツ人も大勢滞在していた。ゲーテも計十四ヶ月を過ごしている。そのローマについては第五章で詳しく論じる。二回のローマ滞在の間にゲーテが訪れたのが、南イタリアの**ナポリ**とシチリア島の**パレルモ**で、それぞれ第六章、第七章の対象として選んだ。

ゲーテと旅を、というのは大変におこがましいが、実際にはゲーテの足跡を『イタリア紀行』の叙述をたよりに追っていき、こちらが感応した部分だけを拾いあげて、建築や都市を中心に語るきっかけとさせてもらうというのがこの本の趣旨である。偉大な先人のあとを追うだけとはいえ、いつも気にしているのでは気が重い。時々は意識的に離れて自由にそのほかの時代のことから現代のことまでも語りたい。十八世紀後半にゲーテが見たイタリアと、その二百年後から二十一世紀の現代を生きる私の目でとらえたイタリア、両者のコラボレーションがうまくいけば、七つの都市を少し立体的に複数の視点で提示することができるのではないかというのが執筆前の密かな願いである。

ともあれ、この本の構成はゲーテの旅程からヒントをもらって作ることができた。本題に入る前に、まずは旅の道連れについて紹介しておきたい。ゲーテの生い立ちと、彼が長年憧れたイタリアにようやく三十七歳になって旅立つに至るまでの事情を語っておこう。

ゲーテの生い立ち

ヨハン・ヴォルフガング・フォン・ゲーテ（Johann Wolfgang von Goethe 一七四九～一八三二）は、ドイツ中部の都市フランクフルト・アム・マインの裕福な市民階級の出身である。父方の祖父は仕立屋であったが、一六八七年にチューリンゲンからフランクフルトに移住し、結婚した妻の前夫が遺した宿屋を引き継いで旅館業に転じ、事業を成功させてたいそうな財をなした。そのあとを受け継いだ父ヨハン・カスパール・ゲーテ（一七一〇～八二）は、法律を学び博士号も取得したが、特に職につくことはなく、親の遺産を上手に管理するだけで裕福な教養人としての生活を享受することができた。一七四九年八月二十八日にその長男として生まれたのがゲーテで、父の名と市の名士であった母方の祖父の名前をとって、ヨハン・ヴォルフガングと名付けられた。

ゲーテが育った家は現在、隣の現代建築の部分とあわせてゲーテハウスというミュージアムになっている。元の部分だけでも屋根裏までいれれば五階建てで、大きめの窓が横に七つ並ぶ左右

図0-01　フランクフルトのゲーテハウス・ミュージアム外観

図0-02　人形劇の小型舞台

図0-03　ゲーテハウス・ミュージアム内部

対称の立派な構えの家である（図0-01）。ここでゲーテは何不自由なくのびのびと育った。彼は四歳のクリスマスにもらった人形劇の小型舞台（図0-02）で妹とよく遊んだというが、のちに『ファウスト』をはじめ多くの戯曲を生み出す萌芽はここにあった。教育は八人いたという家庭教師によってなされ、語学だけでもギリシア語、ラテン語、フランス語、イタリア語、英語等を学び、さらに地理、歴史、博物学などのほか、絵や音楽も習っていた。十代半ばには乗馬やダンスも上手で筆跡も美しく、何でもできる少年であった。ゲーテ自身は、頑健な体格と規律正しいまじめな生活ぶりを父親から、快活な性質と物語の才能は母から受け継いだ、と後年に述懐している。

ゲーテのイタリアへの関心は、幼い頃からの父の感化による。父ヨハン・カスパールはゲーテが生まれる九年前の一七四〇年にイタリアを旅行し、家にはヴェネツィアのゴンドラの模型をはじめ、イタリア土産の数々が飾られていた。ヨハン・カスパールは旅の思い出をしばしば家族に語ったが、ゲーテ家の家庭教師だったイタリア人の助けを借りて、イタリア語で回想録も執筆した。これは二十世紀までずっと手稿のままであったが、『ヴィアッジョ・イン・イタリア（イタリアの旅）』というタイトルで一九三二〜三三年にローマの出版社から二巻本で刊行された（さらにドイツ語でも抄訳が一九七二年に、注釈付き全訳が一九八六年に出版された）。イタリア語に習熟していたゲーテは、父の書いたこの旅の記録を私家版で読んでいた。そのほかに家の中にはイタリアの建築や都市を描いた銅版画や油絵もたくさんあった（図0-03）。旅に出るずっと前からかなりの情報を彼は得ていたのである。

一七六五年秋、十六歳のゲーテは法律を学ぶためライプツィヒ大学に入学する。文学的な習作もこの頃から始まり、恋多き人生を送ったとされるゲーテの最初の相手、食堂の娘ケートヒェンとの短い恋もあった。しかし一七六八年の六月に突然吐血して病に倒れ、実家に戻ってしばらく療養生活を送る。

一七七〇年四月、健康を回復した二十歳のゲーテはシュトラースブルク大学に移って勉学を続ける。この頃、近傍の村の牧師の娘フリデリーケを相手にアルザスの自然と青春の輝きにつつまれた恋愛を経験するが、ゲーテは結局彼女とわかれ、良心の呵責が残された。その思いは、少年に手折られる美しい「野ばら」の痛恨の思いを歌った有名な詩（モーツァルトの曲を始め、たくさんのメロディーがつけられた）や、ファウストに捨てられる少女グレートヒェンの描写に投影されているという。

どちらの大学でも学業はほどほどに、交友や旅など自由な生活を楽しみ、詩作にも励んだゲーテは、法学の博士号取得には失敗するが、弁護士開業資格を得て一七七一年八月にフランクフルトに戻る。その秋に法廷で立ち会ったのが、私生児として産んだ子供を殺したことで起訴され、街中の噂になっていたマルガレーテという女性の公判であった。一七七二年に公開処刑された彼女の運命も後に『ファウスト』第一部のグレートヒェン悲劇に投影され永遠化された。弁護士業はしだいにおろそかになり、かわりに熱中したのが文学作品の創作で、それが彼の人生に新たな転換をもたらすのである。

『ヴェルテル』の作家

一七七四年秋に出版された二冊目の著書『若きヴェルテルの悩み』は予想もしない大ブレークを引き起こす。女主人公ロッテのモデルは、ゲーテが一七七二年の五月から九月まで法律実務研修のために滞在したヴェッツラーで知り合った地方長官の娘シャルロッテである。彼女がすでに婚約していると知り、恋を断念して帰郷したゲーテ自身は理性的であったが、小説の中のヴェルテルは最後に自殺してしまう。この小説は若者たちの心をとらえてベストセラーとなり、何カ国語にも翻訳され、演劇化されたりパロディー化されたり、様々なブームが起きたが、ヴェルテルをまねて自殺する若者が続出したという話だけは今でいう都市伝説にすぎなかったようだ。続く世代への文学的影響は絶大で、ゲーテはシュトルム・ウント・ドラング（疾風怒濤派）の旗手の一人とみなされる。

二十五歳で時の人となったゲーテは、本が出て間もない一七七四年十二月に、フランクフルトを訪れたヴァイマール公国の十七歳の公子カール・アウグスト（一七五七～一八二八）に引き合わされ、意気投合する。ヴァイマールの宮廷への再三の誘いをゲーテが受け入れるのは一年後のことである。

その間、一七七五年に富裕な銀行家の娘リリーと出会ったゲーテは、かつてなく真剣に愛し美しい詩をいくつも捧げ、婚約する。リリーは美しく聡明で機知に富む申し分のない若い娘で、ゲーテの恋愛相手の中では唯一、婚約者や夫の存在、階級差の問題といった障害のない女性であった。そのように完璧な結婚が約束されていたにもかかわらず、ゲーテは彼女の経歴に傷がつかないよう慎重に婚約を解消する方向に動いてしまう。結婚し名士として故郷に幽閉されることに対する閉所恐怖症的なおそれに生来の放浪願望が加わり、彼はここでも「逃げる男」となるのだった。

十月にはヴァイマールの宮廷から正式の招待状が届くが、迎えは一向に来ない。落ち着かないゲーテに父はイタリア旅行を勧める。結局、北に旅立つつもりで支度した荷物をかかえ、南に向かったゲーテは、遅れて来たヴァイマールからの迎えの馬車にハイデルベルクで出会うことができ、即座に北へと方向転換する。ヴァイマールに到着したのは一七七五年十一月七日のことであった。

ヴァイマールのゲーテ

ヴァイマール公国は距離の離れた飛び地からなる人口約十万の領邦国家で、その首都のヴァイマールは人口約六千、フランクフルトに比べればずっと小さな地方都市だったが、その宮廷はすでに文化的な中心としての評判を得ていた。ゲーテが到着した時、君主カール・アウグストは九月に十八歳になり統治権を譲られたばかりであった。

若いカール・アウグスト公は八歳年長の著名人、いわば詩人界のプリンスとなったゲーテを尊敬し、相談役になってもらうことを望んだ。ゲーテは当初は主君の賓客という扱いであったが、翌一七七六年に大臣の一人に任ぜられると、財務、外交、内政、軍事、農業政策など、公国の行政と運営すべてに生来の好奇心と勤勉さをもって専念するようになる。また、宮廷では自作の詩を頻繁に朗読し、宮廷劇場での演劇に台本を提供し、時には自身も演じ、積極的に文化活動を行った。鉱物学、地質学、植物学、医学など、自然科学への関心を深めたのもこの時期である。一七八二年、ゲーテは帝国の首都ウィーンで爵位を授かり、それまでの苗字ゲーテの前に貴族を表すフォンを付けることを許された。

ヴァイマールでゲーテの恋の対象となったのは、七歳年上で三児の母であったシャルロッテ・フォン・シュタイン夫人(一七四二〜一八二七)である。美しく優雅で教養にあふれたこの夫人とゲーテは何でも語り合い、頻繁に会っているのに十一年間で千七百通もの手紙を交わしている。二人が親しく行き来するのを見ても誰もとがめず、宮廷も彼女の夫も認める仲であった。十八世紀の上流階級の結婚・恋愛観は現代とは異なるが、二人の関係がいわゆる愛人関係だったのか深い友情関係にすぎなかったのか、研究者たちは頭を悩ませている。

イタリアへ

ヴァイマールでゲーテは大臣としての仕事に熱中し、できる限りの努力を傾けた。道路整備や農地改良の推進、財政改善のための軍事費削減の提案、閉山していた銀鉱山の再開、外交政策への助言などである。しかし十年後、これらの努力はいずれもさほど実を結ばず、ゲーテは徒労感にさいなまれる。それはアイデンティティーの危機でもあった。忙しい公務のあいまにも創作は続けていたが、『ヴェルテル』以後、出版したものはなく、二十代に構想が始まった『ファウスト』は手つかずのまま、『タウリスのイフィゲーニエ』や『ヴィルヘルム・マイスター』なども まだ途中段階であった。これらはやがて完成されるので、過ぎた年月は無駄だったのではなく揺籃期であったのだ。しかしこの徒労感、閉塞感を打破するには生まれ変わらなければならないとゲーテは感じていた。ヴァイマールから脱出し、心身を生き返らせること、それには一度企ててやめたイタリア行きを決行しなければ、と考えた彼は密かに準備を始める。

一七八五年の夏、体調不良のゲーテは初めて保養地カールスバート（現チェコのカルロヴィ・ヴァリ）に滞在する。すでに行政職からは身を引いていた。翌一七八六年、ライプツィヒの書店から著作集出版の話があり、既刊のものとまだ断片にすぎない新作をあわせて出版することになる。不本意ながら旅行資金調達のために同意したのである。同年夏、再びカールスバートに滞在したゲーテは、八月二十八日に三十七歳の誕生日を祝ってもらったあと、カール・アウグスト公とシュタイン夫人に手紙を残し、ただし行先は告げず、九月三日早暁、商人を装い偽名で予約していた郵便馬車に乗り込むと、カールスバートを出立した。

こうして、送金役などを頼んだ秘書以外には誰にも詳細を告げずイタリアへの逃避を決行したゲーテには、不安よりも高鳴る思いのほうが強くあったのではないだろうか。高揚感をかき立てるメンデルスゾーンの交響曲「イタリア」のあの有名な旋律が、馬車の中のゲーテを想像する私の頭の中では鳴っている。だがこの曲ができるのはまだ四十数年も先なので、ゲーテの頭に浮かぶはずはない。かわりに彼はまだ見ぬイタリアへの憧れを高らかに歌った詩をすでに出発の数年前に書いていた。私が勝手に本書の旅の道連れにしたゲーテを紹介したこの序章は、その有名な「ミニョンの歌」で閉じることにしたい。

君知るや南の国
レモンの木は花咲き　くらき林の中に
こがね色したる柑子は枝もたわわに実り
青き晴れたる空より　しづやかに風吹き
ミルテの木はしづかに　ラウレルの木は高く
雲にそびえて立てる国や　彼方へ
君とともに　ゆかまし

（森鷗外／訳）

第一章

ヴィチェンツァ
建築家パラーディオを育てた都市

ヴィチェンツァ 1604

北緯50度から45度への旅

「一七八六年九月三日　朝の三時に、こっそりとカールスバートを発った。そうでもしなくては、行かせてもらえそうになかったからだ」という文章で『イタリア紀行』（高木久雄訳　潮出版社）は始まっている。ゲーテがヴァイマールの宮廷生活の中で閉塞感を抱き、突破口を求めていた事情は、序章で語った通りである。旅の途中、立ち寄ったレーゲンスブルク（北緯49度）ではイエズス会士の教団の歌劇を見物し、ミュンヘンではフラウエン教会の塔に登ったりしている。そこから南下し高地に向かうと、やがて北緯48度のヴォルフラーツハウゼンに達する。ゲーテは北緯50度のヴァイマールにいたことを意識し、しだいに南下して行く事実を確かめるように時おり北緯何度という数字を書きとめている。この章で主に語る対象は、北イタリアの北緯45度（正確には北緯45度33分、東経11度32分）に位置する都市ヴィチェンツァであるが、そこに到達するまでのゲーテの足取りを簡単に追い、その前に立ち寄るヴェローナについては少し詳しく触れておくことにしたい。

アルプスを抜けるまでは、もっぱら天候や地形、地層、植生などの自然観察が詳しく語られている。出発から五日後の九月八日夕方、ブレンナー峠に到着。九月十日、ブリクセン（イタリア名ブレッサノーネ）、ボーツェン（ボルツァーノ）を通って夜八時にトリエント（トレント）に到着、翌十一日夕方にはロヴェレード（ロヴェレート）に着いたが、ここで言葉は初めてイタリア語になったと記される。南チロルと呼ばれるこのあたり一帯は、現在はイタリアに属しているが、住民の多くはドイツ系で、ドイツ語のほうが今でも主に話されている。交通標識もドイツ語とイタリア語が併記され、町の名も「ブリクセン／ブレッサノーネ」というような二重表記である。ブレッサノーネにはパドヴァ大学の夏期学校の施設と宿舎があり、私はかつてパドヴァに留学していた時に八月の二週間ほどをここで過ごした。ブレッサノーネは山に囲まれた美しい町で、避暑地としても人気が高い。ちょうど「フェスタ・ディ・ポンピエーリ（消防士の祭り）」というのが開催されていて、友人たちと出かけてチロル風のぐるぐる回るダンスに興じたり、ドイツの地方都市にいるような気分を楽しんだことを思い出す。ゲーテと逆で、イタリアにしばらくいたあとでは、イタリア国内なのにドイツ的な素朴さと清潔さに満ちた町が新鮮に感じられた。

ロヴェレートからそのまま南下すれば一日の行程でヴェローナに着いたのに、ゲーテはそうせず、西に折れる道を進み、九月十二日の夕方にはガルダ湖北端のトルボーレに宿をとっている。ここで古代ローマの詩人ウェルギリウスの一節を引用していることから、古代にはベナクスと呼ばれて有名だったガルダ湖を見たかったという動機が窺える。十三日の早暁三時にトルボーレを船で出発、始めは順風だったが、風向きが変わり、マルチェージネという港にやむなく上陸する。トルボーレはその当時神聖ローマ帝国の皇帝領であったが、マルチェージネはヴェネツィア共和国の領地であった。この国境の地で「ある危険な事件に出くわした」と思わせぶりに書き始めているものの、実際は愉快な結果に終わったできごとが詳しく語られる。要塞跡でスケッチしていたところ、人々に囲まれ、役人まできてスパイと間違えられたため、このような廃墟は要塞ではないと答え、廃墟の美学を演説して聞かせることになったのである。イタリアに入ってすぐにイタリア語で演説などをするとは信じがたいことだが、ゲーテは子供の頃からイタリア人家庭教師にイタリア語を習っていたのである。

マルチェージネでの足止めのあと、夜中に再び船に乗り、鏡のような水面と対岸の絶景を楽しみながら南北に長いガルダ湖を南に進み、朝十時にバルドリーノに上陸する。そこからは、二頭のラバの一頭に荷物、もう一頭に彼自身が乗って南東に向かい、尾根を越える。「下り道で眺める新しい地域のすばらしい光景は言葉に表わしがたい。それは高山と断崖のふもとに、まっ平らに、きわめてよく整理されている、縦横数マイルにわたる庭園である」と語るゲーテは、このあたりの風景が自然のままばかりでなく、長い年月をかけて人の手で整備されたものであることへの理解を示している。こうして九月十四日の午後一時頃、イタリアに入って最初の大きな都市、ヴェローナに到着した。途中、二日ほどガルダ湖への寄り道があったが、その分を修正すれば、ミュンヘンからヴェローナまで当時は約五日間の行程であったとわかる。現在ならほぼ同じルートを通る鉄道での所要時間は五時間強ほどである。

アレーナ・ディ・ヴェローナ

ヴェローナは歴史の痕跡、特に古代の記憶をあちこちに残した大らかで美しい都市である（図1-01～07）。北方の山間から平野部に出て東と南に向かって大きく蛇行しながら流れて行くアデ

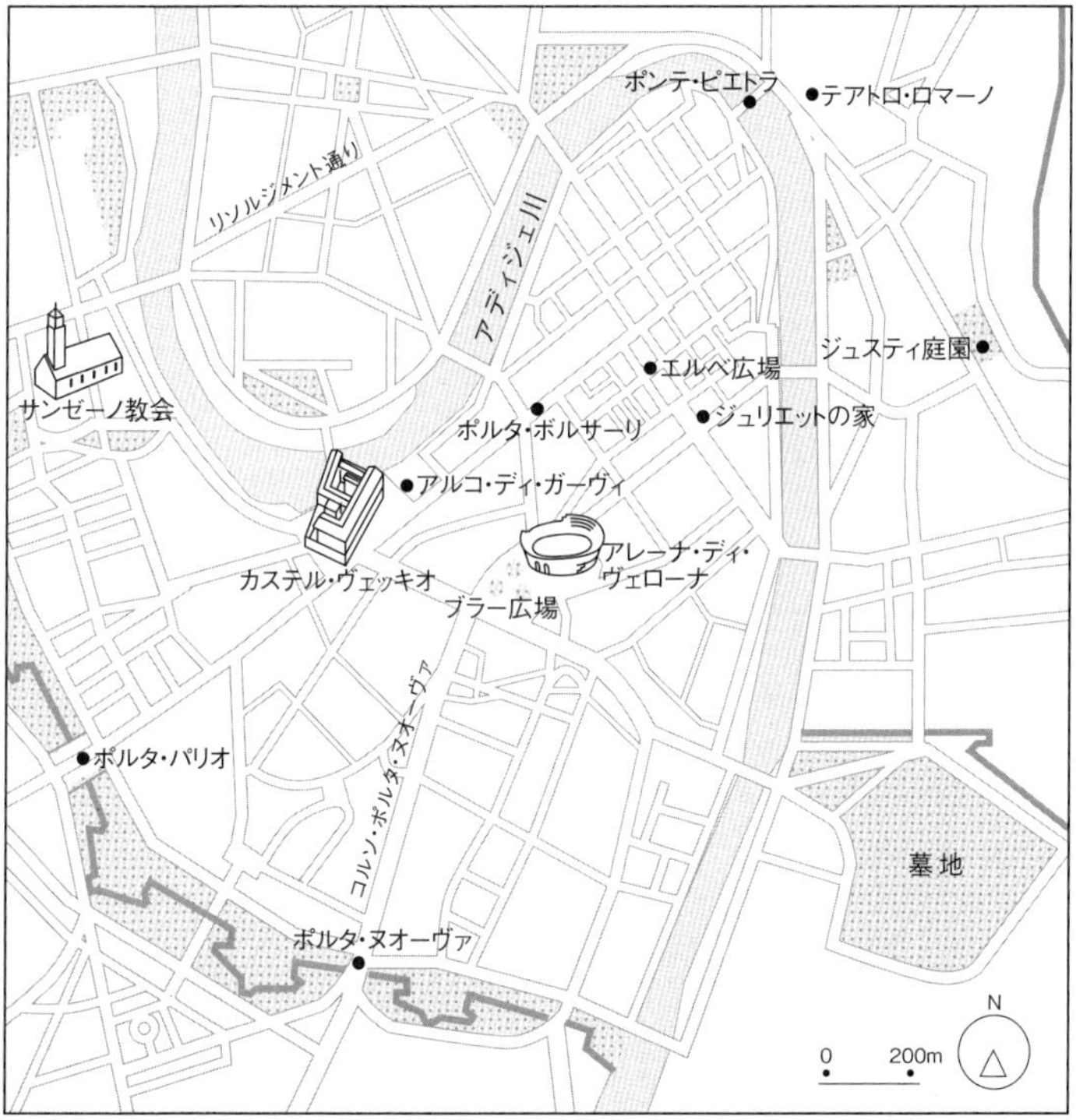

図1-01　ヴェローナ市街図

図1-02　アディジェ川とポンテ・ピエトラ（前1世紀の石橋）

ィジェ川が、ヴェローナの歴史的中心部（チェントロ・ストーリコ）を西北東の三方で囲んでいる。逆U字形の蛇行部の内側にローマの植民都市として紀元前一世紀に建設された碁盤目状の都市構造が、現在もはっきりわかる形で残されている。中心にあるエルベ広場はローマ時代の公共広場フォルムのあった場所に対応している。直交道路の軸線は正確な東西南北より反時計回りにかなり傾いてはいるが、東西方向の主軸デクマヌスにあたる道の西端にはポルタ・ボルサーリと呼ばれる三層構成の格好いいスクリーンのような大理石の門が残り、その先にあった凱旋門アルコ・デイ・ガーヴィも現在は少し離れた場所に移されて保存されている。北側のポンテ・ピエトラ（石橋）と呼ばれる石造アーチ橋と、その橋に近い対岸の丘の斜面に作られた野外劇場テアトロ・ロマーノも、共にローマ時代の遺構ながら現役で使われている。

しかしヴェローナで一番有名なのは、紀元後の一世紀前半に作られたアレーナと呼ばれる円形劇場（闘技場）である。アレーナとは元来ラテン語で「砂」という意味であるが、剣闘士や猛獣の血を吸う砂が闘技面に敷かれたことから、闘技場を指す言葉にもなった。普通名詞なのに、今ではアレーナといえばヴェローナのそれを連想するほど固有名詞化している。ゲーテも五日間のヴェローナ滞在中に何度かここを訪れ、「噴火口形の円形劇場のふち」の上を絶景と孤独を楽しみながら歩いている。「こういう作品を保存してくれたについては、ヴェローナ人は賞賛されねばならぬ」と讃え、積年の風雨による石の劣化や地震などの影響でかなり破損していたアレーナの復旧工事を熱心に遂行した十六世紀のヴェローナ市長を記念した碑文にも言及している。ヴェローナでは乳白色の一般的な大理石のほかにロッソ・ディ・ヴェローナという赤みがかった地元

図1-04　アルコ・デイ・ガーヴィ（1世紀の凱旋門）

図1-03　ポルタ・ボルサーリ（1世紀の市門）

図1-05　アレーナ・ディ・ヴェローナ（1世紀前半）とブラー広場

図1-06　シーズンオフのアレーナ内部

図1-07　エルベ広場（古代のフォルム跡）

産の大理石もよく使われており、煉瓦の色も赤っぽいので、白と赤のツートン・カラーの建物をよく見かける。アレーナの外観も同様の色調である。

ゲーテはまた、アレーナの外側下層のアーチは「職人たちに貸しつけてあって、こういう洞穴にふたたび人が住んでいるのを見るのはなかなかにおもしろい」と記すいっぽうで、肝心のアレーナの部分があまり利用されていないようすなのを惜しんでいる。ここでは当時から階段席の一部を利用して芝居などが時々上演されてはいたが、本格的な活用が始まるのは一九一三年夏の野外オペラ公演からである。二度の大戦中の数年を除いて、アレーナ・ディ・ヴェローナではバレエを含むオペラ・フェスティヴァルが毎年夏の三ヶ月にわたって開かれるようになり、すっかり定着している。私はここで大昔に「アイーダ」を、数年前に「ラ・ボエーム」を見た。夜空の下で大スペクタクルに立ち会うことには格別の感があった。

巨大な闘技場は街のすぐ外に作られるのが普通であったが、ヴェローナのアレーナもローマ時代の都市の南西の外側に作られた。その後、中世にはアレーナの南側に城壁が建設されたが、あいだの空地はブラー広場という広大な広場として現在まで残されている。このあっけらかんと広いブラー広場にもヴェローナ的な大らかさを感じる。ブラー広場（Piazza Brà）のブラーは、ドイツ語で広いという意味のブライト（breit）という言葉をドイツ人がさかんに発しているのを聞き、その最初の部分だけを取ったものという説があって、なるほどと思う。ゲーテは「イル・ブラーと呼ばれる広場」と書いているので、当時は男性形の定冠詞イルをつけた形で呼ばれていたようだ。広場の西側を囲む一続きの建物の前は大理石で舗装された幅の広い歩道になっていて、ヴェネツィアのサン・マルコ広場の舗石と同じくリストンと呼ばれている（図1-08）。リストンが整備されたのは一七七〇年のことだというので、ゲーテも見たはずである。そぞろ歩きを楽しめる広々とした場所とそのそばに悠然とたたずむ陽気な色調の古代の闘技場、この組み合わせこそがヴェローナを象徴している。

ヴェローナ今昔

ヴェローナは十六世紀に市域を一挙に拡張し、五角形の稜堡をいくつも外に張り出したルネサンス式の要塞型城壁が西から南にかけて作られた。その内側は大部分、二十世紀までおそらく農地か空地であった。この城壁にはヴェローナの建築家ミケーレ・サンミケーリ（一四八四／八七〜一五五九）による三つの立派な門があるが、そのうち一番東側のポルタ・ヌオーヴァの近く、門の南の外側に十九世紀半ばに鉄道駅が置かれた（ヴェローナ中央駅はポルタ・ヌオーヴァの頭文字を添えて「VERONA P.N.」と表記される）。二番目の門ポルタ・パリオについてゲーテは、「このうえもなく美しいが……遠目にはよくない。近くで見て初めてこの建物の値打ちがわかる」と評している。横長すぎる門は確かに細部のよさのわからない遠目からはプロポーションが悪いとしか見えない。ゲーテの建築の見方が窺える場面である（図1-09）。

ヴェローナ出身の詩人で考古学者であったフランチェスコ・シピオーネ・マッフェーイ（一六七五〜一七五五）が出版した四巻の『ヴェローナ案内』をすでに読んできていたゲーテは、ブラー広場のそばに建つフィラルモニコ劇場の一角にマッフェーイが創立したムゼオ・ラピダーリオ（彫石博物館）で古代の発掘品や美術品の展示に関心を示しているほか、所蔵の絵画作品などを公開している貴族の館なども訪ね、ティツィアーノ、ティントレット、ヴェロネーゼらヴェネツィア派の画家たちの作品も熱心に見た。その中で言及されているカノッサ宮殿（パラッツォ・カノッサ）とベヴィラックア宮殿（パラッツォ・ベヴィラックア）は上述の城壁の門と同じくサンミケーリによるもので、特にパラッツォ・ベヴィラックア（図1-10）は名品として名高いが、ゲーテはサンミケーリの名前を一度もあげていない。パラーディオより一世代年長で活躍した時期はずれるが、共に十六世紀のヴェネツィア共和国で重要な役割を果たした建築家である。パラーディオについては詳しかったゲーテもサンミケーリまで射程に入れてはいなかった。自然観察の好きなゲーテは、街の東側の川向こうに傾斜地を利用して作られたイタリア式庭園のジュスティ庭園（図1-11）を訪れて、そこに立ち並ぶ糸杉の巨木に感嘆し、「おそらく北国の造園術に見られる尖頭状のイチイは、この壮大な天然物の模倣であろう」と述べている。フランス式庭園などで常緑低木を円錐形に刈り込んだりする造園装飾術（トピアリー）のことを指しているのである。

ゲーテはヴェローナに五日間滞在し、その間に町中を精力的に歩き回っている。しかし不思議なのは、ロマネスクのサン・ゼーノ教会を始め、中世の美しい教会はたくさんあるのに、それらにはまったく関心を示していないことである。かわりに周囲への観察は旺盛で、話題にしているのは、天候のこと、岩石や鉱物のこと、人々の容姿と栄養の関係、ドイツとイタリアの時刻の数え方の違い、女性の服装についてなど多岐にわたっている。「昼を享楽し、しかもとりわけ夕方

図1-08　ブラー広場西側の大理石で舗装されたリストンと呼ばれる歩道

図1-09　ポルタ・パリオ　1535-40

図1-12　ジュリエットの家

図1-10　パラッツォ・ベヴィラックア　1540

図1-11　ジュスティ庭園

を楽しむ国では、夜になることがきわめて意味深い」というゲーテの考察は、現代のイタリア人にもあてはまりそうである。一般にイタリア人は午前中よく働き、昼食後はゆっくり休み、午後遅くからまた仕事をし、夜は別に楽しむといった時間の使い方をしているように見える。いっぽうゲーテの観察によれば「家屋のひどく目につく不潔さと居心地の悪さ」は、彼らが「いつも戸外にいて、持ち前の無頓着さから何もかまわない」ということに原因があり、貴族が「柱廊や前庭を造れば、民衆は、そこを用を足すのに使う」ので、「イタリア全土で外国人の苦情の種となっている」といった辛口の評も記している。この点は現代ではすっかり変わってしまっている。現在のヴェローナは特にそうで、中心部の歩行者専用になった街路は先述のブラー広場のリストンと同様、大理石で舗装され、周囲には洒落た店舗が建ち並んでいる。観光客ばかりか住民にとっても、特に夕方以降の散策が楽しめる、明るく清潔で豊かな町となっているのである。

さらにゲーテが知ったら驚くと思われるのは、今のヴェローナはアレーナよりも「ロミオとジュリエットの町」として世界的に知られているということである。シェークスピアの悲劇『ロミオとジュリエット』の舞台になっていることをヴェローナが意識するようになるのは、十九世紀ロマン主義の時代にこの恋愛悲劇が人気になってからである。二十世紀に入って観光的にもそのことをアピールしようと考えた市当局は、一九〇七年に十三世紀の古い建物を買い取り、何回にもわたって修復を施し、「ジュリエットの家」として公開するようになる。特に一九四〇年には大胆な改修を行い、それまで外壁にいくつかあったみすぼらしい鉄のバルコニーはすべて取り払い、窓の位置や形も変え、格調高い石のバルコニーを一つだけ取り付けた。バルコニーの三方を囲む装飾彫刻の施された石の厚板は、実は中世の古い石棺を転用したもので、カステルヴェッキオの中庭に転がっていたものであった。バルコニーの斜め下に一九七二年に据えられたブロンズのジュリエット像は、「右胸にさわれば幸せな結婚ができる」という都市伝説のせいでそこだけがピカピカに光っている。ここはヴェローナで最も人気の観光スポットとなったのである（図1–12）。ほかに「ロミオの家」や「ジュリエットの墓」（旧カプチン派の修道院の半地下に置かれた空っぽの石棺）も観光ルートに組み入れられている。

中世に家どうしの争いによる似たような悲恋はあったかもしれないが、ロミオとジュリエットは架空の人物である。それなのに大まじめにこうした場所が用意され、観光客も嘘と知りつつ、あるいは深く考えず、虚構を楽しんでしまう。ヴェローナには本物の歴史的な名所はいくらでもあるのに、というのは素人的な慨嘆にすぎない。嘘でもこうした仕掛けで観光客がやってくれば、やがて町の本当のよさに気がつくはずという計算なのか、大らかでしたたかなヴェローナの観光政策である。だが、すべて新しく作ったわけではなく、中世の古い建物などを再利用している点はあっぱれである。日本でも最近ようやく「文化資源」という考え方、古いものは廃棄せずにそのよさを見直し資源（リソース）として活用、転用、再利用すべきだという考えが定着しつつあるが、その点ではイタリアは大先進国である。

ジュリエットのバルコニーに変身した石棺が戦前まで無造作に置かれていたカステルヴェッキオ（古城）は、現在カステルヴェッキオ美術館となっている。十四世紀のヴェローナの支配者だったデッラ・スカーラ家が川のそばに橋とあわせて建てた要塞のような塔のある古い城と、十九世紀初めのナポレオン時代の拡張部とをあわせて、第二次大戦後の一九五八〜六四年にヴェネツィア出身の建築家カルロ・スカルパ（一九〇六〜七八）がレスタウロ（修復、再生）し、美術館に転用したものである（図1-13）。元の建物の雰囲気も取り込んだ魅力的な空間構成や窓の配置の妙、石や木、金属、スタッコ（硬質漆喰）などの材質を活かした細部の美しさなど見所がいっぱいである。スカルパは今でもイタリアでは最も敬愛されている建築家の一人で、日本にもファンはたくさんいるので、建築関係者ならヴェローナでは真っ先に目指すのがこのカステルヴェッキオ美術館である。古いありきたりの城のままだった時にはゲーテの目を惹くことはできなかったようであるが。ヴェローナについてはまだ語りたいこともあるが、すでにかなり足踏みしてしまったので、先を急いで本題のヴィチェンツァに移動することにしよう。

都市と丘陵地帯

九月十九日、ゲーテは馬車でヴェローナを発ち、およそ五十キロ離れたヴィチェンツァへと向かう。最初は東に向かい、途中から北東に曲がるその道は「たいへん気持ちがいい」と書かれている。左手には前山が続き、「その上に村落、城砦、家屋が」見え、「右手には広大な平地が広が」っている。その右手の景色も、やがて「ヴィチェンツァに近づくと、……丘陵が北から南に向って高まり」、逆に左手の高地は平地に変わってくる。ヴィチェンツァはこの北から南に高まる丘陵地帯（モンティ・ベリチ）の北の麓に位置する町なのである。

　ここでこの地方の地形的な特徴に触れておきたい。慣習的にヴェネト地方と言っているこの地域は、現在の行政区画ではヴェネト州（レジオーネ・ヴェネト）に相当するが、十五世紀初めから十八世紀末まではヴェネツィア共和国に属し、その主要部を占めていた。ヴェネト地方の主要四都市は、大きさの順ではなく西側から東へヴェローナ、ヴィチェンツァ、パドヴァ、ヴェネツィアと並んでいる。第五の都市がパドヴァの北東、ヴェネツィアの北北西に位置するトレヴィーゾである。ヴェネト地方の北側には西から北東に向かってアルプスに連なる高地があり、南側は西のロンバルディア地方から東のアドリア海に向かって流れるイタリア随一の大河、ポー川で区切られている。その間の広い平野は北から南東方向に、すなわちポー川下流の低湿地と海の方向に向かってゆるやかに標高を下げて行く。北の山間部から流れ出るいく筋もの川――ヴェローナを通るアディジェ川、ヴィチェンツァを通るバッキリオーネ川、パドヴァを通るブレンタ川など――も、この標高差に従って皆ほぼ南東へと流れて行く。

　平野部の中には目立った丘陵地帯が二つ存在する。一つは先述したヴィチェンツァの南のベリチ丘陵で、もう一つはその南東に位置するエウガネイ丘陵である。エウガネイ丘陵はそのすぐ北東に位置する都市パドヴァの領域（テッリトーリオ）に属し、ベリチ丘陵はヴィチェンツァの領域に属している。現在はそれぞれパドヴァ県（プロヴィンチャ・ディ・パドヴァ）、ヴィチェンツァ県（プロヴィンチャ・ディ・ヴィチェンツァ）と称する領域で、境界線は二つの丘陵地帯の間の平地に引かれている。エウガネイ丘陵のほうは、イタリア語でコッリ・エウガネイ（コッリは丘を意味するコッレの複数形）というが、ベリチ丘陵のほうはモンティ・ベリチ（モンティは山を意味するモンテの複数形）である。エウガネイ丘陵のほうは三百、四百、五百メートル級の丘がぽこぽこと並んでおり、一番高い所で六百二メートル（東京都の高尾山とほぼ同じ）である。それに対し、ベリチ丘陵のほうは一番高い所で四百四十五メートル、他はさほど高くない丘の連なりである。それなのにモンティと称してよいのだろうか、とかねがね思っていたが、そう考える人は多いらしく、最近は両方を併記したり、コッリ・ベリチと言い換えたりすることも多くなってきた。私も以前はモンティを山塊などと訳していたが、今回は実態にあわせて丘陵と記すことにした。しかしベリチ丘陵には山らしいところもあって、東側にはピエトラ・ディ・ナント（ナントの石）と呼ばれる黄色い石灰岩系のきれいな石が採れる場所があり、その近くのルミニャーノには二百メートルの高さにそそり立つ崖があってロック・クライミング愛好者の集まる場所になっている。丘陵地帯の中心にはラーゴ・ディ・フィモン（フィモンの湖）と呼ばれる湖があり、周縁部にはパラーディオの設計したヴィラが六つ点在する。

この丘陵地帯がヴィチェンツァの町にとって重要なことは、その一部が常に都市図に描かれてきたことからも窺える。図1-15は十七世紀のヴィチェンツァの地図であるが、西を上にして描かれている。図の左側（南）には、ベリチ丘陵の北端に位置する丘が描かれている。この丘の名はモンテ・ベリコ、左上の円形の方位盤のすぐ下に描かれた教会は、ヴィチェンツァの守護聖人である聖母マリアを祀るマドンナ・ディ・モンテ・ベリコ聖堂で、丘全体が聖域になっている。図の左端、真ん中あたりに記号化されて描かれている建物は、後述するラ・ロトンダで、パラーディオのヴィラの作品の中でも最も有名なものである。ここから南に延びる丘陵地帯は、モン

図1-13　ヴェローナのカステルヴェッキオ美術館

図1-14　ヴィチェンツァのカステッロ門

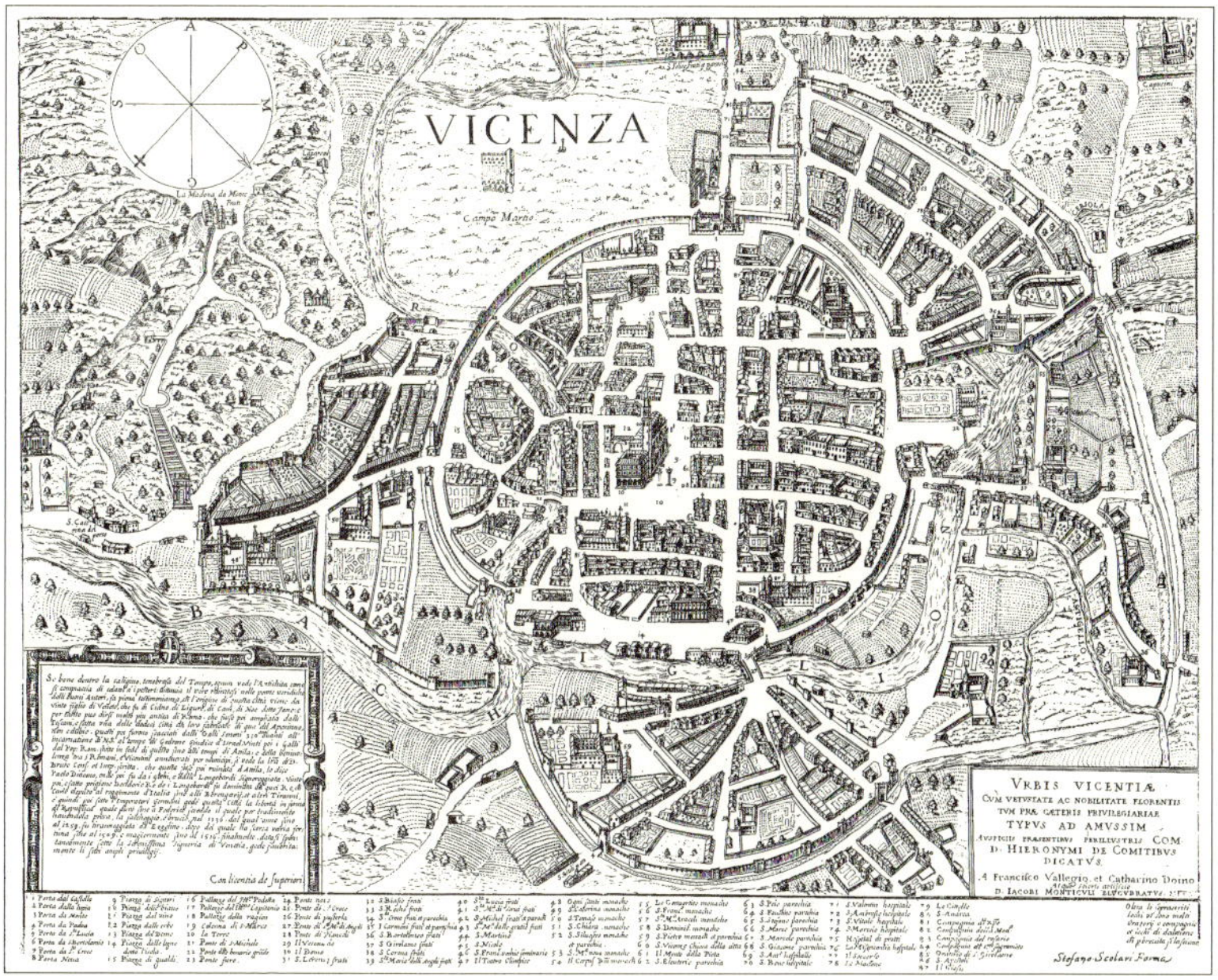

図1-15　ヴィチェンツァ都市図　1611　西が上

テ・ベリコを複数形にしてモンティ・ベリチと呼ばれるようになったのである。

ゲーテは西のヴェローナから来たので、中世の城壁の西側にあるカステッロ門（ポルタ・カステッロ／図1-14）をくぐったはずである。地図上でVICENZAという文字のあるあたりはカンポ・マルツィオ（またはカンポ・マルツォ／軍神マルスの野）と呼ばれる練兵場だった空地である。十九世紀半ばに鉄道が敷かれた時、駅はこのカンポ・マルツィオの南端の丘の麓に作られた。現在は駅からまっすぐ延びる幅の広い通りヴィア・ローマが、緑地公園となったカンポ・マルツィオの中央を横切っている。北に進むと道はカステッロ門の西の広場に突き当たる。だから鉄道で来る現代の旅行者もゲーテと同じように、この印象的なカステッロ門から町に入るのである。この門からまっすぐ延びる通りは、現在コルソ・パラーディオと呼ばれているが、ローマ時代の東西軸デクマヌスにあたり、全長約七百メートル強である。この通りの真ん中あたりで少し南に入ったところが、ローマ時代のフォルムの場所であり、現在はピアッツァ・デイ・シニョーリと呼ばれる中心広場である。

ヴィチェンツァとパラーディオ

ゲーテはヴィチェンツァに到着するとすぐに「もう町をひとまわりし、パラーディオ（訳書での表記はパッラーディオだが、以下パラーディオに統一）作のオリンピコ劇場そのほかの建造物を見てきた」と記している。パラーディオの作品の大半は中心部にあるので、数時間でひと通り見て回ることは可能である。ゲーテはそれらを事前に銅版画で見ていたが、実際に「目のあたりに見るとき、初めてその偉大な価値を知るものである」、「彼は真に内面的に偉大な、そして内部から偉大さを発揮した人間であった」と突然、熱烈な賛辞を述べ始める。本書ではすでに私がパラーディオについて何度か言及しているが、ゲーテの『イタリア紀行』ではここで初めてパラーディオの名前が出てきて建築の話になる。『イタリア紀行』のもとになった『旅日記』を送った相手、シュタイン夫人はいきなりパラーディオの話を出されてとまどわなかったのであろうか。当時のドイツの知識階級にとって、少なくともゲーテの周囲の人々にとっては、二世紀前のイタリアの建築家パラーディオの名は聞いたことのないものではなかったようである。ゲーテは旅に出る前から銅版画入りの本などでパラーディオの作品に通暁していて、実地にそれらを見ることに憧れていたということがわかってくる。ヴェローナより小さなヴィチェンツァに一週間も留まるのも、ここが「パラーディオの町」であるからにほかならなかった。

アンドレア・パラーディオ（一五〇八～八〇／図1・17・18）は、よく間違えられるがヴィチェンツァの生まれではなく、東隣のパドヴァの生まれである。ではなぜヴィチェンツァは「パラーディオの町」を標榜し、パラーディオも「ヴィチェンツァの建築家」と呼ばれることが多いのか。彼がヴィチェンツァで一介の石工から建築家へと飛躍的な変貌をとげたいきさつは伝説化しているが、かいつまんで語ると次のようになる。一五〇八年、パドヴァの粉挽きピエトロ（ゴンドラを所有していたらしく、ピエトロ・デッラ・ゴンドラとあだ名で呼ばれていた）の息子として生まれたアンドレア・ディ・ピエトロ・デッラ・ゴンドラは、少年期から石工の修業を始めていたが、一五二四年にはすでにヴィチェンツァに移り住んでいた。そして地道に石工として働いていた二十代の終わりに、ヴィチェンツァの貴族で人文主義者として著名だったジャン・ジョルジョ・トリッシノ（一四七八～一五五〇）と彼のヴィラの建設現場で出会い、その仕事ぶりや理解力のよさ、数学的天分などを見込まれて、トリッシノが私的に開いていたアカデミアへの出入りを許される。そこで古代ローマのウィトルウィウスの『建築十書』やルネサンスの建築家アルベルティの『建築論』などを勉強することができ、またトリッシノの一行と共に何度かローマ旅行に加わり、古代の遺跡の実測調査をすることができた。そうして当時の最先端の建築家たちの最大の関心事であった古代ローマの建築に関する知識を身につけ、実際の建築を設計する機会にも恵まれて、しだいに「古代風」をベースにした独自の設計手法、後にパラーディオ様式と呼ばれるものを編み出していく。苗字を持たず、後ろに父親の名前をつけて呼ばれるだけの庶民であったアンドレアに、知恵と軍事の女神アテナ・パラス（イタリア語でパッラデ・アテーナ）に因んだパラーディオという苗字を与えたのもトリッシノであった。公式記録では一五四〇年から「建築家アンドレア・パラーディオ」という記載が現れることが確認されている。

パラーディオの作品は大きく四種類に分けられる。一、ヴィチェンツァにのこした都市建築群（パラッツォと呼ばれる邸館建築が主体）、二、ヴェネトの田園地帯に点在するたくさんのヴィラ（およそ二十作品が現存）、三、ヴェネツィアに集中している教会建築、四、そのほか（劇場、橋、門など）である。パラーディオが一五七〇年にヴェネツィアで出版した『建築四書』は、豊富な木版画の図版を中心としたわかりやすく実際的な建築理論書であると同時に、彼自身の作品集という

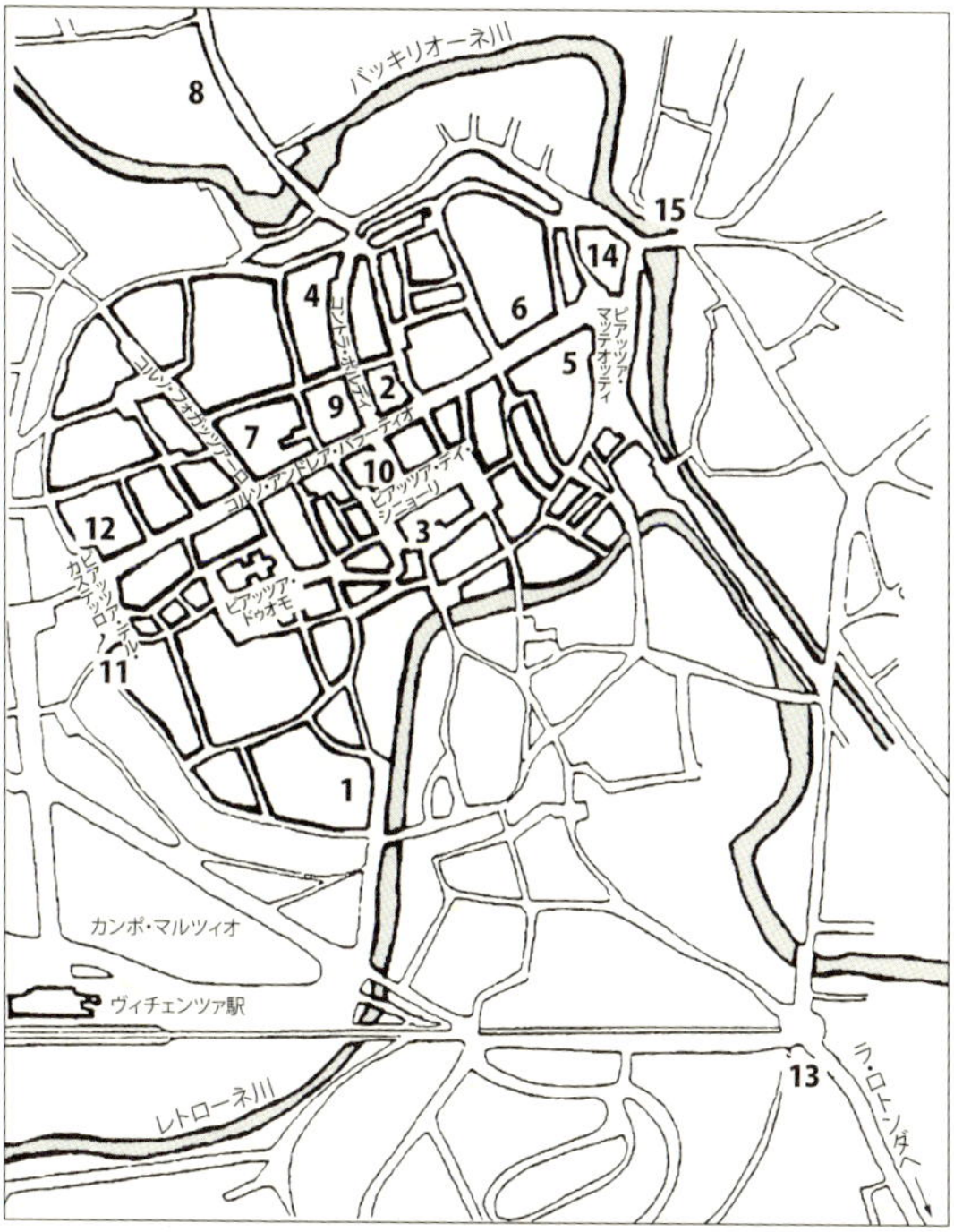

図1-16　ヴィチェンツァ略図
1～15の数字はパラーディオの
作品の場所を示す（設計年順）

図1-17　パラーディオの肖像
1576（G. B. Maganza 画）

図1-18　パラーディオの立像
1859（Vincenzo Galassi 作）

図1-19　パラッツォ・キエリカーティ（現市立美術館）　1550　（→図1-16の5）

側面も持ち、とりわけ死後の名声の普及に大きく貢献した。『建築四書』は何カ国語にも翻訳され、英国では十八世紀前半にパラーディアニズムと呼ばれる運動が起こり、その影響は一七七六年まで英国の植民地であったアメリカにも及んだ（独立宣言の起草者で第三代大統領となるトマス・ジェファーソンは、『建築四書』を手引きに独学で建築を学んだアメリカを代表するパラーディアニストの建築家としても知られる）。

ヴィチェンツァの都市建築

パラーディオの都市建築はヴィチェンツァに集中していて、およそ十五の作品が現存するが、その中で確実にゲーテが見たと思われる中心部の五つの有名なパラッツォ（パラッツォは英語のパレスにあたる言葉であるが、宮殿ではなく都市の立派な建物を指す）を取り上げて見てみよう（図1-19〜23）。比べてみれば、一軒ごとに異なるデザインのファサード（正面）はどれも立派で、それぞれに個性を競い合い、ここで勝負をしていることが見てとれる。これらが建築的にどのような要素を用いて構成されているか、詳しく語ることは可能だが、それでは論文になってしまうのでやめておこう。ゲーテは専門用語をほとんど使わずに、次のように語っている。「この男（パラーディオ）が近代のすべての建築家と同じく打ち勝たねばならなかった最高の困難は、市民的建築術における〈柱式〉の適切なる応用なのである。つまり円柱と囲壁とを結びつけることは、やはりなんといっても一つの矛盾にほかならないからだ。ところが彼はこの両者をいかにうまく調和さ

図1-20　パラッツォ・ティエーネ　1542
（→図1-16の2）

図1-21　パラッツォ・イゼッポ・ポルト　1549
（→図1-16の4）

図1-22　パラッツォ・ヴァルマラーナ　1565
（→図1-16の7）

図1-23　パラッツォ・バルバラーノ（バルバラン・ダ・ポルト）　1570　（→図1-16の9）　現パラーディオ建築研究国際センター（CISA）

せたことか！」

少し注釈を加えると、ゲーテが〈柱式〉と言っているのは、ギリシアで考案され、ローマに受け継がれ、ルネサンス以降の建築家たちが熱心に研究して「オーダー（イタリア語ではオルディネ）」と名付けた、柱と梁からなるシステムのことである。ドリス式、イオニア式、コリント式という主要三オーダーは柱頭の形ですぐ見分けることができる。古代人はこれらの柱を人間に見立て、ドリス式は男性、イオニア式は中年の優美な婦人、コリント式は華奢な乙女、というように性格づけ、それぞれにふさわしいプロポーションや細部を与え、建物の性格にあわせて使いわけた。人間に見立てたので、ギリシアでは円柱を一本ずつ離した独立柱として用い、その並ぶ間隔によって整列しているような、あるいはゆったり立ち並んでいるような、という表情の違いを表した。そのように本来、独立して立つはずの柱を、完全な円柱ではなく半円柱や平たい付柱の形にして壁と組み合わせて用いるようになるのはローマ時代からで、特にルネサンス以降の建築家たちは、ゲーテの言うように困難で「矛盾にほかならない」その試みに挑戦し続けた。そして、パラーディオは柱と壁を誰よりも「うまく調和させ」て、様々なヴァリエーションを生み出し、世俗の個人邸宅にすぎないパラッツォ建築の数々を飾ったのである。

パラーディオは、少し上の世代のミケランジェロ、ラファエッロ、ブラマンテ、ジュリオ・ロマーノらが彫刻家や画家でありながら建築も手がけたというのとは異なり、石工だった経歴から建築彫刻などは多少手がけても、もっぱら建築だけに専念したという点で近代的な職能のあり方に近い建築家であったといえる。また彼らのように教皇や君主といった特定の強力なパトロンに仕えることはなく、ヴィチェンツァやヴェネツィアの貴族階級のあいだに多数の施主を持った建築家であった。ヴィチェンツァでパラーディオを貴族たちに紹介し、パラッツォやヴィラの設計をいくつも受注できるように導いたのは、上述の人文主義者トリッシノである。その陰には建築を通してヴィチェンツァの再生を企てたトリッシノの野心的な構想が働いていた。

ヴィチェンツァの歴史をざっと見ると、中世の一時期はイタリアの多くの都市と同様にコムーネ（自治都市）であったが、十三世紀以降はずっと、パドヴァの暴君エッツェリーノ、ヴェローナのデッラ・スカーラ家、パドヴァのカッラーラ家、ミラノのヴィスコンティ家など、他都市の君主の支配下に次々と置かれていた。そして十五世紀になってまもない一四〇四年四月に、圧倒的な軍事力と経済力を誇るヴェネツィア共和国の支配下に、ヴィチェンツァは戦うことなく進んで組み入れられた。ヴェローナとパドヴァがヴェネツィア共和国に屈するのは、それより一年遅い一四〇五年のことである。その後、ヴェネツィア共和国がナポレオンの介入で一七九七年に崩壊するまで、これらの都市には定期的にヴェネツィアからポデスタ（司法・行政長官）やカピターノ（財政・軍事長官）と呼ばれる重職の役人が派遣されてきて統治にあたった。

十六世紀のヴィチェンツァは、絹織物産業や貿易を中心に経済的に繁栄していたが、町の規模は四都市の中では一番小さく、何より他の都市に支配ばかりされてきた歴史にコンプレックスがあり、近隣都市への対抗心は異常に強かった。そうした中で、建築の力によって所有者の威信を高め、町も美しくできると考えたのがトリッシノである。彼は建築をそのような手段と考えたからこそ、石工だったパラーディオの才能を見込んで「古代風」のデザインができる建築家として彼を育てあげたのである。逆説的ではあるが、当時は千数百年も昔の古代ローマ風を巧みに取り入れることこそ最も当世風の新しく格好いいデザインであり、ちょっと前までのヴェネツィア風ゴシックのデザインなどは（今見れば繊細で美しいが）時代遅れとみなされていたのである。

トリッシノの考えに共鳴したヴィチェンツァの貴族たちがパラーディオに設計を依頼したうちの主なものが、先にあげた五例である。彼らは概して若い世代の貴族たちであったが、「ノブレス・オブリージュ（高貴なる者には義務がある）」という考え、すなわちこの場合には財力の許す限り町の名誉のために美しい建物を作るべきである、ということをよく理解していた。パラーディオもその考えを受けて設計したことは、たとえば「ヴァルマラーナ伯爵は……自家の名誉と便益のため、また郷土のための装飾」として建物を自分に設計させた、というような文言を『建築四書』の中に書き記していることや、次のような例などから窺える。

パラッツォ・キエリカーティ（図1-19）は唯一、街路ではなく大きな広場（町の東端の川のそばの広場）に面している。あまりに堂々としたファサードからは想像がつかないが、実はキエリカーティ家がここに所有していた敷地は、間口は約三十メートルもあったのに奥行きは半分しかなかった。そこでパラーディオは一計を案じ、施主に「自家の便宜のためと町全体の便宜と装飾のために……ファサードの幅いっぱいのポルティコ」を作りたいという申請を市当局に提出するよう勧めた。ポルティコとは、公共の土地に張り出した建物の一階を誰でも通れる屋根付き吹き放ちの柱廊にしたもののことである（私費で公共のポルティコを作るかわりに、その上の空間は自由に使えるので床面積では得する仕組になっている）。この申請に対してはすぐに許可が出て、その結果、この建物はポルティコと外階段をあわせると六メートル以上も公共の土地に張り出すことができ、上階中央には大広間を設けることもできたのである。この建物が四世紀以上にわたって「都市の装飾」として機能し続けてきたことはいうまでもない。また、十九世紀後半には後ろの建物とつなげて改装するだけで、ヴィチェンツァ市は新しく作るよりも風格があり、どこにも負けない立派な市立美術館をオープンすることができたのである。

私邸のファサードを立派に作るという考えは、十五世紀のフィレンツェなどではむしろ忌避された考えであった。その頃のフィレンツェでは有力者どうしの間で政争が絶えなかったため、メディチ家の当主コジモは自邸を豪華に作って人々の嫉妬を煽るべきではないと考え、ブルネレスキの提示した壮麗な設計案を斥けたという有名な逸話がある。かわりにミケロッツォが設計した簡素で堅固なパラッツォ・メディチが範例となり、フィレンツェではファサードをオーダーで飾ったものよりどっしりした石組の重厚なパラッツォのほうが一般的となったのである。

しかし十六世紀のヴィチェンツァでは、道幅があまりない街路に面している場合でも、オーダーを用いた立派なファサードのパラッツォが作られた。パラーディオの施主の貴族たちは裕福ではあったが、「都市の装飾」になるよう分相応以上の建物を求めたため、財政的な苦労も経験した。パラッツォ・イゼッポ・ポルトやパラッツォ・ヴァルマラーナは、街路側のファサードは立派に作られたが裏側は無装飾で、予定されていた中庭や付属屋などは建設されずに終わった。パラッツォ・ティエーネも計画の三分の一くらいが実現しただけである。建物にはある程度できた段階で住み始めるというのが普通だったが、お金がなくなると工事は中断し、また何年も後に再開するといった状況だったので、パラーディオは設計した建物の完成に立ち会えないことがほとんどであった。かわりに『建築四書』の中に完成時のあるべき姿を図面で残したのである。通常、建物には竣工年が付されるが、パラーディオの作品ではそのような事情から、竣工年ではなく設計年を表記することが慣例となっている。彼が生前にほぼ完成した姿を見ることができた数少ない例の一つは、パラッツォ・バルバラーノであるが、施主はこの建物に短期間に財産をつぎこんだことで破産してしまい、まもなく所有権はポルト一族に移ってしまった。この建物がパラッツォ・バルバラン・ダ・ポルトとも呼ばれるのはそのためである。パラーディオも、設計依頼の多い人気の建築家にはなったが、契約という概念などがまだ確立していなかった時代にあって、報酬は常にわずかであり、生涯にわたって慎ましい生活を強いられたことはよく知られている。

バジリカ・パラディアーナ

ここまでは私邸として建てられたパラーディオの作品について述べたが、公共建築であるヴィチェンツァの市庁舎の建物の改修デザインもパラーディオは手がけている。町の中心広場であるピアッツァ・デイ・シニョーリ（貴紳広場／行政に関わる貴族や紳士たちの広場の意）の南側に建つバジリカと呼ばれる建物がそれである（図1-24）。

この建物の本体は十五世紀に建造されたもので、一階には元からあった三ブロック分の商店などを取り込み、上階は巨大なホールにして木造の船底天井と銅葺きの屋根を架け、周囲に二層の

図1-24　バジリカ北面（設計1549／竣工1617）（→図1-16の３）

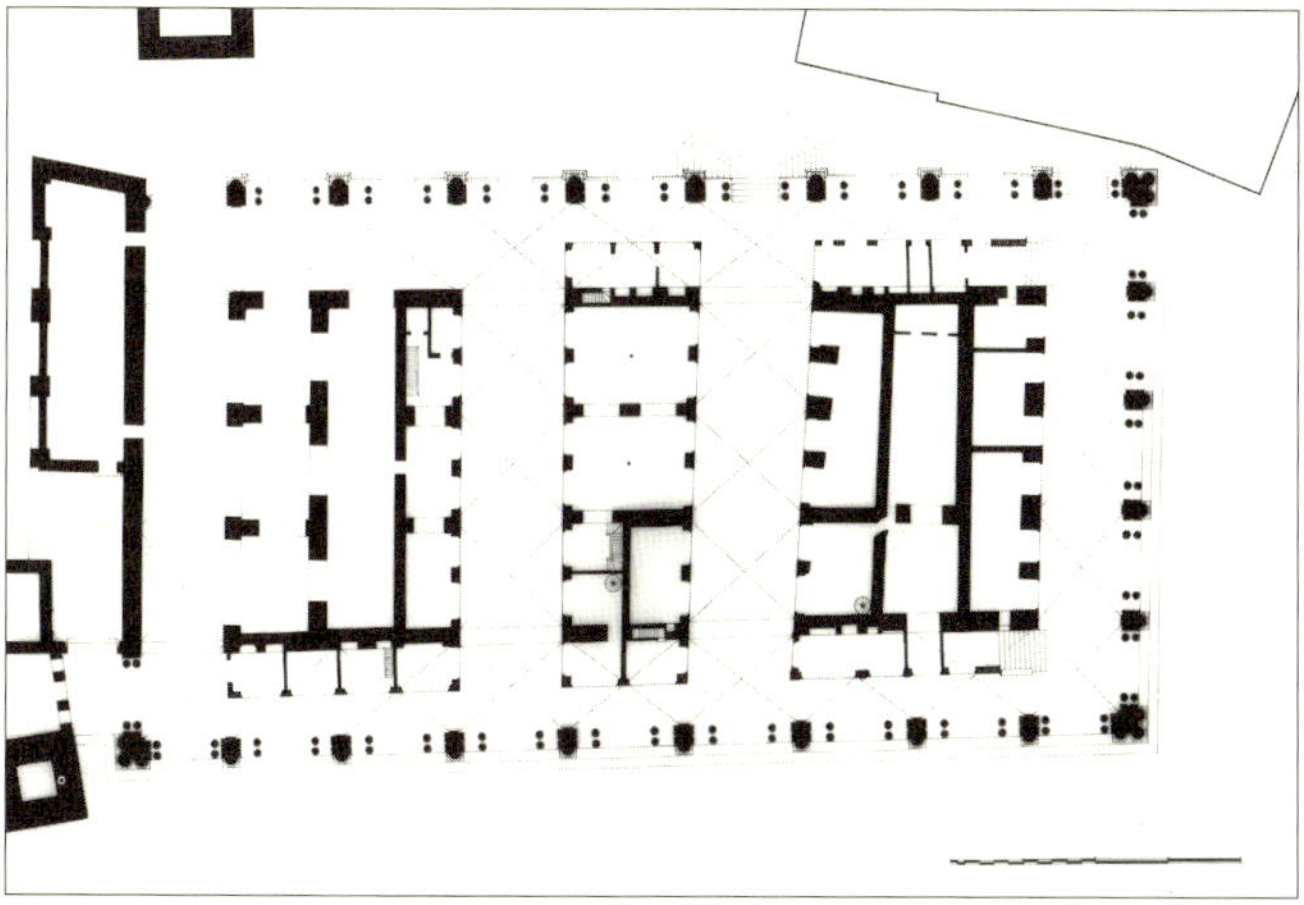

図1-25　バジリカ　１階現状平面図　下が北（シニョーリ広場側）

ロッジア（開廊）を巡らし、階段を取り付けたものであった。ところがそのロッジアの一部に亀裂が生じたため、そこだけ建て替える必要が出てきた。改修計画が本格化した一五三〇年代の末頃、ヴィチェンツァにはこれぞという建築家がいなかったため、当局は他の都市からサンソヴィーノ、セルリオ、サンミケーリ、ジュリオ・ロマーノら名だたる建築家たちを次々に呼んで相談していたが、決定的な名案は得られないでいた。ちょうどその時期にトリッシノはパラーディオに対する建築家教育を熱心に行い、パラーディオも実地の設計を通して腕をあげていたのである。そしてようやく、パラーディオにも声がかかるようになる。一五四六年に提出した最初の案は凡庸で却下されたが、一五四九年に最終案が承認され、パラーディオはヴィチェンツァの公式の建築家の立場を獲得する。その過程で彼を推薦する主要な論陣を張ったのもパラーディオ作品の施主、ヴァルマラーナとキエリカーティの二人の伯爵であった。

この建物は既存の町家などを取り込んで作った基本的に中世の建造物であったので、平面は少し歪んだ長方形で、柱間寸法なども不規則であった（図1-25）。内側には元々街路だった二本の通路が組み込まれているが、そのうち西側のものはローマ時代の主要南北軸（カルドゥス・マクシムス）の一部であった道路の跡である。北側のファサードは幅広の柱間九つからなり、全体に横長すぎるプロポーションのため、へたをすると間の抜けたデザインになるところであった。パラーディオが採用したのは柱間ごとに大きなアーチの開口部を中心に据え、その脇に縦長の矩形の開口部を設けてその幅を適宜調節するという案である。九つ並ぶアーチの大きさは変えられないが、アーチの両脇の矩形の幅を微調節することで、柱間の不揃いは調節できる。アーチを支える小さな柱は奥行き方向に二本ずつ並べ、また柱間ごとの区切りの部分に半円柱のオーダーを付けることで、壁面に立体感がもたらされている。

パラーディオがデザインしたのは、建物の外周部分、すなわち二層のロッジアの外側の、アーチとオーダーで構成された開口部の多い壁面だけである。しかし、ヴィチェンツァ北方ピオヴェーネ産の白大理石を使って実現された、この立体的で巨大な透かし細工のような障壁の効果は絶大で、柱間の不揃いなことも、内側に中世来の商店街が隠されていることも気づかせず、ただ圧倒的に古代風の威厳を周囲に漂わせている。中央にアーチを戴く三連の開口部をオーダーの柱と梁で縁取るという建築モチーフは、パラーディオの創案ではなく、実作はほとんどない建築家であったセルリオの建築書（一五三七年にヴェネツィアで出版された第四書）に図面で紹介されていたものをパラーディオが取り上げて応用したものであった。そのためこのモチーフは、イタリアでは「ラ・セルリアーナ」と呼ばれているが、バジリカに目を奪われた英国人たちは「パラーディアン・モチーフ」と名付け、その名が広まった。図に描かれていただけのものに実体を与え、洗練と威厳を加えたのはパラーディオの功績である。

大広間のあるこのような市庁舎は、裁判などもここで行ったので、北イタリアではパラッツォ・デッラ・ラジオーネ（道理の館）と呼ばれており、この建物ももちろんそう呼ばれていた。しかしパラーディオは、『建築四書』第三書の中で古代のバジリカ（皇帝の名を冠して建てられ、裁判や集会に使われた多目的ホール）について論じたあと、「現代のバジリカ」と呼ぶにふさわしい例として、自身の作品を「ヴィチェンツァのバジリカ」と題して図面付きであげた。そのためこの建物はバジリカあるいはバジリカ・パラディアーナと呼ばれるようになったのである。

ゲーテがこの建物についてどう言っているかといえば、「パラーディオのバジリカ会堂が、ふぞろいの窓をいっぱいに取り付けた城砦風の古い建物……と並んでどのような光景を呈しているか……残念ながらぼくはここでもまた、自分の見たくないものと見たいものとが並存しているのを見出すのだ」、ということしか『イタリア紀行』には書かれていない。彼が「見たいもの」と言っているのはもちろんバジリカのことである。「見たくないもの」とは、東隣の中世の塔と建物のことで、これは今も一部は残っている。パラーディオは『建築四書』には理想化したバジリカの平面図を掲載していて、全体はきれいな長方形で、ロッジアが四方にめぐらされているように描いている。しかし実際にはロッジアの開放的なスクリーンは三方にしか築かれてなく、東側は隣の建物と壁を共有しているのである。

ゲーテが「見たくないもの」と言っている不規則な中世の建物と、「見たいもの」（オーダーが然るべき形で用いられている古代風のパラーディオの建物）とが並ぶ光景は、古代ローマの南北道路の一部であったバジリカの中の通路を北にずっと延長した先にも見られる。現在はポルト一族の建物が集中していることからコントラ・ポルティと呼ばれる通りの西側にその二つの建物は並んでいる（図1-26）。写真で左手前のパラッツォ・ポルト・コッレオーニは、所どころにヴェネツィアン・ゴシックの華麗な四連窓やバルコニーが取り付けられた、それなりに立派な館であるが、長い建物が道に沿って湾曲していることや、窓の並び方が不規則だったりする点はゲーテには気に入らなかったことだろう。その奥に少しだけ見えるのは、図1-21にもあげたパラッツォ・イ

図1-26　コントラ・ポルティ（ポルト一族通り）
左側にパラッツォ・ポルト・コッレオーニとパラッツォ・イゼッポ・ポルトが並んでいる

図1-27　イゼッポ・ポルトと息子の肖像画　1552
（Paolo Veronese 画　Galleria degli Uffizi 蔵）

図1-28　パラッツォ・イゼッポ・ポルト正面中央部

ゼッポ・ポルト（図1-28）で、もちろんゲーテが称賛している対象の一つである。おそらく、現在ではパラーディオの建築を目指して見に来る人々は、ゲーテのように隣に「見たくないもの」があるかどうか気にする人が多いとは思えないが、他の建物などはほとんど目に入らないのではないかと思う。実際にはヴィチェンツァにはヴェネツィアン・ゴシックばかりでなくそのほかの時代の立派な建物もかなりたくさんあるが、やはりパラーディオの存在感には負けてしまうのである。

パラッツォ・ポルト・コッレオーニの左隣の建物の壁には表示板があって、『ロミオとジュリエット』の大もとの原作者であるルイジ・ダ・ポルトが一五二九年に四十三歳で死んだ家と書かれている。彼がヴェローナの人から聞いた話として書いた「ジュリエッタとロメーオ」の物語は、イタリア語からフランス語、英語へと勝手に様々な翻訳改変を受け、最終的に英語の長編詩に翻案されたものがシェークスピアの目にとまったことから『ロミオとジュリエット』という戯曲が生まれ、一五九五年に初演されて世界的な不朽の名作となった。「著作権」などというものがなかった時代の伝達ゲームのような名作成立史である。この物語の舞台はヴェローナとなっているが、原作者はヴィチェンツァの作家である。舞台はヴィチェンツァであってもおかしくなかったかもしれない。中世以来、都市内での政争はあちこちであり、ヴィチェンツァも例外ではなかったからである。図1-27はヴェロネーゼによるイゼッポ・ポルト（パラッツォ・イゼッポ・ポルトの施主／イゼッポはジュゼッペにあたるヴェネト方言の名前）とまだ幼い息子の肖像画であるが、二人とも毛皮で裏打ちされた黒い上着に黒いタイツという姿で描かれている。イゼッポの精悍で不敵な顔つきと屈強で敏捷そうな身体つき、腰に差した長い剣などからは、「いつでも相手になってやる」と言いそうな彼の性格や、貴族どうしの反目や対立、血なまぐさい諍いごともよくあったという当時のヴィチェンツァの状況などが読み取れそうである。パラーディオを建築家に導いたトリッシノも、建築によってヴィチェンツァの都市再生を目指すという高邁な理想を持ち、人文主義者として著名であったが、先妻との間の実の息子とは不仲で、財産をめぐって驚くほど執念深く暴力的な争いを続けていた。最晩年にはヴィチェンツァにいることができず、ローマの知人の家で一五五〇年に死んだことが知られている。

ラ・ロトンダ

ゲーテのヴィチェンツァ滞在中のハイライトであるラ・ロトンダ訪問の話題に移ろう。ヴィチェンツァのすぐ南の丘陵地帯の一角に建つラ・ロトンダは、パラーディオのヴィラの中でも最も有名な作品で、一目見れば忘れられない姿をしている（図1-29）。ゲーテがどのような印象を持ったか、『イタリア紀行』には次のように書かれている。「今日、町から三十分ほどの気持ちのよい高台の上にある豪邸、通称ロトンダを訪れた。上から光線をとった円い広間を中にかこむ、四角形の建物である。四方いずれからでも、広い階段を登っていくと、六本のコリント式円柱によって作られている玄関に達する。たぶん、建築術上これ以上の贅をつくしたものはけっしてあるまい。階段と玄関との占めている面積が、家屋そのものの面積よりもはるかに大きいのである。

つまり、どの側面から眺めても殿堂としての体裁を十分そなえているようにできているのだ」。ここで「六本のコリント式円柱」と言っているのはイオニア式円柱の誤りである。ラ・ロトンダの柱は柱頭の両側が渦巻きになっているイオニア式である。ドリス式、イオニア式、コリント式などギリシア・ローマの神殿を飾っていた柱の様式は、すでに簡単に説明した通り、ルネサンス時代に復活して体系的に整理され、オーダー（柱式）と総称されるにいたるが、古典主義の建築の主な眼目は、このオーダーをいかに使いこなすかということにあった。しかも、比例、対称、均整、調和、抑制といった美の基準を満たしながら配置しなければならない。そうしたことをよく理解していたはずのゲーテであるが、別のところでもイオニア式の円柱を見てコリント式と言っているので、どうやら反対に覚えてしまったらしく、ご愛嬌である。

古代神殿の正面の形（柱列とその上に載る三角形の切妻破風からなる形）を邸宅建築の正面に、ポルティコ（この場合は公共の歩廊ではなく玄関廊）として用いる手法は、厳密にはパラーディオの専売特許というわけではない。しかし彼の作例が最も豊富かつ見事であるため、「神殿正面風のポルティコ」というのは、パラーディアン・スタイルのトレードマークのようにみなされることになる（特に十八世紀のイギリスで）。客を迎える玄関なら一つあれば十分で、パラーディオも他のヴィラではこれを表側の正面にしか用いていないが、ラ・ロトンダでは例外的に四面に付している。四つの外階段と玄関の占める面積は「家屋そのものの面積よりもはるかに大きい」というのがゲーテの得た印象であったが、実はこれはちょうど同じに作られている。平面図をじっくり見てみよう（図1-34）。

図1-29　ラ・ロトンダ（設計1566-67）　北から見た外観

図1-31　ドームの中央に開けられたオクルス

図1-30　東の角の部屋（続き部屋の大きい方）

図1-32　台所だった地上階（１階）

図1-33　牧神パンの顔をした床の排水口

外階段を上って入る主要階（ピアノ・ノビレ）は、二軸対称の構成で、中央には二層分吹き抜けでドームのかかる直径約十・五メートルの円形広間（サーラ・ロトンダ）があり、このヴィラが「ラ・ロトンダ」と呼ばれるもととなっている（ラは定冠詞／ロトンダは円形の意）。ローマに残る二世紀の大円形神殿パンテオンも「ラ・ロトンダ」と呼ばれることが多く、パラーディオがそれを意識してこの広間を設計したことは明らかであるが、直径はパンテオンの四分の一にすぎない。ドームの頂部にはパンテオンと同じく「オクルス（眼）」と呼ばれる穴が開けられ（図1−31）、その下の床の中央には透かし細工の牧神の顔が嵌められて、オクルスから入ってくる雨水を下の樋に導いていた（図1−33）。オクルスからは鳥や虫も入ってきてしまうので網を掛けて対処していたが、十七世紀に明かり取りの頂塔が取り付けられた。屋根の形もパラーディオの意図した半球形ではなく、皿を段々に臥せたような形に実現された。

円形広間の四隅には三角形に近い形の螺旋階段を納めた階段室が設けられ、全体が正方形の中に納まっている。この正方形の面積は主屋の正方形の四分の一にあたる。四面のポルティコと円形広間をつなぐ四本の通路（幅は大小二種）によって分けられた四隅の部分には、それぞれに大小二つの続き部屋が配されている（図1−30）。室内、特に円形広間の装飾は、十七世紀バロック期になされたものが主で、典雅な外観に比べると少々違和感を覚えるほど濃厚である。「内部は住むこともできるが、住み心地がいいとは言えない」というのが、当たり前のようなゲーテの感想である。しかしホテルのスイートルームのように独立した続き部屋が四つもあったことは、招かれて滞在する客たちにはけっこう居心地がよかったかもしれない。もちろん住宅である以上、

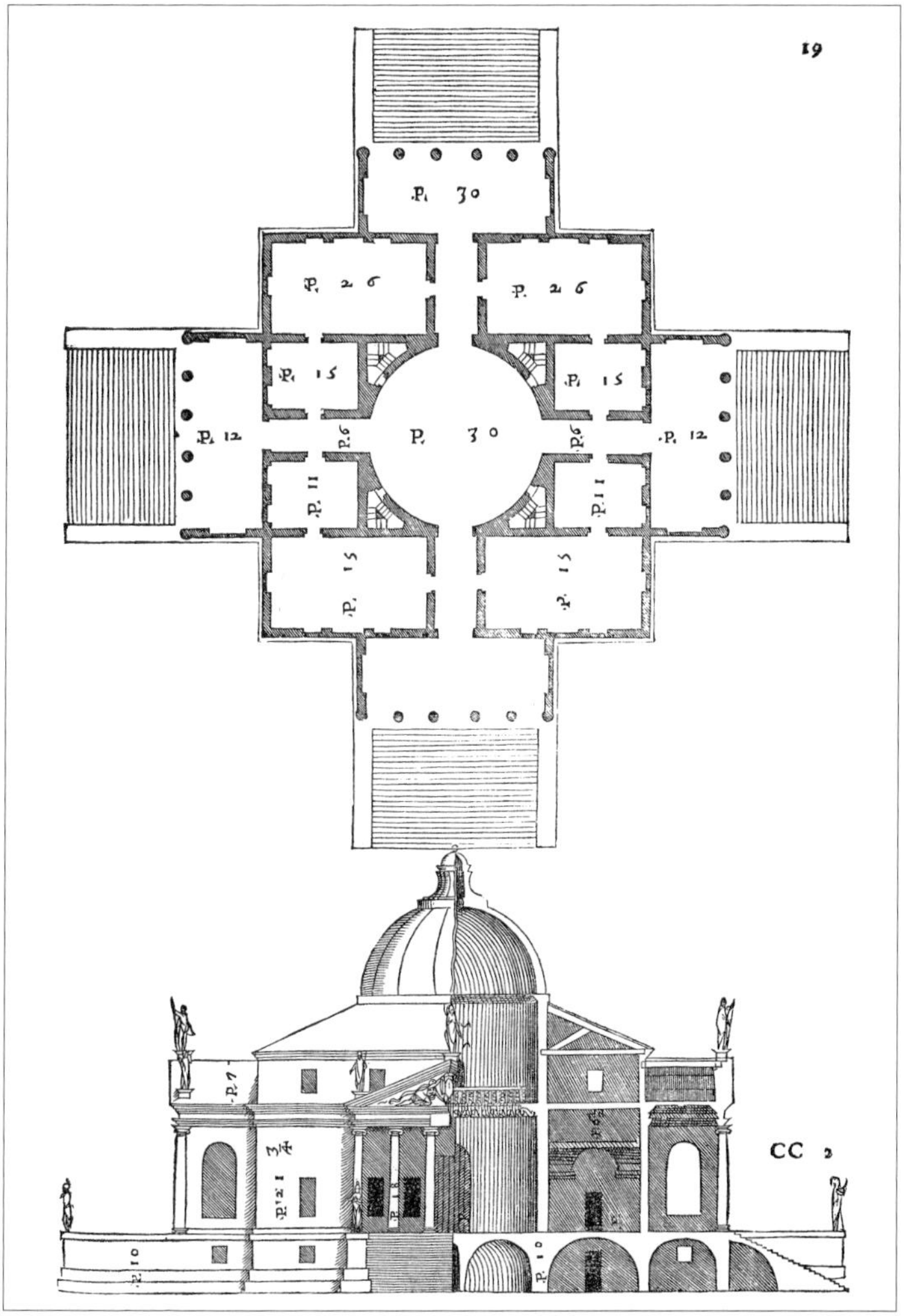

図1-34　ラ・ロトンダ平面図（上）と立断面図（下）
（平面図の左下〜右上の対角線が南北軸にあたる）『建築四書』（1570）より

台所などのサーヴィス空間は必要で、それは目立たない地上階に設けられている（図1-32）。だが全体として生活臭はなく、幾何学と古代建築の要素で作られた純粋に理念的な建物といえる。

ラ・ロトンダの魅力がとりわけ外観にあることは疑いがない。一度に視界に入るのは二面までにすぎないが、ぐるっと回って四面に神殿風のポルティコがあることを確認すると、誰しも愉快な気分になる。普通の建物には表と裏があるのに、ここにはそれがない。どこから見ても同じで、外階段を上ったり下りたりできる建物はどこか大きな遊具のようでもある。少し離れて眺めれば、その姿は威厳に満ちて美しく、建物と景色に見とれ、歩き回り、外気に触れてしばしの時を過ごすうちに人は穏やかな幸福感に包まれてゆく。

パラーディオは『建築四書』の中で周囲の環境について、「敷地は考え得るかぎり美しく、快適なところである。というのは、きわめて登りやすい小さな丘の上にあり、一方の側は船が通えるバッキリオーネ川……他の側はきわめて美しい丘陵地で取り囲まれ……」と記し、ゲーテは、「建物からの眺望もこのうえなく好ましい」と述べている。十六世紀のパラーディオの時代の眺望のよさを十八世紀のゲーテが確認し、さらに基本的にさほど変わらぬ風景が二十一世紀の今もそのまま残されている。四面のポルティコについては、パラーディオはこれらをロッジアと呼んでいるが、「きわめて美しい眺望をあらゆる側から楽しめるので、四方の正面のすべてにロッジアがつくられている」、と人ごとのようにあっさり述べているだけである。しかし、もちろん彼はこのようなものを作りたかったのである。

円や正方形を基本とした平面の中央にドームを載せるというのは、ルネサンス期の建築家たちが理想とした建築の形であったが、現実との妥協の中で、実現した例はごく少ない。ところが、ラ・ロトンダの施主は特別で、パラーディオの好きなように設計させてくれたため、浮世離れした理想のヴィラが実現できたのである。施主のパオロ・アルメーリコ（一五一四〜八九）は、ヴィチェンツァの良家の出身であったが、若い頃に人殺しの嫌疑で牢獄に入れられ、最終的には釈放されたものの、ヴィチェンツァを離れてローマに移り、教養と有能さを活かして長らく教皇庁で三代の教皇に高官として仕えたあと故郷に戻り、町の外の丘の上の所有地で晩年を安楽に過ごすため、パラーディオに家の設計を依頼したのであった。

ラ・ロトンダは現存するだけで二十を超えるパラーディオのヴィラの最後の作品で、設計は円熟の極みに達し、彼の集大成といった感がある。他のヴィラはもっぱら貴族たちの農園経営の拠点と別荘の両方をあわせた性格を持っていたのに対し、ラ・ロトンダでは実利的な目的は免除された。設計依頼は一五六六年、翌年にはアルメーリコがヴィチェンツァ市内の実家を売却して資金を調達し着工する。工事は速やかに行われ、一五六九年には一部を除いてほぼできあがり、アルメーリコはすぐに移り住んだ。一五七〇年までにはヴィチェンツァの彫刻家ロレンツォ・ルビーニによる彫像群が制作され、外階段両側の袖壁の上やポルティコの三角破風の上に取り付けられた。こうして、純粋幾何学と古代の面影にもとづく究極の理想のヴィラが誕生したのである。

パオロ・アルメーリコはここに二十年住んだのち、一五八九年に亡くなる。高位聖職者であった彼は独身であったが、庶出の息子がいてラ・ロトンダを相続した。しかし彼はすぐにカプラ家にこれを売却してしまう。ラ・ロトンダが二十世紀に入って所有者がかわったあとも、一般には長らくヴィラ・カプラと呼ばれてきたのは、そのためである。十七世紀の初めには農事用の付属屋が後出のヴィンチェンツォ・スカモッツィによって敷地の北西に建てられた。当初は北東側から丘をまっすぐに登って近づくようになっていたが、現在はこの付属屋に沿った北西側にアクセス道路と門が作られている。

ミニョンの歌とラ・ロトンダ

『イタリア紀行』のもとになった『旅日記』によれば、ゲーテは九月二十日、二十一日と続けてラ・ロトンダを訪れており、二十二日の日記には『ヴィルヘルム・マイスターの演劇的使命』に出てくる「ミニョンの故郷は、ヴェローナにするかヴィチェンツァにするかずっと考えてきたが、疑いなくヴィチェンツァだ。そのためにまだ数日ここに滞在することにした」（拙訳）、と書かれている。『演劇的使命』は、ゲーテがイタリア旅行に出る前に六巻まで完成していたが、その部分は後に大幅に改変されて四巻にされ、さらに新しく四巻を加え、題名も『ヴィルヘルム・マイスターの修業時代』とあらためられて、一七九六年に出版される。ミニョンは主人公ヴィルヘルムが旅芸人の悪辣な座長から買いとった不思議な少女である。その少女がさらわれてきた元の故郷をヴィチェンツァにすることにしたと決めたのには、ラ・ロトンダを訪れたことも関係していそうである。ミニョンがツィター（チター）を弾きながらヴィルヘルムに歌ってきかせたという設定の歌詞は、小説と無関係にしばしば引用されて有名である。「君知るや南の国」（森鷗外訳／本書18ページ参照）あるいは「君よ知るやかの国を」（小宮隆豊訳ほか）という言葉で始まる文語調の訳がよく知られているが、ここでは口語訳のものを紹介しよう。

あの国をご存じですか
レモンの花が咲き
小暗い葉かげにオレンジが金色にもえ
そよ風が青い空から吹きわたり
ミルテがしずかに
月桂樹が高だかとそびえている
あの国をご存じですか
……………

あの館をご存じですか
円柱のうえに屋根がやすらい
広間は輝き小部屋はほのかに光り
立ちならぶ大理石の像がわたしを見つめて
かわいそうに
どんな目にあわされたのとたずねてくれる
あの館をご存じですか
……………
（前田敬作・今村孝 訳）

この詩は『修業時代』第三巻の冒頭に登場するが、これが書かれたのはイタリア旅行に出る二、三年前のことで、ヴァイマールの宮廷でゲーテの朗読を聞いた友人たちは皆この詩を知っていたという。第一節では、レモン、オレンジ、ミルテ、月桂樹と並べられた南国の樹木のイメージによって、美しく豊かな土地への憧れが喚起される。後にナポリへ向から旅の途次、一七八七年二月二十四日の日記に、ゲーテは次のように書いている。「フォンディを出るとちょうど夜が明けて、そしてすぐに道の両側の塀の上から垂れさがったダイダイの木のなかへ迎え入れられた。木には想像もできぬほどたわわに実がついている。……ミニョンがこうしたところにあこがれたのも無理からぬ話だ」。こう報告するゲーテは、自分がまだ見ぬ国について直感的に描きだした光景が、このように現実にあることに深い満足を覚えたにちがいない。そしてそれより早く、第二節で詠った館については、ヴィチェンツァでラ・ロトンダを訪れた時に密かに同じ満足を味わったはずだと思うのである。

ゲーテはおそらく銅版画で見た不特定のイタリアのヴィラのイメージから想像をふくらませ、韻を踏むために言葉を選んだ結果、第二節の歌詞ができたと思われるが、「あの館」と名指される館の漠然とした描写は、ラ・ロトンダにもぴったりとあてはまる。ラ・ロトンダの四面のポルティコの円柱の上には切妻屋根が載り、中央の広間はドームの天窓からの光で輝き、その周囲には小部屋がとりまいている。外階段の両側の袖壁と切妻屋根の上には神話の人物になぞらえた彫像たちが並び、幾何学的な構成の建物に有機的な生命感と魅力を与えている。階段の袖壁にミニョンが腰掛け、円柱の間から開いた扉ごしに内部を眺め、彫像に語りかけている姿を想像すれば、この詩の情景そのままである。ゲーテがラ・ロトンダを見たあとで、ミニョンの故郷をヴィチェンツァに決めたと書いたのも納得がいく。

テアトロ・オリンピコ

ヴィチェンツァのテアトロ・オリンピコは劇場史の上で重要な建物で、「中世以降に作られた、現存する最古の劇場」とか「古代劇場を屋内に木造で再現したもの」といった位置づけがなされる。これは一五五五年に発足したアッカデミーア・オリンピカが建てた劇場で、パラーディオもこのアカデミーの当初からの会員だったことから設計にあたった。建設が決まったのは一五八〇年二月十五日の会合の折で、二月末には町の東側の川の近くにあった旧牢獄の跡地に建設用地が決まる。パラーディオが短期間に設計することができたのは、当時まだ各地に残っていた古代劇場の遺跡（ヴィチェンツァにもテアトロ・ベルガという古代劇場の遺跡が当時はまだあった）を実際に見たことがあり、想像復原図を作るなどの作業をした経験があったからである。ところが、パラーディオは工事が始まってまもない八月十九日に突然世を去ってしまい、完成を見ることはなかった。工事はパラーディオの残した図面に従って進められ、一五八五年に竣工した。

古代ローマの野外劇場は石の階段席が半円に作られるのが普通であったが、テアトロ・オリンピコでは敷地の制約から半楕円形で、木造の階段席となった（カラーページ）。古代劇場の見せどころは、舞台の三方を囲む建物のファサードのような固定背景にある。パラーディオもこの部分のデザインに力を入れ、精巧な図面を作成したが、そのおかげで彼が亡くなったあとでも木造の舞台背景壁は見事に仕上がった（図1-35）。正面は横長の大きな凱旋門のようにも見えるが、開口部の向こうに見える部分は、工事途中で敷地が買い足されたあと、後任の建築家ヴィンチェンツォ・スカモッツィが付け加えたものである。スカモッツィは街路に見立てた通路を傾斜させ、奥に行くほど狭め、透視図法を応用して立体的な書き割りの街並を木で作った。最初の演し物はソフォクレスの悲劇「オイディプス王」と決まったので、テーベの街並を意図したものであった

（図1-36）。これは一時的な舞台装置のはずであったが、よくできていたのと、その後ほとんど演劇が上演されることはなかったため、そのまま四百年以上も放置されて今に至っている。端正な古典的デザインの障壁の向こうに、開口部に縁取られて、作り物のだまし絵風の街並が見えるおもしろさは、パラーディオの意図したものではなかったが、これが観客の目を惹き付ける一要素となったことは確かである。

パラーディオは開口部の奥に、古代劇場で用いられたペリアクトイと呼ばれる三角柱の場面転換装置を置くか、キャンバス地のようなものに背景を描いて垂らすことを考えていたと思われる。その意味で、一九八〇年のパラーディオ没後四百年記念の年に、ヴェネトの各都市で開催された展覧会全体を知らせるポスターに登場したテアトロ・オリンピコのデザインは印象的であった。そこではスカモッツィの装置を消して、かわりに美しい田園風景の写真をアーチの間に挿入しており、パラーディオの本来の意図に敬意を表しているように見えたからである。

ゲーテは細かいことには触れず、次のような大雑把な感想を述べている。「オリンピコ劇場は古代人の劇場を小規模に実現したもので、言いようもなく美しい。しかしこれをドイツの劇場と比較すれば、高貴で富裕で端正な子供を……世故にたけた人と比較しているように思えるのだ」。テアトロ・オリンピコが劇場として未熟であるのはしかたがない。何しろ古代遺跡を除けば、現存する最古の劇場なのだから、まだ劇場のシステムが整わず、使いにくかったことだろう。当初の意気込みに反してここで古典悲劇や喜劇がほとんど上演されなかったというのもうなずける。むしろ二十世紀に入ってから、特にここ数十年来、工夫を凝らして様々な催しに頻繁に活用され

図1-35　テアトロ・オリンピコ　パラーディオ設計　1580
舞台の固定背景壁の向こうにV. スカモッツィによる立体的書き割りの街並が見える

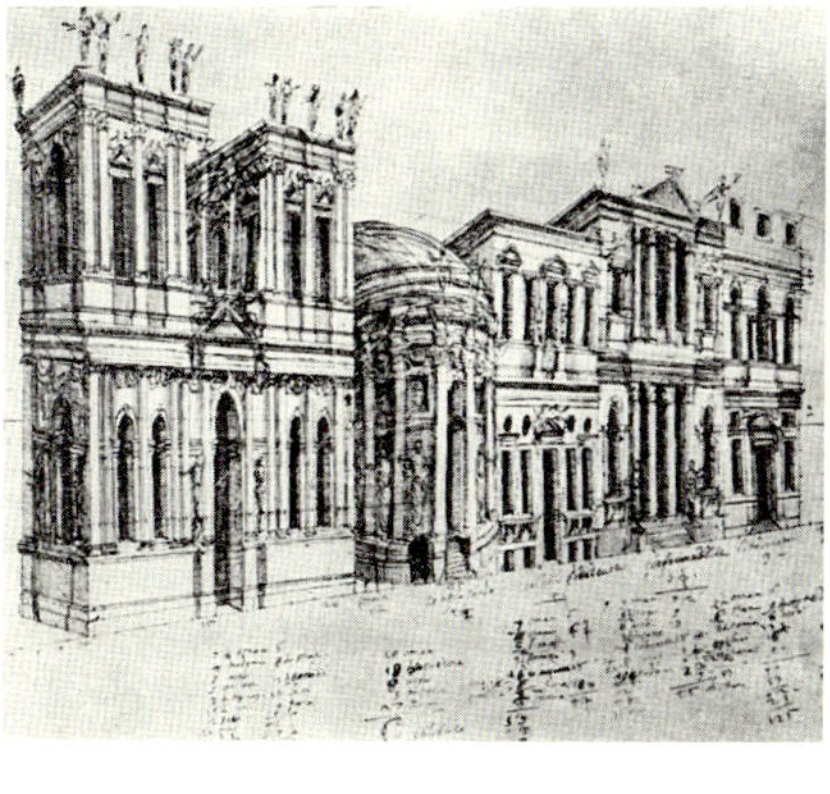

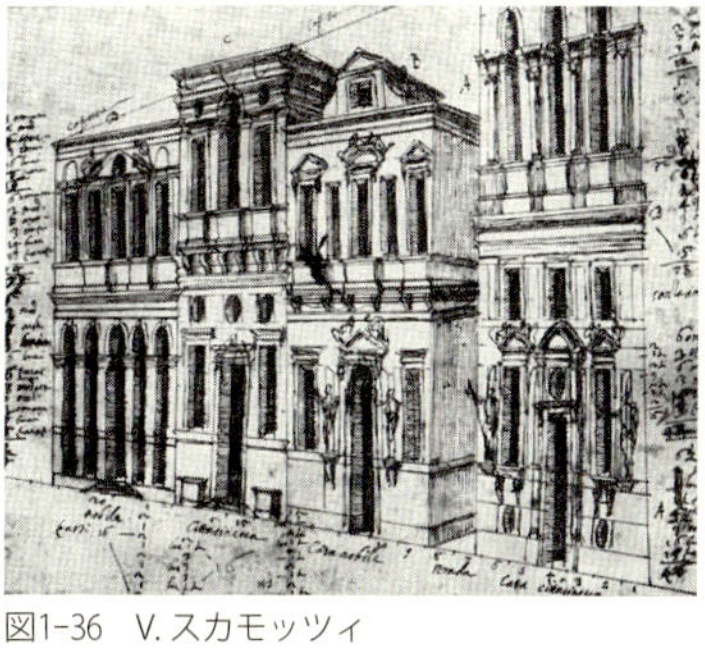

図1-36　V. スカモッツィによるデザイン画　1584（中央街路左右）

るようになってきている。

一五七〇年からヴェネツィアに移って活動していたパラーディオが、最後の大作となるテアトロ・オリンピコを、自分を育ててくれた町ヴィチェンツァにのこすことができたことは、たとえ偶然であっても、非常に律儀であった彼の性格の反映のように感じられてならない。元牢獄があったこの地区は、当時すぐ近くにパドヴァへ通ずるバッキリオーネ川の港があり、積荷や荷下ろし作業などが行われるほか、隣接した広場では露天の家畜市場が開かれる、雑然とした場所だった。それがしだいに、現在のような上品な場所に変貌していった過程で、最も影響力があったのは、すぐ近くに建つ堂々としたヴィラのような姿のパラッツォ・キエリカーティであるが、テアトロ・オリンピコの存在もこの地区の格上げに貢献したことはいうまでもない。まず美しい建物を作り、文化的な施設を設けることが、しだいに周辺への波及効果を生み出し、地域の美化・再生につながる、という典型的な例である。現在はもう港はないが、広場の隅に、長距離バスの発着所が設けられている。市立美術館になったパラッツォ・キエリカーティは、夜になるとライトアップされて、怪しく威厳に満ちた輝きを示す。留学時代、パドヴァから週一回ヴィチェンツァに通っていた私は、帰りのバスを待つ間、よくその姿に見とれていたことを思い出す。

二人のスカモッツィ

ゲーテは九月二十一日に、「パラーディオの建築の本を出版し、有能で情熱的な芸術家である、

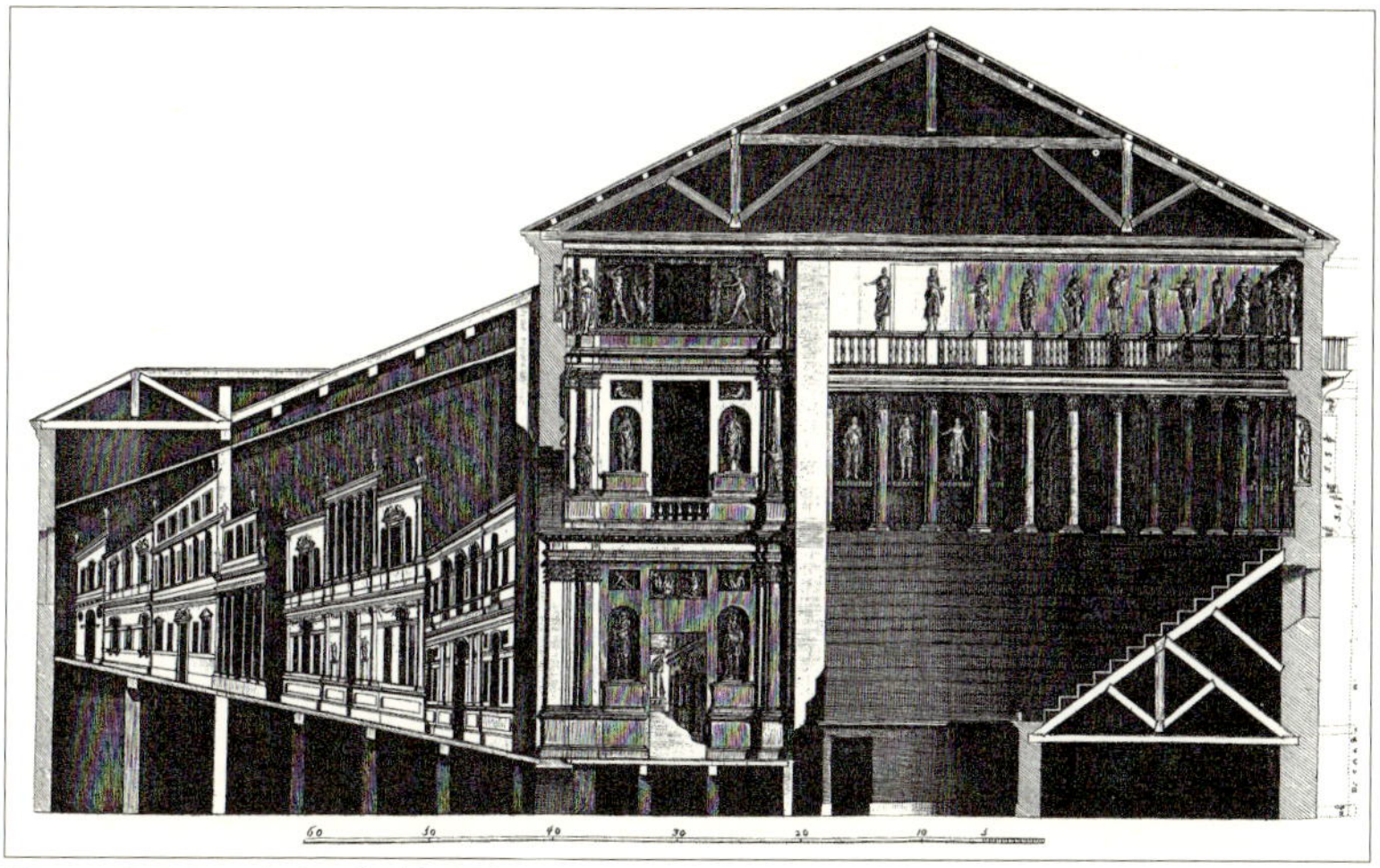

図1-37　テアトロ・オリンピコ断面図（Ottavio Bertotti Scamozzi 1796より）

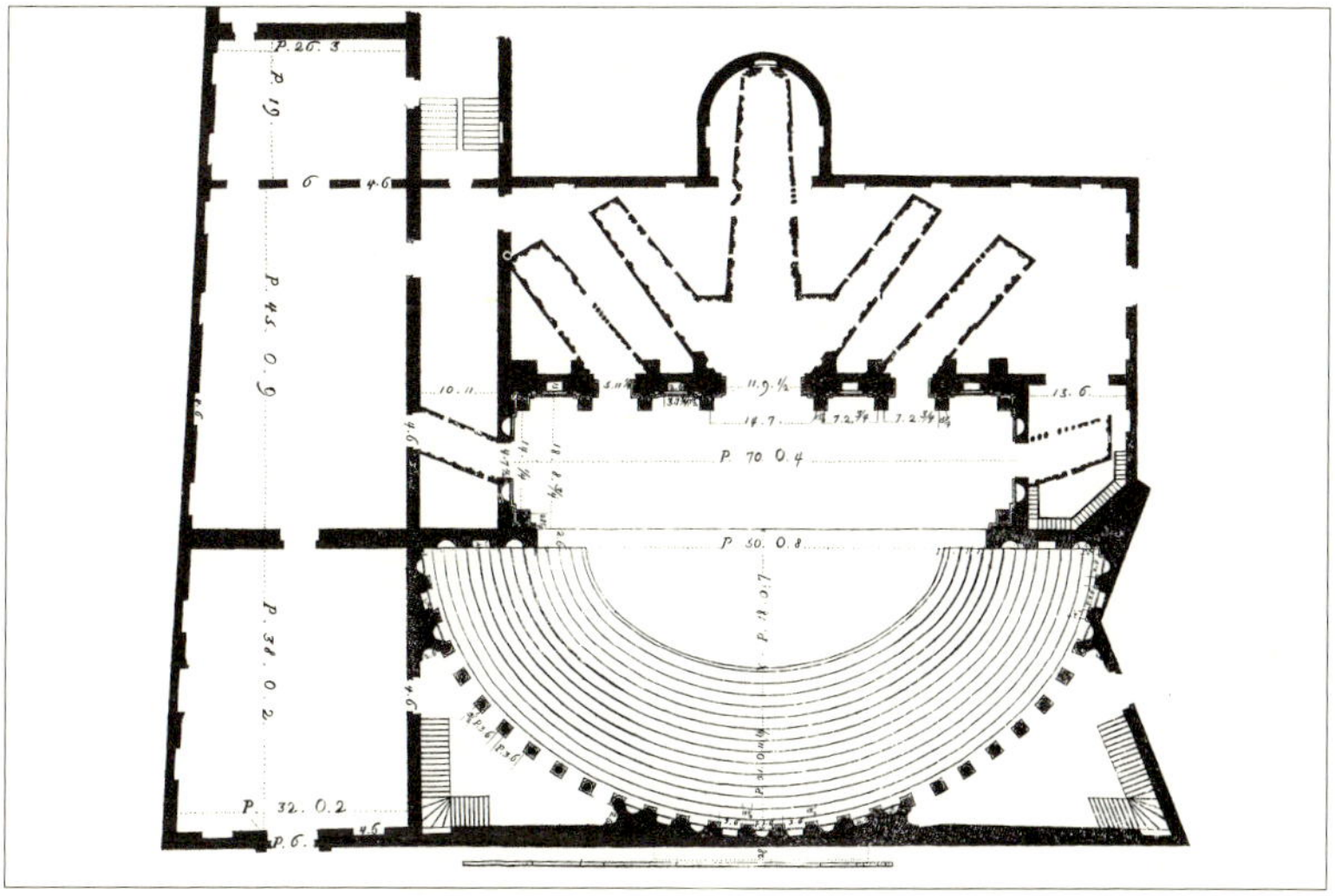

図1-38　テアトロ・オリンピコ平面図（同上）

老建築家スカモッツィの家へ行った。ぼくが興味をいだいていることを喜び、若干の手引をしてくれた」と記している。そして以前に版画で見て好きだった建物が「パラーディオの家」と呼ばれていることを聞いて喜び、改めてその慎ましさと構成の妙を讃えている。しかしこれがパラーディオの住んだ家という根拠はなく、現在ではカーサ・コゴロ（コゴロの家）と呼ばれている。これは公証人ピエトロ・コゴロが一五五九年にヴィチェンツァの市民権を申請した際、自宅の正面を街路にふさわしい立派なものに整備することを条件として提示され、改築を行った結果、できたものである（一階の内側は両隣とつながり、公共の歩廊ポルティコになっている）。コゴロと知り合いだったパラーディオの作とされていたが、相談に乗った可能性はあったとしても、設計したという証拠はない。しかし有名になってしまったためカーサ・コゴロは現在でも、パラーディオの作品集には「不確実」という注付きで必ず掲載されているものである。

ともあれ、ゲーテはこの老建築家、すなわち『アンドレア・パラーディオの建築と図面』全四巻（一七七六〜八三）を出版したオッタヴィオ・ベルトッティ・スカモッツィ（一七一九〜九〇）本人に会って話をし、相応の好感を抱いたようである。図1-37・38は彼が描いたテアトロ・オリンピコの図面であるが、彼が出版した精緻な銅版画によるパラーディオ作品集は、今でも大変貴重なデータを提供してくれる重要な研究史料となっている。

いっぽうテアトロ・オリンピコの中で、舞台背景壁の背後に透視図法を強調した立体的な書き割りの街路をこしらえた建築家の名前もスカモッツィであった（図1-36）。こちらはヴィンチェンツォ・スカモッツィ（一五四八〜一六一六）である。一六一四年八月にヴィチェンツァを訪れた、後の大建築家イニゴー・ジョーンズ（パラーディオを研究しイギリスに本格的ルネサンスをもたらす人物）は、一行の案内役を務めたV・スカモッツィと親しく話をする機会を持った。ところが、スカモッツィはパラーディオをおとしめるようなことばかり言うのと、建築に関して議論をしても理解したようすがないなどの理由から、ジョーンズは彼に対して反感を抱き、スカモッツィは物を見る目のない嫌な奴だというようなことを、持参していた『建築四書』の余白にあとから細かくメモしていたことが知られている。イニゴー・ジョーンズが実際に会って悪印象を持ったV・スカモッツィと、その百七十二年後にゲーテが会って感じのよかったO・B・スカモッツィ、二人のスカモッツィはパラーディオ関連で出てくることが多く、ややこしい。しかし、彼らをめぐる話は興味深いので、ぜひここで語っておきたい。

ヴィンチェンツォ・スカモッツィは、パラーディオが一五八〇年に死んだあと、未完のままのこされた数多くの建築を引き継いで完成させているため、パラーディオの弟子といわれることが多いが、直接的な師弟関係はない。スカモッツィは、ヴィチェンツァで請負業者兼建築家であった父のもとで修業をした、地元の二代目建築家であった。パラーディオの弟子と間違えられたり、彼のあとに続く二番手の建築家とみなされることを非常に嫌ったスカモッツィは、映画『アマデウス』の中に敵役として登場し有名になったサリエーリのようだと評されることもある。しかしウィーンの宮廷作曲家だったサリエーリが六歳下のモーツァルトの天才ぶりに嫉妬した（あくまで映画の中での話だが）のに対し、スカモッツィは自分より四十歳も年長のパラーディオをやっかみ、死後もますます高まる彼の評価に対して嫉妬と対抗心を燃やす複雑な人物であった。

スカモッツィは、ヴィチェンツァのテアトロ・オリンピコを完成させる仕事をしたあと、マントヴァ公が作った理想都市サッビオネタにも招かれ、そこに同じ名の劇場を設計している。またヴェネツィア共和国の北辺を守る星形の要塞都市パルマノーヴァは、彼自身の設計による理想都市の試みである。ヴェネツィアではサン・マルコ広場の南側を縁取る長大な建物プロクラティーエ・ヌオーヴェ（新財務官舎／現在はコッレル美術館）を設計し、ヴィチェンツァでは現在市庁舎に使われているパラッツォ・トリッシノ、またベリチ丘陵南西部の丘の上で目立つヴィラ・ピザーニ（通称「ラ・ロッカ」／図1-39）も彼の設計である。エウガネイ丘陵の南東に位置するモンセリチェでは、丘を登る道に沿って七つの小教会堂を模擬巡礼路のように並べ、その先の眺望のよい場所にヴィラと野外劇場を置くという演出などもしている。

このほかにも作品は多く、『普遍的建築の理念』（一六一五）という主著もあり、実現はしなかったもののザルツブルクにも呼ばれて大聖堂の設計にもあたった、となると、スカモッツィはかなりの人物のように思える。だが、パラーディオに関する本は山とあるのに、スカモッツィを単独で扱ったものはほとんど見あたらない。昔、ヴィチェンツァで見学会があった時、案内役の教授がスカモッツィの設計したパラッツォ・トリッシノの細部を指差し、彼特有の「冷たい、乾いた」デザインだという説明をしたが、それが「フレッド、セッコ」とまるで吐き棄てるような言い方に聞こえた記憶がある。なぜかV・スカモッツィはあまり愛されていない、と感じた疑問を、知り合いの研究者（O・B・スカモッツィに関する著書のあるロレダーナ・オリヴァート）にぶつけると、それはスカモッツィの「人柄の悪さのせい」だと即答が返ってきた。彼は、何人も子供をもうけ

図1-39　ヴィラ・ピザーニ（通称ラ・ロッカ）　V. スカモッツィ設計　1576

図1-40　V. スカモッツィの肖像
1615

図1-42　「ルーア」が置かれたシニョーリ広場東端部

図1-41　スカモッツィ展ポスター　2003

た女性がいたのに、「建築に身を捧げるため」と称して生涯結婚しようとせず、パラーディオの死後はその作品をけなすような言動ばかりし、一方で自分が不当に無視されていると感じていた。そこで名前をのこしたいという野心から、「ヴィチェンツァ出身の若い有望な建築家に、スカモッツィの姓を継承するという条件で、全財産を譲る」という異例の遺言書（一六一六年八月四日付け）をのこした。このことが二人目のスカモッツィの出現につながるのである。

スカモッツィの遺産はそれほど莫大なものではなく、慎ましい終身年金のような形でこれを受けた者は、十九世紀の前半に資金が枯渇するまでに十数人いたが、その中で唯一有名になったのが、遺言執行人の一人であったカプラ侯爵（ラ・ロトンダの所有者）に見いだされ、一七五六年に正式に選ばれて、スカモッツィという姓を自分の本名の後ろにつけて名乗るようになったオッタヴィオ・ベルトッティであった。彼は建築設計もしていたが、やがてパラーディオの作品を実測調査して図面に描き、出版することを自身の天職とするようになった。パラーディオを嫌ったヴィンチェンツォ・スカモッツィとしては、自分の姓を名乗らせた男が自分ではなくパラーディオの研究をするようになったという、非常に皮肉な結果に終わってしまったわけである。このようにヴィンチェンツォ・スカモッツィは、生前の人柄の悪さのせいか、作品にやや魅力が乏しいせいか、業績の多さに比して評価が薄くて気の毒なような、当然なような、というのが私が彼に対して抱いていた大雑把なイメージであった。

ところが二〇〇三年九月に、四百年の軽視をつぐなうかのように、初めてのスカモッツィ展がヴィチェンツァのパラーディオ建築研究国際センター（略称ＣＩＳＡ／チーザ）で開催されたのであった。この時のポスターに使われていたスカモッツィの肖像画が、まったく見たことのないものだったことも驚きであった。彼の肖像画はいくつかあるが、若い頃のは鋭敏で怜悧そうだが（といっても、それはザルツブルクに残るスカモッツィの中年期の肖像画を若返らせて好意的に描いた十九世紀のスケッチ）、年をとってからのは偏屈そうであまり魅力的とはいいがたい（図1-40）。ところがポスターには思慮深く信頼できそうな、感じのいい中年の男がコリント式の柱頭とディヴァイダーを手に持って何か語りかけてきそうな姿のものが使われている（図1-41）。「デンヴァーの美術館で最近発見されたもので、一番よいので選んだ」というのが、関係者から聞いた話である。カタログには、ヴェロネーゼによるとされるこの肖像画についても、別の建築家を描いたものとされていたのがスカモッツィのものと判明した経緯の詳細や、顔立ち的にもおかしくないことを証明するためにCGを使って今回の肖像画の顔の半分に従来の顔の半分をうまくつなげた合成図などが掲載されている。

「建築は科学だ」というのがポスターのサブタイトルである（スカモッツィの著書からの部分引用）。彼の図面は密度が濃く、方位、寸法、採光方法など、詳細な情報が満載されている。建築は「創造」するものというより、様々な条件から導く「解」である、というのがスカモッツィの考え方であった。その合理的な姿勢によって、十六世紀後期ルネサンスのパラーディオ的世界と科学の幕開けの時代である十七世紀を結ぶ「知的な」建築家がスカモッツィである、というのがこの時の展覧会の切り口のようだった。

実をいえば、私はこの展覧会を見ていない。数ヶ月前に届いた展覧会予告にあわせて旅程を組み、ヴィチェンツァまで行ったのに、実際には準備が間に合わず開会が数日後ろに延びて、見ることができなかったのである。イタリアではありそうなことであっても、まさかヴィチェンツァに限って、そんなことはないはずだったのだが……。しかし後日送ってもらったカタログは五百九十ページ、アート紙のためずしりと重く、計ったら三キロもあったので、むしろほっとする思いになった。現地で展覧会を見てカタログを持ち帰ったとしたら、あまりの重さに泣きたくなり、そのことに関しては何の罪もないスカモッツィをまた悪く思ってしまったかもしれない。あらゆることになるべく偏見はもたないようにしたいと思いつつ、一度抱いた固定観念を崩すのはむずかしい。偏見のない新しい世代の人にぜひスカモッツィ研究を進めてもらいたいものだ。

ヴィチェンツァの作家

ここでゲーテから離れて、二十世紀から現代の、ヴィチェンツァ出身の三人の作家について少し語ってみたい。ヴィチェンツァ出身で最も有名な作家といえば、ジャーナリストとしても活躍したグイド・ピオヴェーネ（一九〇七〜七四）があげられる。彼は戦前から小説を発表していたが、新聞の特派員としてロンドンやパリなど外国に滞在した経験も多く、アメリカ合衆国を走破して書いた本もある。戦後復興期も終わりかけの一九五三年から三年ほど、国営放送RAIの企画でイタリア中を旅して回り、ラジオを通して聴衆に向けてイタリア各地で見たことを語り、それをもとに一九五七年に出版した『イタリアの旅（Viaggio in Italia）』で広範に知られるようになった。

ヴィチェンツァから離れていることの多かったピオヴェーネであるが、父方のピオヴェーネ家も母方のヴァルマラーナ家も、パラーディオの施主リストに名前をつらねる家系、すなわち何世紀も続く名門貴族の家系である。そのため、彼はCISAにも呼ばれて何度か話をしており、その講演録を読んだことがある。ヴィチェンツァは城壁があまり残っていないので郊外との境があいまいになっているが、知らないうちに町の外に出てしまう夜の散歩が好きだ、と語っていたことが印象深かった。一九七〇年にストレーガ賞を受賞した『冷たい星』（千種堅訳、河出書房新社）は、蘇ったドストエフスキーが死後の世界について語ったりする肝心の部分などより、主人公が住むヴィチェンツァ郊外のヴィラの描写にもっぱら関心をもって読んだ。

ピオヴェーネが亡くなった二年後に、新聞に彼の回想記を書いていたことで、その名を覚えたのがゴッフレード・パリーゼ（一九二九〜八六）である。ピオヴェーネのことよりヴィチェンツァを劇場のような町として語った部分が印象的な美しい文章だったが、パラーディオにも焦点をあてているため、知り合いが切抜きを私にくれたのである。その中のさわりの部分が他のところでも引用されているのを見つけたので、拙訳だが一部分だけここに紹介したい。

「ヴィチェンツァは劇場のように作られた町、というより劇場そのものである。まさに驚くほど素晴らしい背景があり、互換性のある舞台装置に満ちあふれ、すべては本物、すべて石と煉瓦でできていて、空も本物、これは建設された、というよりただ一人の舞台装置作家、アンドレア・パラーディオによって形づくられ、私物化された、劇場なのである。……」

パリーゼもジャーナリスト的な作家で、『優雅さは冷ややかなり（L'eleganza è frigida）』（一九八二）という日本探訪記もある。ヴェネツィアの友人にもらって読んでおもしろかったが、この人の特徴なのかすべてに辛辣なのが多少気になった。

ヴィチェンツァの作家として三人目に紹介したいのは、私がヴェネツィアでたまたま遭遇した、現役で活躍中のヴィタリアーノ・トレヴィザン（一九六〇～）である。二〇〇八年の九月、その頃ヴェネツィアにいた日本人の友人（舞台衣裳家）が、ローマから来た彼女の友人夫妻（イタリア人の建築家とデザイナー）を案内していて、お昼を一緒にしようということになり、サンタ・マルゲリータ広場の庶民的な店で約束をしていた。私が少し遅れて着くと、三人のほかにスキンヘッドにサングラスの見知らぬ男性がいて、「ヴィチェンツァの人で、ベストセラーになった本もある作家」だと紹介された。ローマからの夫妻は映画関係の仕事もしていて、彼と以前一緒に仕事をしたことがあり、来る途中に道でばったり出会ったので誘ったのだという。私のほうはパラーディオの研究者だと紹介してもらったので、話題はそのことになった。ヴィチェンツァ出身の彼は、「パラーディオは重くて好きじゃない。スカモッツィのほうがいい」と言い、いろいろと理由をあげ始めた。建築に詳しいので感心もしたが、二〇〇三年にヴィチェンツァで開催されたスカモッツィの展覧会はどうやら効果があったようだとその時に感じた。

この時の会話は短いものにすぎず、トレヴィザンという名も初耳だったが、ベストセラーになったという彼の本は『イ・クインディチミラ・パッシ（一万五千歩）』という印象的な題だったので、記憶に残った。その一ヶ月後、パラーディオ生誕五百年記念の催しの関係で来日していたCISAのグイド・ベルトラミーニ館長と会う機会があり、トレヴィザンという作家が「パラーディオは好きじゃない」と言っていたことを話した。「ヴィチェンツァ人は気取っているから、たいていパラーディオは好きじゃないと言うんですよ」と彼は笑っていた。しかしトレヴィザンはいい作家で、あの本は自分も読んだがおもしろかったと言ったのである。それでにわかに興味を覚え、すぐ発注して本を手に入れたのである。ヴィタリアーノ・トレヴィザン著『I Quindicimila Passi（一万五千歩）』は、二〇〇二年に出版されてベストセラーになり、後に賞を二つもとったという。ペーパーバックで百五十五ページなので、私にも何とか読み通すことができただけでなく、衝撃的な読後感を味わった。

この本の主人公は、家から目的地までの歩数を数えて手帳に記し、平均歩数を計算するという習癖をもっている。彼が、家から一万五千歩の距離にある市中の公証人の事務所に向かって歩きながら、脳裏を横切る家族の歴史を延々と語ってゆく、というのが物語の枠組である。両親が早く死んでしまったあと、年長の姉が彼と兄の世話をした。この姉もいなくなったらという恐怖心から、兄は執拗に彼女の外出などを邪魔したりしていたが、ある日姉は姿を消し、そのうち兄もいなくなった。姉の失踪から十年経ったので、死亡とみなす書類を作成してもらうため、今日、彼は公証人を訪ねるのである。兄の性格は、市内の画廊のウィンドーに飾られていたフランシス・ベーコンの黒い三面肖像画に異常なほど見入っていたという挿話で象徴的に示される。すべては即物的に淡々と歩くペースで語られ、そのペースに乗っているうちに意外な展開に引き込まれてゆく。

一万五千歩といえば十キロほどの距離だろうか。語り手の家はヴィチェンツァ北東の郊外、開発と工業化が最も進んだ地域に設定されている。かつてヴィチェンツァのこのあたりは、樫の森と沼沢地ばかりだったが、森は伐られ、湿地は干拓されて市街化し、それでも空気が淀めば沼の記憶は浮上する。自分が自殺せずにすんでいるのは、毎日、歩数を数えながら歩いているおかげだ。だが、空想では樫の森に入り込みながら、現実には排気ガスの充満する道路の上にいて、胸をかきむしられる思いがする、と彼の心の声は告げる。回想の中では、南のベリチ丘陵を横切る高速道路の近くに兄が建てた現代建築のヴィラなども登場する。淡々と語りながら、しだいに彼は町の中に入って行き、よく知った街路や建物の名前が次々とあげられていく。私は最初、何日もかけてゆっくりと読んでいたが、しだいに謎が深まり不安な気分が募っていくサスペンスのようで、最後の四分の一くらいは辞書を引くのももどかしく、一気に読んでしまった。そして、結末はいえないが、最後に公証人の事務所で明かされる意外な真実に愕然としたのである。

最近、『ドメニカ・ディ・ヴィチェンツァ』という週刊誌のインターネット・サイトに載っていた、ヴィタリアーノ・トレヴィザンの新刊書を紹介するインタヴュー記事（二〇一四年三月十五日付け）を見つけた。掲載された写真をみると、相変わらずスキンヘッドだが、家の中なのでサングラスはしていない。黒いTシャツを着て青白く繊細な顔で向かっているのは、パソコンでもワープロでもなく、かなり古い型のタイプライターであることに驚く。記事によれば、トレヴィザンは二〇〇二年に『一万五千歩』を書いて、「ヴィチェンツァを怪物のような町として世界に提示してしまい」、賞までとったことで、突如として有名になったのだそうだ。

最後に戦慄するような小説の舞台とされたので、ヴィチェンツァは「怪物のような町」と思われたのかもしれないが、この話は確かにヴェローナやパドヴァでは成立しそうにない。トレヴィザンは、最新作の『トリスティッシミ・ジャルディーニ（悲しき庭園）』でも、ヴィチェンツァを「額縁」あるいは「背景」として使ったが、その理由は「他のどこよりヴィチェンツァでは、背景と日常生活が乖離していることがわかるからだ。空疎で、味気なく、無意味で根拠のない日常生活が、あの壮麗な背景の高みに達することは決してありえない」と語っている。そして、トレヴィザンのこの言葉のあとに、ゴッフレード・パリーゼも同じようなことを言っていたという文脈で、「ヴィチェンツァはパラーディオの劇場そのものだ」という上述の一節が、記者によって引用されていたのである。そのように格調高い町だからこそ、人間の愚かさや不気味さを強調する舞台として効果を発揮する、ということだろう。

トレヴィザンは、映画「剝製師」（二〇〇二）や「ゴモッラ」（二〇〇八）の監督として知られるマッテーオ・ガッローネと親しく、ヴィチェンツァで撮影した「プリーモ・アモーレ（初恋）」（二〇〇四）という映画では脚本の共同執筆を手がけた上、主演もしたらしい。他に舞台などでも活躍しているようである。日本ではまだほとんど知られていない作家であるが、そのうち誰か彼の作品を翻訳してくれないかと願っている。グイド・ピオヴェーネ、ゴッフレード・パリーゼ、ヴィタリアーノ・トレヴィザンの三人に共通するのは、故郷ヴィチェンツァに対する愛憎の複雑さと、外に出ての活躍が目立つこと、作家以外にジャーナリストであったり、映画などに積極的に関わっていたりすることである。

ヴィチェンツァのイメージ

ヴィタリアーノ・トレヴィザンの小説がヴィチェンツァに「怪物（モストロ／モンスター）のような町」というイメージを与えたというエピソードを紹介したが、一般的にいえば、ヴィチェンツァはむしろ清潔で美しく格調高い町というイメージである。さらに現在は、オレフィチェリーア（貴金属店）やジョイエッレリーア（宝石店）が多いことから、高級な町というイメージも広がっている。パラーディオのことは知らないようだったが、「ヴィチェンツァはジュエリーで有名な町ですよね」と言っていた日本女性に会ったことがある。ヴィチェンツァの南西の郊外にはフェアの会場があって、近代的なホテルもその周囲にいくつかあり、そこで年に三回（一月、五月、九月）、世界中からバイヤーが集まる「ヴィチェンツァオーロ（オーロはゴールドのこと）」という見本市が開かれるので、宝飾関係者たちにはよく知られているらしい。ヴィチェンツァはかつては絹織物産業で栄えていたが、十九世紀前半には外国との競争が激化して苦戦を強いられるようになった。かわりに浮上したのが、金銀細工を中心にした宝飾品関係の産業で、これは品質保証の認定や金銀製品への刻印を司る役所が一八三三年にパドヴァからヴィチェンツァに移ったことが契機となって、その後の繁栄につながったという。

しかしやはり何と言ってもヴィチェンツァは「パラーディオの町」ということを常に謳い文句にしてきたことが、そのイメージの確立に大きく作用している。特に、すでに何度か言及してきたＣＩＳＡの存在は重要である。これは第二次大戦後の復興期を経て世の中が落ち着いてきた頃、ヨーロッパの建築史研究者たちが集まって、それまで国別の狭い視野に閉じこもりがちだった研究を開いたものにし、共通の課題を議論しあうための拠点として国際的な研究センターを作りたいという話が持ち上がったことから始まった。場所はパラーディオとの関連でヴィチェンツァに白羽の矢があたり、行政側の賛同も得られてすんなり決まったという。そして、パラーディオ生誕四百五十年にあたる一九五八年に正式名称「アンドレア・パラーディオ建築研究国際センター（Centro Internazionale di Studi di Architettura "Andrea Palladio"）」として発足したのである。

ＣＩＳＡの本部は最初、パラッツォ・ヴァルマラーナにおかれたが、一九七二年にバジリカ（正確に言えば、バジリカの二階に入口のある隣の建物）に移り、さらに一九九七年にパラッツォ・バルバラーノに移って現在に至る。一九五九年から毎年九月に建築見学会や講演などを行う短期集中講座（コルソ）を開いていて、世界中から参加者を集めている。また、建築史に関わる様々なテーマを設定して、シンポジウムや展覧会も頻繁に開いている。特にグイド・ベルトラミーニ現館長が、英国出身のパラーディオ学者ハワード・バーンズ教授と共同で企画する展覧会の数々は、いずれも非常に意欲的である。二〇一二年十月には創立以来の念願であったパラーディオ・ミュージアムが館内にオープンした。これは常設であるが、時宜に応じて展示替えも行う予定という。

ヴィチェンツァにとって九月は特別の月である。気候がよいということもあるが、都市の守護聖人がマドンナなので、九月八日の聖母マリア降誕祭の前後には様々な催しが集中するのである。

現代では、カンポ・マルツィオの緑地に毎年九月に移動遊園地がやってきて、メリー・ゴーラウンドやゴーカートなどのほか、小規模ながら「モンターニャ・ルッサ（ロシアの山）」と呼ばれるジェットコースターまで設置され、出店もたくさん出て縁日のような賑わいを呈する。二〇一〇年に復活したのが、「ルーア」と呼ばれる塔のような形の祭りの装置である（図1-42）。祇園祭の山鉾巡行のように、かつては市内を引っ張って巡行したもののようで、「ルーア」は「ルオータ」（車輪、回転するもの）の訛ったものである。山車《だし》のように引っ張ったものなら、下にも車輪はあったと思うが、中心部分に観覧車のような、子供たちを坐らせるカゴが回転する装置が取り付けてあり、そちらが名称の由来とされる。一四四四年に始まったとされるが、一九二八年を最後に途絶えていた。ルーアの装置そのものも第二次大戦中の爆撃で失われていたが、復原されたものがシニョーリ広場の東側に据えられ、祭りのイヴェントとしての巡行には、一九四九年に三分の一の縮小サイズで作られた「ルエッタ」を修復したものを使うのだという。ゲーテのヴィチェンツァ滞在は九月十九日から二十六日までの一週間だったので、すでに祭りの期間は終わって、ルーアを目にすることはなかっただろう。ともあれ、このような文化的伝統を復活する活動などからも、現在のヴィチェンツァの活力と意気込みが感じられるのである。

第二章

パドヴァ

聖人も祀る豊かな北の大学都市

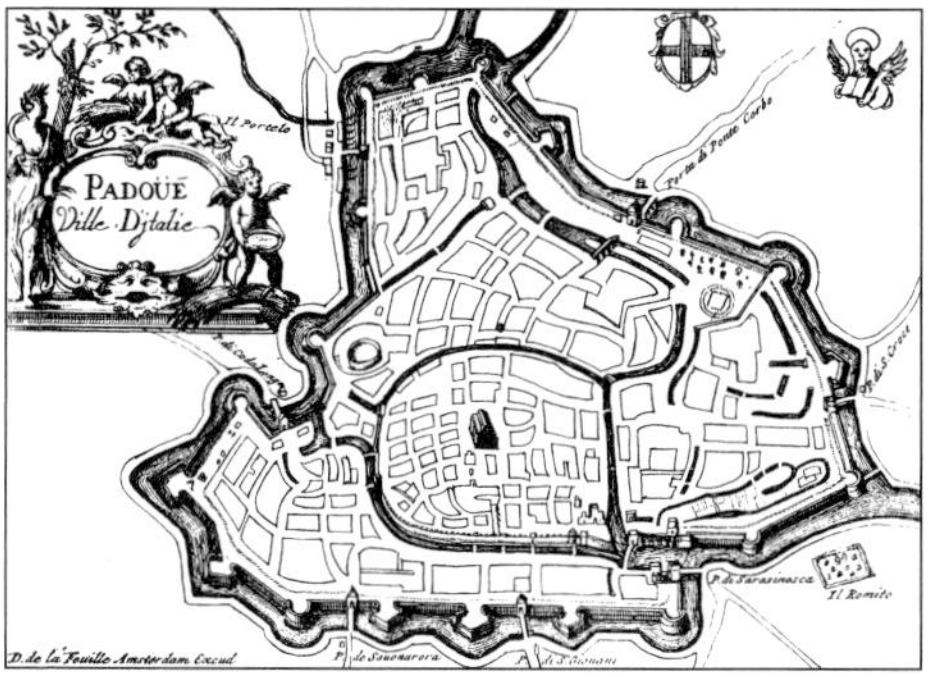

パドヴァ 17世紀

パドヴァの都市形成

一七八六年九月二十六日、ゲーテは小型の馬車を雇い、ヴィチェンツァの東のはずれにあるパドヴァ門を出て、パドヴァへと向かう。やがて、「このうえなく肥沃な平地を東南へ東南へと」青空の下をゆっくり走り、四時間かかってパドヴァに到着する。ヴィチェンツァから約三十キロ東南に位置するパドヴァは、十六世紀に建設された総延長十一キロの城壁と堀が今もよく残る城砦都市である。図2-01は一七五一年の鳥瞰図で、西側を底辺とする三角形のように描かれている。三角形の頂点にあたる東の方向(上)にはヴェネツィアが三十数キロ先にある。ヴィチェンツァから来たゲーテは西にある二つの門のうち北側のサヴォナローラ門(図2-02)から町に入ったはずである。ルネサンス式の稜堡の突き出た城壁は現在も保存状態がよく、パドヴァを特徴づける都市的要素の一つとなっているが、内側の馬蹄形の中世の城壁のほうは、今では門など一部が所どころ残る程度である(図2-03)。その周囲の水路のうち東側だけは二十世紀に暗渠にされて上は道路になったが、他はまだ残っている。前章でひとしきり話題にしたパラーディオは、「ヴィチェンツァの建築家」として名高いが、生地はパドヴァで、家は馬蹄形の底辺にあたる水路のすぐ外側(南)にあった。父親は粉挽き職人であったが、おそらくそのあたりに水車の粉挽き小屋を保有し、ゴンドラに粉袋を積んで運んでいたため、ピエトロ・デッラ・ゴンドラと呼ばれていたようだ。

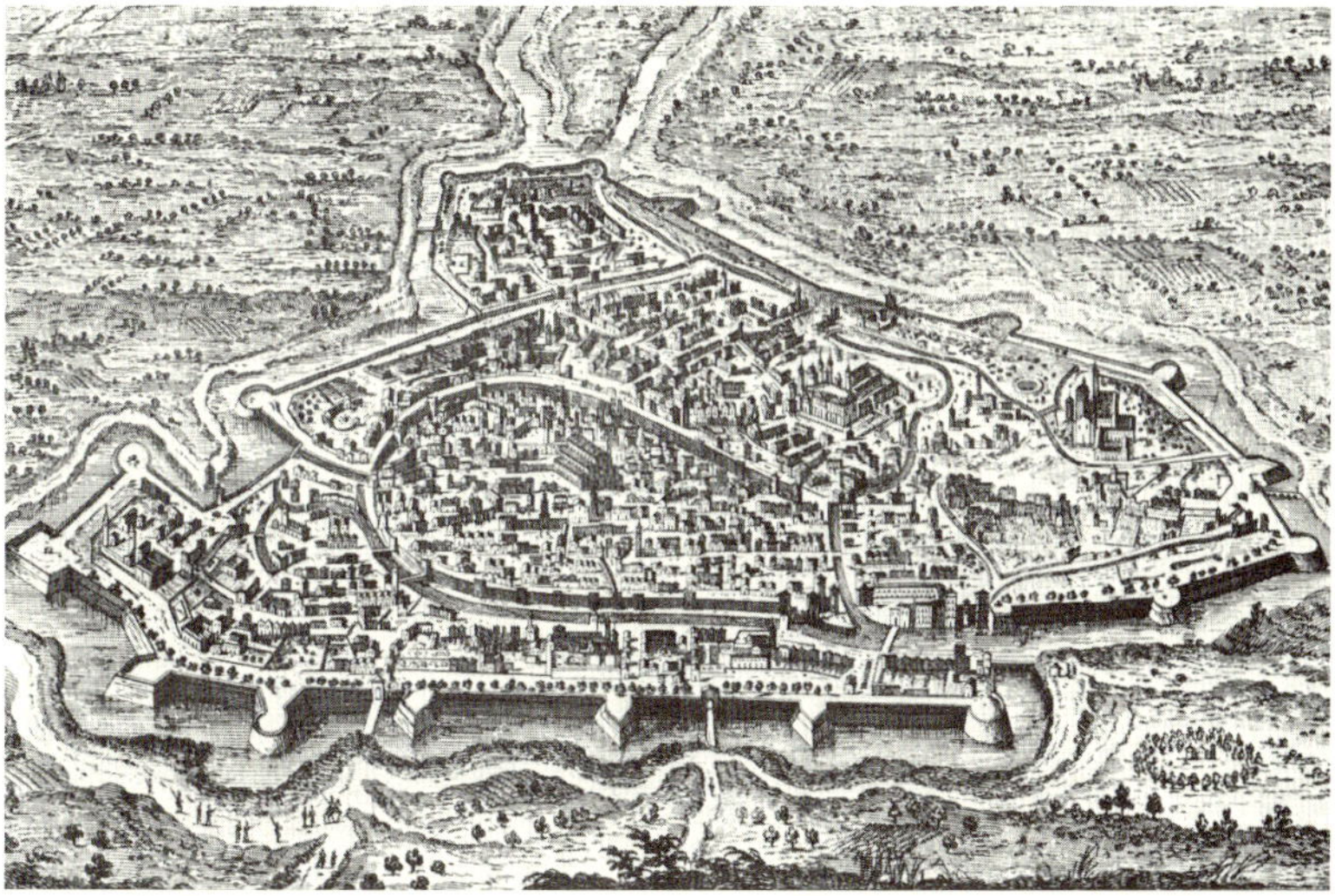

図2-01　パドヴァ鳥瞰図　1751　北は左

図2-02　サヴォナローラ門　G. M. ファルコネット設計　1530

図2-03　中世の城壁と門の名残

馬蹄形の南西の角に中世の城跡がある。そこに建っていたトルロンガという古い塔の頂部に建物を増築して一七七七年にできたのがパドヴァの天文台である。高い所に登るのが好きなゲーテは、パドヴァに着くとまっさきに九年前にできたばかりのこの天文台に駆けつけ、「この町の見事なたたずまい」のほかに、「北方には雪をいただいたチロルの山並」、「西北にはヴィチェンツァの山並」、「西方には近くエステの連峯（エウガネイ丘陵）」、「東南には丘陵の影さえ見えぬ緑なす植物の海、樹また樹、藪また藪、畑また畑、その緑のなかから無数の白塗りの家、別荘、教会がのぞいている」のを眺めた。また、「地平線にはヴェネツィアのサン・マルコの塔や、もっと小さな他の塔がじつにはっきりと見えた」と記している。

パドヴァは、北の山地に水源を持ちアドリア海に向かって流れて行く二本の川が接近する場所に位置している。一つは北西のヴィチェンツァを通ってくるバッキリオーネ川、もう一つは北北西のバッサーノ・デル・グラッパのほうから来るブレンタ川である。いうまでもなく、川は航行路として、また水源や動力源として非常な恩恵をもたらすと同時に、洪水などの災厄の因ともなる存在である。パドヴァもそうした川を内部に取り込み、常にコントロールしながら形成された都市であった。パドヴァの近辺では、太古には丘陵地に人が住むことのほうが多かったが、やがて平地にも後に都市の核となる集落が、ブレンタ川の蛇行でできた馬蹄形の内側に作られた。ブレンタ川はすでに流路を変えていて、馬蹄形の溝は干上がっていたが、後にバッキリオーネ川の水をそこに引き込み、護岸を整えて堀が形成されたと考えられている。

城壁で囲まれたパタヴィウム（パドヴァの古名）という町について、アウグストゥス帝の友人でもあった歴史家でエウガネイ丘陵出身のティトゥス・リヴィウスが記述を残している。パタヴィウムは紀元前八九年にローマの友好自治都市（ムニキピウム）となり、アウグストゥス帝時代（前二七〜後一四）に繁栄を誇った。周辺の平地の田園地帯は、条里制のような直交道路による農耕地の分割（ケントゥリアーティオ／チェントゥリアツィオーネ）が理念通りに広く行われた場所として知られる。ほぼ七百メートル間隔の碁盤目状の農地割りと道路網の痕跡は、現在でも衛星写真などから読み取ることができる。陸路に関しても交通の要衝にあり、海から川を遡って来る船の川港としても栄えたパタヴィウムは、アルプス以南のガリアでは最強の都市であり、イタリア半島ではローマに次ぐ都市と言われた。

パドヴァはヴェローナと同様、否それ以上にローマ都市として栄えたのに、ヴェローナと違って古代遺跡がほとんど残っていないのは不思議である。パドヴァにもかつてアレーナ（闘技場）や野外劇場など、古代ローマ都市特有の建造物はたくさんあった。そのうちアレーナは楕円形の周壁の一部だけが残っていて、内部は今は緑地の公園となり、その一角に十四世紀初頭に建てられたスクロヴェーニ礼拝堂がある。ジョットのフレスコ画で有名なあの建物である。別名アレーナ礼拝堂とも呼ばれるのは、アレーナの跡に建てられたからである。野外劇場のほうは、町の南の方にかなり後まであったらしいことが記録から窺えるものの、正確な位置などはわからない。そのように古代の建造物が消えてしまった最大の理由は、それらが石切り場がわりに使われたからであった。西ローマ帝国の滅亡は四七六年であるが、パドヴァがランゴバルド族の侵入によって壊滅状態に陥ったのは六〇〇年代の初め頃とされている。町は打ち捨てられ、廃墟となっていった。しかし、その前から東の湿地帯、ラグーナ（潟）の島々に逃げ込んだ人々によって、ヴェネツィアの建設は始まっていた。建設のための材料はすべて本土側から運んでこなければならなかったが、廃墟になったパドヴァは格好の資材調達場となったのである。元々パドヴァには川の港があったので、そのルートを利用して、せっせと石材などが運び去られた。パドヴァにあったローマ時代のめぼしい建造物はこうして二次的な破壊を受け、違う土地で建設資材に再利用された。ヴェネツィアから百キロ以上離れたヴェローナはそのような目にあわずにすんだのである。

廃墟となり数百年分の堆積物に埋まった古都の場所に人々が戻り、再び都市の建設が始まるのは十世紀末頃からとされる。その際、半壊状態でまだ残っていた建造物などは、基礎や壁の一部を再利用するか、あるいは積極的に壊して使える石は使い、大理石の破片などは粉に砕いて石灰にする、といった具合に様々に利用したことであろう。こうしてパドヴァは古代の痕跡を消しつつ、灰の中から蘇るように中世都市として再生したのである。

中世の町おこし

十世紀末頃から再建が始まった中世都市パドヴァは、自治都市（コムーネ）として順調に発展し、馬蹄形の城壁も一一九五年には完成した。そのパドヴァに十三世紀前半、大きな転機となるできごとが二つ、相次いで起こった。

一つは大学の誕生というできごとである。現存するヨーロッパ最古の大学はボローニャ大学

（一一五八年創立）であるが、そのボローニャの学生組合（ウニヴェルシタス）の中で抗争が起こり、一二二二年に一部の学生たちと教授たちがボローニャから逃げ出してきた。その人々をパドヴァが積極的に受け入れた結果、パドヴァ大学が誕生した、というのが創立譚である。もちろんボローニャからの一団がパドヴァを選んでやって来たのは、ここが商工業で栄えた自治都市であったからである。最初は法学だけであったが、やがて哲学、医学、神学などが加わり、後には文学、理学などの学部を備えた総合大学に発展していく。一四〇五年にヴェネツィア共和国の支配下に入った後は、パドヴァは共和国で唯一の大学都市という特権を保証され、他の都市に大学を設立することは共和国政府が許さなかった。ヴェネツィア貴族の子弟の多くはパドヴァ大学で学び、後に法王シクストゥス四世となるフランチェスコ・デッラ・ローヴェレやポーランドから来たコペルニクスもパドヴァで学び、ガリレオ・ガリレイは一五九二年から一六一〇年まで十八年もパドヴァで講義をし、大学の名声はヨーロッパ中に広まっていった。

講義はずっと町の中の様々な建物を用いて行われていたが、十六世紀に初めて正式に大学の建物が建設される。その場所は、中世の城壁東側中央付近の内側であった。現在ここは完全に町の中心だが、元々は町の端っこで、十三世紀までは牛の肉を扱う屠殺業者や肉屋のいた所であった。その後、そこは普通の地区に変わり、その中でホスピティウム・ボヴィスという名の宿泊所が、看板に牛の絵を掲げて一四九三年まで営業していた。しばらくその建物が大学として使われていたらしいが、その後、建て替え工事が徐々に進行し、アンドレア・モローニの設計によるルネサンス様式の格調高い建物が十六世紀半ばにできた（図2-10）。現在は大学本部となっているこの有名な建物がずっと「パラッツォ・デル・ボー（または簡単にパラッツォ・ボー）」と呼ばれてきたのは、牛（ブーエ）のことを方言で「ボー」というからで、元の場所の記憶を代々、牛（ボヴィス／ボー）という言葉で残しているのである。

二十一世紀の現在、パドヴァ大学は十三の学部を擁する巨大な総合大学となっている。パラッツォ・ボーは二十世紀に増築され、各学部は町の中のあちこちのキャンパスに分散し、近郊にも新しいキャンパスや研究所が開設されている。現在のパドヴァの人口は二十数万であるが、学生数は六万人を超えている。特に最近は先端的な分子生物学と医学を結びつけた研究機関などが有名で留学生も多く、全体としてイタリアで最高レベルの大学に位置づけられている。

こうしてパドヴァは「大学都市」として八世紀にわたって進化・発展し続けてきたが、その最初のきっかけは、すでに述べたように一二二二年にボローニャからの分派組を受け入れたことであった。そのわずか五年後の一二二七年末に、別の人物がパドヴァにやってくる。それは、後述するアッシージの聖フランチェスコの弟子、後に「パドヴァの聖アントニオ」と呼ばれるようになる人物であった。これが二つ目のできごとの始まりである。

説教が得意だったフランチェスコ会士のアントニオは、生前からサント（聖人）と呼ばれて民衆から慕われていたが、晩年の三年半は北イタリアの修道院の総管長に任命され、パドヴァを拠点として伝道の旅を続けていた。そして一二三一年六月十三日に彼がパドヴァの近くで亡くなると、アントニオが生前パドヴァで営んだ小さな修道院に遺体が運ばれ、墓が建てられた。さらに翌年五月、法王グレゴリウス九世によって正式に列聖されると、まもなくその場所で聖アントニオに捧げた教会の建設が始まった。教会堂は何世紀もかけて整備され、元の粗末な場所からは想像もつかないほどの、巨大な姿となる（図2-04・05）。この壮大な教会の存在によって、パドヴァは「チッタ・デル・サント（聖人の都市）」、すなわち「聖アントニオの町」として世界中に知られるようになり、イタリアの主要な宗教観光地の一つとなって現在に至っている。

「大学都市」と「聖アントニオの町」というのは、パドヴァを表す二大特性である。この二つの特性を獲得するに至った契機は、一二二〇年代に外からやってきた者たち（一団の学者と一人の聖者）によってパドヴァにもたらされた。今風に言えば、「町おこしのきっかけ」となったできごとが続けて外からやってきたわけだが、その契機をすかさずとらえて発展させるだけの活力が十三世紀のパドヴァにはあった。そしてひとたび獲得された二大特性は、その後もずっと大事に維持・発展されてきた、とみなすことができる。

パドヴァの聖アントニオ

聖アントニオ教会は、聖人の死の翌年、一二三二年に着工されてから、最後に内陣奥の聖遺物室がバロック様式で作られた十七世紀末まで、およそ四百五十年以上をかけて建設されたため、様々な時代の様式が混在している。外観ではロマネスクとゴシックの要素が見えるほか、屋根の上にはヴェネツィアのサン・マルコ寺院をまねたビザンチン様式のドームが十字形に並んでいる（ドームの数はサン・マルコの五個より多い七個）。内部でも様々な様式が併存しているのが目立ち、様式的には節操のない、しかしそれらが不思議に調和している巨大で特異な建築である。模範的な典型例ではないので、建築史の本などで取り上げられることはあまりない。むしろここは、フィレンツェから招かれて内部の祭壇彫刻群と外に置かれた高い台に鎮座する《ガッタメラータ将軍騎馬像》を手がけた、ルネサンス期の彫刻家ドナテッロ（一三八六〜一四六六）の作品をまとめて見られる場所として美術史上で有名である。

パドヴァは一般的な観光都市ではないが、世界中のカトリック信者たちには聖アントニオの町としてよく知られている。かつて私がパドヴァに留学した初めの頃、平日でもこの教会の中だけ観光客でいっぱいなのに気づいて驚いたことがある。教会前の広場にはいつもロウソクや土産物を売る屋台が並んでおり、教会脇の回廊に入るとミュージアム・ショップのような大きな売店がある。また別の回廊の脇には見世物小屋のような空間まで用意されていて、暗くした部屋の中に入ると自動投影のスライドと音声で両側の壁から交互に聖アントニオに関する説明を受ける。それが終わるとカーテンが開いて明るい展示室に誘導され、今度は立体物による聖人の物語の展示や、世界中から寄せられた手紙や絵や様々な品などの展示に接することになる。教会内部には、カトリック特有の告解室のボックスがいくつも置かれているが、そこに英語、仏語、独語といった札がかかっているので、国際的な観光客に対応して外国語でも告白を聴いてくれる司祭たちがいるのだろう。修道院の部分も回廊をめぐらした大きな中庭が四つもあり、その全貌はすぐにはとらえきれないほど大きい。私は信者ではないが、カトリックの文化、特に教会の空間は大好きで、時間があればよく教会の中に入っていた。しかし、ここだけは、パドヴァのほかの教会と違

図2-04　聖アントニオ教会外観　右手にドナテッロの《ガッタメラータ将軍騎馬像》

図2-05　聖アントニオ教会　内部

って、何か非常に俗っぽい感じがすると思ったのである。そのため、この教会は私にとって理解し好きになるのに時間のかかる存在であった。それが、親しみを覚えるまでに変化したのは、聖アントニオについて書かれた本をいくつか読み、伝道者としての彼のある種突き抜けた一途な歩みを知ってからである。その生涯を簡単に要約してみよう。

「パドヴァの聖アントニオ」と呼ばれてはいるが、彼は実のところパドヴァの人ではなく、イタリア生まれでもなく、ポルトガルの出身であった。一一九五年頃にリスボンの名家に生まれ、洗礼名はフェルナンドと言った。十五歳の年にアウグスティヌス会の修道院に入り、一二一二年からは王都コインブラの修道院で聖書と神学の勉強に明け暮れる。一二二〇年、モロッコで伝道中、サラセン人に首を刎ねられて死んだフランチェスコ会の修道士五人の遺体がコインブラに運ばれ、群衆の歓呼で迎えられ、王の墓所のある修道院に丁重に埋葬されるという事件を目撃したことが、彼の転機となった。自分も同じように殉教したいという燃えるような願望にとらわれたフェルナンドは、当地のフランチェスコ会に入る。そして親からもらった名前は捨て、エジプトの砂漠で苦行と祈りに生きた隠修士アントニオ《聖アントニウスの誘惑》というボッスの作品などで有名な聖人、三世紀半ば〜三五五）に因んでアントニオと名乗るようになったのである。

一二二〇年の秋、アントニオはモロッコに渡るが、重いマラリアにかかって伝道活動は断念し、翌二一年二月に帰路につく。ところが暴風雨のために船はシチリアのメッシーナに漂着し、その地のフランチェスコ会修道院に受け入れられた。同じ一二二一年の五月、仲間に連れられてアッシージで開かれた集会に参加、初めてフランチェスコの説教を聞き、深く感動する。その後、アントニオ自身にも説教の才能のあることが見いだされ、伝道の旅が課せられる。長年培った聖書に関する深い知識、ギリシア語、ラテン語をはじめ多くの言葉を自分のものとした語学の才能、生まれのよさからくる物腰の優雅さ、美しく抑制の利いた声音、謙遜な態度、ひたすら神に仕え殉教したいとすら願う情熱、それらに支えられたアントニオの説教は人々を常に感動に導いたといわれる。一二二六年十月にフランチェスコが亡くなった時、アントニオはフランスで伝道中であったが、翌一二二七年末からはパドヴァを拠点として同志と共に伝道の旅を続けることになる。一二二八年春にはローマに呼ばれ、グレゴリウス九世と枢機卿たちに謁見、アッシージのフランチェスコの弟子として紹介され、請われて行った講話で彼らも魅了した。同年七月十六日に、アッシージでグレゴリウス九世がフランチェスコを聖人に列するという宣言を行った時も、アントニオは当地にいて人々と悦びを共にした。

アントニオは一二三一年の四旬節（復活祭前四十日間の斎戒期間）にはパドヴァにいて、毎日続けて説教を行うという試みに挑戦する。評判を聞いて町の内外から押し寄せた人々を教会の中に収容しきれず、近くのプラート・デッラ・ヴァッレと呼ばれる空地で説教は行われた。しかし長年の無理な生活からアントニオが衰弱していることは明らかで、初夏にはある貴族から森の中で休息する場が提供された。パドヴァから北へ二十キロほどのカンポ・サンピエーロの屋敷の庭には、周囲に大きく枝を張り出したクルミの木があり、その中央上部の空間に板とむしろで小屋を作ってくれたのである。アントニオは木の上の小屋にこもって瞑想し、農民たちは仕事の合間にクルミの木のまわりに集まってきて話をせがんだという。しかし、すでに衰弱しきっていたアントニオは、六月十三日、昼食を知らせる鐘でなんとか降りてきたあと倒れてしまう。パドヴァに帰りたいという彼を牛の引く荷車に乗せて運ぶ途中、立ち寄った修道院でアントニオは息を引き取った。子供たちは「イル・サント・エ・モルト（聖人が死んだ）」と叫んで駆け回り、その死はすぐに町じゅうに知れわたった。遺体は彼自身がサンタ・マリア・プレッソ・プラート・デッラ・ヴァッレと名付けて拠点としていた小さな修道院に運ばれ、そこに墓が作られた。翌一二三二年五月三十日、グレゴリウス九世によって聖人に列せられると、すぐに着工された教会堂の建築については、すでに述べた通りである。聖アントニオの伝記には、彼が様々な場所で起こしたというたくさんの奇跡が語られているが、ここではそれらを抜いた形で要約した。列聖が死後一年足らずで行われたのは、グレゴリウス九世が生前のアントニオに会って感銘を受けていたこと、奇跡についての噂もすでにかなり届いていたこと、なども関係していると思われる。

パドヴァの二つの特性のうち、大学都市という点に関しては後述するようにゲーテは大いに関心を示しているが、聖アントニオの町であることについてはまったく素っ気ない態度である。ゲーテがその名にはっきり言及しているのは、ただ一回だけ、「聖アントニウスに帰依しているある教団の集会所に、昔のドイツ人を想起させるようななかなり古い絵があるが、同時にティツィアーノのものも二、三あり、その絵にはアルプス以北ではだれも独力でなし得なかった偉大な進歩がすでに認められる」という箇所だけである。

これは、聖アントニオ教会前の広場の脇に、一四九九年に建設された聖アントニオ同信会館（スクオーラ・ディ・サンタントニオ／図2-07）を訪れた時のことを語った文章である。二階の集会

図2-06　聖アントニオ教会　聖遺物室　17世紀末

図2-07　聖アントニオ同信会館内部

図2-08　ティツィアーノ《新生児の奇跡》　1511

図2-09　B.モンターニャ《サントの遺体の検証》1512

所の周囲の壁には、聖アントニオの事蹟を描いた十六枚のフレスコ画があるが、その中でティツィアーノの筆になるものだけに彼は「偉大な進歩」を認めている。ティツィアーノの作品とされる三点（一五一一）のうち一枚は、生まれつき脚萎えだった若者の脚に聖人がさわると治ったという奇跡、もう一枚は妻の不貞を疑った嫉妬深い夫が妻を刺し殺そうとするが、妻は死ななかったという奇跡を描いたもの、最後の一枚は大画面の有名な絵で、人々の前で聖アントニオが、まだ話すはずのない新生児を抱え上げると、赤ん坊は「あなたが父です」と妻への不信を抱いていた男に向かって言葉を発し、母の無実をはらしたという《新生児の奇跡》を描いたものである（図2-08）。ティツィアーノらしい画面構成や色彩、人々の表情などはさすがに素晴らしく、ゲーテはそのような絵画的側面だけを問題にしたようで、内容には触れていない。他の画面に描かれているのは、病気を治したとか、割れたグラスが元に戻ったといった類いの奇跡の場面が主で、それらはマイナーな画家たちの手によるものなので、ゲーテには「古い絵」と映ったようだ。

サントの舌

聖アントニオ同信会館の集会所に描かれたもののうち、私の興味を引いたのはティツィアーノの作品ではなく、バルトロメオ・モンターニャの《サントの遺体の検証》と題するフレスコ画（一五一二／図2-09）である。聖アントニオの墓は教会の中で二度、場所を移動されているが、その最初、一二六三年四月八日に墓を移した時に、蓋が開けられて遺体の検証がなされた。すると、全体は白骨化していたのに、舌だけ腐らずにのこっているのが発見された。サントの舌は神の言葉を伝え続けたので腐らなかったという「奇跡」が報告され、舌はこの時に聖遺物として別個に取り出された。二度目の一三五〇年二月十五日の遺体の検証の際には、サントの顎も舌と同じように素晴らしい説教に寄与したという理屈で、これも遺体から離されてやはり別個の聖遺物とされた。この二つは特別製の豪華な金属容器に入れられて、現在は教会の奥の内陣の後ろに十七世紀末に建設された円形のバロック様式の聖遺物室に納められている（図2-06）。

大理石の柱や彫像群で華麗に装飾された聖遺物室の円弧状の壁面には、ガラスを嵌めたアーチ状の開口部が三つあり、その中には何やら豪華で精巧な昔の機械仕掛けを思わせるような感じで、金属細工の容器群がきれいに配置されている。人々の行列に並んでようやくそばに寄って見て、ぎょっとしたのは、それぞれの容器に付された小さな金属プレートに「舌」、「顎」、「髪」、「爪」などと読めるイタリア語が書いてあったからである。実際にはそれらの断片は、豪華に飾り立てられた容器の中に納められていて、部分的にガラス窓を通して見えるように容器が作られてはいるが、容器の大きさに比して中身は小さく、現場ではまったく何が入っているか見えないし、目を奪われるのは容器の装飾的な部分ばかりである。それでも人はありがたがって行列する。不思議なものを見たという体験であった。

遺骨そのものは墓に納められ、現在は主祭壇の左側の豪華な礼拝室が聖アントニオの墓所となっている。聖人の遺体は聖遺物の最たるもので、生前からサントと呼ばれた聖アントニオの遺体が得られたことは、パドヴァにとっては大変な僥倖であったが、当時の人々はその僥倖を神の恩寵ととらえたことであろう。しかし、その遺体からさらに「舌」や「顎」を取り出して別の聖遺物としてしまうという発想には驚かされる。史上三度目に墓が開けられたのは、一九八一年、聖アントニオの死後七百五十年にあたる年のことである。サントの遺体は顎のない茶褐色の骸骨として布の上に横たえられ、アクリルガラスの箱に入れられて公開され、多数の人々が行列を作って見に来たという。数年後、パドヴァの友人に「あの時、サントに会いに行った？」と尋ねると、「もちろん」と真顔の答えが返ってきた。実際に遺骸を目にすることで、サントが実在したことを心から実感できるということなのであろうか。それはそれで理解できる。

パドヴァでは単に「イル・サント（ザ・セイント）」といえば、聖アントニオもしくはその教会を指すほどに親しまれている。そのサントの存在感をヒントに、パドヴァ出身の映画監督カルロ・マッツァクラーティがパドヴァで撮った『サントの舌（ラ・リングァ・デル・サント）』（二〇〇〇）という映画が素晴らしかったので、紹介しておきたい。二〇〇一年に東京のイタリア映画祭で見たのだが、邦題は『聖アントニオと盗人たち』となっていた。二人組の中年男が聖アントニオ教会の聖遺物室に夜中に入り込んでガラスを破り、警報装置が鳴る中、サントの舌の入った容器を盗んで逃げ出し、身代金を要求するという設定の映画である。実際の「サントの舌」は、丈が高く上広がりの塔のような形の容器の上部に納められているが、映画ではむしろ「サントの顎」の納められた容器（フェンシングの選手がつけるヘルメットのような形）に似たものが使われていた。本物にはたくさん宝石がちりばめられているが、映画では簡素にしてある。物体としての価値ではなく、パドヴァにとって精神的にかけがえのない存在を人質にしたということを示すため、また扱いやすい形にしたためと思われる。

ファブリーツィオ・ベンティヴォッリオ演じる主人公のウィリーは、アラン・ドロンというあだ名で仲間たちにからかわれる優男だが、妻に逃げられ失業中で神経症気味の冴えない中年である。その彼がパドヴァを歩きながら、この町は裕福だが保守的で閉鎖的でよそよそしい、といった独白をする場面は、現代のパドヴァを知っているとよく理解できる。彼を悪事に誘うのは、ちょっといかれた天性の泥棒野郎だが憎めない男アントニオ（俳優はアントニオ・アルバネーゼ）で、この二人の組み合わせが絶妙だ。身代金犯罪がうまくいくはずはなく、二人は最後にヴェネツィア空港近くの葦の生えた湿原に追いつめられるが、その時までに自分を取り戻し観念したウィリーは、アントニオを逃がして自分だけ警察につかまり、しかし清々しい表情に変わり、見ている者にも安らぎを感じさせる結末となる。

この原稿を書きながら調べものをしているあいだに、「フランチェスコ会がアントニオをパドヴァに派遣したのは、パドヴァにできた大学が異端の中心にならないようにするためであった」という説をある本のなかで見つけた。それが本当であるとすれば、大学が創設された一二二二年の五年後にアントニオがパドヴァにやって来たのは偶然ではなく、大学ができたという事件が間接的に彼を呼び寄せたということになる。異なる二つの事象がたまたま同じ頃に外からパドヴァにやって来たと思っていたが、実はつながりがあったというほうが刺激的である。いずれにしても十三世紀の前半に大学が創設され、また聖アントニオ教会の建立が始まったことで、パドヴァが、教養が高く精神性も高い知的な都市としての基礎を確立した、ということは確かである。科学的な思考と宗教的な感性が、この町では違和感なく共存しているのである。

解剖学教室と植物園

聖アントニオにはほとんど関心を払わなかったゲーテだが、大学の施設には大いなる関心を示している。到着するとすぐに登った天文台も大学付属の施設である。著名な大学なので、パラッツォ・ボー（図2-10）は好奇心をもって訪れたことだろう。その時の感想は、「大学の建物は、見かけだけがじつに堂々としていて恐れ入った」というもので、「見かけだけが」というのが、皮肉に聞こえる。「これほど狭苦しい学校は想像もつかない。特に解剖学教室は、いかに学生をつめこむべきかの典型のようなものだ」、というのが、気に入らなかった理由である。今では観光名所となっている大学の建物の中でも見せ場の一つである解剖学教室（テアトロ・アナトミコ／図2-11）について、普通ならその形のおもしろさに感心するところだが、ゲーテは酷評している。確かに、この部屋は窓もなく、楕円形の立ち見席が六段もあるので、学生で一杯になったら、さぞかし息苦しかったことであろう。

大学の建物については、アウラ・マーニャという豪華な広間についても、二層の回廊で囲まれた中庭についても言及はない。この二つは、確かに広さはもう少しあってもよいが、相当立派に作られている。ここで学んだ者は卒業すると、家紋を記念に残すことができたので、広間も中庭も周囲の壁にはヴェネツィア貴族の紋章がびっしりと飾られている。この習慣は「ただの自己顕

図2-10　パラッツォ・ボー（パドヴァ大学本部）　A. モローニ設計　16世紀半ば

図2-11　テアトロ・アナトミコ（解剖学教室）　1594（使われたのは1872年まで）

示欲の表明にすぎない」という理由で一六八八年に共和国政府によって禁止されたというが、十六世紀半ば以降、百数十年で壁面はすでに満杯状態であり、主立ったヴェネツィア貴族の紋章が欠けているということもなかったに違いない。

大学の建物は狭くて気に入らなかったゲーテだが、「それだけに植物園のほうはいちだんときれいで生き生きしている」とご満悦で、記述も倍近くある。パドヴァ大学の植物園（オルト・ボターニコ）は、一五四五年七月に開設されたもので、ガイドブックには「世界で最も古い大学植物園」と書いてあるが、実際には一五四三年開設のピサ大学の植物園のほうが早い。ただしピサのほうは、後に別の場所に移転したため、元の場所で現存する植物園としては、「最も古い」ということになる。フィレンツェ大学の植物園は同じ一五四五年十二月の開設で、パドヴァに五ヶ月遅れをとった。他にも十六世紀の間に開設された植物園は多く、イタリアでは一種のブームであったようだ。大航海時代の始まりから半世紀を経て、世界各地から新種の植物が大量にヨーロッパに流入し、植物学講座の開設と共に実物に接して研究する施設の必要が認識された時期である。パドヴァ大学の植物園は、医学部と薬学部の薬草園という性格も兼ねていた。

植物園（図2-12）は、聖アントニオ教会の敷地と川をへだてた南側にあり、木立に囲まれた公園のようになっているが、中心には円形の石垣で囲まれた場所があり、その内側は四本の道で区切られ、花壇が幾何学形に配されている。「多くの植物は石垣のそばなり、そこから遠くないところに植えておけば冬でも枯れずにいられる」というのが、ゲーテの観察である。さらに、「思考をともなわぬ観照などは何の意味があろうか？　ここでこうして新たに多様な植物に接してみ

図2-12　オルト・ボターニコ（植物園）　1545開園

図2-13　ゲーテのシュロ（パルマ・ディ・ゲーテ）

図2-14　ポルティコの内側　左は聖アントニオ教会

図2-15　旧ゲットー地区のポルティコ

図2-16　大きさも形も家ごとに異なるポルティコ

図2-17　ヴィア・バルバリーゴのポルティコ

ると、あらゆる植物形態はおそらく一つの形態から発展するものであろうという例の思想が、いよいよ有力となってくる」、とゲーテは書いているが、実際に後に『私の植物研究史』の中で展開される植物変形論の手がかりをここで得たようである。ゲーテが詳しく観察したシュロの木について、『イタリア紀行』では触れられていないが、植物園では今も大切に八角形の温室の中で保存され、「パルマ・ディ・ゲーテ（ゲーテのシュロ）」と名付けられて説明が付されている（図2‐13）。このシュロの木は一五八五年に植えられたもので、園内で一番古い植物ということである。

ポルティコのある町

「大学都市」と「聖アントニオの町」、この二つはそれぞれ「学問の場」と「信仰の対象」という中身を伴ったパドヴァの特性であった。いっぽう、都市形態的な特徴も二つあげられる。一つはすでに述べたように、外側の、十六世紀につくられた城壁がよく残っていることで、パドヴァは「城壁で囲まれた都市（チッタ・ムラータ）」と形容されることが多い。これは、航空写真や地図でみればはっきりわかるが、城壁に沿った道を通る時以外はあまり意識されることはない。それに対して、もう一つの「ポルティコのある町（チッタ・ディ・ポルティチ）」という特徴は、町の中を歩けばすぐに気がつくものである（図2‐14〜17）。

ヴィチェンツァのところでも説明したが、ポルティコとは、街路に面した建物の一階部分を吹き放ちの列柱歩廊として公共に提供するもので、個人の費用で作られるが、建物は街路にはみ出して建てられるので、二階以上の床面積で建て主は得をする。制度的にはそうやって発達したものである。街路側のデザインは、柱列の上に水平の梁が載る例は少なく、アーチの連なるアーケードが一般的である。一軒ごとのアーチの数は一つから五つくらいまで、建物の規模によって異なり、アーチの幅や高さ、また形もばらばらなことが多い。通路は連続しているが、外から見ると一軒ごとに違う表情のアーチが並んでいておもしろい。アーチの数はいくつでも一軒分の全体をポルティコと単数形で呼ぶが、二軒分以上になると複数形のポルティチとなる。ポルティコは北イタリアの都市には多かれ少なかれ存在するが、特にポルティコが多いので有名なのはボローニャとパドヴァである。というと、やはり大学と同じようにボローニャ起源かと思ってしまうが、専門家によれば直接の影響関係はなく、デザイン的にも規模的にも二つの都市のポルティコはまったく別ものだということである。

ポルティコは日本の雪国にかつてよくあった雁木と似ていると思われるかもしれないが、トリノなどを除けば、パドヴァも、ポー川の南のフェラーラやボローニャも、年間に雪が降る頻度は東京と同程度でしかない。ポルティコはもちろん雪対策にはなるが、それが主目的で発達したのではない。屋根つきの通路なので、雨の日や太陽の照りつける季節には特にうれしい存在である。パドヴァでは十三世紀末頃からさかんに作られるようになり、どんどん町中に広まっていった。現在残るパドヴァのポルティコの総延長は二十四キロにも達するという。おそらく世界中で最もポルティコの発達した都市である。

プラート・デッラ・ヴァッレ

記述の量から察するに、ゲーテがパドヴァで最も気に入ったと思われる場所は、プラート・デッラ・ヴァッレである（図2-18）。「プラート・デッラ・ヴァッレと呼ばれる大広場は、六月に歳の市が開かれるひじょうに広い場所である。……途方もなく大きな楕円形の場所をかこんで、当地で教育を授けたり受けたりしたことのあるすべての知名人の彫像が立っている。……その楕円形の周囲には濠が掘ってある。これにかかっている四つの橋の上には教皇や領主《ドージェ》の大きな像が建ち、残りのもっと小さいのは、組合、私人、外国人によって設立されたものである」。

ゲーテが気に入った理由の一つは、とにかく広い場所であったということだろう。ここは約九万平方メートルの広さがあり、西側の直線部分は約三百メートル、南側は約四百メートルという大きさである。聖アントニオ教会の近くにあり、「六月の歳の市」というのは、サントの命日である六月十三日前後に開かれる市のことである。もう一つの理由は、この広場が知的な構想でできていて、博識のゲーテを喜ばせるような、たくさんの知名人の彫像が並んでいるということである。実はこの広場は、ゲーテの訪れる十一年前の一七七五年に整備されたばかりで、その前は、ただのだだっ広い空地、というより雨が降ればぬかるむような半湿地の場所であった。

プラート・デッラ・ヴァッレは中世の城壁の南の外側に位置し、十六世紀の城壁建設時に内側に取り込まれた場所にある。プラートとは草原、ヴァッレは谷を意味するが、この場所は十二世

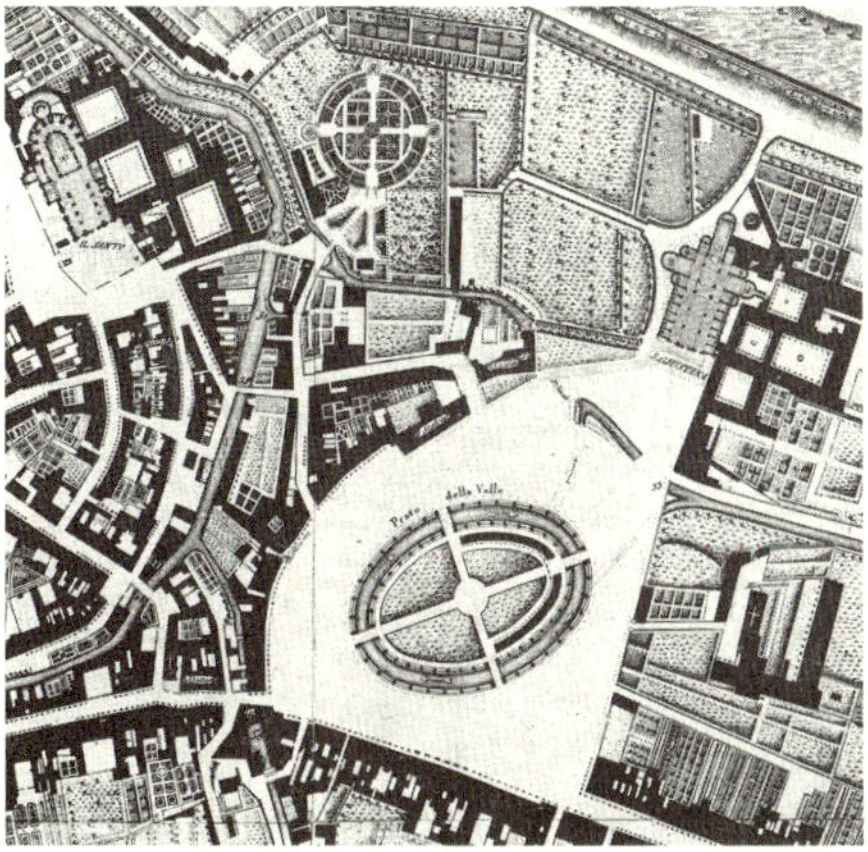

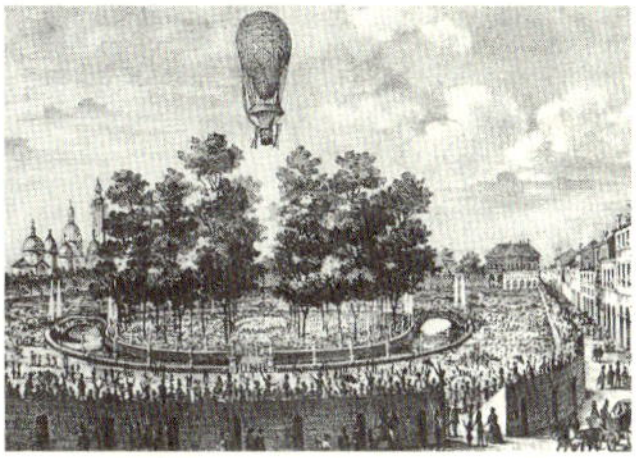

図2-21　プラート・デッラ・ヴァッレで行われた気球の実演（1844年 7 月）

図2-18　プラート・デッラ・ヴァッレ周辺（G. Valle の地図 1784）　左が北
左上：聖アントニオ教会　中上：植物園
右上：聖ジュスティーナ教会

図2-19　A. メンモによるプラート・デッラ・ヴァッレ整備計画　1775　ヴァッレの地図より

図2-20　A. カナレット《プラート・デッラ・ヴァッレ》 1740頃

紀頃からプラート・デッラ・ヴァッレ（谷間の草地）といささか大げさに呼ばれていた。パドヴァの中心部よりは標高が低い所にあり、木は生えておらず、中央が少しくぼんでいたためである。そばに川があって大雨の時などはよく氾濫し、普段でも雨のあとは水たまりが点々と残るような場所だったが、晴れて地面がかわけば、ここで市が開かれたり、周囲に走路が設けられて競馬が行われたり、多様に用いられた。聖アントニオが最後の年、一二三一年の四旬節に大群衆を前に説教を行ったのもこの場所である。

プラート・デッラ・ヴァッレは、長らく東南の角にあるサンタ・ジュスティーナ修道院の所有地であったが、一七六七年にパドヴァ市に譲渡された。その後、この場所を見事に変貌させた功績は、一七七五年にヴェネツィア共和国からプロッヴェディトーレ（監督官）として派遣されてきたアンドレア・メンモ（一七二九～九三）の大胆な構想と卓抜な実行力に帰せられる。彼は建築家ではなかったが、建築的な素養があり、楕円形の島を環状の水路で囲み、四カ所に橋を架け、水路の両側の縁には計八十八の彫像を並べるという案を自ら考え出した（図2-19）。しかし施工図を描いたり、水路に水を引き循環させて排水させる仕組を考えたりしたのは、実践的な建築技師であったイエズス会士のドメニコ・チェラート（一七一五頃～九二／同時期に天文台の増築も担当）である。

最初になされたのは、大量の土を運んで干拓を行い、中央の楕円形の島を形成し、その周囲に濠を築くことであった。島はメンモに因んで「イーゾラ・メンミア（メンモの島）」と呼ばれるようになる。工事は一七七五年の夏に始まって、概略の形は同年秋までにはできていた。メンモがパドヴァに赴任していたのは二年間だけであったが、その間、彼はプラート・デッラ・ヴァッレの西北の角に位置する十五世紀の建物（現パラッツォ・アンジェリ）に住んで、毎日工事を監督したという。この同じ建物に、およそ三十五年前、ヴェネツィアの著名な景観画家アントニオ・カナレット（一六九七～一七六八）が滞在していたことがあり、彼が上階の窓から眺めて描いた、開発整備がなされる以前のプラート・デッラ・ヴァッレのようすが、図2-20である。

ゲーテが見たプラート・デッラ・ヴァッレの光景は、一七八四年のジョヴァンニ・ヴァッレの地図に付された名所図（図2-19）に近いものであったと思われる。ただし、中央の島の上に建てられる予定であった半楕円形の市場の建物は実現されずに終わる。この広場の開発は、ヴェネツィアから派遣されたアンドレア・メンモ個人の力量に負うところが大きかったが、共和国政府が介入した大規模計画としては最後のものとなった。ゲーテが訪れた十三年後の一七九七年、ナポレオン軍の侵攻に対してヴェネツィアはあっさり降伏してしまい、千百年続いたヴェネツィア共和国は崩壊してしまう。旧ヴェネツィア領は、カンポフォルミオ条約によってオーストリア領となるが、一八〇六年には再びナポレオンのイタリア王国に組み入れられ種々の改革が行われる。しかしナポレオンの失脚に伴い、一八一五年にはまたオーストリア支配下のロンバルド・ヴェネト王国の一部となる。イタリア統一運動（リソルジメント）の時期を経て、一八六六年に統一イタリア王国に参入するまで、半世紀ほどオーストリア支配時代が続いたのである。

支配者はめまぐるしく変わったが、パドヴァはその間も発展し続ける。一八二四年には、建築家ジュゼッペ・ヤペッリ（後出）が、プラート・デッラ・ヴァッレの東側の植物園と聖ジュスティーナ教会の間に、巨大な新古典主義様式の新しい大学の建物を建てるという「大学都市（チッタ・ウニヴェルシターリア）」構想を打ち立てるが、これは実現されずに終わった。メンモがプラート・デッラ・ヴァッレの開発を行った時、町の南側の発展を促す意図があったというが、ヤペッリも同じように町の南を活性化させたいと考えて、大学の新しい建物をここに持ってくる案を考えたのであった。しかし、その後、一八四五年に鉄道が開通すると、パドヴァ駅は城壁の外の北側に作られ、町の発展の方向は北側へと決定づけられた。

プラート・デッラ・ヴァッレの中央の島には、オーストリア支配時代に木が植えられる。最初は種々の木を植えたものの、しだいにプラタナスが優勢となり、約百本が森を形成するようになった。図2-21は一八四四年に行われた気球の実演を周囲の仮設の観客席で人々が見るというイヴェントの時のようすを描いた銅版画であるが、すでに木は大きく育っているように見える。プラート・デッラ・ヴァッレは、楕円形の外側に広大な空地が残されているので、ここに定期的に市が立つほか、折々に様々な催しが行われ、それは今も続いている。図2-22はプラタナスの森が最大になった頃、私が留学していた一九七七年の写真である。その頃は、まだ悪い噂はなかったが、一九九〇年頃には、ここは暗くなると麻薬の売人だとか怪しげな人々が出没する怖い場所だったという話を聞いた。次の写真（図2-23）は、一九九五年に久しぶりにここを訪れてびっくりした時のものである。遠くからひと目見て「森がなくなっている」と仰天し、近寄ってみたら枯れ木状態のものがまだ残っていた。すかすかになったが全体は真っ白くきれいにされ、当初の雰囲気に近いかもしれないとは思ったが、森のあった頃を知っているのでショックであった。パ

図2-22　プラート・デッラ・ヴァッレ（1977年 7 月）　プラタナスの森

図2-23　プラート・デッラ・ヴァッレ（1995年 3 月）　プラタナスが枯死

図2-24　再整備後のプラート・デッラ・ヴァッレ（2012年 8 月）とトラムカー（2007〜）

ドヴァの友人に尋ねると「酸性雨か環境汚染のせいかも」と言っていたが、調べたところ、樹木を枯死させる菌類の感染によってプラタナスの大量死が起こったということであった。

その後、二〇〇〇年頃から様々な方策が実施される。島にはプラタナスにかわって、それほど高くは育たないカエデ科の木が、数もかつての半分の約五十本に抑えて植えられ、芝生も整えられて、公園として再整備された。かつては周囲に駐車スペースがたくさんあり、車の往来も多く、楕円形の島はロータリーの中央部のような感じになっていたが、車と駐車場はこの場所から排除されるようになった。パドヴァでは二〇〇七年に新しいトラムカーの運行が始まったが、北のパドヴァ駅前から南下し、途中で暗渠の上にできた道の上を走り、プラート・デッラ・ヴァッレの北と西側を通って南の郊外まで達する路線もできた(図2-24)。昔は路面電車が町中を走っていたが、一九六〇年代に廃止され、車社会になっていた。それが反省されて路面のトラムカーが復活したのである。現在のプラート・デッラ・ヴァッレは、車がないのがすがすがしく、自転車に乗る子供たちやベビーカーを押す人たち、そのほか散策に訪れる老若男女で、夏の夕暮れ前のひと時など特に楽しげな賑わいを見せる場所となった。

カフェ・ペドロッキ

ゲーテはカフェやレストランについてはほとんど話題にしていない。『イタリア紀行』は旅日記や手紙を元に三十年後に編纂したものなので、瑣末なことや年月によってうつろいやすい情報

図2-25　カフェ・ペドロッキ 北側正面　G. ヤペッリ設計　1831

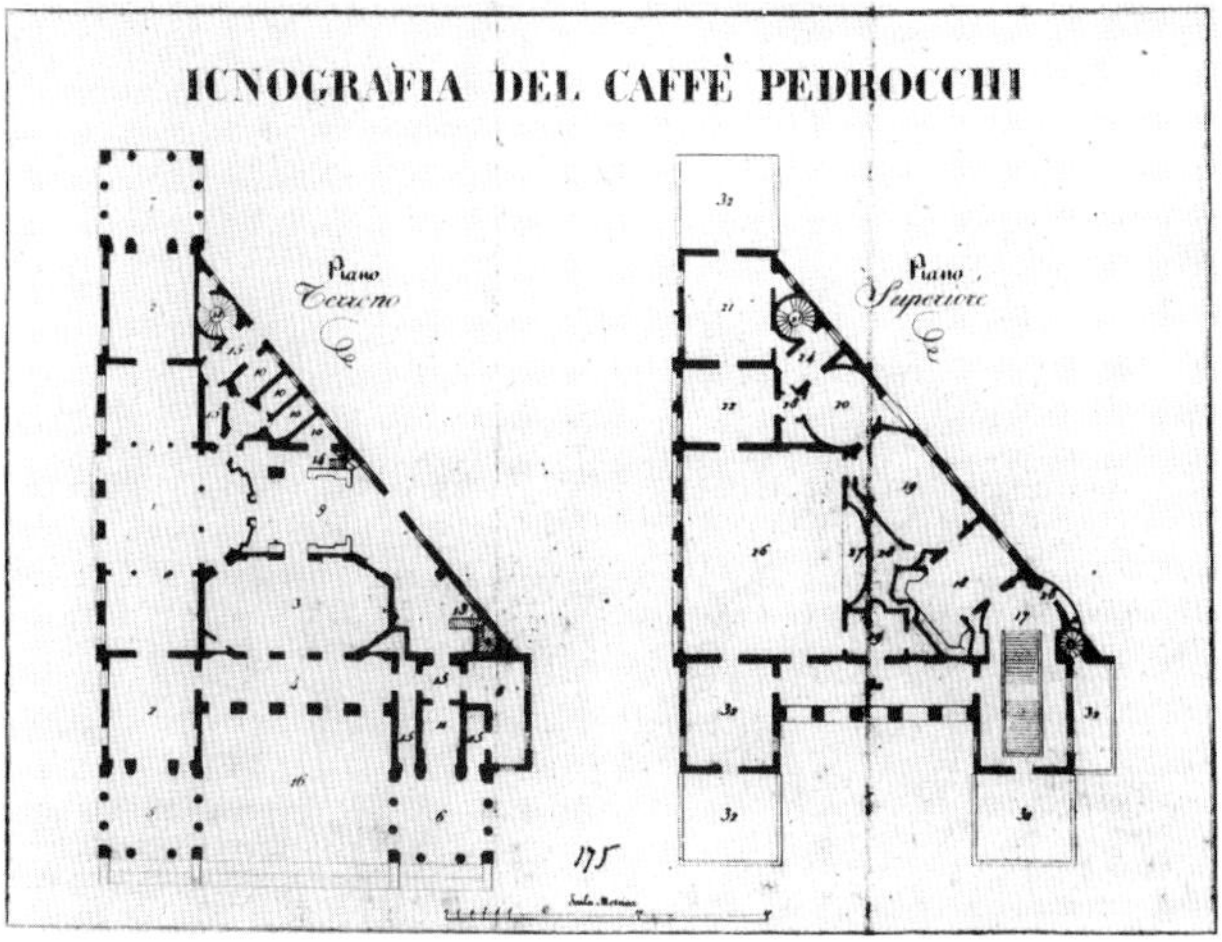

図2-26　カフェ・ペドロッキ平面図　1階(左)と2階(右)

などは排除したのかもしれない。ゲーテが訪れた頃、パドヴァにはすでに七十七軒ものカフェ（ないしそれに類するもの）があったという。ゲーテもそのうちのどれかには寄ったかもしれないが、ここで話題にしたいのは、その時点ではまだ存在していなかったカフェ・ペドロッキについてである。十九世紀から二十世紀のパドヴァの歴史にもかなり関わった名物カフェである。

カフェ・ペドロッキは、大学の建物パラッツォ・ボーのすぐそばに一七九二年に創業された。当初は小さなカフェであったが、九九年に二十三歳の若さで父親から経営を引き継いだ二代目のアントニオ・ペドロッキの才覚によって、大きな変化が起こる。商売に成功した彼は、周辺を買収してチェンバロ形の敷地全体を手に入れ、先に「大学都市」構想のところで触れた建築家ジュゼッペ・ヤペッリ（一七八三～一八五二）に設計を依頼して、それまでにない規模とスタイルの新しいカフェを建設した。一八三一年六月九日に新装開店したカフェ・ペドロッキは、学生だけでなく新興ブルジョアジーや知識人のたまり場となり、大成功を収めることになる（図2-25）。

建物は全体に新古典主義の様式でデザインされている。約三十メートルの幅のある北側正面は、一階の両側にドリス式のロッジェッタ（柱廊玄関）が張り出し、二階はコリント式の柱の並んだ露台が中央にあるという独特な構成である。裏正面の南側にも北側の両端と同じデザインが繰返されている。秀逸なのは、東側の街路に沿って一続きの部屋が配された平面計画である（図2-26）。街路と平行に走る細長い空間は、屋根付きの通廊（ガレリーア／ギャラリー）として構想されたもので、その意図は、人々、特に学生たちに、道路を歩くかわりに店の中を通過させようとするものであった。店に入って知った顔を見つけたら、そこで腰をおろしてもよし、気が向か

図2-27　カフェ・ペドロッキ内部（19世紀の版画）

図2-28　現在のカフェ・ペドロッキ内部

図2-29　北側正面（19世紀の版画）

図2-30　ロッシーニの間（舞踏室）

図2-31　南側外観（19世紀の版画）

図2-32　ファシズム全盛期（1940年前後）

なければ何も注文せずに素通りして出て行けばよかった。「扉のないカフェ」というのが、ペドロッキのモットーで、気軽に入って出て行けるカフェを目指したのであった。現在のカフェ・ペドロッキにはちゃんとガラスの厚い扉がついているので、これは言葉の綾だけのことだったのでは、と疑って尋ねたところ、当初は本当に扉はなかった、と教えてもらった。パドヴァの名物としてかつて「三つのセンツァ（センツァは英語のウィズアウトにあたる前置詞）」があったとガイドブックにも書かれている。一つは「イル・サント・センツァ・ノーメ（名なしのサント、すなわち聖アントニオ）」、もう一つは「イル・プラート・センツァ・エルバ（草のない草地、すなわちプラート・デッラ・ヴァッレ）」、そして「イル・カフェ・センツァ・ポルタ（扉のないカフェ、すなわちカフェ・ペドロッキ）」の三つである。

資金繰りのためか二階の内装が完成するには時間がかかったが、十一年後の一八四二年九月に、カフェ・ペドロッキの二階は社交場（リドット）としてオープンする。入口は北側正面の右側にあり、大階段を上ると、「エトルリアの間」と呼ばれる受付があり、ここに外套や荷物を預けて右手に進むと、「ギリシアの間」、「ローマの間」、「ルネサンスの間」、「ヘルクラネウムの間」、とそれぞれの名にみあった内装の部屋が続く。これらを通りぬけぐるりと回ると「ロッシーニの間」と呼ばれる舞踏室（図2-30）に到達する。ここには一段高い楽団席が用意されている。このほかに「エジプトの間」という控え室と、「アラブ風小室」と呼ばれる化粧室がそれぞれヴェランダに接して設けられた。最後の二つの部屋は異国情緒を盛り込んだものであるが、他の部屋はすべて、古典主義の系譜に属する時代ないしは古代遺跡の発見地の名がつけられている。

計画はこれで終わらず、敷地の西側を湾曲して走る路地の出口にあたる南側に、二階だけの建物の増築がなされた。ペドロッキは今度は中世風の意匠を要求し、ヤペッリは快くそれに応えてネオ・ゴシック様式のデザインを施し、この部分はペドロッキーノと呼ばれるようになった。南側を見るとギリシア風の柱のある新古典主義様式の部分とネオ・ゴシックの部分とが寄り添ってひとつながりの建物となり、キッチュな光景を呈している（図2-31）。いかにも十九世紀前半のロマン主義の時代の流行を反映したつくりである。一八四五年にパドヴァ駅が町の北側の外にできると、駅前からまっすぐ南下する道が作られ、カフェ・ペドロッキと大学の間を通る道につながり、それはさらに南下して（途中からは下り坂）、プラート・デッラ・ヴァッレに達する中心道路となった。それまでの中心軸はもっと西側にあったが、それが東に移動し、その中心にカフェ・ペドロッキが位置する形となったのである。

二十世紀のパドヴァ

一世を風靡したカフェ・ペドロッキも二十世紀になるとしだいに経営困難となり、一九三五年には創業者の子孫の女性が破産を宣告し、所有者は交代した。また、一九三八年九月からは二階がチェントロ・デル・リットリオ（リクトルのセンター）と呼ばれるファシスト党の集会所になった。図2-32はファシズムの標語や装飾が外壁につけられ、ファシストたちが出入りしていた頃のカフェ・ペドロッキである。戦後はまた普通に戻ったが、現在では学生はめったに寄り付かず、もっぱら中高年の富裕層や観光客ばかりのカフェとなった背景には、こうした歴史があったと知って納得した。ムッソリーニが建築好きであったため、ファシズム時代の建築は、駅舎や郵便局、官公庁、学校など、どこの町にも残されているが、パドヴァはファシストの勢力が強かったためか、特に目立った都市開発のあとがある。馬蹄形の中世の城壁の形から湾曲部分を切り離すように、幅を拡張した道路が東西方向に作られたが、そのためにかなりの古い建物がこわされた。東から西に向かって二度名前が変わり、最後にコルソ・ミラノという幅の広い道になってサヴォナローラ門に達する道路がそれである。途中には四角く大きな広場、ピアッツァ・インスッレツィオーネ（蜂起広場）が作られ、その周囲には無装飾でいかつい高層ビルが建てられている。

二十世紀を代表するデザイナー、ジオ・ポンティ（一八九一～一九七九）も戦前の一時期は、建築家としてムッソリーニに提言したりファシズムに近い所にいたようだが、パドヴァでは文学部の建物、パラッツォ・リヴィアーノ（ローマの歴史家リヴィウスに因んだ名）の設計を一九三七年頃に請け負っている。この建物は簡素な合理主義建築といってもよいが、外観は上下にツートンカラーで、窓の配置やプロポーションのよさにポンティらしい優雅さがある。内部の明るい吹き抜けと階段のあるエントランス・ホールも彼らしい軽やかなデザインであるが、壁面全体にカンピーリによる超時代的で力強く謎めいた群像のフレスコ画が描かれている。建築史の授業は美術学科のあるこの建物で行われており、留学中はずっと出入りしていたので、なつかしい。

大学の本館パラッツォ・ボーもこの時期に南側に増築されている。一九三八年から四二年にかけて実現された増築部の設計にあたったのはエットレ・ファジュオーリという建築家である。中庭のデザイン（カラーページ）を見ると、いかにもファシズム建築そのものの威圧的な雰囲気があるが、外側のほうは賢明にも隣の十六世紀の部分に対してほとんど目立たない地味なつくりにしてある。内部では、ジオ・ポンティがいくつかの部屋の内装のほか、階段室のフレスコ画を手がけた（カラーページ）。各学部を象徴する女性像が様々な衣裳と持ち物と姿勢で曲面の壁に思い思いに配されていて、ポンティらしい優雅な壁画である。ここは現在、大学本部事務局と法学部が使っており、十六世紀の部分は卒業関連の行事やシンポジウムなどのイヴェントに用いられるほか、時間を決めて観光客に公開されている。

パドヴァは町じゅうに大学の建物があり、また卒業認定の審査は二月、六月、十月と年に三回行われるので、その時期か少しあとにはちょっとしたお祭り騒ぎがあちこちに出現する。日本の大学と違って入学するより卒業するのが格段に大変で、特にパドヴァ大学の場合は、途中でドロップアウトしたり他の大学に移ったりする者も多いため、卒業できた時は大騒ぎになる。親しい友人たちが寄ってたかってふざけたイラスト入りの「パピーロ」と呼ぶポスターを作ることをよくやるが、それが主に貼られているのは、パラッツォ・ボーの増築部の壁である。さすがに格調高い十六世紀の建物のほうには貼るのが禁じられているのか、見たことがない。誰それが何学部を卒業したということを、ちょっとえげつない図柄とふざけた文句で広告し、通りすがりの人がおもしろがってそれを見ていく。これはパドヴァ大学特有の習慣だったが、最近は他の大学にも広がっているらしい。新卒者は月桂冠そのほかで仮装をさせられ、パピーロを手にもって、友人たちがとり囲むなかで一言一句そのままに書かれた文字を読み上げなければならない。そういう通過儀礼のような悪ふざけを目撃できるのも大学都市ならではである。

中心部の三つの広場

パドヴァの中心部の話をまだしていなかった。中心部には三つの大きな広場がある。一七八四年のヴァッレの地図（図2-33）は、現状とは少し異なるが、大略は同じである。三つの広場のうち東側にある二つは、北イタリアではパラッツォ・デッラ・ラジオーネと呼ばれる中世の市庁舎を中にはさんで、北と南にできた広場である。通称サローネと呼ばれるこの建物は、外から見ただけではわからないが、地図で見るとかなりゆがんだ平行四辺形である。規模はすごく大きく、元々は同じようにパラッツォ・デッラ・ラジオーネと呼ばれていたヴィチェンツァのバジリカ・パラディアーナよりもずっと大きい。バジリカはパラーディオによって古代風の威厳を与えられた建物となったが、パドヴァのサローネは、写真（図2-34）で見る通り、アーチの大きさも揃っておらず、庶民的な表情をしている。

サローネの南側のピアッツァ・デッレ・エルベ（野菜広場）には、午前中に生鮮野菜や果物の屋台が並ぶ市が立ち、買い物客でにぎわう（図2-36）。しかし、昼過ぎまで営業すると午後にはさっさと屋台は片付けられ、掃除されて、広場はまったく違う表情となる。選挙の時期には夕方から立ち会い演説会が行われる場所になったりする。北側のピアッツァ・デイ・フルッティ（果物広場）には、名前通り果物や花の屋台も立つが、衣料品や日用品など雑多な種類の屋台が多く

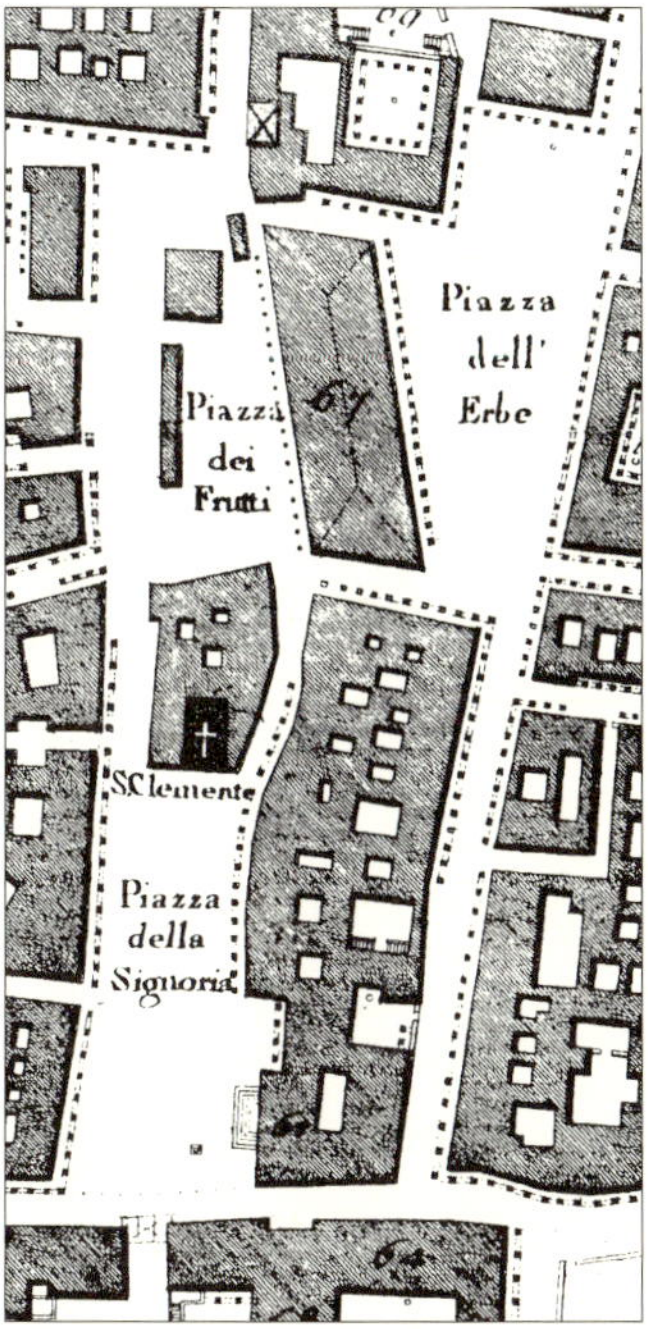

図2-33　パドヴァ中心部の３つの広場（G. Valle の地図 1784）　左が北
サローネ（図中67）の北にピアッツァ・デイ・フルッティ（果物広場）、南にピアッツァ・デッレ・エルベ（野菜広場）、ロッジア・デル・コンシッリオ（図中61）の北側にピアッツァ・デッラ・シニョリーア（政庁広場）

図2-34　サローネ外観（南面／エルベ広場側）

図2-35　サローネ１階の食品マーケット

図2-36　エルベ広場に立つ午前の市

みられる。この二つの広場は生活広場という性格が強い。二つの広場にはさまれたサローネの地上階は、肉、魚、サラミ、ハム、ソーセージ、チーズ、そのほか野菜・果物以外の食料品を売る専門店が並ぶ常設マーケットになっている（図2-35）。今は売り場のようすもきれいに整えられて、スーパーの中の店舗とさほど変わりないが、昔は皮をはいだウサギや大きな鱈の干物（バカラ）などが吊るしてあったりして、もっとワイルドな感じであった。

二階にある広大な空間については、ゲーテが感嘆しているようすが伝わってくる。「市庁の引見の間は、拡大語の綴りでサローネと名づけられているのももっともで、想像もできぬほど途方もなく大きな、仕切られた容器であり、いま見たばかりでも記憶に呼びおこすことができぬほどだ。長さ三百フィート、幅百フィート、縦に部屋をおおっている円天井までの高さ百フィート。ここの人びとは戸外の生活にすっかり慣れているので、建築家は市場に円天井をつけることを思いついたわけだ」。

この建物は、十三世紀から存在したが、一四二〇年の火災後に改修された。鉛の大屋根を支える小屋組は隠されているが、その下は木造の骨組と板張りが下から見える船底形天井となっている。実際の大きさは、長さ約八十メートル、幅と高さは約二十七メートルなので、ゲーテの目測も一割強増しくらいで、ほぼ正確である。ここではナポレオンが失脚後の一八一五年に、新しく支配者となったオーストリア皇帝フランツ一世を迎える歓迎会が開かれた。その時の飾りつけを担当した建築家は、カフェ・ペドロッキを手がける以前のジュゼッペ・ヤペッリである。彼はこの内部に舞台装飾の手法で美しい庭園を現出させた。下絵を見ると、丘のような高い所に小神殿風の円形の東屋があり、植え込みや花壇や池が作られ、天井には青空と雲を描いた紗の布が張られたようである。人々がたくさん集まって宴を行うための庭園を作ってしまえるくらい、サローネの空間は広大だったのである。

二〇〇五年の十二月に、この大空間で、イギリスの建築家デヴィッド・チッパーフィールドの展覧会を見た（図2-37）。彼のことはほとんど知らなかったので興味津々だったのだが、並んでいるのは、いわゆる建築模型と図面と写真のパネルばかり、模型や図面は二百分の一くらいのスケールのものがほとんどで、写真も迫力がなく、見ていてちっともおもしろくない。ただ大きな施設をたくさん設計した手堅い作風の実力派の建築家だということだけがわかった。しだいに飽きてきて、むしろサローネの空間の魅力を楽しむことに専念した。船底形天井の下の壁には十五世紀前半に描かれたフレスコ画があるが、ジョットの作品から影響を受けた画家たちによる仕事である。広間の端には、ドナテッロのガッタメラータ将軍騎馬像の馬を模して作った木製の巨大な馬も保存されていて、これも大空間とよくあっている。展示のために低い位置に吊るした無数の照明のおかげで、空間全体はいつもより魅力的に見えた。せっかくの現代建築の展覧会なのに、これでは中世建築の空間に負けてしまっていると思ったできごとであった。

この展覧会と同じ時期に、ヴィチェンツァのバジリカで、今はすっかり国際的に著名になった日本の建築家ユニットＳＡＮＡＡ（妹島和世＋西澤立衛）の展覧会があって、対照的な感想をもった。彼らが設計して世界的に評価された金沢二十一世紀美術館の構想段階を示す模型や、中を覗いてみられる小住宅の大型模型、アートのような家具やオブジェなどが並べられた遊び心の感じられる展示で、若者たちが近寄ってひとつひとつ熱心に見ているのが印象的だった(図2-38)。展示内容もよかったが、バジリカの広間の中に紗の布で囲った四角い空間を作り、ニュートラルな性格の展示空間としたことにも成功の因があったと思う。ここはパドヴァのサローネほど広大ではないが、長辺五十三メートル、短辺二十一メートル、高さ二十六メートルほどのやはり大空間である。一九七〇年代までバスケットボールなどのスポーツ競技がよくここで行われていたと聞いて驚いたことがある。その体育館のような大空間をそのまま使わず、長辺はかなり余らせて四角い空間を作り、下向きの照明を中くらいの高さに並べたので、高い船底天井は暗がりに沈んで見えない。賢いSANAAの作戦勝ちで、空間負けせずにすんだのだと思った。

私の感想がまったく個人的なものではないと確信できたのは、ヴェネツィアで知り合った若い研究者と話した時である。彼はやはり期待して行ったパドヴァの展覧会がつまらなかった、八ユーロもとって「クワズィ・ウノ・スカンダロ(ほとんどスキャンダルもの)」だとまで言ったのだ。一方、SANAAの展覧会はおもしろかった、妹島の講演もヴィチェンツァに聴きに行ったというので、どういう点に惹かれるのかと尋ねると、「あんなに薄くて軽い建築は僕らにはないものだから」と答えてくれた。この数年後、こうした人気を裏付けるように、妹島和世が二〇一〇年のヴェネツィア建築ビエンナーレの総合ディレクターに選ばれた。そしてその次の回、二〇一二年の総合ディレクターはチッパーフィールドであった。パドヴァのサローネの展覧会では彼の建築の内容をつかむことはできなかったが、今になって、あれは個人の展覧会というよりサローネの空間に敬意を払った壮大なインスタレーションのようなものだったのでは、と思えてきた。チ

図2-37　サローネでのチッパーフィールド展

図2-38　バジリカでの SANAA 展

図2-39　シニョリーア広場西側の時計塔

図2-40　ロッジア・デル・コンシッリオ

図2-41　ドゥオモ前広場

図2-42　ドゥオモの祭壇　G. Vangi の彫刻

ッパーフィールドは懐の大きな建築家のようだ。

パドヴァの中心部にある三つの広場の三番目は、シニョリーア広場である。先の二つは中世以来の生活に密着した広場であったが、これは、パドヴァがヴェネツィアの支配下に入った一四〇五年以降、十五世紀から十七世紀にかけてヴェネツィア主導で整備された政治的な広場である。ヴィチェンツァの中心広場はピアッツァ・デイ・シニョーリ（貴紳広場）と呼ばれていたが、ピアッツァ・デッラ・シニョリーア（政庁広場）も意味するものは同じである。シニョーリとはヴェネツィアから派遣されてきて政治を行う貴紳たちのこと、シニョリーアとは政庁とか政治権力を指す言葉で、いずれも共和国が治める都市の広場ということを示している。

この広場は、東側にある聖クレメンテ教会の前庭だった広場を拡張整備して作られたもので、西側中央には時計塔と門がある（図2‐39）。二十四時間の時刻表示のほかに、年月日や星座、月の満ち欠けなども表示される機械仕掛けの大時計は、その種のものとしてはイタリアで最初のものが一三四四年にパドヴァで作られた。その二代目がここに一四三七年に設置された時計である（ヴェネツィアのサン・マルコ広場の時計塔は、半世紀後にこれにならって作られた）。時計塔の下には当初もっと簡素な門があったが、一五三二年に古典主義様式の格調高い門に作り直された（設計はサヴォナローラ門と同じG・M・ファルコネット）。この門を入った西側の敷地には、十四世紀の支配者カッラーラ家の王宮があったが、現在は先にあげたパラッツォ・リヴィアーノ（ジオ・ポンティ設計の建物）をはじめとする文学部の施設がある。共和国時代にはここはヴェネツィア政府高官らが集う場所であった。時計塔の両側の建物は、もとあった建物を一五九九年から一六〇五年にかけて改築し、パラッツォ・デル・カピターニオ（長官の館）としたものである。

シニョリーア広場の西にはヴェネツィアの象徴である有翼の獅子の載る柱が建っている。南西の隅に作られたロッジア・デル・コンシッリオ（一四九六〜一五二三）は、上階にサーラ・デル・コンシッリオ（議会の広間）があり、下の階は吹き放ちのアーケードからなるロッジア（開廊）になっている（図2-40）。政庁広場では、このようなロッジアが、広場に向けた演壇ないし舞台、あるいは広場で行われる催しを高みで眺める貴賓席のような場として機能した。この建物はガイドブックにはロッジア・デッラ・グラン・グァルディア（大前哨のロッジア）という名で紹介されていることもあるが、軍関係の施設としてそのように呼ばれ、使われていた時期があったのだろう。

サローネでチッパーフィールドの展覧会を見たのと同じ時に、このロッジア・デル・コンシッリオの上の階で建築賞の展示があったので、入ってみた。説明を読むと、バルバラ・カッポキンという女性の名を冠した、パドヴァで行われる二年に一度の国際建築賞というのがあって、二〇〇五年の応募作のうち優秀作が展示してあるという。審査対象はすでに建っている作品で、パネル二枚で応募すればよいだけらしいが、展示してあった三十ほどの作品のうち三分の一以上が日本人の名前だったので驚いた。知っている名前もいくつかあったが、最優秀賞をとったジュン・イガラシという建築家の名は初耳だった。漢字はあとで知ったが、五十嵐淳が北海道の原野に建てた「風の環」という建物がその受賞作品であった。ヴィチェンツァのSANAA展と同じ頃に見たので、日本の現代建築家の国際的な活躍ぶりはすごい、と再認識したものである。

ゲーテとパドヴァ

ゲーテがパドヴァに滞在したのは、九月二十六日から二十八日まで、二泊三日弱にすぎない。その間に彼はかなりのものを見ていて、すでにほとんど触れたが、彼が見ていないか無視したもの（特に聖アントニオ教会）について、むしろこの章では多く語った。パドヴァはヴィチェンツァよりはずっと規模の大きな都市で、語るべきことが非常に多いことにも気がついた。ヴィチェンツァの特色がほとんど「パラーディオの町」一色であったのに比べると、パドヴァは一見したところ地味なのに、多様な側面を備えている。パドヴァ人は閉鎖的で人が悪いとよく言われるが、実はかなり豊かな町で、そのため保守的な傾向も強く、すべてを表に出そうとしないせいである。ヴィチェンツァは作家をたくさん輩出し、外に向かって何かを表明する者が多いが、「パドヴァは隠す」傾向があるのだそうで、ますます奥が深く感じられる。

ゲーテがティツィアーノに関心を示していたことはすでに触れたが、アンドレア・マンテーニャ（一四三一〜一五〇六）についても「ぼくが驚嘆している近古の画家の一人」として最大級の賛辞を呈しており、その初期の作品をエレミターニ教会に見に行っている。その作品は、祭壇右手の袖廊にあるオヴェターリ礼拝堂の壁面を飾っていた一連のフレスコ画で、特に「聖クリストーフォロの殉教」（一四四八以降）が有名である。ゲーテはこれらを完全な形で見ているが、残念ながらこの教会は第二次世界大戦中の一九四四年に爆撃を受けて大破し、このフレスコ画も一部は修復しきれず欠損がある状態で残されている。しかしその不完全な状態であっても、ゲーテがいうように、「素朴、純粋、明快、周密、誠実、繊細、克明でありながら、同時にまた厳しく、まめまめしく、骨身をけずるようなところのある現在性」があるのを見てとることができる。「後代の画家たちはここから出発した……野蛮な時代の後、美術はこのようにして発展してきたのである」というのが、ルネサンス美術の好きなゲーテの言である。

「野蛮な時代」と言っているのはもちろん中世のことで、中世のものを見ようとしないゲーテの態度は随所で目につく。エレミターニ教会のすぐ北の敷地にスクロヴェーニ礼拝堂は建っているのにゲーテは寄ってもいない。美術の革新はマンテーニャよりも前に、中世末のジョットによってなされた、と私たちは知っている。パドヴァでジョットを見ないなんて、と現代人は不思議に思うが、ジョットは十六世紀以降、十九世紀半ばに再評価されるまで、ほとんど忘れられた存在で、スクロヴェーニ礼拝堂の内部も荒れ果てたままにおかれていたという。ジョットを無視したのは、ゲーテのせいではなく、時代のせいであったようだ。

ゲーテが見なかった教会で、私の好きなものを二つあげておきたい。一つはパドヴァで一番古いロマネスクの教会、十一世紀から十二世紀にかけて建てられたサンタ・ソフィア教会である。ファサードは素朴な姿で少し傾き、道路にめりこんでいるが、かび臭い内部は古い聖堂特有の何ともいえない魅力があり、とても市民に愛されている。もう一つはパドヴァの司教座のある大聖堂（ドゥオモ）である（図2-41）。現在のドゥオモは十六世紀の再建であるが、正面は未完で、煉瓦がむき出しのままである。右手にある十二世紀の洗礼堂のほうが古く、内部は十四世紀のジュスト・デ・メナブオーイによるフレスコ画が素晴らしい。ドゥオモの内部は端正な十六世紀の古典主義様式できちんと仕上げられているが、二十世紀の終わり頃、一九九七年に祭壇回りが現代の彫刻家ジュリアーノ・ヴァンジによって部分的に作り直されて話題になった（図2-42）。静岡県の三島にヴァンジ美術館があり、日本でも知られている作家である。

狭いところが苦手で広いところが好きなゲーテの性向は、もはやはっきりとしてきた。ゲーテがプラート・デッラ・ヴァッレを気に入ったことはすでに述べたが、その南東に建つサンタ・ジュスティーナ教会も気に入っていた。「ここは長さ四百フィート、比較的に高くそして幅もあり、雄大で素朴な造りである。今夕ぼくはその一隅に坐って静かに思いをねった。このときぼくは自分が真に孤独であることを感じた」、と書いている。この教会はドゥオモと同じく十六世紀の建物で、やはり正面は未完だが、内部は簡素でありながら格調高い大空間になっている。この空間が気に入った理由は、先述のサローネの広さに感嘆したことと同じだとゲーテは言っている。実はサローネについてゲーテの文章を引用した時、後半はわざととっておいた。それは、以下のようにとても味わいのあることが書かれていたからである。「（サローネの）円天井のついた巨大な空間が独特な感じをあたえたことは疑問の余地がない。それは仕切られた無限とでもいえるもので、人間にとって星空よりもぴったりとした感じをあたえる。星空はぼくらをぼくら自身から奪い去るが、この広間はぼくらをきわめて穏やかにぼくら自身の中へ押し戻してくれる」。

ゲーテの好んだ広大さとは、「仕切られた無限」という言葉で表現されるものだった。この矛盾していそうで含蓄のある詩人の言葉を提示して、パドヴァの章を終わりにしたい。

第三章

ヴェネツィア

海に浮かぶ国際文化都市

ヴェネツィア 1599

ブレンタ河の船旅

一七八六年九月二十八日、ゲーテはパドヴァをあとにし、ヴェネツィアへと向かう乗合船に乗ってブレンタ河を下る。これはブルキオ、あるいは縮小語尾をつけてブルキエッロと呼ばれた平底の屋形船で、手漕ぎに加えて運河沿いの道を行く馬に引かせることもあり、ラグーナ（潟）に入ると他の船に曳航される形式のものだったと思われる。「行儀のいい相乗りの人たちと一緒に下る船旅は、イタリア人が互いに礼儀を重んじるので作法が乱れず快適である」とゲーテは書いている。相客の中に杖や帽子、コップがわりのホタテ貝の殻などを所持し、すぐに巡礼とわかる独特の服装をした二人の中年のドイツ人がいた。巡礼は無賃で乗れることになっていたが、彼らは遠慮して、屋根のある場所ではなく後部の舵取りのところに坐っていた。「いまの世では珍しい現象」となった巡礼を初めて間近で見たゲーテは、持ち前の好奇心から彼らのそばにいって話を聞き出し、通訳を買って出て他の乗客の質問を伝えたりもした。

この時は二人の巡礼が注目の的となったが、その都度、どのような旅人と乗り合わせるかで、船旅の雰囲気は変わったことだろう。ゲーテの船旅より一世紀半ほど前の一六二三年に、修道士でオルガニストだったドン・アドリアーノ・バンキエーリ（一五六八〜一六三四）が「ヴェネツィアからパドヴァへの船旅」というマドリガル・コメディーを作曲している。このタイトルにつられて、上野公園の奏楽堂（旧東京音楽学校の講堂を移築再現した建物）に演奏会を聴きに行ったこと

図3-01　ブレンタ河を行く船と南岸に建つヴィラ・フォスカリ（G. F. Costaによる版画 18世紀半ば）

図3-02　ヴィラ・ピザーニ　庭園の奥の厩舎。18世紀半ば　手前は19世紀に作られた養魚池の水路

がある（二期会イタリア歌曲研究会公演／監修・嶺貞子、企画・構成・弥勒忠史、二〇一二年四月）。登場人物は多様で、ヴェネツィア人、ブレッシャ人、ナポリ人、フィレンツェ人、ボローニャ人、ドイツ人、ユダヤ人ら、職業も船主、水夫、本屋、音楽教師、娼婦、商人、兵士、郵便配達、と様々で、方言や外国語が入りまじった賑やかな騒動が音楽に乗って繰りひろげられる。もちろんこれはコメディーとして書かれたもので特別だが、このような題材に取り上げられるほど、ブレンタ河の船旅は活気のあるものだったということが想像される。

ブレンタ川（ここでは元の流れを川、運河になってからは河と表記する）は古代からパドヴァとアドリア海を結ぶ交通路であったが、パドヴァが十五世紀初頭にヴェネツィアの支配下に入ってからは特に二つの都市を結ぶ重要路線となり、元の蛇行する川筋は十六世紀には運河として本格的に整備された。水路としての主流は、新しく作られた比較的まっすぐ南東に延びる流路のほうに切り替えられ、川の出口はラグーナの南の外側に作られた。川が運ぶ土砂などをラグーナに溜めないための措置である。他にも運河になったブレンタ河と新しい流路を結ぶ小放水路は何本か作られた。ラグーナに近い低湿地は、このように十六世紀以降さかんに水路網の整備がなされ、また干拓もせっせと行われた地域である。こうした動きは主として、ヴェネツィアの貴族たちが土地所有に関心を持ちだした結果である。十五世紀後半のオスマン・トルコの台頭によって地中海東部における海洋貿易に何かと摩擦が起こるようになり、また十五世紀末からの地理上の発見（アメリカ大陸の発見やインドへの新航路の開発）などの影響によって、ヴェネツィアがそれまでの海洋貿易一辺倒の路線を脱し、資本を土地や農業経営などにつぎこむようになったからである。ブレンタ河の河畔には、十六世紀以降、ヴェネツィア貴族のヴィラが続々と建てられるようになる。ブレンタ河の「両岸は庭園と別荘で飾られ、小さな村が水際まで迫ってきているが、ところによっては人通りの多い国道が岸辺に沿って走っている。水門によって河を下るようになっているので、船はしばしば小停止をする。その間を利用して陸の上を見物したり豊富に提供される果物を味わうこともできる」というゲーテの記述そのままを一日がかりで楽しめる観光パックが現在では存在する。その名もブルキエッロという遊覧船が一日おきにパドヴァ発とヴェネツィア発として出ているのである。遊覧船が止まるヴィラのうち有名なものが二つある。

一つはパドヴァから十キロほどのストラという場所に、十八世紀半ば、ヴェネツィア総督になったアルヴィーゼ・ピザーニが建てた、宮殿のように豪壮なヴィラ・ピザーニである。運河に面して左岸（北側）に建つ横長の新古典主義の建物だけでも立派だが、背後には馬場に使われた草地が広がり（その中央に十九世紀に水路が設けられ、左右に二分された）、奥には遠目だともう一つの宮殿かと見まがう派手な厩舎が建てられている（図3-02）。さらに敷地の東西には樹木の茂る庭園があり、東屋、展望塔、迷路などが配されている。ここは、ナポレオン、ヴィットリオ・エマヌエレ二世、ムッソリーニら、異なる時代の権力者が滞在したことでも知られるが、いかにも権力者にふさわしいバロックと新古典主義の折衷様式のヴィラである。もう一つはラグーナへの出口に近いブレンタ河の右岸（南側）に北面して建つヴィラ・フォスカリである（図3-01）。このヴィラについてゲーテは一言も言及していないが、パラーディオのヴィラの中でも特筆にあたいするものなので、ここで詳述しておきたい。

ヴィラ・フォスカリ

ヴィラ・フォスカリ（通称ラ・マルコンテンタ）は、ヴェネツィアの名門フォスカリ家の依頼でパラーディオが設計し、一五六〇年頃に建てられたヴィラである。北側正面の中央は、ペディメント（三角破風）の下にイオニア式の柱が六本並ぶ古代神殿風のデザインである（図3-03）。これは、当時のヴェネツィア貴族のヴィラの主流であった「ヴィラ・ファットリーア（農場管理を兼ねたヴィラ）」ではなく、第一章でみたヴィチェンツァ近郊のラ・ロトンダと同様、ヴェネツィアから船でほど近いところに位置する、遊興のための「ヴィラ・スブルバーナ（郊外型ヴィラ）」であった。氾濫の危険もある水辺のヴィラなので、ポルティコは高い基壇の上に載せられている。そのため建物はいっそう威厳のある姿で聳えると同時に、水面にその姿を逆さに映し込む。ブレンタ河を行き来する船上の人々にこのヴィラは斬新な印象を与え、フォスカリ家の名を高めると同時に、パラーディオ建築の広告塔のような役割も果たしたにちがいない。

一五五〇年にヴィチェンツァでの庇護者だったトリッシノが亡くなった後、パラーディオの施主はヴェネツィア貴族が多くなる。だが、田園のヴィラを設計してほしいという依頼はあっても、ヴェネツィアという都市の中に入りこむことは容易ではなかった。一五五〇年代半ばに挑戦した建築関係の公職への応募も、リアルト橋のコンペも、パラッツォ・ドゥカーレ（総督宮）の大階段のデザイン・コンペも、ことごとくうまくゆかなかった。古典主義を打ち出しすぎるパラーデ

図3-03　ヴィラ・フォスカリ（ラ・マルコンテンタ）　1558-60

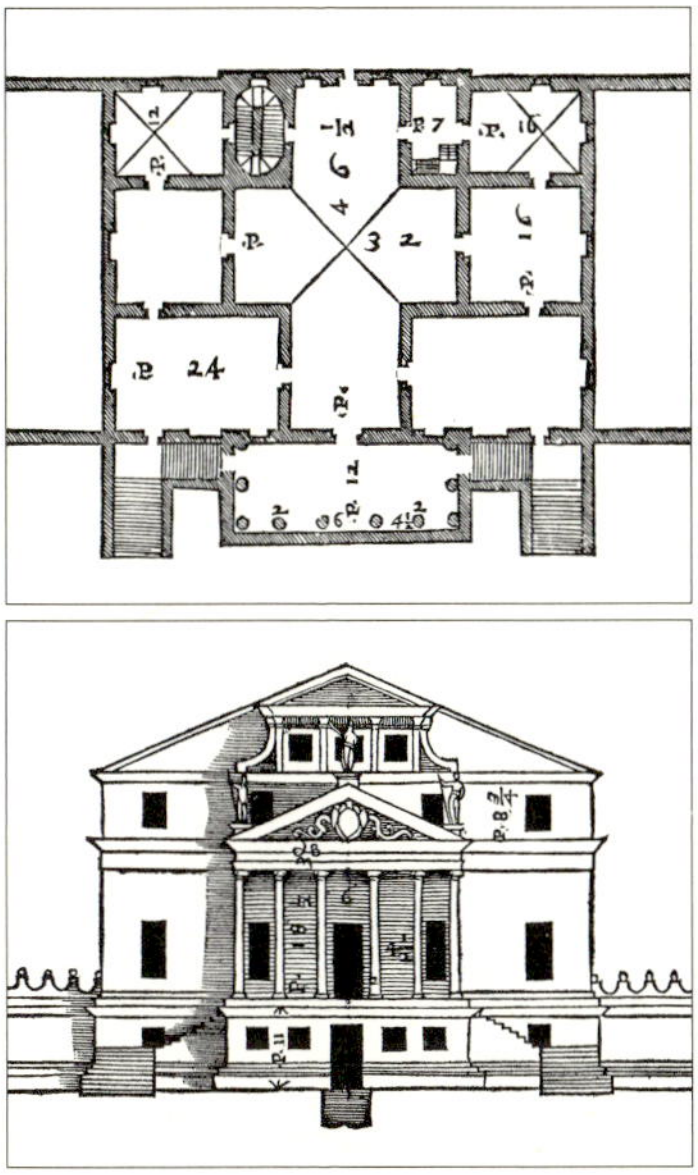

図3-04　ヴィラ・フォスカリ　平面図と立面図
（パラーディオ『建築四書』1570より）

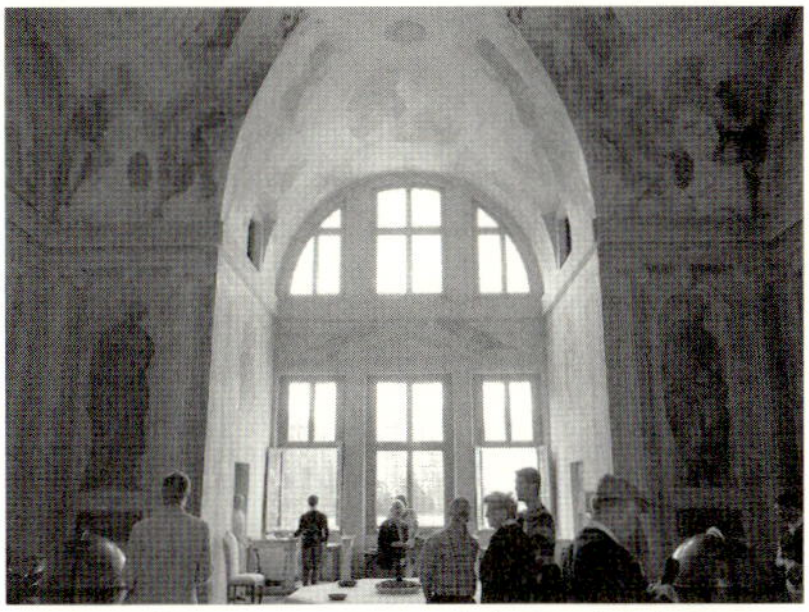

図3-05　ヴィラ・フォスカリ　十字形の中央広間

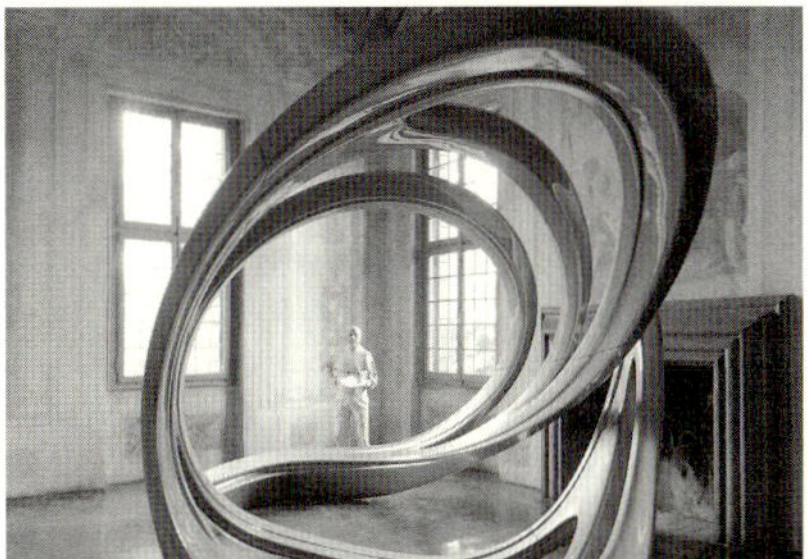

図3-06　北西の部屋に置かれたザハの作品

ィオのデザインは、ヴェネツィアでは当初、猜疑心をもって見られていたのである。しかし、ヴェネツィアの近郊といえる運河の岸辺にヴィラ・フォスカリが竣工すると、その偉容はヴェネツィア貴族たちの目をとらえ、じわじわと彼らの建築観にも影響を及ぼしたと思われる。六〇年代後半からパラーディオには徐々にヴェネツィアでの仕事が増え、一五七〇年には家族と共にヴェネツィアに移り住むまでになるのである。

内部は、外観から想像できない豊かさを擁している（図3-04〜06）。中央に十字形の広間があり、その両側には大中小三つずつの脇部屋が並ぶ三列構成で、どの部屋も壁から天井までフレスコ画で覆われている。北側の長方形の脇部屋は夏向きで広く、南側は太陽が入り込めば暖かい冬向きの小部屋である。この大小二つの相似形の部屋の間に正方形の小部屋がはさまれている。十字形の広間に架かるヴォールト天井が南側の壁にぶつかった部分はアーチ形の窓になる。半円形のアーチの中に二本の方立てが入った形は、古代ローマの浴場の高窓によく使われていたため、「浴場窓」と呼ばれている。建物の裏側、すなわち南側のファサードは、北側の威厳のあるファサードとがらっと変わり、神殿正面風のポルティコにかわって浴場窓が中央に位置し、屋根の上に大きく突き出た煙突もこちらでは存在感を増し、全体に何かユーモラスな表情をしている。中間階の隠し部屋（天井の低い部屋の上に作られた小部屋）も南側に窓をあけているので、全体に北側より窓の数が多いことも親しみのもてる表情に関係している。

ヴィラ・フォスカリが別名ラ・マルコンテンタと呼ばれるようになったのは、単にそのあたりの地名がマルコンテンタであったからにすぎない。しかし、マルコンテンタ（「不満足な」という形容詞の女性形）という言葉が愉快なので、それがこのヴィラの愛称になったのである。さらに北西の部屋の壁にフレスコ画で等身大に描かれたピンク色のドレスの女性は、愛らしい顔だちなのにすねたような表情をしていることから、彼女こそ「ラ・マルコンテンタ（不満げな女）」だといわれている。

このヴィラがたどったその後の歴史は興味深い。十八世紀末まではフォスカリ家がそのまま所有していたが、一七九七年の共和国崩壊後、ナポレオン統治下で一族は財産を奪われ、ここも放棄してしまう。その後は主として穀物倉庫に使われ、第一次大戦中は軍用倉庫になり、その時にフレスコ画は漆喰で覆いつくされ、やがて窓ガラスや扉はなくなり、荒れ果てた状態となった。しかしあとからの増築であった別棟や礼拝堂など付属の建物はすべて壊されたのに、ヴィラ本体だけは、荒廃しても威厳のある姿であったためか、破壊されずに存続した。

一九二四年、この荒れ果てた建物を見て気に入り、即座に購入したのが、国籍はブラジルだがイギリスで教育を受けたアルバート・クリントン・ランズバーグ（愛称バーティー）という人物であった。彼はパリで知り合って一緒にヴェネツィアに来ていた友人たち（建築愛好家のポール・ロドカナキとカトリーヌ・デルランジェ男爵夫人）と三人で家族のようにヴィラ・フォスカリで暮らし始める。いずれも金持ちで芸術的センスにあふれた三人は、少しずつ建物を修復し始め、フレスコ画を覆っていた漆喰をはがし（最初はスプーンやナイフで、どんな絵が現れるか「ハプニング」と称して楽しみながら）、荒廃から救ったのである。彼らの客となった人々の中には、ストラヴィンスキーやディアギレフ、ココ・シャネル、ル・コルビュジエ、コール・ポーター、アルトゥール・

ルビンシュタインといった前衛的な芸術家たちやウィンストン・チャーチルのような政治家もいた。当時のヴェネツィアは、モダン都市の様相も取り入れようと模索していた時期にあたり、ヴィラ・フォスカリも郊外の文化的拠点の一つとなった。しかし三人はユダヤ人であったため、人種法の施行により一九三九年にはヴェネツィアを去らざるをえなくなり、マルコンテンタでの優雅で芸術的なボヘミアン生活は終わりとなった。

戦後、一九四七年に戻ってきたバーティーと知り合ったのが、フォスカリ家の末裔で、当時建築を勉強していたアントニオ・フォスカリである。バーティーは彼に、「君こそがこのヴィラの正当な所有者であるべきだ」と言い続けたが、実際にはイギリス人の若い貴族で建築家のクロード・フィリモアにヴィラを譲ってしまっていた。フィリモアもこのヴィラを愛していたが、バーティーの死後はあまり来ることがなくなり、管理はアントニオに委ねられ、やがて、フィリモアから彼に所有権が譲られたのである。こうした所有権の移譲は、友情や信頼関係を基盤としたものので、全体が詩的で物語めいたできごとだったという。こうして現在の当主となったアントニオ・フォスカリは、『騒乱と秩序／一九二四～一九三九年のマルコンテンタ』という本を二〇一二年に出版して、ヴィラ・フォスカリを荒廃から甦らせた三人がここで過ごした輝かしい十五年の日々と、フォスカリ家の子孫である自分に所有権が贈り戻されたいきさつとを語った。

アントニオ・フォスカリには『アンドレア・パラーディオ／アンビルト・ヴェニス』（二〇一〇）という、パラーディオの実現しなかった計画案を取り上げた本があり、出版時には大きな話題になった。この本の成功が、マルコンテンタをめぐる次の本の実現につながったのだと思う。

一度だけ、フォスカリ夫妻と小さな孫たちも含めた家族に会う機会があったが、とても知的で温かく魅力的な人々で、彼ら一族が祖先の建てたパラーディオの建物を再び守ってゆく立場に戻れたのは、真に喜ばしいことだと思った。マルコンテンタ救済の実話とそこでの自由で芸術的な生活のようすが本になったことで、この美しい物語は皆が共有できるものとなったのである。

少し前の話になるが、二〇〇八年にはパラーディオ生誕五百年を記念するイヴェントがヴェネト地方のあちこちで行われた。その一環をなす展示としてヴィラ・フォスカリでは、建築家ザハ・ハディドによる立体的な曲線彫刻のような作品が北側の二つの部屋に設置されて、おもしろい光景を呈していた（図3-06）。メーキングの過程を示すヴィデオも別の部屋で流されていたが、作品の形はまったく恣意的なものではなく、ヴィラ・フォスカリの平面図から直線要素を抽出し、それらをコンピューター操作で複雑に変容させてできた形であるらしい。工場で作った部品を船で運び、組み立てるまでの過程も映像で流していた。ザハ・ハディドは一九五〇年にイラクで生まれ英国で活躍する世界的に著名な女流建築家である。二〇一二年秋に行われた東京の新国立競技場設計コンペの勝者であるが、彼女のデザインした流線形の巨大な競技場を実際に建てると周囲の環境はどうなるか、維持管理の大変さはどうするか、ということで反対意見が巻き起こり、二〇一四年夏現在も白紙に戻すか妥協案を探るか決着がついていない、あの議論の渦中の建築家でもある。ザハの作品はどれもインパクトがあり高揚感をもたらしてくれるが、この展示のように期間限定のものでなく、ずっと存続するものとなるとどう判断すべきか正直なところわからない。議論をつくして納得のいく結論に達してほしいと願うばかりである。

海の都ヴェネツィア

ゲーテは一七八六年九月二十八日の夕方、「ブレンタ河から潟へと乗り入れつつ、初めてヴェネツィアをこの眼で眺め、それから間もなくこの不思議な島の町、この海狸《ビーバー》共和国に足をふみ入れ」た。そして最初のゴンドラが漕ぎよせてくるのを見たときに、父が一七四〇年のイタリア旅行みやげとして持ち帰った美しいゴンドラの模型が家にあったことを思い出し、ヴェネツィアに来たことを運命的なできごとのように感ずるのであった。ゲーテがヴェネツィアを「ビーバー共和国」と呼んだのは、ビーバーが水の中に巣を作るように、人が潟の中に作った都市がヴェネツィア共和国となったからだ。

アドリア海沿いにはいくつものラグーナ（潟）があるが、その中で最大級のものがヴェネツィアのラグーナである。弓なりに湾曲しているが、南北方向の長さは五十キロメートル以上に達する。川が運んできた土砂を海流が押し流して細長い砂州ができ、砂州の中に閉じ込められた浅瀬の海がラグーナである。外海から潟への入口は現在三カ所ある。砂州の主要部分は細長い二つの島からなっているが、北がリド、南がパレストリーナと呼ばれている。リド島の南端に近いマラモッコにはローマ時代からパドヴァの外港があった。しかし、ラグーナのほかの場所に人が住むようになるのは、六世紀後半のランゴバルド族の北イタリア侵入以降、主にパドヴァやトレヴィーゾ方面からラグーナに逃げ込んだ人々が定住するようになってからである。ラグーナには葦が

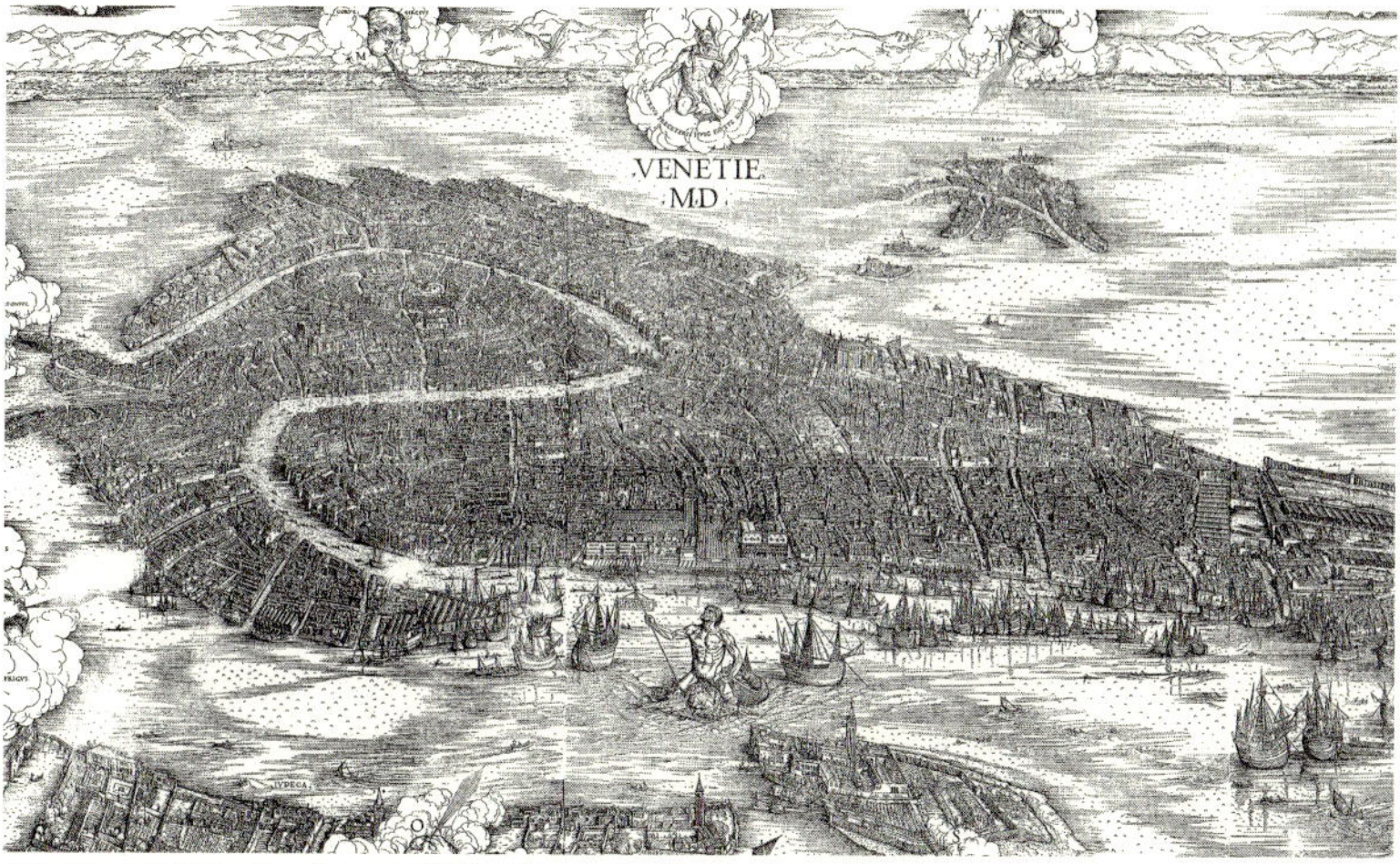

図3-07　1500年のヴェネツィア鳥瞰図（ヤーコポ・デ・バルバリの木版画）

図3-08　海から見たヴェネツィアの表玄関
（左から造幣局、サン・マルコ図書館、塔、２本の柱、総督宮、監獄が見える）

茂るだけのような島が無数にあって、そこに人々は逃げ込んだのである。

今もヴェネツィアの原風景を思わせるそうした小島は、ラグーナの北のほうのシーレ川の河口付近や、マルコ・ポーロ空港の近くなどに見ることができる。満潮時には海に隠れ、干潮時に現れる島もたくさんあったが、そうした中で人々は住める土地を選んでさらに土盛りをし、最初は植物素材で簡素な小屋を建てて定住した。島ごとに一つ教会を建て、カンポと呼ばれる広場の中心に井戸を設け、地下にためた雨水を汲み上げるシステムができあがる。島の周囲は石組で固定し、島と島の間には小運河（リオ）や運河（カナーレ）が整備されていった。やがて、建物の壁は煉瓦や石で造られるようになるが、地盤の悪いラグーナの島では重量をできるだけ減らすため、天井や屋根は木の梁や小屋組で支えるのが一般的となる。それでも階数が増え建物の重量が増すとそれを支えるために、基礎は地下の堅い地盤に届くように打ち込んだたくさんの長い樫の丸太の杭の上に据えられるようになる。何もなかった場所がびっしりと建物の建て込んだ姿になるまで、どれだけの歳月と絶え間ない人々の営為があったことであろう。

当初、人が多く住んで栄えたのは、現在のヴェネツィア本島よりも、リド島や北の陸地に近いトルチェッロ島で、ラグーナの行政の中心はリド島のマラモッコに置かれていた。しかし、外海に近いマラモッコでは防御の点で不安があったため、九世紀の初めに行政組織は現在のサン・マルコ広場からリアルト橋にいたる一連の島に移された。ラグーナは浅瀬の海で、船が通れる深さのある水路は限られている。水路は今でも両側に杭を並べて示されているが、それをとってしまえば船はすぐに座礁してしまう。水路のありかに精通していなければ入りこめないラグーナは天然の要害となり、その中心に位置するヴェネツィア本島は、防備の点で理想的だったのである。ヴェネツィアの中心部はリーヴォ・アルト（高い岸辺）と呼ばれていたが、それがリアルトの名の由来になった。海水面からの標高はリアルトのあたりは今も高いが、サン・マルコ広場のあたりは低いので、近年はアックア・アルタ（高潮による冠水）が冬場にこの周辺ではよく起こる。リアルトは経済の中心となり、サン・マルコ広場は政治の中心となった。

こうしてヴェネツィアは九世紀から急速に発展していく。ヴェネツィアは広義にはラグーナの周辺すべてを指すが（現在のヴェネツィア県に相当）、狭義にはヴェネツィア本島だけを指している。ヴェネツィア本島は百数十の小島の寄せ集まりからなっているが、中央に流れる逆S字形の大運河（カナル・グランデ）によって、大きく二つの塊に分けられる。全体の形は「魚」のようだといわれる。南側にはジュデッカ運河をへだてて、いくつかの島が紐状につらなったジュデッカ島があるが、何となく巨大なミミズが魚のそばに寄り添っているみたいである。

ヴェネツィアは、十九世紀半ばまでは、船でしかたどり着けない特別の都市だった。しかしオーストリア支配時代の一八四六年一月に開通した鉄道の橋（全長約五キロ）によって本土とつながり、さらにムッソリーニ時代の一九三三年に鉄道橋と平行して自動車専用の橋が作られた。寄り添う二本の橋は一本の釣り糸のようで、ラグーナに浮かぶヴェネツィアは本土に引っ張られる魚のように見える。自動車専用橋の名はファシズム時代のポンテ・デル・リットーリオ（リクトールの橋）からポンテ・デッラ・リベルタ（自由の橋）に変わったが、魚は本土につながれたまま、自由でなくなってしまった。

ヴェネツィアの表玄関

ゲーテの旅は十八世紀後半なので、もちろん船でラグーナに乗り入れ、ヴェネツィアの表玄関であるサン・マルコ広場のそばに降り立っている。その時に目にした光景については、彼は何も記していない。それどころか冒頭から、「ヴェネツィアについては、すでに多くのことが語られ書物にもなっているので、くだくだしい記述を試みるつもりはない。ただぼくの受けた印象をそのまま述べるにとどめる」と素っ気ない。私も彼をまねたいところだが、建築史を専門としている悪弊で何かしら説明がないと落ち着かない。他に引用できる文章がないかと考えて、トーマス・マンの『ヴェニスに死す』(一九一二)の主人公アシェンバハがアドリア海のほうから船でやって来て途中で小船に乗り換え、ヴェネツィアに着く場面を思い出した。以下引用。

「こうして彼はふたたびあの最も驚嘆すべき船着場を眺めることとなった。近寄る航海者の敬虔な視線に共和国が示しうる、あの幻想的建築物の華麗な構図を眺めることとなった。宮殿[パラッツォ・ドゥカーレ]の軽快な美観、溜息橋、岸辺に沿った獅子と聖者との円柱、童話風の殿堂[サン・マルコ大聖堂]のはなやかに突き出ている側面、門道と大時計とを見通す景観、そういうものを眼に入れながら、陸路を経てヴェニス停車場に到着したのでは宮殿に入るのにわざわざ裏口を選ぶも同然であって、この世にも奇蹟的な都を訪れる者は現在の自分のごとく船で、大海を越えてやってこなければならぬのだと悟った」(高橋義孝・訳　新潮社[　]内筆者注)。

パラッツォ・ドゥカーレ（総督宮）は、九世紀に行政の中心がここに移った時以来、この場所に存在したが、現在みるようなピンクと白の華麗なヴェネツィアン・ゴシックの建物は一三四〇年頃から増改築を重ねて一四三八年に完成されたものである。聖マルコがヴェネツィアの守護聖人となったのは、二人のヴェネツィア商人が八二八年にアレクサンドリアの教会に埋葬されていた聖マルコの遺体を盗み出し、ヴェネツィアに運ぶことに成功した時からで、それ以前の都市の守護聖人は聖テオドールだった。福音書記者の一人である聖マルコの遺骸という貴重な聖遺物が手に入ったため、聖マルコに捧げる聖堂の建設が始まる。これは一度焼失したが、十一世紀に主にビザンチン様式で再建される。ファサードが完成するのは十六世紀である。ヴェネツィア一立派な聖堂であっても、ここはずっと総督宮の付属礼拝堂にすぎなかったが、ナポレオン支配時代の一八〇七年に司教座がここに移され、大聖堂にかえられた。それまでずっとヴェネツィアの司教座は東のはずれのカステッロ地区の、今でも行きにくい場所にあるサン・ピエトロという名の教会にあった。教皇庁と結びつく宗教的権威はできるだけ中心から離れた場所に置こうとした共和国政府の意図が透けて見える配置である。

逆L字形のサン・マルコ広場の海に突き出た部分は小広場（ピアッツェッタ）と呼ばれるが、その端の部分に東方からの略奪品としてもたらされた二本の円柱が十二世紀後半に建てられ、象徴的な門の役割を果たすようになった。一方の柱には鰐の背に乗る聖テオドール、もう一方には聖マルコを象徴する有翼の獅子が乗っている。この二本の柱を通して一番奥に見えるのは、白く大きな時計塔（マウロ・コドゥッシ設計、一四九六〜一五〇六）で、時計の下の大アーチはリアルト方面に向かう道に開いた門になっている。「溜息橋」というのは、総督宮と、その東側に小運河をへだてて十六世紀に建てられた監獄とを結ぶ空中渡り廊下のことで、監獄に連れて行かれる囚人はここを渡りながら嘆いたに違いないと、十九世紀のイギリスの詩人バイロンが「ブリッジ・オブ・サイ」と名付けたことに由来する。

トーマス・マンの描写には出てこないが、二本の円柱の西側、総督宮の向かいには、ルネサンス様式の壮麗なサン・マルコ図書館（サンソヴィーノ設計、一五三七〜五四）があり、海側からはその側面が見える。さらにその西隣には同じ建築家の設計による造幣局の重厚な建物（一五三六〜四五／現在は国立サン・マルコ図書館の中枢部）がある。この二つの建物が現れる前の元の場所は、肉屋などの食料品店や宿屋などがひしめく大衆的な場所だった。しかし政治の中心であり都市の表玄関である広場のすぐそばにそのような雑然とした一画があるのは困るということで、建築家サンソヴィーノによって再開発が行われ、威厳のある建物二つに置きかわったのである。こうしてサン・マルコ広場は晴れがましい都市の表舞台として整えられた。これは、十六世紀の名総督アンドレア・グリッティが推進した「都市改装」事業として知られている。

ヴェネツィア政府は海から近づく船上の人々の視線を意識して、サン・マルコ広場の壮麗な都市景観を整えたが、ゲーテはそのことにはあまり反応していない。かわりにサン・マルコ広場の方から見た海側の景観を大いに称賛している。「サン・マルコの広場の前にひらけた空間と肩を並べうるものはないだろう。その空間とは大きな海面のことで、……その水面のかなたには左手に聖ジョルジョ・マッジョーレ島が浮び、さらに少し先の右手にはジュデッカ島とその運河が見える。さらに向うの右手には税関と大運河への入口が望まれ、そこに二、三の巨大な大理石の殿堂が輝いている。これらが、サン・マルコ広場の二本の円柱の間を抜け出るとき、ぼくらの眼に映る主要なものの概略である」。

「陸路を経てヴェニス停車場に到着したのでは宮殿に入るのにわざわざ裏口を選ぶも同然」とトーマス・マンは主人公に言わせている。確かに、一八四六年に鉄道が開通した時、駅が作られたのは都市の裏側といってよい北西のはずれの周縁部であった。そこにはサンタ・ルチーアというパラーディオの設計した小さな教会があったが、駅が拡張されることになって、この教会は一八六一年に取り壊されてしまった。正面に大きな浴場窓のあるこの教会の姿は版画と写真の両方で残されている。また、その記憶は「ヴェネツィア・S・L（サンタ・ルチーア）」という駅名にかろうじて今もとどめられている。現在の駅舎は、一九三四年のコンペ当選案が戦後の一九五二〜五五年に実現されたものであるが、白いイストリア石のファサードが水平に長く延び、大運河に面して存在する唯一の近代建築である。現代ではここに降り立つ旅行者のほうが多いと思うが、駅を出て外階段を降りるとすぐ目の前には大運河があり、対岸には大きなドームのある教会（サン・シメオン・ピッコロ、一七一八〜三八年）の姿も見え、いきなりヴェネツィアらしい景観と接して感激こそすれ、裏口から来たと思う者はあまりいないだろう。

駅が北西のはずれにできた頃、経済的発展の中心がそちらに移るのではないかと恐れたサン・マルコ地区の商工会議所は、鉄道を延長させる計画案の作成を建築家ジュゼッペ・ヤペッリ（一七八三〜一八五二）に依頼した。ヤペッリはパドヴァのカフェ・ペドロッキの設計者として第二章で紹介したが、長らくパドヴァで活躍したあと生地ヴェネツィアに戻ってきていたのである。ヤペッリが作成したのは、鉄道をジュデッカ運河北側のザッテレ河岸に沿って走らせ、税関のある岬の先端に新たな駅をつくり、そこから橋を架けてサン・マルコ方面へと人を導くという案であった。駅から遠いとサン・マルコ広場への人の流れが減るのではないかという心配はまったくの杞憂とわかり、当然ながらこの案は実現されずに終わる。実現していたら、税関の建物は壊され、ゲーテが称賛した海側の景観は台無しになってしまっただろう。税関先端部の白く印象的な建物は十七世紀後半に建てられたものであるが、背後に並ぶ倉庫群は十五世紀からのものである。この全体が外観はそのままに内部だけ大胆に変えられ、二〇〇九年にプンタ・デッラ・ドガーナ（税関の岬）美術館としてオープンした。旧税関の建物を買収したフランスのピノー財団の依頼で設計にあたったのは、同じ財団所有で大運河に面したパラッツォ・グラッシ美術館の改装も手がけた安藤忠雄である。

ザッテレ河岸には税関から少し離れた場所にかつて「塩の倉庫」と呼ばれた建物がある（十五世紀の倉庫を一八三〇年頃に改装したもの／図3-09）。税関の倉庫と同じくノコギリ屋根が並んでおり、奥に細長い空間からなっている。その一番西端の倉庫は、パリのポンピドー・センターや関西国際空港を設計した建築家レンゾ・ピアーノの手によって、ヴェネツィアの画家エミリオ・ヴェドヴァの遺作を保管するヴェドヴァ財団のギャラリーに変身し、やはり二〇〇九年にオープンした（図3-10）。中は傾斜した床を貼り、壁は元の煉瓦壁を活かした薄暗い空間で、天井に設置したクレーンのような装置で奥の収蔵庫から何枚か作品を吊り出してきて配置し、その過程もあわせて見せる趣向で、空間の魅力と共に話題になった。倉庫などの古い建物がこのように現代建築家の手で新しい空間に蘇るのを見ると、まったくの新築より魅力的になる場合も多く、素晴らしいことに思える。

迷路と水辺の道

一七八六年九月二十八日にヴェネツィアに着いたゲーテは、地図を手にいれるまでの二日間、「つれの者もなしに方位だけに注意をくばりながら、町の迷路に入りこんで」、自分の目で周囲を観察している。町の構造を説明している部分はそのまま今も通用する。「市は大小の運河によって完全に分断されてはいるが、それがまた大小の橋によってふたたび連結されている。全体の狭さと窮屈さは、実際にそれを見た者でないと想像がつかない。小路の幅は両腕を伸ばして届くか届かないかぐらいが通例で、最も狭い小路では両手を腰にあてると肘がつかえてしまう。むろんもっと広い小路もあるし、そこここにはちょっとした広場もあるが、しかし全体的にすべてがせせこましいといってよかろう」。

ヴェネツィアは百数十の小島が寄せ集まってできているが、元々は島ごとに一つの教区を形成し、周囲の島とは小運河（リオ）を隔てて独立していた。しかし舟での移動だけでは不便なので、やがて島どうしが橋でつなげられるようになり、十六世紀以降はさかんに橋が作られた。四百個ほどの橋でつながったヴェネツィアはどこでも歩いて行ける都市となったが、小路（カッレ）は元々狭く不規則なので、迷路の様相を呈し、町全体が迷宮のようだとも表現される。隣り合う島の小路をつなぐ橋の形態と、迷路の歩き方についてゲーテは次のように述べている。「ここの橋という橋にはみな階段がついていて、そのアーチ形の橋の下をゴンドラや、もっと大きな船も楽々と通れるようになっている。ぼくはだれにも道を尋ねずに、またしても方位だけをたよりにこの迷路を出たり入ったりしてみた。結局はうまく脱け出せるのだが、入り組んだ路が次々と現われるさまは信じられぬほどで、眼にうつるものを確かめてゆくぼくのやり方が最上のものである」。これはまったくその通りで、袋小路に迷いこんだらすぐ引き返せばよく、また必ず広場か教会など目印になるものに行き当たるので、安心して迷うことができる。他の町ならちょっとの方向違いでとんでもない所に行ってしまう可能性もあるが、ヴェネツィアではそうならない。迷い歩きを楽しめる町と言える。そして最初は迷路をさまよう感覚を楽しんでいたとしても、数日もすれば誰でも大体の道筋はわかってくる。さっさっと人の波を除け、角も素早くひょいと曲がる歩き方をしている人は住民だとわかっておもしろい、と観察眼のある人が言っていた。実際、ヴェネツィアでは水上バス（ヴァポレット）に乗るより歩いた方が早いことが多い。リアルトからサン・マルコまでは、大運河に沿って大回りするヴァポレットだと二十分くらいかかるが、直線距離的には近いので、いくつかある抜け道を選んですいすい曲がったり早足で歩いたりして行けば五、六分もかからない。ヴェネツィアの人は自分のテリトリーを熟知した猫のように、どこを通ればよいか瞬時に判断するのである。

「ひじょうに多くの小さな家々がじかに運河のなかに建っている。しかし立派な舗石のしてあ

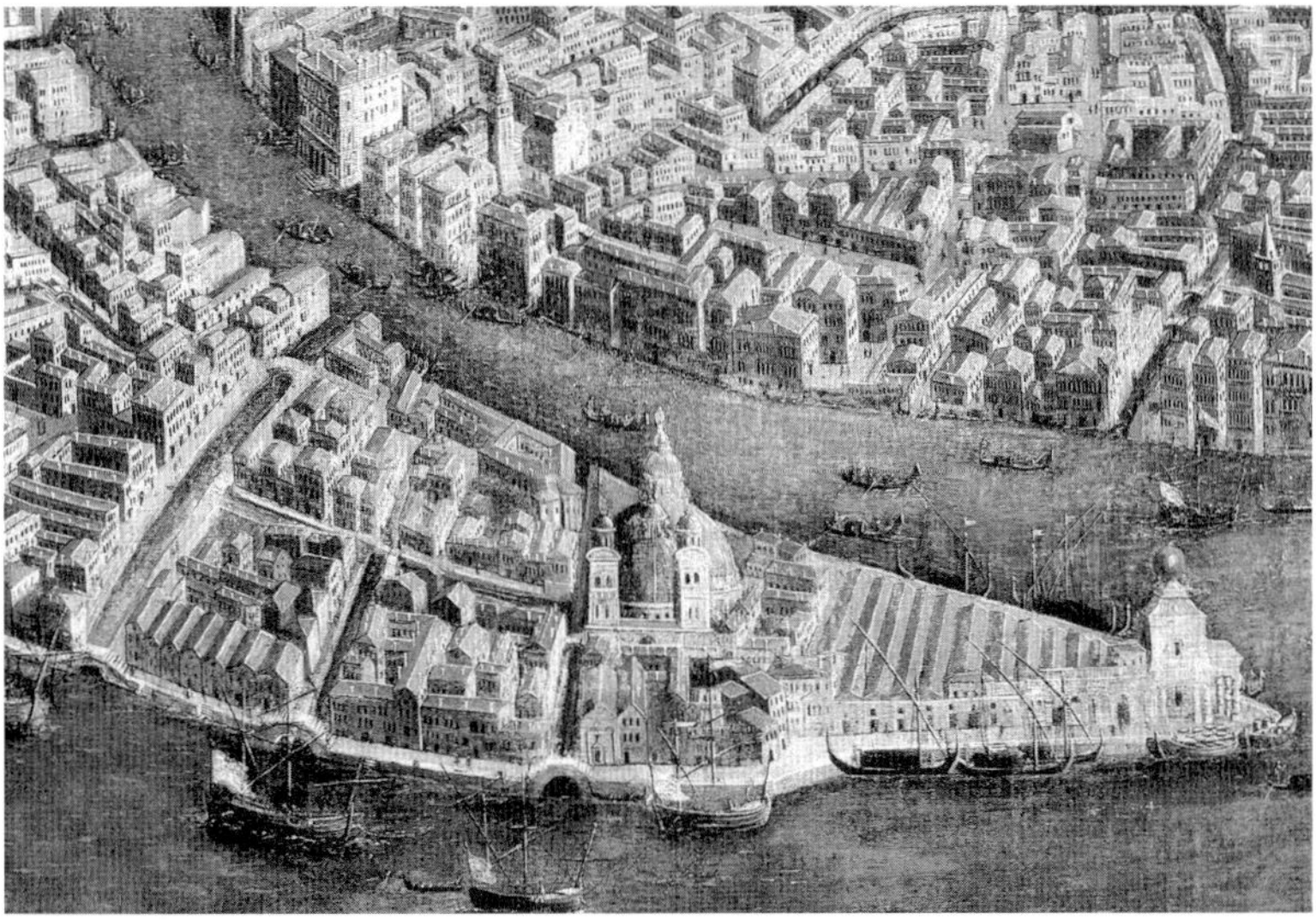

図3-09　大運河(上)とジュデッカ運河(下)にはさまれた岬の先端の海の税関とザッテレ河岸に建つ塩の倉庫(左下の鋸屋根の建物)　18世紀初頭頃の作者不詳の絵より

図3-11　フォンダメンタ・ヌオーヴェ
(16世紀末に作られたヴェネツィア北側の護岸の道)

図3-10　塩の倉庫の１つを改装したヴェドヴァ財団ギャラリー　レンゾ・ピアーノ設計　2009

る堤防があちこちにあって、その上を歩いて水面や教会や邸宅のあいだをじつに気持ちよくゆききできる。愉快で楽しいのは北側にある長い堤防で、そこからは島々が、特に小ヴェネツィアともいうべきムラーノ島が眺められる」。ゲーテが気に入ったこの堤防は全長約一キロで、フォンダメンタ・ヌオーヴェと呼ばれている（図3-11）。フォンダメンタというのは運河の脇に作られる護岸の道のことで、防波堤のように高く作られているわけではない。図3-07は、ヤーコポ・デ・バルバリによる一五〇〇年のヴェネツィアを描いた木版画の有名な鳥瞰図であるが、これにはまだフォンダメンタ・ヌオーヴェは描かれていない。ヴェネツィアの北側はあいまいな輪郭をしていたが、十六世紀の後半に大々的な埋め立てが行われて土地が北側に拡張され、その外側を縁取るようにこの護岸の道が作られたのである。ここからはガラス工房の集まったムラーノ島も見えるが、その手前にサン・ミケーリ島も見える。ゲーテが来た時から二十数年後、ナポレオン時代に墓地の島に定められたところである。十八世紀にパリの周縁部に大規模墓地が何カ所か作られたのと同様、衛生上の理由から市中の個々の教会に埋葬することは禁じられ、墓はすべてサン・ミケーリ島に移すことになったのである。バルバリの図では、二つの島が並んでいるように見えるが、現代の地図で見るとサン・ミケーリ島は南北に長いので、いつの時点かで間が埋め立てられて一つの島にされたと思われる。

大運河に面した大邸宅は運河の中からそのまま建ち上がり、館ごとに船着き場を持つという伝統はずっと続き、今もフォンダメンタは例外的にしかみられない。いっぽう北側と同様、ヴェネツィアの南側では、ザッテレの河岸の道としてフォンダメンタが形成され、ジュデッカ運河との境界線をなしている。ヴェネツィアの概形は、これらのフォンダメンタによってまず南北の輪郭線が一六〇〇年頃に確定された。その後、運河の浚渫で出る泥土や日常のゴミなどを埋め立てるのはヴェネツィアの東端と西端に限定され、ヴェネツィアは東西にだけ拡張する形となった。十五世紀末に作られたバルバリの図は、当時の建物のようすなど細かいところまで正確に描かれ、史料的価値の高い驚異のヴェネツィア図であるが、測量の発達していなかった時代のものなので、形は少々細長く歪んでいる。全体的に現在とさほど変わらないようにも見えるが、実際には十六世紀末の埋め立ての結果、今のほうが胴部の太った魚の形になっている。

東端のサンテレーナ島との間に行われた埋め立てでできた土地には、ナポレオン時代にジャルディーニと呼ばれる広い緑地公園が作られ、イタリア統一後しばらくして一八九五年に始まったヴェネツィア・ビエンナーレの主会場もその中におかれた。サン・マルコ広場からジャルディーニまで岸辺に沿って広い道路が作られたのは、ムッソリーニ時代の一九三〇年代である。この道はフォンダメンタより道幅が圧倒的に広く、リーヴァ（河岸）と呼ばれている。ヴェネツィア西端の埋め立て地は、十九世紀後半にサン・マルコ周辺から移った港湾施設や倉庫群、そのほか雑多な要素を吸収する場所となった。運河を隔てて埋め立て地のすぐ内側に位置する島（バルバリの図で大運河の西端の脇に描かれた島）には、一九三三年の自動車専用橋の開通に伴い、ピアッツァーレ・ローマと呼ばれるバスの発着所や大駐車場が設けられ、自動車交通をそこまでで食い止めるための場所となった。

大運河と橋

「大運河とリアルト大橋はすぐに見つかった。この橋は白い大理石の一個の弓形から成っている。そこから見おろした光景はすばらしい。運河には、あらゆる必需品を大陸から運んできて、主としてここに碇泊し、積荷をおろす船が密集している。……大運河によって分たれているヴェネツィアの二つの主要な部分は、ただ一つのリアルト橋によって互いに結ばれているのだが、しかし一定の渡場には無蓋の小舟が備えてあって諸所の交通も配慮されている」。

リアルト橋は十六世紀の末に建設され、今もヴェネツィアの象徴の一つとして親しまれている存在である（図3-13）。バルバリの図には、今のリアルト橋に置き換わる以前の、木造の橋が描かれている（図3-12）。大運河の中間のこの場所は、川幅も小さく橋を架けるのに最適の場所であった。十三世紀後半から木造の橋が架けられ、その後、何度も架け替えられた。バルバリが描いているのは十五世紀後半に建設された橋で、通路の両側は商店になっていて、中央部分はマストの高い船を通すため跳ね橋となっている。同じ橋をヴィットーレ・カルパッチョが描いた絵も有名である（図3-14）。この頃は跳ね橋だったので、跳ね板が下りればヴェネツィアは一つとなり、上がればヴェネツィアは二つの部分に分れたままとなった。ゲーテの言う「一定の渡場」とは、トラゲットと呼ばれる渡し船乗場のことで、十八世紀当時は二十カ所くらいあった。無蓋のゴンドラに立ったまま乗って大運河を横切れるトラゲットは今も数カ所に残されている、箇便さ

図3-12　バルバリの図に描かれた木造のリアルト橋

図3-13　リアルト橋　1588-91　北側からの眺め

図3-14　カルパッチョ《十字架の奇跡》15世紀末

図3-15　カラトラヴァの橋　2008

図3-16　サン・マルコの塔 1912再建

図3-17　塔が崩壊した時の写真　1902年７月

と楽しさの伴う渡し船である。

リアルト橋は十九世紀半ばまで大運河に架かる唯一の橋であったが、オーストリア支配時代に鋳鉄製の水平橋が二カ所に作られ、第二、第三の橋となった。美術館前のアッカデーミア橋（一八五四）と駅の近くのスカルツィ橋（一八五八）の二つがそれである。これらはいずれもムッソリーニ支配下の一九三〇年代に、木造の単アーチ橋と石造の単アーチ橋に作り替えられて今日に至っている。

そして、大運河に架かる四番目の橋として二〇〇八年夏に完成したのが、スペインの建築家サンティアーゴ・カラトラヴァのコンペ当選案として実現された「ポンテ・デッラ・コスティトゥツィオーネ（憲法の橋）」、通称「カラトラヴァの橋」である（図3-15）。これは、大運河が北西の端で北に曲がる所に架けられた鋼鉄製の橋で、床面は半透明のブルーの強化ガラスと白大理石に似たトラカイト（粗面岩）からなり、五十五メートルのスパンで少し水平方向にひねったカーブを描きながら軽やかに大運河をひとまたぎする。この橋ができたことで、自動車の終着駅であるローマ広場（ピアッツァーレ・ローマ）と鉄道駅の間が徒歩で行き来できるようになった。しかしこの橋は、工期と工費が当初予定の何倍にもふくれあがったため大問題となった。また、最新の橋なのに障害者のための配慮に欠ける（階段ばかりで斜路がない）ということも問題視され、開通から五年もかけてようやく、赤くて可愛いゴンドラを橋の外側に取り付けたオヴォヴィーア（エッグウェイ）と呼ばれるケーブルカーを運行させることによって一応の解決に至った。のびやかで美しい橋であるが、ヴェネツィアにとっては非常に高い買い物となった。

大運河に架かる橋は、ゲーテの頃より三つ増えたが、それ以外にも十九世紀以降の近代化に伴っていくつか変化があった。ナポレオン支配時代（一八〇六～一五年）とそれに続くオーストリア支配時代（一八六六年まで）には、運河（リオ）を埋め立てて地面（テッラ）にすることがよく行われた。埋め立てによってできた道路は結構あちこちにあるが、その変化がわかるように「リオ・テッラ」と表示されている。このように言語化して記憶に残すという姿勢には見識を感じる。一八六六年に統一イタリア王国に併合されてからは、駅からリアルトに近いサンティ・アポストリ広場まで、大運河の北側に平行して岸から少し離れた内側を走るストラーダ・ヌオーヴァ（新道路）と呼ばれる道が、小運河を埋め立てたり建物を取り壊すことによって強引に作られた（一八六七～七二）。車のないヴェネツィアでは、幅の広い道は人が大手を振って歩ける道である。現代では朝の出勤時間には駅を目指す人と逆に駅からリアルト方面に急ぐ人たちの波で、また日中と夜は観光客で、ストラーダ・ヌオーヴァはいつも人通りが絶えない。

一八八一年からは駅とサン・マルコ広場を結ぶ水上バスの運行が始まった（蒸気船だったのでヴァポレットと呼ばれ、ディーゼル・エンジンに変わった今もそのままの名で呼ばれている）。一九三三年に自動車橋ができた時はローマ広場で車をストップさせたが、そこから始まって大運河の途中に通じる新しい運河も同じ時に開通させ、リオ・ヌオーヴォと呼んだ。鉄道も自動車も市の外縁部までしか入れないという決定をしたヴェネツィアは、さらに水の便をよくするため、既存の小運河を広げたり新たに掘削したりして、サン・マルコ方面へのバイパスとなるリオ・ヌオーヴォを作ったのである。こうしてヴェネツィアは船と徒歩のみが移動手段という昔からの特性をさらに強化した都市となった。ゲーテの頃は大運河が目印となる以外には、まだわかりやすい都市構造はなく、迷路状態は今より際立っていたと思われる。

ヴェネツィア観察

ゲーテは、九十八メートルの高さのサン・マルコの塔には二度、登っている。この塔は、サン・マルコ聖堂付属の鐘塔として九世紀から存在したはずであるが、増築・補強・改築を繰り返し、ロマネスク様式を基調として十六世紀前半に完成形に達した。ゲーテが登ったのはその塔であるが、それは百数十年後の一九〇二年七月十四日の朝、人々が遠巻きに見守る中で静かに自然崩壊し、粉々の瓦礫の山となった（図3-17）。この時は、二日前からひび割れや揺れ、小石の落下などの前兆があったので、一人のけが人も出さずにすんだ。煉瓦や石で頑丈に作られた組積造の建造物も数世紀の重みと劣化によって、このように自然崩壊するのだという実例として興味深い。塔の外見は元通りに、しかし新技術も取り込みながら十年かけて再建され、一九一二年に完成した（図3-16）。今はエレベーターがあるが、ゲーテはそれなしに二度も登ったのだ。サン・マルコの沖合にあるサン・ジョルジョ・マッジョーレの塔もよく似た姿をしているが、そこからの眺めも素晴らしい。この塔は一七七〇年代から改築に入り一七九一年に完成したというので、ゲーテの時には工事中だった。そうでなければ、彼は絶対ここにも登っていただろう。

ゲーテは、塔の上から海も観察したが、リドからパレストリーナを経てラグーナ南端の町キオッジアまで足を延ばし、潮の干満や沼沢地の生態系についても詳しい観察を行っている。ヴェネツィアの街なかでは、「市街のひじょうな不潔さが目についた」と、塵芥や汚物の多さ、全体的な不潔さについて何度も具体的に指摘し、許しがたいと述べている。そして、「ぼくは散歩しながら直ちに一つの取締条令を起草しそれを警視総監に示せば、彼もそれをまじめに配慮してくれるだろう、と考えずにはいられなかった」と書いていてほほえましい。ヴァイマールで行政にたずさわっていた経験が顔を出し、ドイツなら不潔さを放っておくことはないのに、とゲーテは考えている。二十一世紀のヴェネツィアではもちろんこの点は大幅に改善されている。

ヴェネツィアに来て迷路のような街を一人で歩き回ると、誰しも大なり小なり観察者となるようである。そして何かしら独自の発見や感想を得たと思い始めるが、それらはヴェネツィアではすでに何度も語られたり書かれたりしていることにすぎないことがやがてわかってくる、とアメリカの作家メアリー・マッカーシーは『ヴェニス・オブザーヴド』という本に書いている。ある時、彼女の友人が「ゴンドラは棺桶に似ている」という感想をもらして、その新奇な発想に感心したが、その二日後にシェリーの詩の中に同様の語句を発見するということがあった。また別の友人は、人通りのない路に入りこんだ奥に「宝石箱のような小さな教会」を見つけたと興奮気味に報告するので、「サンタ・マリア・デイ・ミラーコリでしょう」と応じると、とたんにがっかりした顔になったという。彼女自身はヴェネツィアには猫が多いこと、また建物のアーチの要石の上についているライオンの頭が猫に見えるということに気がつき、自分だけの発見のように思っていたところ、立ち寄った書店にヴェネツィアの猫について書かれた本が二冊もあるのを見つけて青ざめたと告白している。ヴェネツィアに猫が多いというのは、一時期よく聞いたが、最近はあまり見ない気がする。ヴェネツィアに長く住んでいる人によると、猫が多い島は片寄っているのだそうだ。島どうしは橋でつながっていても、猫は自分の島から離れないということだろうか。いずれにしてもマッカーシーの観察は半世紀前のものなので、ヴェネツィアの環境もかなり変わっていて当然である。彼女の本では様々なことが冷めたユーモアをもって語られ、歴史的な記述もひとひねりしてあるのでおもしろい。

ヴェネツィアの住宅の屋根の上に載っているアルターナ（屋上テラス）は、「美容の分野におけるヴェネツィアの発明品の一つ」だとマッカーシーは説明している。金髪にあこがれたヴェネツィア女性たちは、特殊な溶液を髪に塗り、肌は焼かないようにリング状のツバだけの帽子をかぶって長い髪は穴から出して外に広げ、アルターナに何時間も坐って日光で髪を脱色したという（図3-18）。アルターナは比較的簡易な木製の露台であることが多く、かつての日本の木造家屋に作られた物干し台を思わせるが、日本のはコンクリートのマンションのヴェランダに置き換わって絶滅危惧種となっている。アルターナは前出のカルパッチョの絵の背景にも描かれているが（図3-14）、ヴェネツィアでは今も同じ形のままよく見かけるので、少なくとも五百年間変わらずあり続けてきたということがわかる。ただし今では主用途は変わって、洗濯物を干したり、植木鉢を置いたり、夏の夜にテーブルを出して食事をしたりする場所に使われている。カルパッチョの絵にはヴェネツィア特有の上広がりの煙突もたくさん描かれている。これは暖炉が減った現在、数は減っているが、まだ時々見かけることがある。

図3-18　アルターナで髪を脱色する女性（16世紀の版画）

図3-19　「空中張り出し物件 1 」

図3-20　「空中張り出し物件 2 」

図3-21　ポンテ・デッレ・テッテ

ポンテ・デッレ・テッテを探して

ヴェネツィアのアルターナに私が注意を払うようになったのは、そこが昔の女性が髪を脱色するために使った場所だと人から聞いたり、マッカーシーの本や他の本で読んだりしたことが続いたからで、最初から自分でその存在に気づくことはなかったと思う。普通に歩いていたら、上のほうに目をやることもないのだから。しかし一度だけ、路を歩きながら下から上までキョロキョロと眺め回したことがある。それは二〇〇五年の十月から翌年三月の末まで、大学から特別研修休暇をもらってヴェネツィアに半年滞在した最後の頃のことである。帰国まぢかとなって顧みると、何か自分でヴェネツィアをよく観察していないという思いにかられ、二人の畏友、建築・都市史家でヴェネツィアを始めとするイタリアの都市や東京の街歩きの達人として知られる陣内秀信氏と、建築史家で建築家である上に路上観察でも有名な藤森照信氏のまねをしてみようと思い立ったのだ。ちょうど春のきざしが出てきた頃だった。

しかし陣内さんがよく紹介しているようなマリア様を祀った祠や、斜めに架かる橋などはあっても、珍しいものというのはなかなか見つからない。唯一、これは何だろうと思ったのが、図3-19・20の写真にあげたようなもので、路上観察学会の流儀にならって「空中張り出し物件」と名付けてみた。同種のものを四つも見つけたので、ヴェネツィアでは時々あるものかもしれない。このうちザッテレのジェズアーティ教会近くで見つけた「物件2」は二階レベルにあって目立ち、デボラ・ハワードの『ヴェニスと東方』という本に部分写真と簡単な説明が載っているのを後で発見した。東方に旅行した者たちがカイロやダマスカスなどで見た「リアゴ（囲ったバルコニー）」というものをヴェネツィアの建物に簡便化して取り入れたものらしい。本場のリアゴも幾例か紹介されているが、それらは広間から通りを見るための出窓のようなもので、外からは見えないように透かし細工の板などで囲ったものである。イタリアの普通のバルコニーは、そこから外を見ると同時に、自分たちの姿も見せつける場所なのだから考え方は異なる。これらを最初見た時は「囲ったバルコニー」とは思いつかず、ただ空中に突出した変な物件と思っただけだった。

同じ頃に、急に思い出して気になったのが、ポンテ・デッレ・テッテという橋はどれだろう、ということである。それは、陣内さんの本に紹介されていたのだが、その時は本が手元になくて確かめることができなかったものである。確かリアルト橋あたりから出発する散策コースの中にあったという記憶をたよりに探すことにした。ポンテ・デッレ・テッテとは「おっぱいの橋」という意味である。ヴェネツィアの娼婦たちが夕方になるとおっぱい丸出しの姿で窓から乗り出し、橋を渡ってくる男たちを誘ったので、その窓の下の橋はポンテ・デッレ・テッテと呼ばれたというような説明がなされていた。最初にあれかもしれないと頭の中で目星をつけたのは、時々通るリアルト市場の近くにあった小さな橋である。橋のすぐそばの建物に窓があり、正面の路地の上の渡り廊下のような部分にも窓があった。買い物ついでに確かめに行くと、それは違っていた。そこで通りすがりの婦人に尋ねると、一人は困惑した表情で私の顔をまじまじと見て、「ポンテ・デッレ・テッテ？　ポンテ・デッレ・テステの間違いじゃない？　でも知らないわ」と言う。テッテはテッタ（乳房）の、テステはテスタ（頭）の複数形である。本当に知らないのか、あるいは変なことを訊かれ、からかわれていると思ったのかもしれない。次に尋ねた婦人は、「あっちの方だけど、複雑すぎて説明できない、また他の人に訊いて」と言う。「あっちの方」は帰る方向だったので、ひとまず帰ることにすると、途中で私の借りている部屋の大家さんに出会った。そこで彼女に尋ねると、自分は知らないけれど、叔母が何でも知っているから、とすぐ携帯電話で問い合わせてくれて、遠くないことがわかった。そして教えられた通りにたどって行くと、そこは何度か通ったことのある場所だった。橋の突き当たりに建物があり、その壁に標識があるが、説明が三段分あって、真ん中にちゃんと「ポンテ・デッレ・テッテ」と書いてある。以前に通った時は目にとまらなかったらしい。そしてそこは、まさにかつて公娼たちを囲い込んでいたカランパーネと呼ばれる地区のはずれにあたる場所であった（図3‐21）。

十五世紀の初め頃、街中にはびこる売春婦たちに手を焼いていた共和国政府は、彼女たちを公娼として囲い込み、厳しく管理することにした。それには前世紀に子孫がとだえて全財産が共和国のものになっていたランパーニ家の所有していた一帯の家屋をあてることとしたのである。家はイタリア語で「カーサ」だが、ヴェネツィア方言では語尾が切断されて短く「カ」という。ランパーニの家を意味するカ・ランパーニが変化したカランパーナという女性名詞がそこにいる娼婦の別称となり、その複数形のカランパーネが彼女たちのいる場所を指すようになったのである（スオーラ（修道女）の複数形スオーレが女子修道院という組織や場所を指すように）。

ヴェネツィアに住み始めて間もない頃、知らない道を通ってみようと思った私は、サン・ポーロ広場から北東に向かう細い路地に入り込んだ。するとしばらくしてCARAMPANEという文字が目に飛び込んできて、あっと思ったのだ。そのあたりは人通りもなく地味で密やかな場所である。元は小運河（リオ）だった道には「リオ・テラ・デ・レ・カランパーネ」、建物の下をくぐるトンネルのような通路には「ソトポルテゴ・カランパーネ」、小路には「カッレ・カランパーネ」とそれぞれ方言で、また、小さな囲い地に面した建物の壁にはただ「カランパーネ」と書かれた標識があるのを見て、「そうか、カランパーネはここにあったのだ」と嬉しくなった。

カランパーネという言葉をなぜ知っていたかというと、その少し前に翻訳した本（W・リプチンスキ著『完璧な家』）に、十六世紀に流行ったという戯れ歌が紹介されていて、その中にこの場所の名が出てきたからである。「パラーディオは悪いことしに娼婦たちのところへはいかないさ／それでも時々行くんだとすりゃ／そりゃ、彼女たちに建てるのを勧めるためさ／古代のアトリウムをカランパーネのど真ん中に」というのがそれである。パラーディオをからかいつつも敬愛の念も感じられる作者不詳のこの詩を、十八世紀の建築家で建築史家だったトマーゾ・テマンツァが記録しており、それをリプチンスキが引用していたのである。カランパーネの場所を偶然見つけたことでそのことを思い出し、すぐにサン・マルコ国立図書館でテマンツァの本を探し、当該箇所を自分の目で確かめたりした。ヴェネツィアでは十六世紀も十八世紀もひとつながりであることを実感するできごとであった。

カランパーネは吉原のような華やかさもある遊郭であったかというと、そうではなく、下級の娼婦たちを集めて様々な規制を設け監視したところのようである。ヴェネツィアには「コルティジャーナ（元の意味は宮廷女性）」と呼ばれた高級娼婦も多くいたが、彼女たちはそれぞれに住居を構えることが許されていた。十八世紀には観光客や旅行者が増えたため政府の統制もゆるみ、若くてきれいな娼婦なら別のところで営業してもよくなり、カランパーネに残るのは歳とった娼婦ばかりになった。そのため、伊和辞典にあるようにカランパーナというのは「身なりのだらしない女、醜い老婦人」を指す言葉になったらしい。ちょっともの哀しい結末である。

ヴェネツィアのパラーディオ

ゲーテがヴィチェンツァ以来関心を持ち続けているパラーディオの建築作品に触れておこう。『イタリア紀行』には省かれているが、到着翌日の十月一日のフォン・シュタイン夫人あての『旅日記』の冒頭には、パラーディオによるリアルト橋の設計案を知ってから、現在のリアルト橋について違和感を感じるようになったが、このことはいずれ口頭で説明しよう、という趣旨のことが書いてある。パラーディオは『建築四書』（一五七〇）にその案を載せており、十八世紀の著名な景観画家カナレットはそれをもとに、パラーディオの橋を描き込んだ空想のヴェネツィア風景を何枚か描いている。ゲーテはカナレットの絵は見ていないようだが、本に載った設計案を見て、現在のリアルト橋に少々不満を抱いたようである。私自身はパラーディオの案を手放しでよいとは思っておらず、比較・検討した結果、現在のリアルト橋のほうが現実的な利点を備えて

図3-22　カリタ修道院　中庭側ファサード
パラーディオ設計　1560-61

図3-23　再整備された中庭　2014

図3-24　パラーディオ設計の螺旋階段

いるという結論に至っている（拙著『パラーディオの時代のヴェネツィア』参照）。

『イタリア紀行』の中でゲーテが最も称賛しているのは、到着の二日後に見に行ったカリタ修道院（現アッカデーミア美術館）である。「なにはさておき、ぼくはカリタ修道院へ急いだ。パラーディオの著作のなかに、金持で客もてなしのよかった古代人の私邸にならって彼がここに修道院の建物を設計した、という事実を発見していたからであった」。そして、観察の後、「これ以上に高尚なもの、これ以上に完全なものをぼくは見たことがないと思う」と絶賛している。

カリタ修道院の中でパラーディオの設計のまま実現し現存するのは、大きな中庭の東側の棟だけである（図3-22）。中庭に面した一階と二階はアーチの列の間に円柱が据えられ、三階は窓の間に扁平の付柱が付されている。ゲーテが驚嘆しているのは、「円柱の頭部と脚部、それに弓形部の要石だけは切石でできているが、そのほかの部分はすべて、煉瓦とはいえない焼いた粘土で造られている。……すべては部分的に焼かれていて、最後に建物はわずかな石灰だけで組み立てられている。それは一回で鋳造されたように渾然として建っている」という施工の完璧さである。このファサードは赤煉瓦むき出しのままなのに美しい。ゲーテが「煉瓦とはいえない焼いた粘土」と形容しているように、円柱のカーブした部分もそのほかの細部もすべて特別製の煉瓦で作られており、部品としての精度も積み方もきわめて精巧であるため美しく見えるのである。当時の煉瓦職人の腕の凄さもあるが、煉瓦の型をつくる段階からパラーディオが関与し、指導・監理した結果である。そのような所まで見抜くゲーテの目は冴えている。

内部に関しては特に、「世にも美しい螺旋階段は、親柱がむきだしで太く、壁につくりつけられた石段は、互いに支えあうように重なりあっている。この階段の昇降には疲れをおぼえない。この階段がいかに成功したかは、パラーディオ自身が、よくできたと言っていることからも推察できる」と書いている（図3-24）。一六一三〜一五年の間にここを訪れた英国のイニゴー・ジョーンズ（一五七三〜一六五二）は、パラーディオの建築を研究することにより独学で英国初のルネサンス建築家となる人物であるが、彼もこの螺旋階段が気に入って、持参した『建築四書』の当該ページの余白に自分ではかった寸法などを詳細に書き込んでいる。その後、グリニッジのクイーンズハウス（一六一六〜二九）を設計した際に「チューリップ階段」と呼ばれる中空の螺旋階段を設けて、その成果を応用している。

ゲーテが訪れた十一年後にヴェネツィア共和国は崩壊し、ナポレオン支配下でカリタ修道院は廃止された。一八〇七年には別のところにあった美術学校（一七五〇年創設のアッカデーミア・ディ・ベッレ・アルティ）がこの建物に移ることが決まり、大々的な増築と改装がなされた。さらに一八一七年からは、アッカデーミア美術館が二階レベルに開設され、一階の美術学校のスペースと棲み分けがなされた。ゲーテが称賛した中庭の一階と二階のアーチは元々吹き放ちであったのにガラス戸やガラス窓が入れられ、教会だった建物の内部も二階レベルに床が作られ、展示スペースになった。美術館は北側に新しくできた凱旋門風の入口を入るとすぐに階段で二階に導かれ、反時計回りに一周する順路が設けられている。しかし時は流れ、美術学校と美術館のいずれにとっても手狭になった結果、二〇〇六年に美術学校は少し離れたザッテレにある旧オスペダーレ・デッリ・インクラービリという施設を全面改装した建物に移転した。パラーディオの中庭と一階のスペースはその頃からずっと改修工事中であったが、二〇一四年九月に訪れたら北側の一部が改築され、一階に新しいトイレとそこに下りる階段室ができていて、すでに使われていた。しかしそこからガラス越しに見える中庭は一応完成はしているものの未公開であった（図3-23）。

アッカデーミア美術館の一部はパラーディオの設計といっても、知る人ぞ知るという存在にすぎず、ヴェネツィアにおけるパラーディオの主要作品は、サン・マルコから南を見た時の水平線上（紐状に並ぶ島の上）に数百メートルずつをへだてて並ぶ三つの教会と言うことができる（図3-25〜28）。このうち真ん中のレ・ヴィテッレは目立たずあまり知られていないが、左端（東側）のサン・ジョルジョ・マッジョーレはサン・マルコの沖合にあって一番目立ち、右（西）のほうにあるイル・レデントーレ教会は、パラーディオの手になる美しく偉大な建築で、その正面はサン・ジョル・レデントーレとともによく知られる存在である。この二つについてゲーテは、「イル・レデントーレ教会ではうまく除去されているように見えるが、サン・ジョルジョの場合には著しく目につく、ある種の不手際さ」があると評している。

パラーディオは古代神殿の正面の形を教会のファサードに応用する工夫をこらしている。それがうまくいっているのがイル・レデントーレだが、サン・ジョルジョ・マッジョーレのほうでは不手際が目立つというのである。後者では幅が狭くて丈の高い神殿正面の形を、幅が広くて丈の低い神殿正面の形と重ねあわせるという手法を用いているが、そのため、中央部の四本の柱は高い柱台の上に載せられ、著しく丈長でプロポーションが悪いといったことを「不手際」と言っていると思われる。「イル・レデントーレはその内部も同じように見事」とゲーテは評している。

図3-25　パラーディオの３つの教会（ジュデッカ運河南側の水平線上に並ぶ）

図3-26　サン・ジョルジョ・マッジョーレ　1565

図3-27　レ・ヴィテッレ　1579-80

図3-28　イル・レデントーレ　1576-77

この二つはよく比較されるが、現代の研究者たちが詳細な分析を通して出すのも、やはりイル・レデントーレのほうが完成度が高いというゲーテが直感的に導いた結論と同じである。

サン・ジョルジョ・マッジョーレは現在では島ごとチーニ財団の施設として、様々な催しなどに使われている。イル・レデントーレは「救世主」という意味で、一五七五〜七七年にかけて猛威をふるったペストの鎮静を救世主イエスに祈願して奉献された教会である。今もカプチン派の教会として現役で、毎年七月第三日曜日のイル・レデントーレの祭日には、ジュデッカ運河に舟をたくさん横に並べ、その上に載せた仮設の橋を渡って対岸から人々が参拝しに行くという行事が行われている。普段は三百メートル離れた距離からしか真正面の姿は見られないが、この時には仮設の橋を渡って近づくに従い迫力を増すファサードを堪能してもらう演出である。

慈善と隔離の思想

ヴェネツィアでは建築への関心以上に音楽や演劇への関心をゲーテは示しているが、まず最初に現れるのは、十月三日付けの次のような記述である。「地図を手にして、世にも奇妙な迷路を通りぬけ、メンディカンティの教会まで辿りついた。ここには現在最も評判の高い音楽学校がある。婦人たちが格子の向うでオラトリオを上演していたが、教会は聴衆で一杯で、音楽はひじょうに美しく、声もすばらしかった」。「メンディカンティの教会」というのは、サン・ラッザロ・デイ・メンディカンティのことで、オスペダーレ・デイ・メンディカンティという名の養育院の中にある聖ラッザロ教会のことである。オスペダーレとはホスピタルにあたる言葉で、現在では病院を意味するが、元々は貧しい病人や孤児など保護を必要とする人々を収容する慈善施設であった。メンディカンティとは物乞いのことで、ここは托鉢修道会の運営する養育院であったが、女子の音楽教育の施設としても有名であった。この養育院は「迷路と水辺の道」の節で触れた十六世紀末の埋め立て地の上に、十七世紀初頭に建てられたものである（図3-29・30）。現在は南隣の十五世紀末の建物スクオーラ・グランデ・ディ・サン・マルコ（聖マルコ大同信会／図3-31）とあわせて、ヴェネツィアの市立病院になっている。

養育院兼音楽院として有名だった施設としてはほかに、『四季』を作曲したアントニオ・ヴィヴァルディ（一六七八～一七四一）がヴァイオリン教師をしていたピエタ養育院や、作曲家ドメニコ・チマローザ（一七四九～一八〇一）がいたオスペダレット・デイ・デレリッティの名が知られている。ヴェネツィアのこうした施設で行われる音楽会は地元の人々の楽しみとなっただけでなく、旅行者たちにも評判となっていた。また、二〇〇六年に美術学校が移った場所として前節で言及したザッテレのオスペダーレ・デッリ・インクラービリもそのような施設として有名だった（図3-34）。インクラービリとは「不治の人々」を意味する言葉で、新大陸から船乗り経由でヴェネツィアにも広まり不治の病とされた梅毒の患者たちを指している。一五二二年に創設された施設を一五六五年以降にサンソヴィーノが大幅に増改築し、中庭には音響効果を考えて楕円形にした教会が建てられた（図3-33）。この施設に収容されたのは、もちろん梅毒の患者たち（東側の翼は女性、西側の翼は男性）であったが、二階には孤児院が併設され、やはり東と西で女子と男子の居室にわかれていた。孤児の少女たちには音楽教育が施され、奏楽堂のような中庭の教会で定期的に音楽会が催されて女性合唱が評判になった時期があるという。この教会は残念ながら一八三一年に取り壊されたが、周囲の建物は残り、オーストリア支配時代には駐屯軍の宿舎として使われるなど転用を繰り返した末に、大々的に改装されて二〇〇六年から美術学校の校舎となったのである。中庭には舗石で楕円形の教会の跡が示され、四隅には井戸が残されている。

パラーディオがジュデッカ島に設計したレ・ヴィテッレ（一五七九〜八〇）も慈善施設であった。ヴィテッレとはヴィテッラ（独身女性）の複数形、すなわち未婚の女性たちが集まった場所という意味であるが、ここは、持参金がなくて結婚できず、家族からも見放された貧しい女性たちを、売春などの道に踏み込ませないよう救済する目的でイエズス会がつくった施設である。水平線上でサン・ジョルジョ・マッジョーレとイル・レデントーレの間に位置し、三つの教会のなかでは目立たない存在であるが、そばによればかなり大きな建物である（図3-27）。ドームを戴く教会堂を中心に寄宿施設が三方を取り囲む形に設計されている。ここでは音楽ではなくレース編みの技術が教えられ、ヴェネツィア特産のレース製品の作り手を安価に供給する場ともなった。

十六世紀半ばにサンソヴィーノが改修にあたったカ・ディ・ディオ（神の家）も、元々はヴェネツィアから船で聖地巡礼に旅立つ人々の宿舎として十三世紀後半に建てられたものであったが、巡礼の減った十四世紀後半からは没落貴族の娘や独身の貧しい女性たちを収容するオスピーツィオ（ホスピス）として使われていた。内部に小礼拝堂があり、現在は老人ホームになっているが、水上バスの停留所「アルセナーレ」のすぐ前にあり、禁欲的だが威厳とユーモアを感じさせるフ

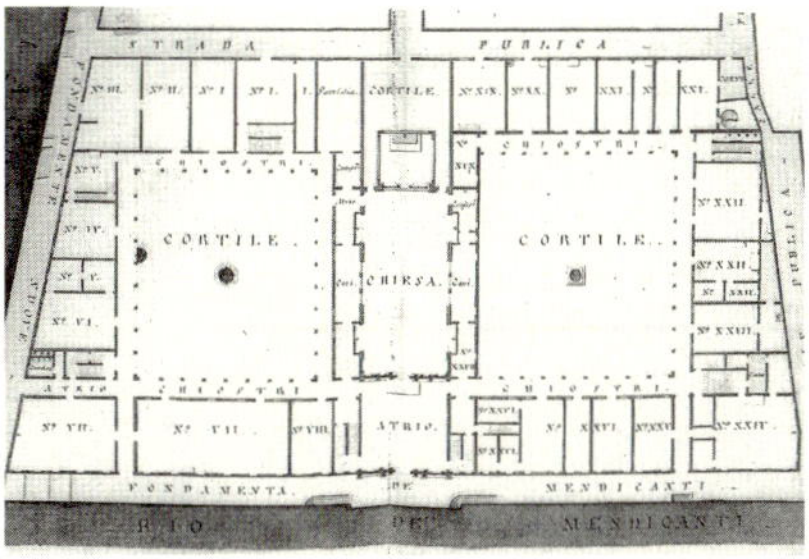

図3-29　オスペダーレ・デイ・メンディカンティ平面図（1784）　左が北

図3-30　同左　運河に沿った西側面（中央に教会）

図3-31　スクオーラ・グランデ・ディ・サン・マルコ（現市立病院入口）

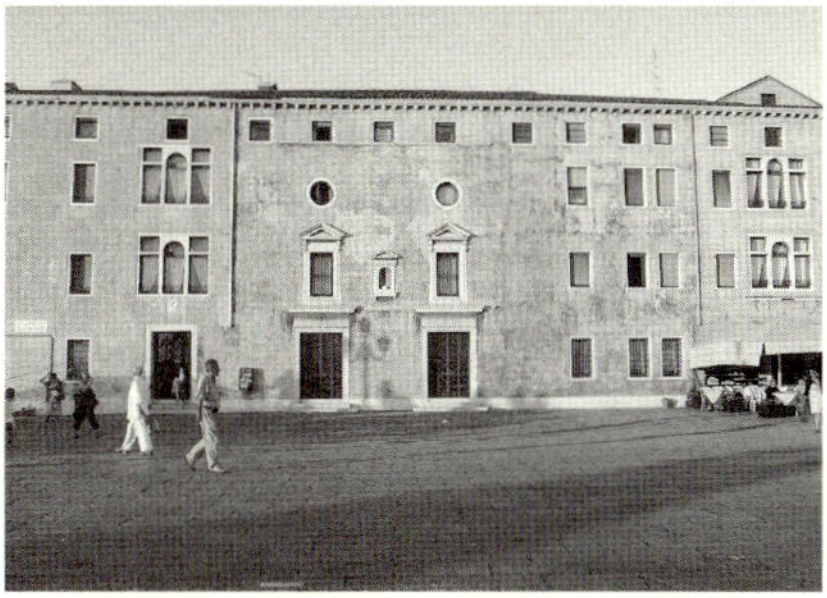
図3-32　カ・ディ・ディオ

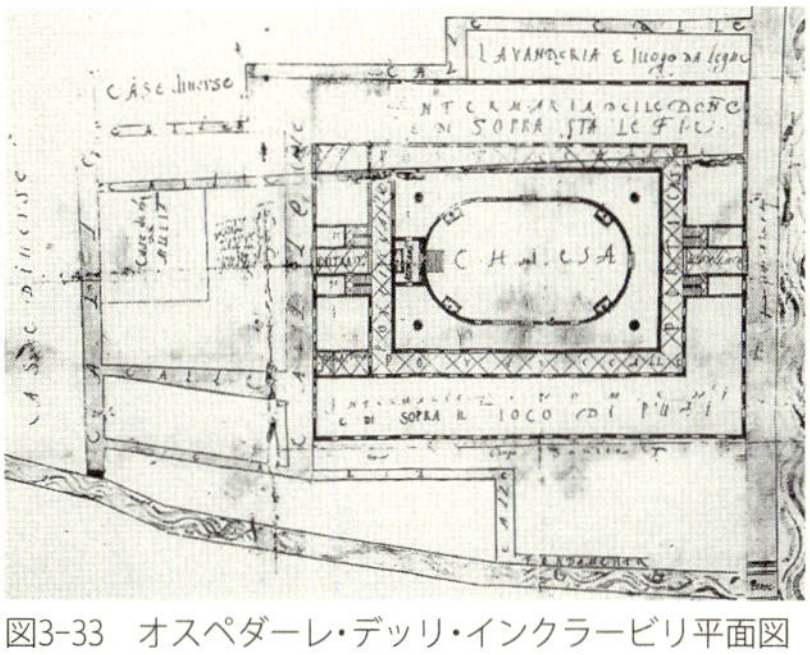
図3-33　オスペダーレ・デッリ・インクラービリ平面図（16世紀後半）　左が北　右にジュデッカ運河

図3-34　同左　現在は美術学校の中庭

ァサードで親しまれている（図3-32）。

初期ルネサンス建築として有名なフィレンツェのオスペダーレ・デッリ・インノチェンティ（ブルネレスキ設計の捨子養育院、一四一九）の例をあげるまでもなく、この種の慈善施設はもちろん他の都市にもあった。しかしヴェネツィアには特に多く、十六世紀末にはオスペダーレやオスピーツィオ、また別の呼称であっても、養育院、病院、救貧院、養老院等の役割をした施設はおよそ七十ほど存在したことが知られる。こうした施設の多さは、もちろんキリスト教的な慈善の精神と深く関係してはいるが、それだけではなく、隔離の思想も大きく働いた結果ではないかと思われる。土地が狭い上に外国人が多く訪れるヴェネツィアでは、街路に乞食や病人や売春婦があふれることは避けたかったのである。先述のカランパーネ地区も娼婦たちを隔離し、管理するための場所であった。十三世紀末にガラス工房がすべてムラーノ島に移転させられたのも、火事の危険からヴェネツィアを守るという第一義のほかに、ガラス職人を隔離することで貴重な技術を外にもらさせず、製造から流通まで集中的に管理できるといった利点があったからといわれる。

アルセナーレとゲットー

ゲーテが興味津々で見学に出かけたことを十月五日付けで報告している海軍工廠（アルセナーレ／造船所）も、隔離された場所といえる。城壁のないヴェネツィアの中でここだけが城壁のような塀で囲まれ、船の通るゲートも陸側の人の通る入口も立派に作られているが、出入りは厳し

図3-35　アルセナーレ　船のゲートと陸側の門ポルタ・マーニャ（左）

図3-36　アルセナーレ構内（左は旧ロープ工場外壁）

図3-37　ビエンナーレの会場になった旧ロープ工場

図3-38　フォンダコ・デイ・テデスキ（ドイツ人商館）
1505-08

図3-39　同左　郵便局だった頃の中庭

く管理されていた（図3-35）。もともとはヴェネツィアのあちこちにあった造船の作業所が、北方から船で運ばれる材木の搬入に便利な北東のはずれに近い場所に、十二世紀頃に一ヵ所に集められたのが始まりとされる。最初は規模も小さかったが、オスマン・トルコが台頭し、その脅威を認識した十五世紀後半から数度にわたって拡張・整備が行われ、十六世紀末までには二十四ヘクタールの面積を占め、造船所の機能だけでなく、八十隻のガレー船が待機できる艇庫としての水面も備えた軍事施設となった。周辺には各種工作場、資材置き場などのほかに、職人たちの住居や海軍への補給品の備蓄倉庫、穀物倉庫、航海用堅パン製造所等、様々な施設も設けられ、一大産業地区となっていた。

そうした役割を終えた現在、アルセナーレの一部は、ヴェネツィア・ビエンナーレの第二会場として使われている。特に、コルデリーエ・デッラ・ターナと呼ばれる船舶用のロープを製造した長い工場（煉瓦造の太い柱が四十三本ずつ二列に並ぶ全長約三百メートルの建物）は、長大かつ簡素であるがゆえに、インスタレーションを中心とした現代美術や建築展の会場にはうってつけの空間を提供している（図3-36・37）。リアルト橋を設計したアントニオ・ダ・ポンテが、当時アルセナーレ全体の再整備の総監督をしていた関係で建設にあたり、リアルト橋と同じ一五九一年に完成したものである。第二会場は当初これだけであったが、その後、隣の大砲工場やそのほかの工作施設などが次々と使われるようになり、現在はアルセナーレの半分以上を占める南から東の一帯が会場となっている。しかし西側の区域は今でも海軍省の管轄下にあって立入り禁止である。

今も昔もヴェネツィアは外国人を受け入れることに慣れている。しかし共和国時代のヴェネツィアは、外国人が行き交う自由な都市ではあっても監視の目は厳しかった。各国の商館はフォンダコと呼ばれ、大運河に面して建つトルコ人商館（現自然史博物館）やドイツ人商館（図3－38）がよく知られている。宿泊所も兼ねたこれらの商館は特定の国の人間を一カ所に穏便に隔離する場所としても機能し、その中は治外法権であっても、外からは常に共和国政府の監視の目があった。リアルト橋の北東のたもとに建つドイツ人商館は、十六世紀初頭にその地区の大火で焼失したあと再建されたもので、内部には四層の回廊で囲まれた印象的な大きな中庭があり、質実で堂々とした建物である（図3－39）。ゲーテはこの建物について触れていないが、実名を隠しての旅だったので、寄り付かないようにしていたのかもしれない。ここは一九三九年からヴェネツィアの中央郵便局として使われていたが、一等地の建物なのでベネトン財団に売却され、郵便局は二〇一〇年に別の場所に移ってしまった。以来、二〇一四年九月現在も改装工事中の囲いで覆われている。

ヴェネツィアにおける隔離政策の最たるものは、一五一六年に大議会でなされたユダヤ人の強制居住地区開設の決議であろう。その場所に選ばれたのは、かつて大砲を鋳造する工場であったが、その後は放置されていた、カンナレージョ地区の一つの島であった。ジェット（鋳造）の方言が「ゲト」で、そこからこの場所は「ゲットー」と呼ばれるようになったといわれる。ユダヤ人隔離地区ができたのはヴェネツィアが最初とされ、その後、ヨーロッパ中の都市に広まったが、ゲットーという呼称はそのまま用いられたのである。ヴェネツィアの南に連なる一連の島がジュデッカ島と呼ばれるのは、十二世紀半ば頃からユダヤ人が多く住むようになったことに由来するというが、彼らも、また他の地区にいたユダヤ人たちも、カンナレージョの鋳造所跡の島に移住することが強制された。しかしここはまもなく満杯となり、南西隣の島の一部の地区を一五四一年に新たに加えて「ゲットー・ヴェッキオ（古ゲットー）」と呼んだ。最初のゲットーを「ゲットー・ヌオーヴォ（新ゲットー）」と呼び、二番目のゲットーのほうをヴェッキオと呼んだのは、そこが以前にユダヤ人がまとまって住んでいた古巣の場所だったからである。十六世紀のゲットーには約五千人のユダヤ人が住んでいたとされるが、狭いので建物は階高が低く階数の多いものとなった。ヴェネツィアでは珍しい高層建築である。それでも不足したため、一六三三年には東隣の一画も「ゲットー・ヌオヴィッシモ（最新ゲットー）」と呼んでつけ加えられた（図3-43）。

ゲーテはゲットーについて触れていないが、おそらく当時は観光客が見に行くような場所ではなかったのだろう。現在では観光客に積極的に公開しており、ミュージアムもショップもあり、数カ国語でガイド付きツアーもしてくれる。ゲットー・ヌオーヴォの広場（図3-40）を囲む建物は、階高が低く何層にも積み上げられているので、おもちゃの建物のように見える。今は広く開放的な広場も、かつてはたくさんの住人が昼間に活動する場所として、雑然としていたに違いない。五つあるシナゴーグのうち三つは今は使っていないが、ゲットー・ヴェッキオにあるスペイン系シナゴーグは窓が大きく夏用として使われている（図3-42）。その外壁の銘板には、「一九三九年から一九四五年に、ヴェネツィアの二百人、イタリアの八千人、ヨーロッパの六百万人のユダヤ人が、盲目的で野蛮な憎悪によって、遠い土地に追放され、迫害され、抹殺された」と書かれている。二〇〇六年の時点で、ヴェネツィアに住むユダヤ人は五百人くらい、そのうち礼拝に

図3-40　ゲットー・ヌオーヴォの広場

図3-41　ゲットー・ヌオーヴォ（左）とゲットー・ヌオヴィッシモ（右）の間の小運河

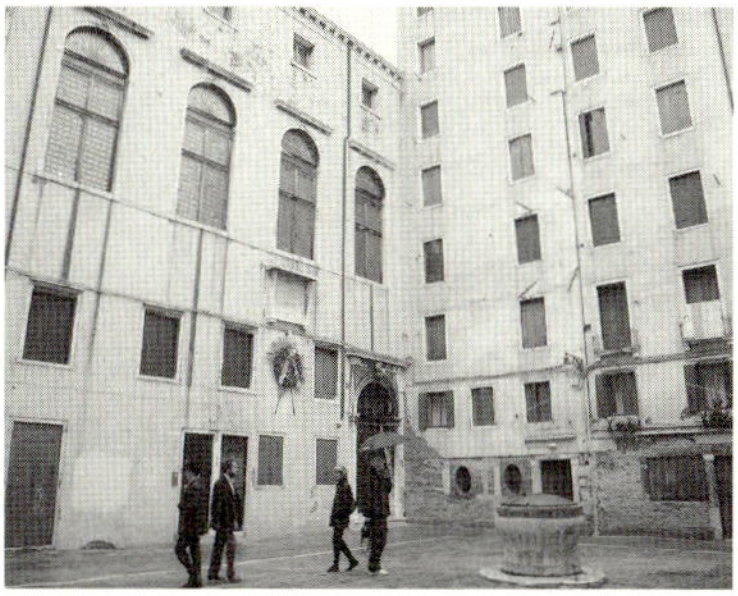

図3-42　ゲットー・ヴェッキオのスペイン系シナゴーグ（左）

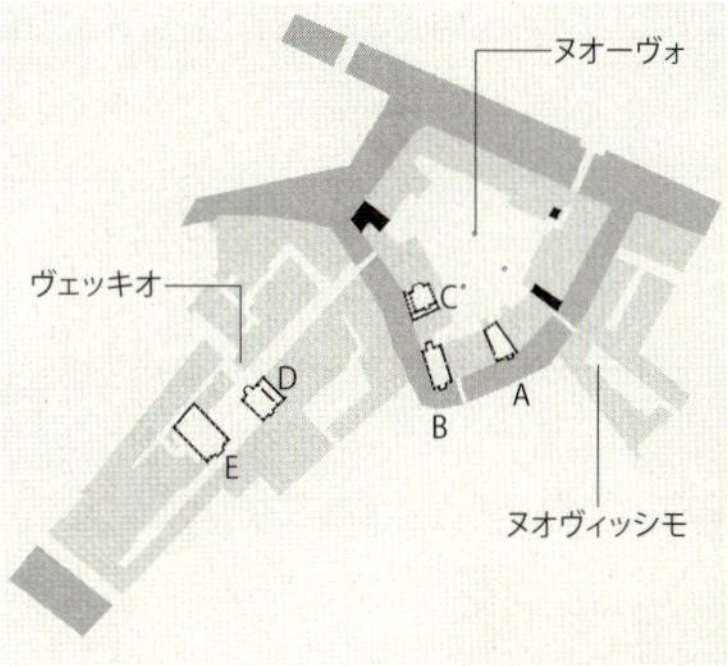

図3-43　ゲットー配置図
A～Eはシナゴーグ
（Eがスペイン系）

やってくるのは五十～六十人くらい、しかし現在ゲットーに住んでいる住民のうちユダヤ人は十二人しかいない、という数字も、不躾と思いつつ質問して聞きだすことができた（もっと関心のある方には、河島英昭著『イタリア・ユダヤ人の風景』をお勧めしたい。ローマ、ヴェネツィア、トリエステ、フェラーラの四都市のゲットーについて、詳細な歴史記述と文学的な随想を読むことができる）。

隣町パドヴァのゲットーは一六〇三年にエルベ広場からすぐ南の一画に設けられたが、今では他の場所とほとんど区別がつかない。しかし二〇一四年の九月にここを訪れたら、東と西の出口に「イン・ゲットー」と書かれたえんじ色のバナーが架かり、その中がかつてゲットーのあった地区だとわかるようになっていた。二年前には気がつかなかったので、新しい試みだと思う。ベルリンのユダヤ博物館（ダニエル・リーベスキント設計、一九九三～九八）が評判になって以来、ユダヤ人の歴史を残す動きはさかんになっているが、積極的に伝えなければ記憶は風化してしまうので当然のことである。

ヴェネツィア演劇事情

劇場もまた、ヴェネツィアで発達したものである。古代以降のもので現存する最古の劇場は第一章で触れたヴィチェンツァのテアトロ・オリンピコ（一五八五）であるが、同じ頃、現存はしていないがヴェネツィアでも屋内劇場が二つ建設され、その後もたくさんの劇場が建てられた。テアトロ・オリンピコはアッカデーミア・オリンピカの出資で建てられ、柿落《こけら》しの演目はギリ

図3-44　16世紀末〜18世紀末のヴェネツィアの主な劇場（数字は建設年順）。このうち今も存続するのは、④サン・ルカ（1622／現ゴルドーニ）、⑨サン・クリソストモ（1677／現マリブラン）、⑫ラ・フェニーチェ（1792）の3つのみ（②④⑧⑪⑫の5つの劇場は火事にあった記録がある）
（A. Pellizon & R. Vivante, "I Roghi dei Teatri" より）

図3-45　ゴルドーニ像

図3-46　ゴルドーニ劇場（旧サン・ルカ劇場）

シア悲劇の「オイディプス王」であったように、高踏的な教養人サークルのための劇場であった。それに対しヴェネツィアで発達したのは、大衆に娯楽を提供し興行収入を得る目的の商業的な劇場で、その成功が他の都市にも影響を与えて劇場建築の発展を促すこととなった。図3-44では、十八世紀の末までに出現した主要十二劇場が、十八世紀のヴェネツィア中心部の地図上にプロットされている。このうち三つの劇場にゲーテは延べ五回通っており、他に劇場の名をあげていない観劇の話題も一度出てくる。つまり十五日の間に六回も劇場に通ったことがわかる。

劇場の名が出てこないのは、「十月五日夜、ぼくは悲劇を見て笑いながら帰ってきた」という日で、「出し物は悪くはなかった」が、幕がおりたあとの観客の態度がおかしかったらしい。主役級の役者たちがカーテンコールに姿を見せただけでは観客たちは満足せず、劇中で死んだ脇役たちを「イ・モルティ（死人たち）！」と叫んで出てこさせ、「ブラーヴィ・イ・モルティ！」と声をかける。「イタリア人がいつも口にする『ブラーヴォ！　ブラーヴィ！』を耳にし、それから突如として死人たちまでもがこの賛辞でもって呼びかけられるのを聞いた、ぼくのような直接の目撃者にとって、この茶番はかぎりない効果を」もたらした、というのがゲーテを笑わせた内容である。ブラーヴォ・コールは今では日本でも定着しているが、舞台への反応をすぐに表すイタリア起源のこうした習慣に実際に立ち会えたことがゲーテには愉快だったようだ。

「十月三日、昨晩はサン・モーセのオペラに行った（というのは劇場の名はその最も近くにある教会の名前をとることになっているのだ）。それほど満足できるものではなかった」と書かれているサン・モーセ（サン・モイゼ）劇場（一六二〇創設）は今はもうないが、その名のもとのサン・モイゼ教会のほうは、十七世紀後半にバロック様式で改築された華やかな教会で、サン・マルコ広場から西に少し行ったところに現存している。「十月六日、昨晩ぼくはサン・クリソストモ劇場で、クレビヨンの『エレクトラ』を見た。……この作の無趣味なことと、恐ろしく退屈であったことは、お話にもならない」とけなしつつ、「俳優たちはしかし達者で……」と誉めるところは誉め、また劇作家である身にとっては、「今度も学ぶところがあった」という報告もある。ここはマリブラン劇場という名に変わり、建物も新しくなっているが、サン・ジョヴァンニ・クリソストモ教会の脇の小路を入った奥に存続している。

あとの三回はサン・ルカ劇場に行っている。十月四日にここで見たのは、ヴェネツィアで発達したコンメーディア・デッラルテと呼ばれる仮面即興劇で、「信じがたいような多様の変化を見せて、三時間以上も楽しませてくれる」と書いている。同じサン・ルカ劇場で十月十日に見たゴルドーニ作の「キオッツァ（キオッジャ）の喧嘩口論」は、前日にラグーナ南端の港町キオッジャに行ったばかりで、「漁夫や港の人びとの声や物腰が、いまなお眼にうつり耳に残っていたので、その芝居は大いに興味深かった」とゲーテは書いている。ところが二日後にまた同じ劇場で見た新作の「イタリアにおけるイギリス風」という芝居は、「イタリア人がこの歓迎すべき富裕な客人たちをどのように観察しているかを知りたい」という興味で見に行ったのに、まったくつまらなかった。しかしゴルドーニの「あの純民衆劇にたいするぼくの感激は、この引立役によって、いっそう高められることになった」と結論している。

ゲーテがひじょうに気に入った劇作家、カルロ・ゴルドーニ（一七〇七〜九三）は、仮面即興劇の要素を取り入れながらも、仮面のない人物を中心にし、セリフは即興ではなく台本によるものとし、イタリア喜劇を近代化した人物として知られる。伝統を重んじた劇作家カルロ・ゴッツィと対立して、一七六二年にパリに移り、その地で貧窮の中で死んだというのがちょっと気の毒である。しかし後世は彼を正しく評価し、ゴルドーニの像はリアルト橋東側のカンポ・サン・バルトロメーオという広場（ヴェネツィアでは別格のサン・マルコ広場だけがピアッツァで、他の広場にはカンポという呼称が使われる）の真ん中に立っている（図3-45）。また、サン・ポーロ地区にある生家は一九五三年からゴルドーニ博物館として公開されている。そしてゴルドーニがヴェネツィアで最後に拠点としたサン・ルカ劇場は、まさにゴルドーニ劇場と名を変えて、建物は新しくなったが今も現役の主要な劇場である（図3-46）。

そのゴルドーニ劇場で私は二〇一四年の九月初め、「ゴルドーニ体験、ヴェネツィアのフレスコ画」という演し物を見た。夏の観光客向けの短い演目ではあったが、それなりによくできていて楽しめた。内容は特にどうということもなく、嫉妬深い妻に悩まされる夫が別の女性に思いを寄せ、彼女の小間使いに指輪を託すが、小間使いはそれを贈り物だといわずに女主人に売りつけ、といったことから滑稽な行き違いが生じるドタバタ劇である。登場人物はそれぞれケチ、横柄、間抜け、ずる賢い、好色、純真、遊び好き、嫉妬深いというように性格がはっきりしているが、セリフは方言なので、英語の字幕はあっても、こまかい筋はわからなかった。しかし、ゴルドーニがパリに発つ前年の一七六一年に書いた三つの作品の台本をとりまぜて再構成した創作という男ことを知って、味わいが深まる気がした。これから旅に出るというゴルドーニの分身のような男

図3-49　ゲーテがスケッチした法廷の弁護士

図3-47　フェニーチェ劇場（2003年に再建された内部）

図3-48　フェニーチェ劇場外観

図3-50　旧サンタ・ジュスティーナ教会（現在は高校の建物）

図3-51　カナレット《サン・ロッコ大同信会館前の総督一行》 1735頃

が登場して全体をずっと静観し、最後に小間使いたちを首にしないよう女主人たちを説得し、すべてまるくおさめた上で、カーニヴァルの最後の夜をおもしろく過ごせたと満足し、ヴェネツィアに別れを告げるという話になっていたからである。役者は男女四人ずつ計八人で、皆一人何役もこなしていたが、声も動きも鍛錬されており、衣裳も装置もよくできていた。舞台では上からたらした何枚もの半透明の紗の布に背景が描かれており、それを上げ下げして場面転換をする。雨の場面は紗の幕に投影機で本ものの降雨のような迫真の雨を写しだしていたが、これは十八世紀の技術では不可能な新機軸である。

現在のヴェネツィアでは、貴族の館の広間や、スクオーラあるいはスクオーラ・グランデと呼ばれる同信組合の会館などが、シンポジウムや音楽会、ちょっとした演劇などを行う空間として活用されており、催しを行うスペースに事欠くことはない。しかし常設の劇場はぐんと減って、図3-44に載っている十二の劇場のうち残っているのはフェニーチェ、現マリブラン、現ゴルドーニの三つだけである。このうちヴェネツィアのオペラ劇場として世界的に有名なテアトロ・ラ・フェニーチェは、ゲーテが訪れた時はまだ存在していなかった。

フェニーチェ劇場は建築家ジャナントニオ・セルヴァの設計により、ヴェネツィアでは珍しいことではないが非常に不整形な土地の上に、あっさりした古典主義様式のデザインで一七九二年に完成した（図3-48）。その後、一八三六年十二月に火事で外壁のみを残して焼け落ちるが、すぐ元通りに再建された。しかしまた、百六十年後の一九九六年一月に火事で焼けてしまう。一回目の火災の時は一年で復旧したが、二回目は時代の変化で職人の技術が失われていたこともあり七年もかかった。特に内部の装飾の再現にあたっては、図面がなくて困ったが、ルキノ・ヴィスコンティ監督の映画『夏の嵐』（原題は『センソ（センス）』一九五四）の最初の場面がフェニーチェ劇場の内部で撮られていたので、細部の装飾が映っている画像を丹念に探して参考にしたといわれている（図3-47）。こうしてフェニーチェ（フェニックス）は、火の鳥のように火の中から蘇る不死鳥であることを証明して、二〇〇三年十二月に再開された。

街中が劇場

ゲーテは劇場通いも熱心だったが、民衆への関心も高く、街なかでの人間観察は舞台を見る目にも通じている。「十月三日、今日ぼくが見た別の喜劇はもっとおもしろかった」といっているのは、総督宮で傍聴した訴訟事件の公開審議のようすである。「一人の弁護士は、誇張した道化役の歌手に何から何までそっくりだった。体はずんぐり太っているのに敏捷に動くその姿、途方もなく真中が突出している横顔、あらがねのような声、自分の言うことは胸の奥底から真剣であるといわんばかりの熱烈さ……」。自身が弁護士だったこともあるゲーテは、ここで見た弁護士がよほどおもしろかったようで、スケッチと言葉の両方で描写している（図3-49）。それにしても、総督宮に出かけながら、大議会の間をはじめとする数々の豪華な部屋などにはまったく言及がなく、裁判のようすにだけ関心を払っているのが愉快である。

他にもゲーテは広場で公開演説を聞いたり、教会では「カプチン派の僧の大きな声に、教会の前の物売の叫び声が一緒になって、ちょうど交誦のように聞えてきた」といった光景を記録している（十月四日）。また別の夜には「タッソーおよびアリオストの詩を独特のメロディでうたうという、舟乗りたちの有名な歌を」注文して聞かせてもらう手配をしている。歌い手は二人で、ゴンドラの上だけでなく、ジュデッカ島の岸辺におりて二手にわかれ、遠くから相手に届くようにひびく声で交互に歌って聞かせてくれた。この場面も詳しく書かれていて、とても印象的である（十月六日）。ヴェネツィアはどこも舞台のようになるのだ。

さらにゲーテが「図案も彩色もなかなか見事な、古い綴織りの壁布を見るような思いがする」と形容しているのが、サンタ・ジュスティーナ教会で目撃した、総督一行の到着の儀式である。金塗りの小舟でやってきて、毛氈を敷いた板を渡って降りてくる総督と貴族たちの豪華な衣裳に加え、彼らの容姿、体格、姿勢の立派なこと、「落ち着いて悠然として見え、生活の気楽さと、どこまでもある種の陽気な雰囲気がただよっている」ことなどを誉めている。これは、二百年以上も前の一五七一年十月七日にレパントの海戦でトルコに勝利したことを記念するミサがサンタ・ジュスティーナ教会で行われた時にゲーテが見た光景である。その教会はどこにあるかと探してみたら、現在は教会ではなく、高校の一部になっていた。ここを通りかかった時、教会らしい建物なのにリチェオ・シエンティフィコ（理系高校）と入口の上に記されていて、驚いたことのある建物であった（図3-50）。サン・マルコ広場とアルセナーレの中間より少し北寄りの、人通りの少ない奥まった地区にある。現在の寂れたようすからはゲーテが言葉で描いた華やかさは想像できないが、カナレットの絵に似たような光景があったのを思い出した。スクオーラ・グランデ・ディ・サン・ロッコの前で行われている儀式を描いた絵である（図3―51）。

ヴェネツィア共和国は、十五世紀の経済的繁栄のピークを過ぎたあとも、文化政策や軍事外交面などでの努力を続け、こうした儀式や儀礼を華やかに行うことによって威厳を保っていた。祝祭の演出はお家芸と言ってよく、貴族たちもごく自然に絵になる光景の一部となることを身につけていた。二十一世紀の現在、貴族の末裔はいても総督はおらず、ゲーテが見たような光景は見ることができない。しかしちょっと似た光景は、毎年二月頃のカーニヴァルの間にあちこちで見られる。カーニヴァルの仮装はお遊びのもので、もちろん昔の貴族の衣裳のもつ重厚さはない。だが、仮面をつけて仮装した人々を見ると、冬季には何ヶ月も仮面をつけて歩くことが許されたという十八世紀のヴェネツィアに思いを馳せることができる。現代のヴェネツィアの住民は、ゲーテが描写しているように騒がしかったり滑稽なほど丸出しの庶民だったりすることもなく、カーニヴァルでの仮装を楽しんでいるのは、外から来る観光客のほうが多い。カーニヴァルだけでなく伝統的な祝祭を折々に仕掛けることによって、今も時おり街中を劇場にして非日常の空間を提供してくれるヴェネツィアは、ますます世界中の人々を惹き付ける都市となっている。

美術品の居場所

幅広い教養を身につけたゲーテは、建築や演劇のほかに、もちろん美術作品にも大きな関心を寄せている。サン・マルコ大聖堂では内部のモザイク画や正面を飾る有名なブロンズの四頭の馬について、またアルセナーレでは門の前にある「白い大理石の巨大な獅子二頭、一頭は前肢に身を支えて坐し、もう一頭は伏している――生きているがままの多様性を示す、すばらしい一対」について言及している（十月八日）。前者についてはよく知られているので、ここでは後者についてのみ触れておく。アルセナーレの陸側の唯一の門として、古代ローマの記念門をモデルに一四六〇年に作られたポルタ・マーニャの両脇には、ゲーテが感心した二頭の獅子が置かれている。これは、一六八七年にアテネを包囲し、パルテノン神殿を砲撃したことで知られる司令官フランチェスコ・モロシーニが、その時の戦利品としてアテネの外港ピレウスから持ち帰ったギリシア彫刻の一部である。一六八二年に作られた門の前のテラスの上には当時のイタリア人彫刻家二人による八体の神話上の人物像が置かれているが、それらに比べて圧倒的な存在感を示している。ゲーテが目を留めるのも当然である。

画家では、ヴェロネーゼがゲーテは気に入りのようで、十月三日の『旅日記』には、当時サン・ジョルジョ・マッジョーレの修道院の食堂に架かっていた《カナの婚礼》を素晴らしいと讃えている記述があるが、一八一六年に出版された『イタリア紀行』ではこの部分は掲載されていない。これはナポレオンによって戦利品としてフランスに持ち去られ、現在はルーヴル美術館の主要な所蔵品の一つとなっている。おそらくゲーテはそのことを知って、記述を削除したのではないかと推察する。この修道院の食堂はパラーディオがヴェネツィアで最初に設計した建物である。奥の壁のために特注されたヴェロネーゼの大作《カナの婚礼》（一五六二～六三）はフランスから返却されてはいないが、二〇〇七年から精巧な複製画がもとの場所に架けられている。二〇〇九年のビエンナーレの期間中、英国の映画監督ピーター・グリーナウェイが、この複製画を使って音と映像の実験的な試みを披露し話題になった。画面に登場する人物が百二十六人であることを数えあげ、一人一人に番号をつけ、宴席の客たちや裏方の召使いたちが勝手におしゃべりをしているような音声や音楽を流し、両側の壁にはその時に話している人物の顔と番号を映し出す。その間に画面上には特殊な映像が投影され、一部を明るくしたり暗くしたり、全体に雨や雪が降ったり、雷が鳴ったり、火事が起こったりする。複製なのでこのように使え、しかしこの場所での投影でなければ意味がない。不思議な臨場感を覚える四十分の作品だった。

十月八日の『旅日記』にはティントレットの作品で飾られたスクオーラ・グランデ・ディ・サン・ロッコ（聖ロッコ大同信会館）についての詳しい記述があるが、これも『イタリア紀行』では割愛されていて、その理由はわからない。「ティントレットは描きすぎた」とメアリー・マッカーシーは言っているが、確かにあちこちの建物や教会で目にしすぎるきらいはある。パラッツォ・ドゥカーレ（総督宮）の大議会の間を飾る大壁画《天国》（一五九〇）もティントレットの工房作だが、一五七七年末の火事でそれ以前にあったティツィアーノの壁画が焼けてしまい、彼はすでに前年に亡くなっていたためティントレットに仕事が回って来たのである。ヴェネツィアを精密にまた精力的にたくさん描いた十八世紀のカナレットの景観画は、もともと主にイギリス人の注文に応じたものだったので、ほとんどはイギリスにあってヴェネツィアには数点しかないという。外国人が好む画家の、特に小ぶりの作品は流出することが多いが、ティントレットはあまり人気がなかったのでヴェネツィアに残ったという説もある。しかし建物の装飾として描く場合が多かったからでもあろう。カルパッチョの作品は大作が多いので残り、今ではアッカデーミア美術館でまとめて見られるのと、スクオーラ・ディ・サン・ニコロ・ディ・グレチ（ギリシア人の聖ニコロ同信会館）を飾る壁画がそのまま見られるのが嬉しい。ゲーテが来た頃はまだ、今のように美術館やギャラリーで公開する仕組は確立しておらず、美術作品はそれが飾られている公共の場所や個人的に所蔵している貴族の邸宅などに足を運んで見るものだった。

大運河沿いのパラッツォ

ヴェネツィアの大運河（カナル・グランデ）は、他の都市のメインストリートや大通りにあたる、といってもやはりそれ以上の特別な場である。逆S字状に大きく旋回して全長約四キロに及び、両側にはパラッツォと呼ばれるかつての貴族の館が総勢三百以上、水際から直接建ちあがって並んでいる。駅からサン・マルコ広場まで三十分以上もかけてゆったり運行するヴァポレットが人気なのも、次々と移りゆく壮麗な館の眺めが素晴らしいからである。

十月八日、ゲーテはリアルト橋の近くにあるカ・ファルセッティを訪れている。ギリシアの原作をローマ時代に模刻した彫刻作品のコレクションを見に行ったのである。カ・ファルセッティは左隣のカ・ロレダンと双子のようだと言われる（図3-52）。都市の大型の建物を「パラッツォ」と呼ぶようになるのは比較的新しく、伝統的な「カ」（カーサの語尾切断）という呼び名にこだわる例も多く、この二つの館も「カ」を使い続けている。共に、一階にも縦長の上心アーチが端か

図3-52　カ・ロレダン（左）とカ・ファルセッティ（右）　12世紀

図3-53　カ・ドーロ　1421-43

図3-54　パラッツォ・ピザーニ・モレッタ　15世紀

図3-55　カ・フォスカリ　1452着工

図3-56　カ・フォスカリ 3 階特別教室

ら端までずらりと並ぶ典型的なヴェネト・ビザンチン様式の商館型住居である。十六世紀までは二階建てだったが、その後、上に増築されていった。ヴェネツィアでは上への建て増しがよく行われるので、一五〇〇年のバルバリの図と比べると、現在のほうが高い建物の多いことがわかる。カ・ロレダンは一八六八年から市役所となり、ヴェネツィア市長の部屋もこの二階右端にある。現在はカ・ファルセッティも隣と空中廊下でつながれ、市役所の一部となっている。

同じく十月八日にゲーテはパオロ・ヴェロネーゼの評判の絵を見るために、ピザーニ・モレッタ宮殿を訪れた。「言い伝えによれば、この絵の作者はこの宮殿で大いに歓迎され、かなり長いあいだ名誉あるもてなしを受けた。その礼として彼はひそかにこの絵を画き、ベッドの下に巻いて押しこんでいったということだ」とゲーテが記している当の絵は《アレクサンドロスの前に跪くダリウス王の女系家族》(一五六五〜六八)という作品で、現在はロンドンのナショナル・ギャラリーにある。この館、パラッツォ・ピザーニ・モレッタ(図3-54)は、一階の中央に二つ入口が並ぶ異例のつくりで、当初は二家族用に作られたことがわかる。上二層の主階は華麗な六連窓で飾られ、ヴェネツィアが経済的に最も繁栄していた十五世紀のヴェネツィアン・ゴシックの代表的なパラッツォの一つである。リアルト橋から南西に一キロほど行くと右手に見える建物である。そこを過ぎてさらに南西に進むと大運河が南に大きく曲がりこむところにさしかかる。そのカーブの外側に東面して建つのが、十五世紀のヴェネツィアン・ゴシックの建物の中でもひときわ大きく立派なカ・フォスカリである(図3-55)。

カ・フォスカリは、一四二三年に四十九歳で総督に選ばれ、一四五七年に八十四歳で死ぬ直前まで歴代最長という在位期間記録をもつフランチェスコ・フォスカリが、総督在職中の一四五二年に競売で手に入れた物件を建て替えさせたものである。形式はヴェネツィア特有の三列構成で、一階は船着き場とエントランス・ホールが中央にあり、両側には倉庫や事務所が並ぶ。二階と三階の主要階は、中央に装飾的な八連窓が並んでいるが、これは奥行きいっぱいにのびる長大な広間の短辺にあたる。両側は脇部屋や階段室が奥行き方向に並んでいる。ヴェネツィアの大運河に面する館はたいていこの形式である。一階が荷下ろし場になっているのは、ヴェネツィアの貴族は基本的に海外貿易に携わる商人であったからである。

ついでにヴェネツィアの制度について簡単に触れておくと、共和国のヴェネツィアには、騎士が皇帝から封土や爵位を賜るという形の封建貴族ではなく、独自に決めた貴族（ノビレ／複数形はノビリ）が存在した。十三世紀末の大議会で、それまでの長い建国の過程に貢献してきた数百の有力家系を貴族の家柄として固定する「セッラータ（閉鎖）」という取り決めを行い、貴族の二十五歳以上の男性だけを大議会の成員にすると決めたのである。実際にはその後も、共和国への貢献に応じて新しい家系を貴族のリストに組み入れることは何度かあったが、それでも貴族階級は全体の数パーセントに過ぎなかった。ヴェネツィアは共和制を維持するために多大な努力を払い、総督の選出方法も複雑をきわめ、世襲は許さず、特定の個人に権力が集中しないように監視しあう仕組が何重にも作られていた。実際には総督になると立派な館を作る例が多かったので、やはり権力と利益は一致していたようである。

フォスカリ家では、総督になったフランチェスコの息子ヤーコポが、便宜をはかって賄賂をとったという嫌疑で追放されそうになると、父親が手を回してくいとめた。しかし一四五〇年に、かつてヤーコポの追放を決めた十人委員会のメンバーだったアルモロ・ドナが暗殺されると、ヤーコポは罪を着せられてクレタ島に追放され、無罪が証明される前にそこで死んでしまう。その話を十九世紀にバイロンが『二人のフォスカリ』（一八二一）という悲劇に書き、それを一八四四年にヴェルディが同名のオペラにした。カ・フォスカリにはそういう話もまつわっている。

建物の話に戻ると、カ・フォスカリは大運河を二手に見渡すことができる最高の場所に位置する壮麗な館なので、十六世紀には共和国の賓客をもてなすために使われることが多く、オーストリアのマクシミリアン一世やデンマークのフェルディナンド四世などがここに滞在した。しかし最も盛大な歓迎を行ったのは、フランス王アンリ三世を迎えた時のことである。一五七四年に二十三歳だった若いアンリ三世は、当時ポーランド王であったが、フランス王だった兄シャルル九世が急死し、そのあとを継ぐためフランスに戻ることになった。その旅の途中でヴェネツィアを訪問したいという意向が共和国政府に伝わり、急いで準備にかかることになる。七月十八日の歓迎式までわずか二十数日しかなかったが、パラーディオは即座に板や布で仮設の凱旋門と式場をリド島のサン・ニコロ地区に建てる手はずを整え、ティントレットやヴェロネーゼも駆り出されて、できた建物に装飾画を描いた。

当日は、まずムラーノ島で一泊したアンリ三世一行を、総督のほかに六十人の元老院議員、六十人の護衛、とりまきに選ばれた四十人の貴族の若者らが迎えに行ってリド島まで移動し、そこで式典を行ったあと、ブチントーロ（御座船）でカ・フォスカリに向かった。この時のことは様々な記録や絵画史料に残されているが、総督宮の広間にも大きな絵が掲げられている。カ・フォスカリに滞在していた間にアンリ三世は、女流詩人としても有名だったコルティジャーナ（高級娼婦）のヴェロニカ・フランコ（一五四六～九一）の家を訪ねたと伝えられている。当時、彼女はサン・クリゾストモのあたりに住んでいたらしいが、その頃はまだ劇場はそばになかった。数日後、パドヴァに向けて船で出発したアンリ三世の一行は、ブレンタ河に入ってまもなくの所にある先述のヴィラ・フォスカリに立ち寄った。そのことが、今もヴィラの入口上部の壁に掲げられた扁額に書かれている。

カ・フォスカリが十五世紀後半の経済的最盛期に建てられた華やかなヴェネツィアン・ゴシックの建築であるのに対し、ヴィラ・フォスカリはヴェネツィアの文化的な最盛期にあたる十六世紀半ばの古典主義様式（平たく言えば古代風）の建築である。どちらもフォスカリ家の誇りとする館であった。しかし、ヴェネツィア共和国崩壊後、フォスカリ家は没落の憂き目にあう。ヴィラ・フォスカリが一時荒廃の運命をたどったことはすでに述べたが、カ・フォスカリも十九世紀前半にはオーストリア軍に接収され、兵営として使われ、家具や壁掛けやフレスコ画は失われ、内部はひどい状態になった。しかし一八四七年にヴェネツィア市がこの館を購入し、一八六七年からはヴェネツィア大学本部の建物となって今日に至っている。大学の施設としても元の広間は広大すぎるので、現在は簡単な壁でいくつかに仕切って使われている（内部の改装は一九三五～三七年と一九五四～五六年にカルロ・スカルパが手がけた）。図3-56の写真に写っているのは大運河に面する三階の特別教室（アウラ・マーニャ）であるが、窓側は本来、大広間の短辺であるのに、この部屋はそれが長辺になるように仕切られており、それでも百五十人くらい入る大きな部屋である。

生き続けるヴェネツィア

大運河に面するパラッツォは、先に見たカ・ファルセッティのようなヴェネト・ビザンチン様式のものが最も古い部類に属する。しかし、元のままということは稀で、たいてい増改築が加えられている。建物の外見から大体の年代を言い当てられるのはよほどの専門家であろう。だが大きくて目立つ建物は様式的特徴もはっきりしていて目安になる。

カ・ドーロ（図3-53）は、敷地の関係で三列構成ではないが、華麗なレースのような透かし細工が六連の尖頭アーチの上部を飾る典型的なヴェネツィアン・ゴシックである。特に二階の連続アーチは、総督宮を始め、これまでいくつか見てきた建物に共通の形をしている。このような建物を見たら、まだヴェネツィアが大らかに繁栄を誇っていた十五世紀のものと思ってよい。

パラッツォ・ヴェンドラミン・カレルジ（図3-57）は、建築家が匿名で仕事をした時代から個性を発揮する時代に移った十五世紀末の初期ルネサンス建築である（ヴェネツィアではフィレンツェより半世紀遅れてルネサンスが始まった）。ゴシックの尖頭アーチは消えて半円アーチとなり、オーダー（柱式）が使われている点などが新しい要素であるが、設計したマウロ・コドゥッシはヴェネツィアの伝統である三列構成や開放的な窓の華麗さなども取り入れてまとめている。

図3-57　パラッツォ・ヴェンドラミン・カレルジ
15世紀末

図3-58　パラッツォ・グリマーニ・ア・サン・ルカ
1556-75

図3-59　カ・ペーザロ
1652-82と1703-10

図3-60　パラッツォ・グラッシ　1748-72

パラッツォ・コルネールは、いくつも屋敷のあるコルネール家（標準語ではコルナーロ家）の館の中でも最大のもので、後ろに「デッラ・カ・グランデ（大きな家の）」とつけて呼ばれることもある。十六世紀中頃にサン・マルコ広場周辺の整備にあたった建築家サンソヴィーノの設計である。本格的な古典主義建築の要素を用い、威厳のあるパラッツォとなった。

グリマーニ家のパラッツォは、サンタ・マリア・フォルモーザ広場他にもあるので、大運河に面したパラッツォ・グリマーニ（図3-58）は、後ろに「ア・サン・ルカ（サン・ルカ地区の）」とつけて区別される。ヴェローナとヴェネツィアで活躍したサンミケーリによる格調の高い盛期ルネサンス様式のデザインで、十九世紀の中世主義者ジョン・ラスキンが、ヴェネツィアン・ゴシック以外で称賛した唯一の建物として知られる。

十六世紀はヴェネツィアが苦境に立ち向かい、文化、外交、軍事などあらゆる面で努力を重ねた結果、文化的な黄金時代を築くことができた世紀である。「新しいローマ」を目指した総督アンドレア・グリッティ（在位一五二三～三八）のもとで都市整備に力を入れ、建築にも古典主義様式を取り入れるようになった。パラーディオは少し上の世代のサンミケーリとサンソヴィーノを目標にしていたが、彼らと異なり、大運河にパラッツォを設計することは叶わなかった。彼はヴェネツィアの中心部には入りこめなかったが、ジュデッカ運河の南に間隔をおいて並ぶ教会を三つ作ったことで、ヴェネツィアの水平線上のパノラマを形成することができた、と評される。

続くバロック時代を代表する大運河の建物は、近代美術館になっているカ・ペーザロ（図3-59）である。古典主義の要素を派手に立体的に用い、装飾的な要素も多いのがバロックである。

現在は十八世紀美術館になっているカ・レッゾーニコと同じく、サンタ・マリア・デッラ・サルーテ教会を設計した建築家バルダッサーレ・ロンゲーナが関わっているが、いずれも大規模のため、死後、別の建築家の手で完成されている。

パラッツォ・グラッシ（図3-60）は、新古典主義の時代に作られたが、内部にヴェネツィアでは異例の四角い中庭があり、やや時代遅れで大味のルネサンス様式を思わせる建物である。一九八〇年代にガエ・アウレンティが内部を改修して美術館として使われていたが、その後、一時閉鎖され、所有者が変わったあと、安藤忠雄の改修によって二〇〇六年に現代美術館としてオープンした。ヴェネツィア共和国崩壊以前に建てられた最後の大型建築といわれる。

大運河にはおおよそ十二世紀から十八世紀までの建物が、増改築や改修や化粧直しを繰り返して、生き続けている。デザインは時代ごとに違いながら、共通する要素もあり全体に調和がとれている。すべて同じだったらつまらないが、あまりに突飛なものがあっても困る。絶妙なアンサンブルをなしながら存在しているのが大運河の建築群である。

十六世紀のヴェネツィアについて調べていた頃、すべては共和国の栄光と存続のために動いていて、総督も貴族も建築家も、皆そのために奉仕する存在であるように思えたことがあった。ヴェネツィア派の画家たちも十六世紀が中心であるし、今も公共建築などに活用されているのは十六世紀に建てられた建築が一番多い。黄金時代といわれたその頃の遺産によってヴェネツィアは、比較的平和だったその後の二世紀間を、外国の旅行者を惹き付ける都市として生き延びていた。しかしゆるやかな衰退は内側で起こっていた。ナポレオンが侵攻して来た時、大議会は抗戦せず降伏することをあっさり決めてしまった。それは、サン・マルコの塔が一九〇二年に自然崩壊した時、静かに優雅に崩れて一人のけが人も出さなかったのと似ている。自称千百年続いた共和国は、そうやって幕を閉じたのである。そしてその後、折々に触れたように、ナポレオン時代とオーストリア支配下で近代化が推進されたのである。ヴェネツィアはたえず新陳代謝し続けているが、あくまでヴェネツィアであり続けている。現在では、国際文化都市ヴェネツィアを維持するために、美術と建築のビエンナーレや映画祭、カーニヴァル、種々のシンポジウム、そのほかの催しを積極的に企画し、世界中の人々を集める努力がなされている。

十五日間、ヴェネツィアを堪能したゲーテは、最後に古代ローマの建築家ウィトルウィウスの『建築十書』を手に入れ、「その研究がぼくの頭脳にとってそうであるように、ぼくの荷物のなかでも重荷となっている」といいながら、出発の準備にかかる。名残惜しいが、ヴェネツィアとはここでお別れである。

Vicenza

上：ラ・ロトンダ　下：テアトロ・オリンピコ

パドヴァ大学　上：ジオ・ポンティの壁画　下左：増築部中庭　下右：旧館壁面を飾る紋章

ヴェネツィアの小路に祀られているパドヴァの聖アントニオ

上：プンタ・デッラ・ドガーナ周辺　下：カ・フォスカリから見た大運河

Assisi

上：サン・フランチェスコ聖堂　下：丘の上から見たアッシージの東側地区

上：サン・ピエトロ聖堂ドーム見上げ　下：マリオの丘から見た夕暮れのローマ

Napoli

上：サンテルモ城砦から海を見る　下：市街地から見た丘の上のサンテルモ城砦と修道院

上：王宮（左奥）とサン・ジョヴァンニ・デリ・エレミーティ教会（手前）　下：王宮礼拝堂

第四章

アッシージ
自然に囲まれた聖なる都市

《僧衣を作る聖フランチェスコ》14世紀前半

フェッラーラとボローニャ

一七八六年十月十四日の未明にゲーテは船でヴェネツィアを発つ。イタリアに入ってからここまでは比較的ゆっくりした旅であったが、このあと旅の速度はしだいに増していく。といっても合間に多少の観光もしながらローマまで計十五日をかけて旅するのである。その間に立ち寄った都市ではアッシージにスポットをあてる。また旅の苦労に触れた記述もかなり多いので、当時の旅のようすにも思いをめぐらしてみたい。前半に立ち寄る主な都市はエミリア・ロマーニャ州のフェッラーラとボローニャである。

「十月十六日朝、船中にて　旅の道づれは、男も女もまったく気のおけぬ素朴な人たちだが、みんなまだ船室で眠っている。ぼくはしかし外套にくるまって二晩とも甲板であかした。……ポー河の流れはここでは大きな平野を貫いているが、見えるのはくさむらや森の繁っている岸辺だけで、遠くは見わたせない」。

ヴェネツィアを発ってからの航路は不明であるが、ラグーナからいったんアドリア海に出たか運河づたいにポー河に入り西へ遡ったと思われる。内陸の都市フェッラーラはポー河の南側に四キロほど離れて位置しているが、ポー河から分岐した支流が町の中心部の外側を北西から南回りで南東に流れ、運河の役割を果たしていた。フェッラーラの歴史的中心部はこの運河の北側に発展したので、船はこの運河に入り、中心に近い船着き場に到着したはずである。ヴェネツィアから丸二日強の旅で、その間、ゲーテは二晩も甲板で外套にくるまって寝たというのだから、そのタフなことに驚く。しかしフェッラーラに翌朝まで滞在したゲーテの感想は芳しくない。「この大きくて美しく、地形が平坦で人口の減少してしまった都市に来て、初めて一種の不快感におそわれる」と書いているのである。

フェッラーラは十三世紀後半からエステ家の支配下で発展し、特に十五世紀後半から十六世紀にかけてルネサンス宮廷都市として栄えた。町の中心には華麗な大聖堂や堀で囲まれた豪壮な城があり、町外れにはパラッツォ・スキファノイア（退屈嫌い宮）という名の離宮もあり、かつては華やかな宮廷文化が営まれていた。町は三度にわたって拡張されているが、特に十六世紀の初めに実施されたエルコレ一世による第三次拡張は、市域を二倍以上に広げ、道路を明快に整備したことで、近代的都市計画の走りと評されて建築史上では有名である。

エルコレ一世の長女は、マントヴァのゴンザーガ家に嫁いだルネサンスの女傑イザベッラ・デステであり、また次女ベアトリーチェはミラノのスフォルツァ家に嫁ぎ、長男アルフォンソ・デステは教皇アレクサンデル六世の庶出の娘ルクレツィア・ボルジアと再婚し、それぞれが政略結婚による有力家系間同盟強化に加担した。しかし繁栄は長く続かず、エステ家の直系は十七世紀初頭に絶え、以後は教皇領の都市となって衰退の一途をたどる。ゲーテが訪れたのはまさに人口も激減し、かつての面影を失っていた頃のフェッラーラで、その凋落ぶりを彼は肌で感じたと思われる。

活力を失ったあとの都市は色あせて見えるに違いないが、今や世界的古典となった『イタリア紀行』の中にあまり印象のよくない都市として登場するはめに陥ったことは、現代では落ち着いた歴史的都市としてそれなりの魅力を取り戻したフェッラーラにとってはいささか不名誉なことであった。

フェッラーラに一泊後、次に泊ったチェントでゲーテは気を取り直し、翌十八日にはボローニャに到着する。ボローニャは最古の大学のある町で、パドヴァ大学は二番目に古く、二つの町にはポルティコが発達しているという話はすでに第二章で論じた。ゲーテはパドヴァではポルティコに言及していなかったが、ボローニャでは、「民衆は、ほとんどあらゆる通りにひろがっている円天井の拱廊《きょうろう》（ポルティコ）のなかを、太陽と風雨から守られてあちこちと歩きまわり、ぼんやりと眺め、買物をしたり商売を営んでいる」と解説している（図4-03）。

それからゲーテは例によって、ボローニャで一番高い九十八メートルのアシネッリの塔に登っている（図4-01）。現在、ボローニャ大学に通う学生の間では、在学中にこの塔に登ると卒業できなくなるというジンクスがあり、卒業すると安心して登るのだと聞いている。塔の中には四辺の壁に沿って木造の階段が螺旋状に取り付けられており、ところどころに板の床も張られている。このような塔がなぜ作られたのか、防御のためか見栄のためか、明確な理由はわからないが、有力な家では競って塔を建て、十三世紀末頃にはボローニャには二百もの塔があったといわれている。無用の長物のような塔はその後、壊されて姿を消し、ボローニャの中心部にはアシネッリの塔と、その約半分の高さのガリゼンダの塔だけが残った。「二つの塔」は寄り添って建ち、方向を知るためのランドマークとして役立っている（図4-02）。角度の関係か、写真ではあまりよく

図4-01　アシネッリの塔から見たボローニャ
（中央にサン・ペトローニオ聖堂）

図4-02　ボローニャの２つの塔
12世紀初め

図4-03　ボローニャ大学付近のポルティコ

わからないが、ガリゼンダの塔はかなり傾いている。これは地盤沈下のために起きたことのようで、アシネッリの塔のほうもわずかに傾いている。ボローニャよりもっと地盤の悪いヴェネツィアでは少々傾いているのは当たり前で、とりたてて話題にしなかったが、「傾いた塔」はあちこちで発見できる（ヴェネツィアではサント・ステーファノ、サン・ジョルジョ・デイ・グレーチ、サン・ピエトロ・ディ・カステッロなどの鐘塔が少しだけ傾いた塔の主なもの）。

アペニン山中の旅

十月二十一日、二輪馬車を一緒に雇える同行者が現れて、急にボローニャを発つことになったゲーテは、「生まれ故郷のペルージャへ向う教皇庁の一士官」とペルージャまで四泊五日の行程をつかず離れず共にすることになった。彼と交わした会話のいくつかは印象深かったようで、詳しく書きとめられている。彼はゲーテがプロテスタントであると気づいて、婉曲にいろいろと質問もしてきた。それに対するゲーテの答えや相手の反応もとてもおもしろい。

「二十二日夕　ジレード、これもアペニン山中の一寒村ではあるが、わが宿願の地に向って旅をしているいまは、ここでもたいへん幸福な気持ちにひたっている。今日は一人の紳士と一人の婦人が、馬での騎行の道づれとなった。イギリス人で連れは妹だということだ。彼らの馬は立派だが、従者なしで旅行しているので、その紳士が馬丁と従僕の役を一人で兼ねているらしい。彼らはどこへ行っても不平の種を見つける」。今ならボローニャからフィレンツェへ、アペニン山脈を斜めに横切る旅は、電車でも車でも一時間ちょっとという感じだが、ゲーテの頃は途中で山間の寒村に二泊もしなければならない大変な旅だった。しかし、ゲーテは着実にローマに向かっていることが嬉しく、幸福な気持ちにひたっている。反対に、道中で知り合ったイギリス人兄妹は何かと不平ばかりで、それが彼にはおかしかったようである。

現在の高速道路は、通称アウトストラーダ・デル・ソーレ（太陽の高速道路）として一九二二年にムッソリーニが政権を握った年から計画が進行し、戦後に完成されたものだが、その道路の醍醐味を味わえる場所の一つがボローニャ―フィレンツェ間である。晴れていれば両側に美しい山並が見え、その合間を抜けていく爽快感がある。ゲーテもアペニン山脈の地形を道中で観察し、もっと平坦であったならボヘミアと比較することができると書いている。そして「二十三日朝、ドイツ時間の十時に、ぼくたちはアペニンの山を出て、フィレンツェの町が広い谷間のなかに横たわっているのを見た。その谷間は思いもよらず見事に開墾されていて、見わたすかぎり一面に別荘や家屋が点在している」。そのような光景のなかにゲーテは到着したのである。

しかしフィレンツェにはわずか数時間いただけである。「この都市を大急ぎで駆けまわり、大聖堂、洗礼堂などを見た。ここにもまた、ぼくにとって未知の、まったく新しい世界が開かれているのだが、ぼくはここに滞留しようとは思わぬ。ボボリ庭園は見事なものだ。ぼくは入って来たときと同じく、速やかにここを出た」。ゲーテがフィレンツェで見たと言っているのはこれだけである。しかし彼がそれまでの知識をあわせてくだした評価は最上級のもので、「この都市からは、これを建設した市民の富裕さが見てとれ」、「引きつづき良い治世を享受してきたことも認められる」。「概してトスカーナ地方では、公共の建物、道路、橋などがいかに美しく壮大な外観を持っているかが目につき」、堅実さ、清潔さ、優美さなどが忘れられておらず、「いたるところに効果的な用意周到さがうかがわれる」というものであった。

これほどの美点を数えあげた都市をゲーテはいともあっさりと引き上げてしまった。フィレンツェはもちろんルネサンス発祥の地であり、見るべき美術品や建築物の数の多さと重要さは、三日間滞在したボローニャの比ではない。それなのに数時間しかいなかったとは謎である。ゲーテはフィレンツェには関心がないのかと思うところであった。しかし事実はそうでなく、前もって決心していたからであった。

そのことは『イタリア紀行』には出てこないが、『旅日記』のほうに書かれていた。「ボローニャにて、十八日夕　たった今、決心をしたことで、心がすごく安らいだ。フィレンツェは横断するだけにして、まっすぐローマに向かおうと思う。一番肝要なことを充足できなければ、他のことはなにも楽しめないからだ。……フィレンツェはさっと通り過ぎるだけにし、かわりに余裕のある帰路に目をしっかり開けてもう一度見ることにするよりほかにしようがない」（拙訳）。ゲーテは十一月一日の万聖節前にローマに到着できるよう旅程の算段をし、十月十八日の時点で決意をしたのである。そして帰路には、一七八八年の四月二十九日から五月十一日まで、フィレンツェ滞在を果たしている（しかし、その時のことは『イタリア紀行』には取り上げていない）。

フィレンツェを短時間ですませたわけはわかったが、その時のことをゲーテが記録したのは二日後のことであった。「二十五日夕、ペルージャにて　二晩も手紙を書かなかった。宿がひどかったので紙を広げることなど思いもよらなかったのだ」、というわけである。フィレンツェからペルージャまでまた途中で二泊も必要としたようだ。翌十月二十六日には、「すばらしい朝、ペルージャを去り、ふたたび一人でいられることのこのうえないしあわせをあじわった」と記している。ボローニャからずっと一緒だった士官とは前日の夕に別れを告げていた。ペルージャでは西の方に見えるトラジメーノ湖の眺めが素晴らしいということしか書かれていない。ペルージャは現在はウンブリア州の州都であり、歴史的な名所も多い魅力的な町であるが、観光することは断念したようだ。それは、このすぐあとにアッシージに寄りたかったためである。

馬車はペルージャを出発し、フォリーニョの方に向かう。「道は初めのうち下りで、それから両側を遠く丘陵にかこまれた朗らかな谷間のなかを進み、ついにアッシージの町が見えた」。馬車だけ先に行かせることにして、「馭者とマドンナ・デル・アンジェロ寺院（サンタ・マリア・デリ・アンジェリ教会）の近くで別れ、強風のなかをアッシージの方へ登って行った。ぼくにとっていかにも寂しいこの世界を、徒歩で旅行してみたくてならなかったからだ」。アッシージの町までの距離はおよそ五キロである。ゲーテが着く前に、アッシージという都市についてまず説明しておこう。

丘上都市アッシージ

アッシージは、ペルージャから東へ約二十キロ、スバジオ山という高い山の西側のスロープが、もう一度盛りあがってできたような丘の上に作られた都市である。現在は、南に五キロほど離れた地点に鉄道の駅があり、そこからまっすぐ丘に向かって道が延びている。両側には畑や野原や木立があるばかり。そのような風景の中に町全体がはっきり見えてくると誰しも感動を覚えるにちがいない。丘の頂上には城砦があるが、その後ろには何もなく、町は丘の南斜面の中腹に建設されたことがわかる（図4-04）。

アッシージが現在見るような姿に発展したのは中世以後であるが、都市の起源はローマ時代にさかのぼり、古名はアシシウムであった。町の中心のコムーネ広場はローマ時代のフォルム（広場）だった場所にあり、そこにはミネルヴァ神殿のファサードが一面だけ、ほぼ完全な姿で残っている。ゲーテがアッシージで見たいと目指しているのはこの建物である。他には古代の劇場や闘技場や水道の痕跡が、後世の建物に組み込まれた形で残っているが、目立った存在ではない。アッシージは、古代末期にランゴバルド族の侵入で荒廃に陥ったあと、時をおいて中世に再建された都市である。

イタリアの中世都市は丘の上に作られるのが普通であったが、それは平地では攻められやすく、また低湿地で発生する蚊によってマラリアに感染する危険を避けたためだといわれる。この近くではスペッロ、ベヴァーニャなどの丘上都市が、広々とした田園の中に点在しており、アッシージも、格別美しく特異な存在ではあるが、数多くあるそのような丘上都市の一つにすぎない。ここが特別な都市となったのはもちろん、聖フランチェスコが生まれて死んだ地であり、人々が訪ねたくなる聖人ゆかりの場に満ちた聖地となったからである。聖フランチェスコぬきにアッシー

図4-04　アッシージ　南からの遠望
右手にはスバジオ山（標高1,291m）、左手には人工地盤の上に築かれたサン・フランチェスコ教会と修道院

図4-05　ロッカ・マッジョーレ（大城砦）
最初の城砦が1198〜1200年に破壊された後、1367年に再建、さらに15〜16世紀に拡張された

ジについて語ることはできない。以下、聖フランチェスコの生涯をたどりながら、アッシージについても並行して語って行くことにしたい。

聖フランチェスコ（一一八一／八二～一二二六）は日本でもよく知られた聖人で、その名はアメリカ西海岸の都市サン・フランシスコにもなっているし、二〇一三年春に即位した現法王がフランチェスコ一世と名乗った時にも話題になった。しかし、アッシージの裕福な毛織物商人の息子として生まれた時、後の聖人はまだフランチェスコという名前ではなかった。洗礼名としてつけられたのは、洗礼者ヨハネに因むジョヴァンニ・バッティスタという名であった。それなのに、「フランス的」という含意のある、当時は風変わりで珍しかったフランチェスコという名で呼ばれるようになったのはなぜか。母親がフランス人だったからという説が一番流布しているが立証はされていない。本人が騎士に憧れ騎士の言葉であるフランス語を好んで使ったため、仲間たちからつけられたあだ名だという説が最もありそうだという。ともあれ本人はフランチェスコ・ベルナルドーネと名乗り、その名で知られるようになったのである。

裕福に育ったフランチェスコは当時の法定成年であった十四歳を過ぎるとすぐに遊興の味を覚え、陽気で気前がよいので取り巻きも多く、仲間たちと浮かれ暮らしていたと伝えられている。しかしフランチェスコが青春を謳歌していた頃、一一九八年から一二〇〇年にかけてアッシージの町では党派間の争いが熾烈となり、特に貴族と平民の間の争いが激化した結果、一一七三年から町を支配していた皇帝派の貴族たちが殺されたり追放されたりした。さらにドイツの駐屯部隊を丘の上の城砦から追い出し、平民たちは共同体（コムーネ）の自治を勝ち取る。その際、市民たちは自らの手で城砦を壊してしまったが、それは城砦が教皇派の手に渡ることも恐れたからであった。

アッシージの丘の上に現在のこされている中世の城砦（ロッカ）は、この十二世紀末の争乱で一度破壊され、その後、十四世紀後半に再建され、さらに十五、六世紀に拡張されたものである。よく見れば、基礎のあたりには古い石積みが再利用された形跡が見える（図4-05）。この城砦は全体的なたたずまいも、中庭や通路のようすも、いかにも中世の城跡という感じで印象に残っていた。しかし、フランチェスコの時代より一世紀半以上あとに再建された比較的に新しい城砦なのだとわかった。この城砦のある丘の上からの眺めの素晴らしいことは特筆にあたいする。東のほうにはスバジオ山の尾根筋が伸びやかに続いている。南側を見れば手前には糸杉が並び、その下に中世以来のアッシージの家並が見える（カラーページ）。遠景はよく耕作された畑地で、目障りな夾雑物がなく、何世紀もこの美しさが続いてきたことを思わせる。

一二〇〇年の頃に話を戻すと、駐屯していたドイツ兵たちがいなくなったので、かわりに町の周囲にはあわただしく防備のための城壁が築かれた。この一連の騒動に、当時、十七、八歳であったフランチェスコも仲間たちと何らかの形で加担していた可能性は高い。特に城壁の建設に関わって石工の技術の初歩を身につけたであろうことが、後に崩れかけた教会を再建する際に役立ったと考えられている。

一二〇二年には常に敵対関係にあったペルージャとアッシージの間で戦争が起こり、フランチェスコも参加するが、捕虜となってしまい、一年以上獄につながれる。一二〇三年十一月に釈放されるが、病気がちとなり、一二〇四年は大半を家でおとなしく過ごした。しかし戦場で騎士のようにふるまいたいという望みは捨てず、一二〇五年にはある貴族につき従ってアープリアの戦場に向かうが、その途中でボロをまとった一人の貧しい騎士と出会い、フランチェスコは自分が着ていたマントを与えてしまう。そして、スポレートで見た夢によって自分が真に従うべき道は別にあることを悟り、アッシージに引き返す。フランチェスコの内面には数年前から変化が起きていたが、このあたりまではまだ普通の男であった。しかし、ここから徐々に彼の回心は始まるのである。

フランチェスコの足跡

戦場に行かずアッシージに戻ったフランチェスコは、南東の郊外にあるサン・ダミアーノ教会が荒れ果てていることに心を痛めた。ある日、十字架に架けられたキリスト像に向かって祈っていると、「フランチェスコよ、行って私の家を修理するのだ」という神の声が聞こえた。文字通りにとったフランチェスコは、資材を調達するために父の商品を持ち出して売り払い、激怒した父親に監禁されてしまう。数日後、母親の助けで解放されると、フランチェスコは司教のもとに走り、司教や他の人々の立ち会いのもとで、追ってきた父親に自分の着ていたものすべてを返し、財産も放棄し、無一物になることを宣言したのである。ジョットの壁画にもこの場面が印象的に描かれている（図4-06）。以後、フランチェスコは、麻布の貫頭衣をまとい、荒縄を腰紐として用いた。これには頭巾（カップッチョ）がついていて、脱いだ時の形は十字形になったが、麻布は穀物袋などに使う粗末なものだった（4章扉絵）。このスタイルはフランチェスコ会の修道服のもととなり、さらに十六世紀前半にカプチン会が分派して創立されると、彼らは同じ形式の頭巾のついた茶色い修道服をまとった（周知の通り、その色からミルクコーヒーをカップッチーノと呼ぶようになった）。

フランチェスコは神の言葉に従って、サン・ダミアーノ教会を自らの手で修理した（図4-07）。さらに手の労働をいとわず、サン・ピエトロ・デッラ・スピーナという教会も修復し、三番目に着手したのが、町から南西に五キロほど離れたところにあるポルツィウンコラの礼拝堂で、ここは彼の最も愛する場所となる。ある日この礼拝堂でミサを行っていた司祭が『マタイによる福音書』第十章の一節を読み上げた時、フランチェスコは最終的な啓示を与えられる。「救い主は言われた。行って、そこかしこで『神の国は近づいた』と伝えなさい。あなた方がただで受け取ったものは、ただで与えなさい……」、フランチェスコはこの言葉を聞いて、これこそ自分が心の底から欲していたものだ、と喜び、無一物でただ福音に従って生きることを確信したのである。

フランチェスコはその近くに二カ所あった癩病（ハンセン病）患者のための施療院をしばしば訪れ、患者たちの世話をしたが、それは嫌悪を克服し、慈愛と奉仕の悦びを見いだす行いとなる。町の人々は彼を狂人扱いし、石を投げつける者もいたが、それもイエスの受けた迫害に比べればとるにたらないものであった。

そのうちフランチェスコは、街はずれに近いサン・ジョルジョ教会の中や外で熱心に説教を始める。やがて、一人、二人とフランチェスコに感化され、それまでの暮らしを捨てて彼につき従う者たちが現れる。フランチェスコと「兄弟」と呼びあう仲間たちは、常に旅に出ては説教をするようになった。一二一〇年を迎える冬には仲間は使徒と同数の十二人になったので、春が近づいた頃、フランチェスコは十一名の兄弟を引き連れてローマに赴き、ラテラノ宮に教皇インノケンティウス三世を訪ね、修道会としての認可を願い出た。インノケンティウス三世は十字軍を推進し、教皇庁の権威を高めた教皇として知られるが、乞食同然の一団が現れても表面的には動ぜず、しかし用心深くフランチェスコの申し出に文書ではなく口頭で認可を与えた。ラテラノ大聖堂が傾いたのを一人の貧相な修道士が肩で支えている夢を教皇が見たという逸話から、教皇は密かに教会の立て直しを托鉢修道士の伝道活動に期待したと解釈されている。実際その後のフランチェスコ会の隆盛を見れば、教会にとって彼らを認可したことは得策であったし、フランチェスコの側でもキリストの教えから乖離した教会を批判して異端とされるより、認可のもとで活動するほうがよかったのである。

アッシージに戻った「小さき兄弟たち」は、やがてポルツィウンコラに隣接した狭い敷地を与えられ、そこに小屋を作って拠点とし、各地に伝道に出かけ、癩患者の世話や肉体労働をし、また托鉢や説教をして回るという日々を過ごす。一二一二年、アッシージの貴族の娘だったキアーラが女友達と二人でフランチェスコの仲間に加わり、妹のアニェーゼも少し後に合流した。アッシージの司教は彼女たちに、かつてフランチェスコが修復したサン・ダミアーノ教会を与え、ここにキアーラと「貧しき貴婦人たち」の女子修道会が誕生した。サン・ダミアーノ修道院は十六

図4-06　ジョット《財産の放棄》 1297-99

図4-07　サン・ダミアーノ教会と修道院

図4-08　同上 回廊（16世紀の増築）

図4-09　サン・フランチェスコ聖堂　1228-53　中央下の大アーチは下の教会入口

世紀にかなり増改築されてはいるが、すべてサイズが小さく素朴にできていて、当初の雰囲気が残されており、そのことに感動させられる場所である（図4−07・08）。

こうしてフランチェスコの仲間はどんどん集まり、評判も広がっていった。奇跡の報告もあいつぎ、かつて嘲笑の的であった彼は、いまや尊敬と熱狂の対象となる。イエスのように生きることを目指して清貧を実践し、神と自然への愛を説いたフランチェスコは、キリスト教の世界に革新をもたらしたが、多くの若者たちを惹き付けた点では中世のスーパースターのようであった。一二一九年五月の総会は、数千人が集まって野原にむしろで野営したことから「むしろの大集会」と呼ばれた。伝説的な一九六九年のウッドストックのロックフェスティヴァルを思わせるような現象である。

その間にもフランチェスコの伝道への意欲は衰えず、あちこちに出かけていたが、一二一九年の六月からはエジプトに赴き、スルタンと会見し、帰路にはおそらく聖地に寄ったとされる。イスラム教徒への改宗の働きかけは失敗に終わるが、殉教してもよいと覚悟していた事態は回避された。しかし、一二二〇年の秋に戻ると、大きくなりすぎた修道会はフランチェスコの留守の間に様々な問題を露呈し、内輪もめに陥っていた。フランチェスコは総会長を弟子（カターニついでエリア）に譲り、新しい会則が作られ、一二二一年には「小さき兄弟たち」と「貧しき貴婦人たち」につぐ「第三会」が発足する。大組織になったフランチェスコ会は、実質的に彼自身の手を離れたものとなった。

第二章で紹介した聖アントニオが、ポルトガルまで届いたフランチェスコの評判に惹かれてアッシージにやってきたのはこの頃である。彼はフランチェスコとももちろん接触しているが、直弟子というよりは、むしろこの第三会にあたるフランチェスコ会の優秀な伝道者として活動し、その間に示した様々な奇跡や聖性によって、最後にパドヴァで聖人に祭りあげられたのだということが理解される。聖アントニオは若い頃から神学者になることを目指していた点でも一途にまじめで、人柄もやさしく、子供を抱いて百合の花をもった姿で描かれる（ヴェネツィアのカラーページ）。どちらかといえば一直線の優等生タイプなので、あまりドラマにはなりそうにないが、フランチェスコには人間的な回心のドラマがあり、独創的な実践や思想がある。今でも知れば知るほど惹き付けられるという人は多い。

実際、聖フランチェスコを題材にした映画はいくつも作られているが、よく知られているのは、フランコ・ゼフィレッリ監督による『ブラザー・サンシスター・ムーン』（一九七二、グレアム・フォークナー主演）とリリアーナ・カヴァーニ監督の『フランチェスコ』（一九八九、ミッキー・ローク主演）の二作である。私は前者をテレビ放映で、後者は映画館でそれぞれ一度見ただけであるが、前者ではフランチェスコが長い病から目覚めたあと、小鳥たちと対話ができるようになった美しい場面と、アッシージの街の中を雨に濡れながら兄弟たちと托鉢して回るわびしい場面とが強く印象に残っている。後者は、不良っぽい二枚目俳優だったミッキー・ロークを起用したもので、人間的で魅力的なフランチェスコ像になっていたが、違和感を覚えた人もいるかもしれない。図4-06にあげた「すべての財産の放棄」というエピソードが茶目っ気のあるフランチェスコを表しているようで私は気にいっているが、ジョットはこの場面では彼を金髪長身に描いている。伝記ではフランチェスコは小柄で色黒で貧相ということが強調されており、そうした伝承に忠実とされている肖像画はチマブーエによるフレスコ画（一二八〇頃）であるが、フランチェスコがどのような人であったか、人それぞれにイメージを描いてよいのではないかと思っている。

フランチェスコの晩年は、病に苦しみ、隠遁と瞑想を経て諦念と平穏に至る歳月であった。その間のできごとで興味深いのは、一二二三年のクリスマスに、フランチェスコがグレッチョの領主に招かれて山中で降誕祭を祝った時の話である。フランチェスコの詩的な発案によって、ベツレヘムの馬小屋の光景を再現すべく、まぐさ桶が持ってこられ、牛とロバも引いてこられた。たくさんの人々が持つロウソクと松明に照らされた森の中でミサが行われ、説教や歌が続き、フランチェスコがまぐさ桶に身をかがめると、眠る幼子イエスの幻視がそばにいた一人の男に訪れたのである。これが今も続く、「プレゼーピオ」と呼ばれるクリスマスの飾り付けの始まりだとされる。

一二二四年は、冬と春をグレッチョで過ごし、六月にアッシージの総会に赴く。それがフランチェスコにとって最後の総会となった。その後、ヴェルナ山の隠所にこもって瞑想にふける日々を送る。この隠所は十一年前、フランチェスコの説教に感動したキウージ伯が提供してくれたものであった。そして九月の半ばにこの山で、常にキリストとの同化を願っていたフランチェスコは、六対の翼をもつ熾天使《してんし》が十字架に打ちつけられている幻視に思いをこらすうち、両手両足と脇腹に穴があいて血を噴き出し、聖痕を得たのである。

フランチェスコは、聖痕を包帯で隠し、秋からまたロバにまたがって伝道の旅にでる。しかし、持病は悪化し、目はほとんど見えなくなった。サン・ダミアーノ修道院に立ち寄ると、キアーラが彼を引きとめ看病した。フランチェスコは庭に柳の枝で小屋を作り、そこでいっとき平穏な日々を過ごす。生きとし生けるものと自然への愛を謳った『太陽の讃歌』が書かれたのはこの場所で、一二二五年頃のことであった。その後、周囲の説得に従って教皇の医師団の診療を受けたりシエナの兄弟たちの看病をうけたりするが容態は悪化するばかりであった。

フランチェスコがどこで息をひきとるかは大問題であった。遺体は聖遺物になるとわかっていたからである。彼はポルツィウンコラに帰りたいと願ったが、そこはペルージャの人々に狙われる危険があった。ひとまずアッシージ市内の司教館に運ばれ、最後の瀕死の時に至ってようやく希望通りポルツィウンコラへと移される。そして市民たちが厳重に警護する中で、一二二六年十月三日、弟子たちに囲まれてフランチェスコは静かに息をひきとった。四十四歳（四十五歳とも）であった。その後二年も経たない一二二八年七月十六日に、グレゴリウス九世によってフランチェスコは聖人に列せられる。そしてアッシージでは即座に聖フランチェスコに捧げる教会の建設が始まったのである。

聖フランチェスコゆかりの場所

遊び人で騎士に憧れ、戦場で戦うことを欲した男が、貧者に奉仕し平和を唱え、第二のキリストと言われるまでになったのだから、その過程に深く思いを馳せずにはいられない。中世の人々の聖人に対する熱狂ぶりも興味深いが、その証しとして残されたのが、あまりに美しいアッシージのサン・フランチェスコ聖堂である（図4-09）。

フランチェスコの列聖と同時に着工されたこの聖堂は、町の西端のゆるやかな斜面に、高低差を利用して上下二層の教会としてつくられている。下の教会は上を支えるために柱は太く天井は低く、重厚な作りのロマネスク様式で、わずか二年で献堂され、一時的にサン・ジョルジョ教会に置かれていた聖フランチェスコの遺体は一二三〇年にこちらに移された。内部は薄暗いが、豪華に装飾され、チマブーエ、シモーネ・マルティーニ、ピエトロ・ロレンツェッティらのフレスコ画で飾られており、まさしく中世美術の殿堂の感がある。そのあとに建設された上の教会は、基本的にロマネスクの特徴である単純な幾何学形態からなるが、最先端のフランス風ゴシック様式の要素も取り入れられ、一二五三年に完成された。もちろん本場のゴシックとは異なるが、正面のバラ窓や尖頭アーチ、側面の高窓に嵌められたステンドグラスなど、フランス発のゴシック建築の要素は当時のアッシージでは新しいものであった。天井は高く、堂内は柱列のない単廊式のホールになっていて、周囲の壁はジョットと工房による二十八枚のフレスコ画連作《フランチェスコ伝》で飾られている（制作は一二九七〜九九）。

物欲を捨て清貧に生きたフランチェスコの墓をこんなに豪華な教会に納めるとは、彼に対する侮辱でしかないと言う考え方もあるが、むしろ逆であるようにも思う。教会の美しさや美術作品の素晴らしさは八世紀後の私たちも感動させ、フランチェスコへの思いをいっそうかき立ててくれる。とりわけ、スバジオ山で採れる濃淡のピンク色の石を粗く小さめに割って積んだ上の教会のファサードは、太陽の光を乱反射して明るく輝き、青空を背景にしたその姿はあまりにも清楚で美しいとしか言いようがない（カラーページ）。

一九九七年九月に起きたウンブリア州の地震では、下の教会は頑丈にできているので無事だったが、上の教会は天井の一部が崩れ落ちる被害にあった。翌年三月に訪れた時は修復中だったが、元通りに完成し、二〇〇〇年にはアッシージの「聖フランチェスコ聖堂と関連遺跡群」が世界遺産に指定された。それよりもずっと早く、聖フランチェスコはシエナの聖カテリーナと並んで一九三九年にイタリアという国の守護聖人に指名されている。

サン・ダミアーノ教会と修道院は、フランチェスコにとって精神的な「姉妹」であり友であったキアーラが、四十二年間を過ごし、亡くなった場所である。彼女も死後二年経った一二五五年に列聖され、聖キアーラとなった。フランチェスコが最初に説教の場として使い、死後四年間埋葬されていたサン・ジョルジョ教会が、サン・ダミアーノ教会と交換されることになる。サン・ジョルジョ教会は一二五七年から改築に入り、一二六〇年に完成して、名前もサンタ・キアーラと改められた。聖キアーラの遺体が移され、修道女たちもこの教会の付属修道院に移った。サンタ・キアーラ教会はピンクと白の横縞模様のファサードがやはりとても美しい聖堂である（図4-10）。

フランチェスコと最も関係の深いポルツィウンコラの礼拝堂は、小さく慎ましい小屋のような礼拝堂であったが、十六世紀のトレント公会議の決定により、大きな教会の中に納められることになった（図4-13）。フランチェスコが亡くなった小屋も同じ堂内に保存されている。巨大な鞘堂として建てられたのは、サンタ・マリア・デリ・アンジェリという教会で、ミケランジェロやヴィニョーラのデザインを手本としたと思われる古典主義様式のデザインで、ペルージャの建築家ガレアッツォ・アレッシが設計した。一五六八年から一六八四年までかかって建設され、幅六十五メートル、奥行き百十六メートルという、ヨーロッパでも最大級の教会の一つである（図4-14）。

フランチェスコと兄弟たちが、ローマから戻ってポルツィウンコラに移る前に住んだ、曲がりくねった小川（リーヴォトルト）のほとりの小さな小屋（トゥグーリオ＝あばら屋）も、同じように大きな教会で覆われて保存されている。一五八六年に建てられた覆い屋は一八五四年の地震で崩れた後、ネオ・ゴシック様式で建て直され、「リーヴォトルトの聖所」と呼ばれている。

フランチェスコと兄弟たちは伝道にも熱心であったが、隠修士のように隠遁して瞑想の時間を持つことも大事にしていた。ヴェルナ山の隠所のほかに、フランチェスコ会にはベネディクト会から提供されたエレーモ・デッレ・カルチェリと呼ぶ隠所があり、フランチェスコもここによく行っていた（図4-11）。スバジオ山の中腹八百メートルの高さの所に森に囲まれて建つこの修道院は、その後増築された部分が多いが、その中に「フランチェスコのグロッタ（洞窟）」と呼ばれる一室があり、彼がベッドにしていた岩が保存されている。フランチェスコがそこにこもって神と対話し、祈り泣き断食し瞑想したと伝えられる場所である（図4-12）。

一九二八年の三月、アッシージを訪れた和辻哲郎は、アッシージの東のカップッチーニ門を出て四キロほどの山道を「だらだら上りに斜めに一時間半ほど歩いて」ここにたどりついた。「こ

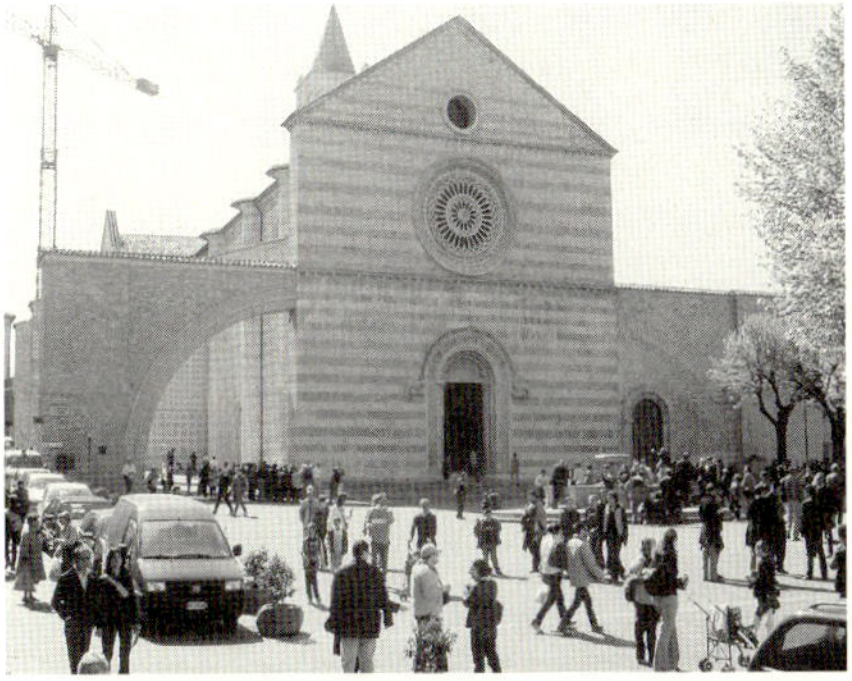

図4-10　サンタ・キアーラ教会
1257-60

図4-11　エレーモ・デッレ・カルチェリ　入口付近

図4-12　フランチェスコのグロッタ（洞窟）

図4-13　サンタ・マリア・デリ・アンジェリ教会内部に保存されたポルツィウンコラ礼拝堂（中央）

図4-14　同教会外観　1568-1684

の地方としては珍しく樹木の茂った谷間が見える。常磐樹《ときわぎ》では椎の木に似た常緑槲《かしわ》がむくむくと茂っており、その間にはオーク樫などの落葉樹もまじっている。そういう森に囲まれてカルチェリの僧院が寂然として立っているのである。ちょっと日本の山の中の寺のような感じがあって、ヨーロッパではひどく珍しく感ずる」、と『イタリア古寺巡礼』（岩波文庫）のなかで語っている。そして、「森の中の小鳥の声がしきりに聞こえてくる。近くにはこのような森がないためにおのずから小鳥がここに集まってくるのであろうが、しかしその小鳥の声をきいてまず思い浮かべたのは、ジョットーの《聖フランチェスコ小鳥に説教する図》である」という文章で、その一節は閉じられている。私は簡単にタクシーで出かけただけで、これほど細やかな観察もしていない。小鳥の声にはあまり覚えがないが、森の谷間を小ぶりの白い鳩が飛び交っている光景がとても幻想的で、「ここには精霊の鳩がたくさんいる！　さすが聖なる隠所」と思ったことが記憶にある。だが、あれは本当に鳩だったのだろうか、白い鳥だったことは確かだが、自信はない。

これらの場所はみな、世界遺産に指定された「聖フランチェスコ聖堂と関連遺跡群」のなかに含まれている。古い建物の魅力をいっそう引き立てているのは、和辻も書いているような周囲の自然である。アッシージでは、建物だけでなく、フランチェスコの愛した美しい自然や田園風景をこれまでどおり守り続けていくため、都市計画条例などにより環境保全をはかる努力がなされている。都市と田園の美しさがその本質を失わずに何百年も伝えられてきたことは奇跡のようにも感じられるが、その奇跡を現代の知恵でさらに何百年も存続させてほしいと願わずにはいられない。

さてここで、ゲーテのもとに戻るとしよう。彼が馭者と別れた場所はサンタ・マリア・デリ・アンジェリ教会、つまりポルツィウンコラ礼拝堂の場所であった。ゲーテは気にもとめずにそこから立ち去ったのであるが。

ミネルヴァ神殿

アッシージの南西五キロほどの地点から、強風の中を歩き始めたゲーテは、町の西端にあるサン・フランチェスコ修道院の脇を通って行く。「聖フランチェスコの眠っている、バビロン風に積み重ねられた教会の巨大な下層建築には嫌悪をおぼえて、これを左に見て通りすぎた」と彼は書いている。

サン・フランチェスコ聖堂と背後の修道院は、斜面の上に構築された巨大建造物である。人工地盤のような下層構造の中はどのようになっているのかよくわからないが、外側は擁壁を支える補強のための壁柱が二段のアーチでつながれて格子状になっている。その巨大な量塊を見ただけでゲーテは嫌悪をおぼえ、そのまま通りすぎたのである。せめて上の教会の清らかなファサードを見てほしかったものである。中にも入ろうとしなかったのは、「このなかへ入れば例の大尉の頭のようにされてしまいそうだと考えたからだ」と言う。例の大尉とは、ボローニャから道連れになり前日に別れたばかりの士官のことである。彼は教皇庁勤めなのでカトリックの教えに染まりきっていて、プロテスタントのゲーテにあれこれ素朴な疑問をぶつけてきたのであった。あんな風に洗脳されてしまったら困るという意味である。

「それから一人の美少年にマリア・デッラ・ミネルヴァはどこかと尋ねると、山腹に築かれている町を登って案内してくれた。ついにぼくたちは本来の旧市へ辿りついた。すると見よ、あの賞賛を絶する建築、ぼくが見た最初の完全な古代の記念物が眼前に現われたのだ」。

紀元一世紀後半に建てられたミネルヴァ神殿について、ゲーテはパラーディオの『建築四書』とフォルクマンの旅行ガイドで知っていて、アッシージではただこれだけを目指して来たので、このように興奮したのである。そして斜面にできた町の中央広場（現ピアッツァ・デル・コムーネ）と神殿が、いかに考え抜かれたすぐれた位置にあるか、詳しく考察している（図4-15・16）。アッシージは丘の中腹に東西に長くできた町であるが、道は何本も西から東へゆるい登り勾配となって平行に走っており、その間は階段や短い急勾配の道がつないでいる。町は東側の上（ソープラ）と西側の下（ソット）の地区に二分されるが、横長の中央広場の両端には東西からそれぞれ二本ずつ主要な道が入りこんでいて、両方の地区の者たちがここで自然に合流できる形である。そのような配置をゲーテは見てとって、「昔の人は、その自然らしさということでひじょうに偉大であった」と評している。現在アッシージでは、毎年五月初めに行われるカレンディマッジョの祭り（始まりは一九二七年）の時に、十三世紀から十五世紀頃の中世の衣裳に身を包んだ人々がパレードをしたり、上下の地区の演劇対抗戦を行ったりすることで知られるが、その主舞台となるのも広場に南面したミネルヴァ神殿のポルティコである。

この神殿は一五三九年にパウルス三世によってサンタ・マリア・ソープラ・ミネルヴァ（ミネ

図4-15　アッシージのコムーネ広場に建つミネルヴァ神殿　1世紀後半

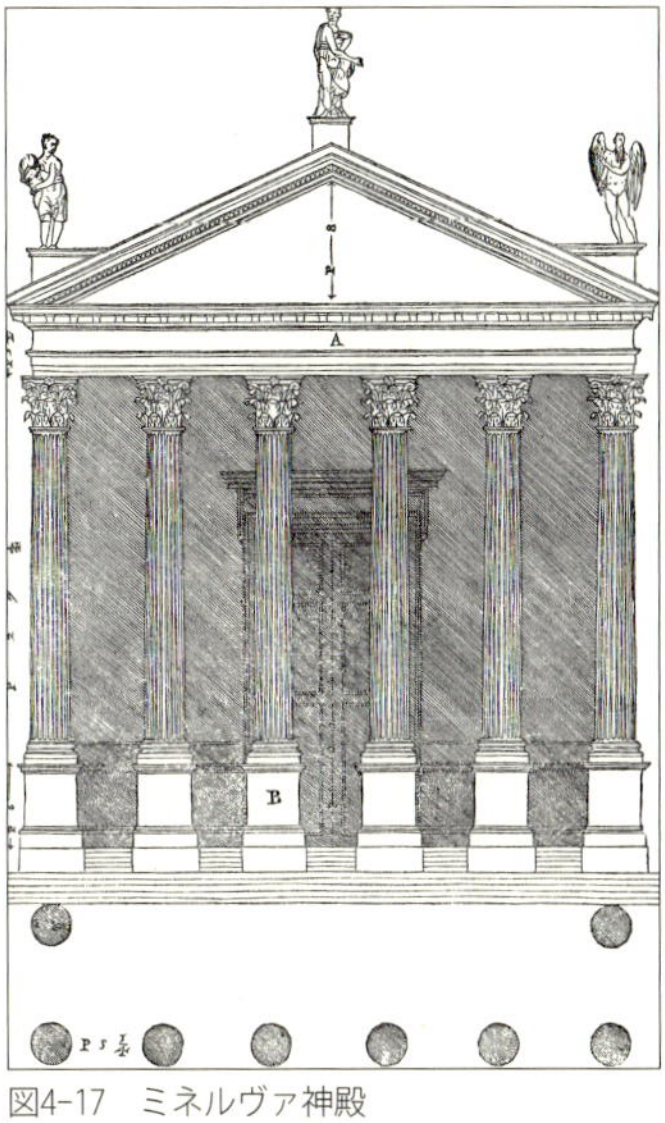

図4-17　ミネルヴァ神殿
（パラーディオ『建築四書』1570より）

図4-16　コムーネ広場の塔
13世紀末

ルヴァ神殿の上の聖マリア教会）という名のキリスト教会に変えられ、内部は一六三四年にバロック様式で改装された。古代のまま残っているのはファサードだけで、ゲーテの関心もそこだけに集中していた。

「正面のところはいくら見ても飽きることがなかった。……柱式はコリント式で、……」と、これまで何度かイオニア式とコリント式を取り違えていたが、ここでは正しくコリント式と言っている（柱頭はアカンサスの葉を様式化した形）。

そして、よく観察した結果、柱は脚台（柱台）の上に立っているように見えるが、そうではなく、柱と柱の間に五段ずつ階段が刻まれているため、そう見えるだけだと気がつくのである。五つある柱間の「どこからでも五段ずつ円柱の間を登ることになる。登ってゆくと平面に達し、その上に本来の円柱が立っていて、そこから神殿の中へ入ってゆくことになる。思いきって台座を仕切ったのは、この場合には適切な処置であった。というのは神殿は山腹にあるので、そこへあがってゆく階段は、どうしてもあまりに前方へ出すぎることになって広場をせばめたかもしれない。なおその下にいくつ階段があったかは、はっきり推定はできない。それらは二、三のものを除いては埋没したり舗石の下になっている」。下のほうの階段は、おそらく古代にはもっと段数があって、神殿自体が高くなっていたはずであるが、現状はゲーテの観察とほぼ同じで、かなり地面に埋まっていることがわかる。

そしてゲーテは、実際に柱が載っているのは脚台ではないのに、パラーディオの図では高い脚台が描かれ、しかもそれが高すぎて、よく見れば不格好だということに気がついてしまう（図

4-17)。「ぼくがすっかり信頼していたパラーディオはなるほどこの神殿の図をのせてはいるが、彼はしかしこれを自分の眼で見たのではあるまい。……実際は静かで感じがよく、眼も心をも満足させる眺めが人を喜ばすはずなのに」、この図では「醜悪」なものになってしまっている、とまで言い切っているのである。これまでヴィチェンツァの建物やヴェネツィアのカリタ修道院などで、パラーディオをさんざん称賛してきたゲーテの熱はここで一挙に冷まされた形になる。しかし、ミネルヴァ神殿を見にきたことは無駄ではなかった。「この建築を眺めてぼくの心の中に展開するものは、口では表現しがたいが、永遠の実りをもたらすものであろう」という言葉で締めくくられているからである。

このあと、町を出ようとしたゲーテを四人の巡査が追いかけてきて、アッシージまで来てサン・フランチェスコ聖堂を素通りしたのはなぜかと詰問され、怪しい人物に間違えられそうになったものの、何とか切り抜けた愉快な話が出てくる。この時期のゲーテは古代建築に一番関心があり、パドヴァでもそうだったが、中世の建築、特に教会などはかなり徹底して無視していたのである。パラーディオに関心があったのも彼が古代建築を研究した建築家だったからだ。しかしこの中世無視の態度は初めからのものではなく、若い頃のゲーテはゴシックのシュトラースブルク大聖堂にドイツ精神の現れを見て感銘を受け、「ドイツの建築」と題する論文を一七七三年に発表していた。しかしまもなく彼のゴシック熱は冷めて、かわりに古典古代への憧れが心を占めるようになったのである。

十八世紀後半からナポレオン時代にかけては新古典主義が一世を風靡し、中世建築にとっては受難の時代であったが、ゲーテの好みの変化もそうした流行と無関係ではなかった。十九世紀にロマン主義が台頭すると中世の見直しが始まり、ゴシック・リヴァイヴァルの運動もさかんになる。その頃に晩年を迎えたゲーテは、「ドイツの建築　一八二三」と題するエッセイを書き、若き日のゴシックに対する熱狂を恥じる理由はないと考えている、と初めてはっきり表明する。ゲーテほどのすぐれた鑑識眼を備えた人物であっても、時代の影響から自由であったわけではないということがわかる。しかし、そのように中世にも古代にも熱中した時期があったからこそ、中世ゲルマン的な世界と古典古代の世界を包括した『ファウスト』のような壮大な作品も誕生したのである。ゲーテがドイツに留まっているだけではおさまらず、どうしてもイタリアに行きたいと考えたのも、異質のものに触れて自身の世界を広げたいと熱望したからにほかならない。

一路ローマへ

アッシージをあとにしたゲーテは、「ふたたび自然と自分自身だけを友とすることの幸福を感じた。フォリーニョへの道は、ぼくがこれまで通ってきた最も美しい、そして最も快適な散歩道の一つであった」と言い、山伝いにたっぷり四時間歩いたのである。「馭者たちとの旅はやっかいなもので、気楽にそのあとから徒歩でついて行くことができれば、それがいちばんいい」とも書いている。

ここからは旅も終盤にさしかかり、ローマまであと三日というところである。これまで不平を言わなかったゲーテが旅をふり返り、その苦労を分析する記述が多くなる。イタリアは自然には恵まれているが、生活のための機械や技術では遅れていて、馬車は数百年前からほとんど改良されていないとか、かつて青空のもとで生活し、たまに洞窟に入るだけだった時代と変わらないのが田舎の建物だとか、イタリア人は「信じられぬほど気楽で、くよくよ考えて老化を早めるようなことはない」とか、様々な観察を記している。そして、「いまぼくは、準備もなく案内もなしにこの国へ入って行く無謀さかげんを、つくづく感じている。ちがった貨幣とか、辻馬車の馭者とか、物価のこととか、ひどい宿屋のことなど、日ごとに出くわす難儀のたねで、ぼくのように初めてひとり旅をし、しかもたえまない享受を期待し求めてきた者は、まことに情ない思いをしなくてはならないだろう。ぼくはどんな代価を払おうと、ぜひともこの国を見たいという以外なにも望みはしなかった」と自分の気持ちをまとめているのである。

ローマに急ぐ気持ちがありながら、翌十月二十七日も、ゲーテは自然や古代遺跡を楽しんでいる。「スポレート山に登って、山から山への橋にもなっている水道の上にあがった。谷にまたがる煉瓦製の十個のアーチは、幾世紀ものあいだそこに静かに立っていて、そして水はいまでもスポレート山中のいたるところに湧き出ている」。これはアウグストゥス時代に作られた水道橋を、七世紀にランゴバルド族が橋として改造し、さらに十六世紀半ばに修復したもので、ポンテ・デッレ・トッリと呼ばれている。長さ二百三十メートル、高さ八十メートルというから、教科書でよく知られている南仏ニームのポン・デュ・ガールよりも少し大きい。

夕方着いたテルニでは、「またも洞窟のような宿に坐っている。一年前の地震でいたんでいるのだ」と書いている。やはりこのあたりは地震が多いのだ。このくだりを読んで思い出したのは、一九九八年の三月にアッシージを訪れた時のことである。前年九月の地震から半年経っていたが、町の中では修復中の建物が目につき、仮設住宅も建っていた。泊ったホテルは窓枠が歪んでいて窓を開けられなかった。その四年後にまた訪れた時はそのような光景はあとかたもなく、地震があったことも忘れるほどであった。

翌二十八日もよい日和で、ゲーテは周囲の地質などを観察したあとチッタ・カステッラーナの宿についた。「さて明晩はいよいよローマだ。いまでもまだ信じられないくらいで、この願望がかなえられたなら、あとは何を願ったらいいのだろう」という言葉からは、ゲーテの心のはずみが伝わってくる。

第五章

ローマ
歴史の重層する世界の首都

ローマ　16世紀

コルソ通りの住人

一七八六年十月二十九日、ゲーテは予定通りローマに到着し、オステリーア・デッル・オルソ(熊の宿)という宿屋にひとまず落ち着いた。ゲーテはすぐにローマ在住のドイツ人画家、ヨーハン・ハインリッヒ・ヴィルヘルム・ティッシュバイン(一七五一〜一八二九)を呼びにやり、その日のうちに彼はやってきた。二人は初対面であったが、手紙のやりとりは長く行っていたという関係である。そして、翌十月三十日にはティッシュバインが住んでいたコルソ通り十八番地の下宿屋カーサ・モスカテッリにゲーテも移り住む。北からローマに接近するフラミニア街道がポポロ門を抜けてそのまま一直線に南下しヴェネツィア広場につきあたる約一・五キロの道がコルソ通りで、当時のローマの目抜き通りであった。ポポロ門からはほんの三百メートルの距離にある十八番地の建物は今も残っており、長い準備期間と過渡的なミュージアム開設のあと、一九九七年に「カーサ・ディ・ゲーテ(ゲーテの家)」というミュージアムが二階にオープンし、その後二〇一二年からはゲーテがいた三階の部屋なども公開されるようになった。

コルソ通りの家にゲーテは翌一七八七年二月二十一日にナポリに向けて発つまでの三ヶ月半(第一次ローマ滞在)と、途中にシチリア旅行をはさんでのナポリ旅行から戻った六月六日から翌年四月二十三日に帰国の途につくまでの十ヶ月半(第二次ローマ滞在)、あわせて十四ヶ月ほどを過ごすことになる。ここではティッシュバインを通してローマ在住のドイツ人画家たちとの親密

図5-01　ティッシュバイン《カンパニアのゲーテ》 1787

図5-02　ティッシュバイン《窓辺のゲーテ》 1787

図5-03　アンゲーリカ・カウフマン《ゲーテの肖像》 1787

な交流が始まるが、身分を隠しての微行を続けたいというゲーテの意向に、周囲も快く協力してくれた。旅のあいだ使っていた「ライプツィヒの商人ヨーハン・フィリップ・メラー」という偽名にかわって、ゲーテは「ロンダニーニの男爵」と呼ばれるようになる。コルソ通りの向かいの建物がパラッツォ・ロンダニーニだったので、その向かいに住む男爵という意味の符丁のようなあだ名である。

二歳年下のティッシュバインとの同じ下宿での暮らしは、なかなか楽しそうだったことが、日常のゲーテの姿をとらえたティッシュバインによるスケッチが語っている（図5-02）。二人はナポリ旅行も共にするが、その出発前にティッシュバインが構想して描き、ローマに戻ったあと完成させた大作が、ゲーテの肖像のなかで特に有名な《カンパニアのゲーテ》（図5-01）である。ゲーテ本人もそのできばえについて、「よく似ているし、着想も皆の気に入っている」（一七八七年六月二十七日）と書いているが、続けてその頃親しくなっていた「アンゲーリカもぼくを描いているが、これはものになりそうもない。……とにかく好男子には描けているが、ぼくとは似ても似つかない」という言葉で言及している肖像画が、図5-03である。

アンゲーリカ・カウフマン（一七四一～一八〇七）は、ゲーテのほかの友人たちと違い、当時のローマでは超売れっ子の人気画家であった。ギリシア主義者として知られたドイツの美術史家ヴィンケルマン（一七一七～六八）も彼女に肖像画を描いてもらっているが、彼はゲーテと反対にその絵が気に入り、彼女に最大級の賛辞を呈している。アンゲーリカが描くとモデルの個性よりも彼女自身のやさしさ、美しさがにじみでた甘い雰囲気の肖像画となり、それが一般的な人気のもとてもあったらしい。イタリア人の夫が営業を引き受けていたため、彼女は次々と必要以上に仕事をしていた。ゲーテはローマ滞在の後半には毎日曜に彼らの家で食事をするほど親しくなるが、彼女がいかに親切で気高い女性であるかを何度も強調している。「彼女はじつにたいした才能と日ごとに増えてゆく財産をもち、当然しあわせであるべきなのに実際はそうでもない……十分なものを所有しながら、それを使用することも享受することもできない人たちこそ、貧困で不幸だというべきなのだ！」（八月十八日）とまで書くゲーテは、そのような状態から脱するよう本人に率直に忠告していたが、彼女の仕事を減らすことはできなかった。美術史家の若桑みどりによれば、アンゲーリカが亡くなった時、「彼女の遺体は、パンテオンに、かのラッファエルロと同じ場所に葬られたのである！　彼女ほどの大成功をおさめ、大いなる名誉と財産を手に入れた画家は男にも珍らしいだろう。だが今日では批評家たちは、彼女が一体なぜ、あんなに成功したかが、さっぱりわからないのである」という。そして独特の分析を展開していて大変おもしろい（『女性画家列伝』Ⅳ章）が、ここでは時代との関連に触れた部分だけ引用しておく。「つまり彼女の存在は一八世紀末に起こった国際的な古典文明へのノスタルジーと北方人のイタリアへの憧れの流行にぴったりと符合していたのである」（同書）。

ゲーテはローマに着いて最初のうちは観光に明け暮れていたが、やがて本性にあった自分らしい日常生活を始める。旅の間も続けていた原稿の執筆や手直しの仕事をようやく本格的に開始するのである。人づきあいは極力控えるつもりであったが、しだいに社交の機会も増えていく。その間に観光や美術品鑑賞にも出かけ、手紙を書き、石膏像やコイン、宝石などの蒐集も始め、植物や岩石の研究も続け、と多忙な毎日を送る。ローマ南東の風光明媚な山麓の土地フラスカーティに仲間の別荘があったので、そこに皆と滞在し、それぞれ写生したものを披露し批評しあうというようなこともよくしていた。周囲は画家たちばかりなので、彼らから絵画の技法や見方なども熱心に学んでおり、ローマ滞在中のゲーテの関心は建築よりももっぱら絵画や彫刻に集中していく。

もちろん、ゲーテは古代ローマの遺跡や近世ローマの名所も数多く訪ねてはいるが、建物に関する感想や考察は、美術作品への言及と比べるとわずかで、ほとんどが抽象的な言説でしかない。ゲーテの家には父が一七四〇年のイタリア旅行みやげとして持ち帰ったローマ全景の銅版画もあった。幼い頃から親しんでいたそれらの都市景観を「いまぼくは実物として見ている。……なにもかもがぼくの想像していたとおりだし、しかもすべてが新しい」（一七八六年十一月一日）という言葉は、一見矛盾しているようだが、まさしくその通りに感じられたのだろう。この章では、ドイツ人仲間に囲まれてローマでの生活にひたったゲーテからは少し離れて、ローマという都市の歴史と各時代の建築について、私なりのスケッチを試みてみたいと思う。限られた紙数で語るのでかなり大雑把な議論になるとは思うが、時おり『イタリア紀行』のゲーテの言葉や記述を援用させてもらうことにしよう。

古代ローマの残照

ローマは、テヴェレ川が北から南へ大きく蛇行しながら流れるあたりの左岸（東側）に、七つ

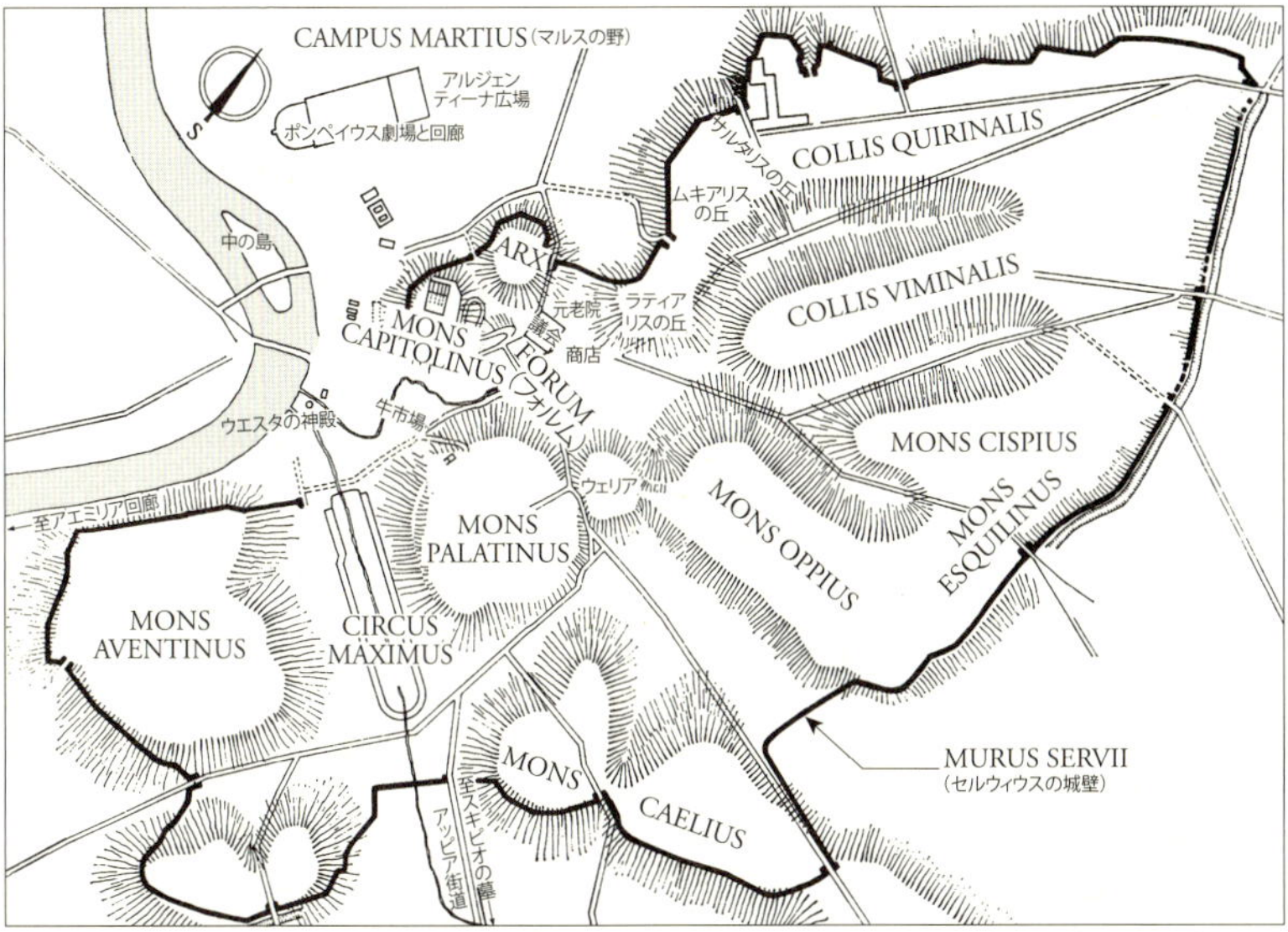

図5-04　共和制時代のローマ　セルウィウスの城壁（前４世紀前半）に囲まれた高台と低地のカンプス・マルティウスからなる

図5-05　フォルム・ロマヌム（フォロ・ロマーノ）　セプティミウス・セウェルスの凱旋門（203／左）とティトゥスの凱旋門（82／奥）　右奥にパラティヌスの丘

の丘を擁して作られた都市国家から始まっている。軍神マルスの子で狼の乳で育てられた双子の兄弟ロムルスとレムスによって建設されたが、レムスはロムルスを嘲笑ったために怒ったロムルスに殺され、ロムルスが建国者として都市の名前の元となったという神話はよく知られている。伝説上の建国年は前七五三年である。七つの丘を取り囲む、通称セルウィウスの城壁は、前四世紀前半に作られた（図5-04）。城壁に囲まれた市域の西側の、テヴェレ川との間にはさまれた広大な低地は、川の氾濫に備えて野原のままとされ、カンプス・マルティウス（カンポ・マルツィオ／軍神マルスの野）と呼ばれて練兵場などに用いられた。帝政期以降、ここが大きく発展する。テヴェレ川の西側は当初、トスカーナを中心に前十世紀頃から栄えていたエトルリアの支配する土地であった。エトルリア文明はローマにも大きな影響を及ぼすが、やがてローマに征服され、吸収されて消滅してしまう。

ローマは前五〇九年から共和制を開始したが、国家としては軍事力にすぐれ、しだいに周囲を征服し属州として支配下に入れていく。特に前三世紀から二世紀にかけて三回にわたるポエニ戦争を戦い、北アフリカの強敵カルタゴを破ったことによってローマは地中海の覇者となった。第三次ポエニ戦争が終わったのと同じ年の前一四六年にギリシアも征服されてローマ領となっている。しかしそれよりずっと以前からイタリア半島の南やシチリア島にあったギリシア植民地を通してローマはすでにギリシア文明の影響を大きく受けていた。

ギリシアが美術、建築、文学、哲学などの面でヨーロッパ文明の基礎を築いたといわれるのに対し、ローマは軍事力のほかに、土木や建築、法律などの分野、すなわち実学的な面ですぐれていたと目される。軍隊の移動のために大々的に道路網を整備し、「すべての道はローマに通ずる」といわしめ、属州となった土地にはローマ都市を築いた。すでに見てきたヴェローナ、ヴィチェンツァ、パドヴァ、アッシージなどもそうであったが、ヨーロッパの主要都市の大半は、ローマ時代に作られた都市構造の上に、中世以降に発展したものである。都市が発展すると、前の時代のものはどんどん失われていくのが普通であるが、ローマ時代の建築では闘技場、凱旋門など、規模の大きなものや特異なものがそれぞれの都市の事情によって偶発的に残されていたりする。破壊され失われたもののほうが圧倒的に多いとはいえ、地中海周辺にはまだローマ時代の遺跡や廃墟が残存しているため、かつての栄光を偲ぶことができるのである。

本家本元の都市ローマでは、紀元前一世紀までの共和制時代の遺構は残念ながらほとんど見られない。フォルム・ロマヌム（フォロ・ロマーノ／ローマ広場）は、パラティヌスの丘の北側の低地が徐々に整備されてローマの政治の中心の広場となったものである（図5-05）。当初はロストラと呼ばれる演台や記念柱が並ぶだけのシンプルな場所であったが、前一世紀の前半には北側に元老院（クーリア）、西側に文書館（タブラリウム）が、ついでユリウス・カエサル（前一〇〇～四四）の独裁官時代にバジリカ・ユリア（ユリウスのバジリカ）が南側に建てられた。しかしこの周囲に大々的な建設が行われるのは帝政時代以降である。

共和制時代にもあった場所として、感興をそそられずにいられないのがキルクス・マクシムス（チルコ・マッシモ）と呼ばれる大競技場跡である。競馬や戦車競技が行われたところで、競技場自体は王政時代からこの場所にあったらしいが、共和制時代に整備され、さらにカエサルが改修・

拡張を行ったといわれている。十五万人は収容できたという観客席や彫刻装飾など今は完全に姿を消しているが、長さ五百五十メートル、幅百数十メートルの空地が、谷間に作られた土の運動場のような形でそのまま残されている(図5-06)。周囲にローマ特有の笠松の木立があり、斜面は草で覆われている。朝夕には、犬の散歩やジョギングをする人たちの姿が見られるのどかな場所である。空港からタクシーでローマ市内に入ると必ずこの脇を通るので、パラティヌスの丘の南西の崖を背景にしたこの場所を見ることができる。中心に近いここに何か建てようなどということは考えず、ずっと空地のまま場所と名前と記憶だけは残しつづけていくという姿勢にローマ人の見識を感じる、というと大げさだろうか。何もないのに、ローマで好きな場所のひとつである。

ローマ建築の特徴

ローマの美術や文学にはギリシアの影響が大きいとされる。ローマ彫刻のすぐれたものは、ほとんどがギリシア彫刻の模刻であるといわれているように。しかし、建築に関していえば、ギリシアのオーダー(柱式)を取り入れているなど影響を受けた面もあるが、むしろ構造技術の進展により独自の方向に向かったことが顕著である。ローマ建築の特徴は、ギリシア人がほとんど使わなかったアーチを多用したこと、またアーチを立体的に応用したヴォールト天井やドーム架構を発達させ、材料もギリシア神殿のような無垢の切石造りなどにはこだわらず、煉瓦やコンクリートを積極的に使うことによって、それまでにない巨大な構築物や屋内の大空間を可能にしたこ

図5-06　パラティヌスの丘から見たキルクス・マクシムス（チルコ・マッシモ／大競技場）

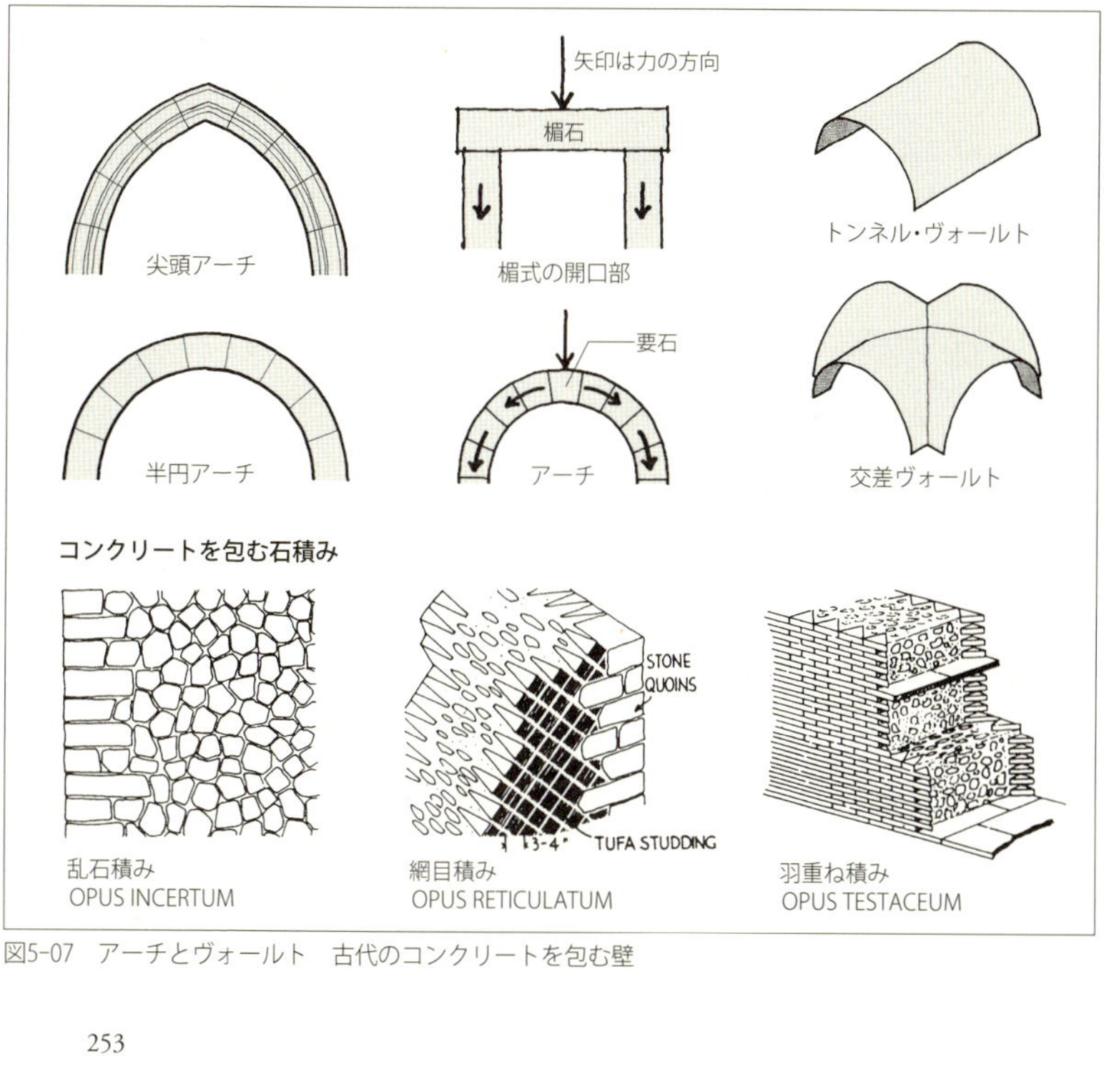

図5-07　アーチとヴォールト　古代のコンクリートを包む壁

とにある。西洋建築史を勉強したことのある人には余計なことかもしれないが、ローマ建築の基本であるアーチとコンクリートについて、簡単に一通り説明しておきたい（図5-07）。

まずアーチについてであるが、ローマ建築で使われるのは半円アーチである。アーチの利点は、小さな材料の集積で大きな開口部を作れることにある。開口部の上をまっすぐにするには、その幅以上の長さの切石が必要で、強度を考えれば梁背（高さ）もかなりなければ折れてしまう。大きな開口部を得るには、長くて厚みもある一本石が必要となるのである。しかし、アーチであれば、ずっと小さな石や煉瓦によって大スパンの開口部も作ることができる。全体で半円形になるように、一つ一つの断片はくさび形をしており、内径より外径のほうが大きいので、重力に従って個々の断片は落ちようとしても、互いに邪魔し合って落ちることができない、というのがアーチの原理である。モルタル接合なしの空積みであった場合、断片一つを取り外しただけでバラバラと崩れてしまう。中央の断片を要石《かなめいし》（キー・ストーン）と呼ぶのは、仮枠を組んでその上に両側から石を積んでいった場合、最後に要石をはめればアーチが完成し、固定されるからである。周囲に壁を積めばさらに固定されて強固になる。各地に今も断片的に残る水道橋は、純粋にアーチだけからなる構築物で、飾りなどないのに、連続するアーチのリズムだけで美しい。アーチを立体的に応用したのがヴォールトとドームである。アーチを奥行き方向に平行移動するとトンネル状になる。これがトンネル・ヴォールト（半円筒ヴォールト）で、二つのヴォールトを直交させた形のものが交差ヴォールトである。ドームはアーチの回転体と考えられるが、実際にドームを作る時はリング状に下から順にしだいに直径を小さくしながら積んでいくのが一般的である。これらを含めたアーチ構造がローマ建築を支える基本原理である。

次にコンクリートであるが、ローマ時代にコンクリートがあったというと驚く人がいる。普通、コンクリートといわれるのは、十九世紀末に発明され、近代建築発展のもとになった鉄筋コンクリートで、RC（Reinforced Concrete）ともいう。鉄筋で「強化されたコンクリート」という意味である。ローマ時代のコンクリートには鉄筋はなく、そのほかの原理はほぼ同じだが、近代のものとは別ものである。ローマのコンクリートは前二世紀頃から実用化されたといわれる。今のコンクリートは、セメントと水と細骨材（砂）と粗骨材（砂利）を初めから一緒にコンクリート・ミキサーで混ぜて型枠の中に流し込むが、ローマのコンクリートは粗骨材として砕石などをつめた中にモルタルを注入する方式であった。モルタルは石灰と水と砂を混ぜて作るが、ローマ時代には砂のかわりに火山灰（ポゾラーナ）を用いることも多かった。石灰以外にも水硬性を持つ火山灰を用いたことが、ローマのコンクリートの強度の秘密であったともいわれる。

現代の工法と最も異なる点は、仮枠とか型枠と呼ばれる工事用の木枠の中にコンクリートを流し込むのではなかったことである。あらかじめ壁の両面にあたる部分を石または煉瓦で積み上げておき、その中間の隙間に、ある高さまで砕石を詰め入れてモルタルを注入し、また砕石を詰めてモルタルを注ぐ。そのように何層にも分けて施工し、乾いて固まったときにはすべて一体となるように本体の壁を作ったのである。壁は当然厚くなり、数十センチから数メートルの厚みに達するものもあった。コンクリートを両面から包む表層部分は、初期には自然石のオプス・インケルトゥム（乱石積み）と呼ばれるものが主であった。やがて加工しやすい凝灰岩で作った細長い四角錐形の石を、外側に四角錐の底面の正方形が網目状パターンをなすように斜めに積んでいくオプス・レティクラトゥム（網目積み）が普及する。この場合、四角錐のとがった部分は内側のコンクリートに突きささり、一体となって固まる。さらに、石ではなく三角形に焼いた煉瓦の薄板を、やはり頂部を内側に向けて積むオプス・テスタケウム（羽重ね積み）が現れ、時代が進むと、石の網目積みと煉瓦の羽重ね積みの層を交互に用いるオプス・ミクストゥム（混合積み）が一般的となった。これらは化粧仕上げを施すための下地となる壁で、本来は人目に触れないはずのものである。大理石の板で覆うか、漆喰を塗った上に壁画を描いたりしていたのに、後世に表面が人為的に剝がされたり風化してしまった結果、廃墟では下地の壁がむきだしになっているのである。巨大なローマ建築は、後に要塞化されたり、採石場になったりして変容し、大理石は持ち去られて建材に転用されたり、砕かれ焼かれて漆喰の材料とされた。そのような運命にあい、風雨にさらされ、廃墟になっても、圧倒的な量塊として内部に空間を抱くような形で存在し続けるのがローマ建築の壁である。

ローマ建築の基礎がアーチとコンクリートによる強固な構造にあることを示したので、あとはめんどうな話は抜きにして、代表的な実例をあげていくことにしよう。

アウグストゥス時代の建築

ローマ史全体を通じて最も魅力的で人気が高い人物は、何と言ってもユリウス・カエサルであろう。軍事力、政治力にたけ、教養があり人柄も優れていたカエサルは、しかし皇帝になろうとしたところで、共和主義者のブルータスらに暗殺されてしまった。それから十七年後の前二七年、カエサルの養子であったオクタヴィアヌスが元老院からアウグストゥス（尊厳なる者）の称号を与えられて皇帝となり、帝政時代が始まった。前二七年というのは、建築家ウィトルウィウスが十書からなる『建築書』を完成し、アウグストゥスに捧げた年でもある。この書はルネサンス時代には古代ローマからもたらされた唯一の建築書としてバイブルのように読まれ、パラーディオも大きな影響を受けたが、ゲーテもヴェネツィアで最後に買った本がこれであった。帝政時代の建築についての情報はもちろんないが、古代ローマの建築や都市計画、土木などのことについて基本的なことはすべて書かれている。

アウグストゥス帝（在位前二七〜後一四）は、ローマを帝国の首都として立派に整備することを自身の政治目標の一つに据え、「私はローマを煉瓦の街として引き継ぎ、大理石の都として残すのだ」と語ったと伝えられている。実際、その治世には多くの建設事業が行われた。フォルム・ロマヌムの北にはカエサルが建設を始めた、回廊で囲まれた新しい形式のフォルムがあったが、これを完成させ、カエサルに捧げた神殿をその中に建設したのはアウグストゥスであった。彼自身のフォルムはさらに北に建設された。しかしこれらのフォルムの廃墟は、現在まだ大半が地面の下に埋まったままで、上にはムッソリーニ時代につくられた幅の広い道路ヴィア・デイ・フォリ・インペリアーリ（諸皇帝のフォルム通り）が走っている（図5-15）。

パラティヌスの丘は、ローマ七丘の中心に位置する特権的な場所であったが、その西端近くにリウィアの家と呼ばれる瀟洒な家が残されている。アウグストゥスが住んだのは、再婚どうしで結婚したリウィアの名前のついたこの小さな家であったと考えられている。リウィアの連れ子であったティベリウスが後継者となると、皇帝の家は立派に作られ、その後、ここが皇帝一族の諸宮殿のある場所となっていく。この丘で今一番大きな部分を占めるのは、一世紀後半にドミティアヌス帝が建設させた壮大な宮殿跡である。皇帝たちの住居であったパラティヌスの丘のドムス（家）をパラティウムと呼ぶようになり、さらにそこから宮殿を意味するパラッツォやパレスという言葉が派生してできたと言われている。パラティヌスの丘は現在、庭園や木立も自然な感じで残され、遺跡をめぐる公園のようになっている。

カエサルが計画し、やはりアウグストゥスが完成したものに、マルケルス劇場（テアトロ・マルチェッロ）がある（図5-08）。これは前一三年か一一年に献堂され、早世したアウグストゥスの娘婿マルケルスの名前がつけられた。古代ローマでは剣闘士の闘技や戦車競技のほうが人気があり、演劇は凋落傾向にあった。この建物も三世紀頃までは劇場として使われていたが、四世紀後半には外装のトラヴァーチンの一部が橋の建設に転用され、破壊が始まったという。しかし強固な構造ゆえに主要部は残り、十一世紀には要塞に改築され、十四世紀後半にサヴェッリ家が購入、十六世紀前半に建築家ペルッツィによって貴族住宅に改装され、十八世紀初めにオルシーニ家の所有に移って、パラッツォ・オルシーニと呼ばれた。二十世紀のムッソリーニ時代の考古学的事業の一環として学術調査と発掘（約四メートル積もっていた土を取り除く作業）が行われ、一層目が地表に現れた（一九三二年完了）。現在も何家族かの人々が住宅部分に快適に暮らす人気の物件ら

図5-08　マルケルス劇場　前13〜11

図5-09　カエキリア・メテッラの墓　前１世紀後半

図5-10　ピラーミデ（カイウス・ケスティウスのピラミッド／前12）と３世紀後半の市門

図5-11　アウグストゥスの廟墓　前１世紀後半

図5-12　アラ・パキス（前９）と新鞘堂（2006）

しい。このように大胆に転用・改変されても、劇場時代の外観は一部残り、二千年前の姿を偲ぶことができる。使われずに放棄されたままだったら、荒廃はもっと進んだに違いない。

ローマから南に延びるアッピア街道を南下してしばらく行くと左手に目につくのが、直径二十メートルの巨大な円筒形の建物である（図5-09）。これは共和制末期の第一次三頭政治の執政官の一人だったクラッススの妻、カエキリア・メテッラの墓として前一世紀後半に作られたものである。外装のトラヴァーチンも、上部のフリーズに施された花綱と牛頭の浮彫り装飾もよく残っている。このようによく保存されたのは、西ローマ帝国滅亡後のビザンチン支配時代に要塞化され、さらに十一世紀にも要塞として再整備されたからである。頂部の増築部分の狭間の形は皇帝派（この場合は中世の神聖ローマ皇帝支持派）を表す燕尾形をしているのが見てとれる。

ローマにピラミッドがある！ と誰もが一度は驚くのが、ローマの南のオスティエンセ門（現サン・パオロ門）のすぐ外に建つカイウス・ケスティウスのピラミッドである（図5-10）。ほとんど毀損がなく、やや尖った形で冗談めかした作り物のようにも見えるので、二千年前に建てられた本物（?）と知って二度驚く。執政官で護民官だったケスティウスの墓で、エジプト趣味を取り入れて前一二年に一年弱で完成、一辺約三十メートル、高さ約三十六メートル、カッラーラの白大理石製で、内部にはヴォールト天井で覆われた墓室がある。門のそばに建てたのではなく、三世紀後に城壁と門がすぐ近くに作られたのである。

これら二つの廟墓に比べると、やや情けない状態になっているのが、アウグストゥス自身が建てたアウグストゥスの廟墓（前一世紀後半）である（図5-11）。これは正方形の台座の上に、糸杉に囲まれて直径約三十メートルの円筒形が載り、その上に浅い円錐形の土盛りの上段が載ってさらに植栽され、最頂部に皇帝の像が立つという姿をしていた。内部には環状の通路があり、中心に墓室があって、アウグストゥスと家族、その後の皇帝たち数人が埋葬されていた。帝国崩壊後、この廟墓は荒廃して廃墟となり、十二世紀には要塞となり、さらに後には採石場ともなったという。一七八七年七月十六日付けのゲーテの手紙には、「今日はアウグストゥス帝の霊廟で動物の狩りたてがあった。この大きな、内部は空で屋根のない、まんまるい建物は、いまでは一種の円形劇場のように、競技場や野牛狩用に設備されている」とある。他の本によれば、「二十世紀にはコンサート・ホールとなったが、一九三六年に閉鎖され、この年にマウゾレーオ・ディ・アウグスト広場の修復が開始された」という。二〇〇九年九月にここを訪れた時は、廟墓の後ろの地面をかなり掘り返して工事中であったが、五年経ったのでもう整備が終わっているかと思ったら、二〇一四年の九月にもまだ工事中の囲いがしてあった。平日なのに働いている人の姿もなく、工事計画の看板のようなものも見当たらず、ここにはまさにイタリア時間が流れていた。

このすぐ西側に復原されたのが、アラ・パキス・アウグスタエ（アウグストゥスの平和の祭壇）と呼ばれる、前九年に奉献された大理石の小さなモニュメントである。これは浮彫りを全面に施し、帝国に「パックス・ロマーナ（ローマの平和）」をもたらすアウグストゥスの事蹟を讃え、喧伝するためのモニュメントであった。当時はまだカンプス・マルティウス（マルスの野）の何もなかった所にアウグストゥスの廟墓が建てられ、少し離れた南東にアラ・パキスがあったが、この祭壇もローマ滅亡後は崩れ落ち、地面に埋まったままとなった。断片が十六世紀と十九世紀に見つかっていたが、その後、ムッソリーニの時代に徹底的な発掘が行われ、他の部分も発見される。発掘・復原は、アウグストゥス生誕二千年にあたる一九三七年を記念して行われた事業であった。足りないところは補って祭壇が復原され、アウグストゥス廟墓の西側で、テヴェレ川沿いの道の東側にあたる細長い敷地に移して組み立て直され、中尊寺金色堂が鞘堂に納められているように、ガラスとコンクリートの建物で保護され、落成式が一九三八年九月に行われたという。

その時の保護の建物が六十数年経って老朽化したらしく、二〇〇六年に新しい覆い屋が、アメリカの建築家リチャード・マイヤーの設計によって竣工した（図5-12）。これはまさしくガラスと鋼鉄による白っぽい箱のような建物であるが、竣工後のローマっ子の評判はすこぶる悪く、すぐにでも取り壊しせよといった議論もあったらしい。以前の建物を見ていないので何ともいえないが、アラ・パキスを納めた今度の建物は明るすぎるせいか、祭壇が平板に見える。しかしアラ・パキスは元々、野原に作られた敷石だけのテラスのような場所にオベリスク型の日時計と並び、屋外に置かれていたのである。平板に見えるのは、浮彫りなど失われた部分が多いせいであろう。祭壇のまわりのスペースでは時々ファッション・ショーなどのイヴェントが行われるようだが、そのような使い方にはぴったりの空間である。最初は不興を買いながら、しだいに受け入れられる建築というのも多いが、どうやらこれもそのようである。

コロッセウム前後

歴代皇帝の中で誰もが知っている名前の一つが、暴君で有名な皇帝ネロ（在位五四〜六八）である。キリストの十二使徒のうちのパウロとペテロがちょうど彼の治世にローマで伝道し、迫害にあって殉教したことも知られている。六四年七月に起きたローマ大火はネロが放火させたという噂が早くからあったが、ネロは罪をキリスト教徒に着せ、片端から彼らをとらえて処刑した。その後、彼は大半が焼け野原となったローマの復興にも力を入れたが、同時に着工した自分の宮殿の建設にもっと熱中した。パラティヌスの丘のすぐ北にあるオッピウスの丘の麓に建設された広大で豪華な宮殿ドムス・アウレア（黄金宮）がそれである。二つの丘の間には人工の大きな池と、それをとりまく庭園を作らせ、ネロ帝自身の巨大な青銅鍍金像（コロッスス）を設置させた。しかし超豪華に作らせたこの宮殿をネロ自身はほとんど楽しむ間もなく、あまりに暴虐の限りがすぎたため、六八年に元老院から死罪を言いわたされ自死に追いやられる。ネロ帝の死後、宮殿は一部改築されてティトゥス帝の浴場に組み入れられるなど再利用されたが、一〇四年に起きた火災のあと空洞に瓦礫を詰めて埋められ、その上にトラヤヌス帝の浴場が建てられてしまった。ネロの黄金宮が発見されるのは十五世紀末になってからのことで、またあとで話題にしたい。

ネロ帝の死によって、アウグストゥス以来のクラウディウス朝はとだえたが、続いて皇帝になったフラウィウス家のウェスパシアヌス帝（在位六九〜七九）は、秩序回復に努め、修復など建設事業もさかんに行った。ネロの庭園にあった大池を埋めて干拓し、その上に七二年頃から建設を始めたのがコロッセウムである（ティトゥス帝が八二年に完成）。その名はネロの巨大像（コロッスス）に因んでいる。コロッセウムはあまりに有名なので語る必要もないくらいだが、長径百八十八メートル、短径百五十六メートルの楕円形で、五万人を収容できたという円形闘技場である(図5-13)。外側は八十個ずつのアーチが三段に積み重ねられた形で、アーチとアーチの間にはギリシアから伝わったオーダー(柱式)が壁面装飾として半円柱の形で付されている。ウィトルウィウスの『建築書』のなかでは、柱は擬人化されて語られており、ドリス式は力強い男性、イオニア式は優美な中年女性か初老の学者(つまり中性的存在)、そしてコリント式は華奢で華麗な乙女、という性格付けがなされている。そのため、オーダーを積み重ねる場合、必ず下からドリス式、イオニア式、コリント式、という順にすることが不文律であった。コロッセウムはその通りになっているので、後のルネサンス以降、オーダーを同様に重層的に配した場合、「コロッセウムのテーマ」を使っていると言われるようになった。アーチがずらっと並べば、それだけでもリズムが生まれて美しいが、アーチとアーチの間が壁柱だけなのは少し寂しい。オーダーを装飾として採用することを思いついたのはローマ人による卓抜な新発想である。しかしアーチと組み合わされた細い柱は、もはやギリシア神殿の周囲に一本ずつ独立して立っていた存在感のある太い円柱とはほど遠い別ものになってしまった。

ティトゥス帝(在位七九~八一)は、七九年八月に起きたヴェスヴィオ火山の噴火後の救済事業などにも力を尽くしたが、八一年に没し(暗殺説が有力)、治世は短かった。ティトゥスはまだ若かった頃にローマ軍を率いてパレスティナにおけるユダヤ人の反乱を制圧し、ユダヤ戦争の勝利を七〇年に父のウェスパシアヌス帝にもたらしたことがあった。イェルサレムに対して徹底的な略奪・破壊を行ったこのできごとは、ユダヤ人のあいだにバビロン捕囚に次ぐ二度目のディアス

図5-13　コロッセウム　72-82

図5-14　トラヤヌスの円柱
113

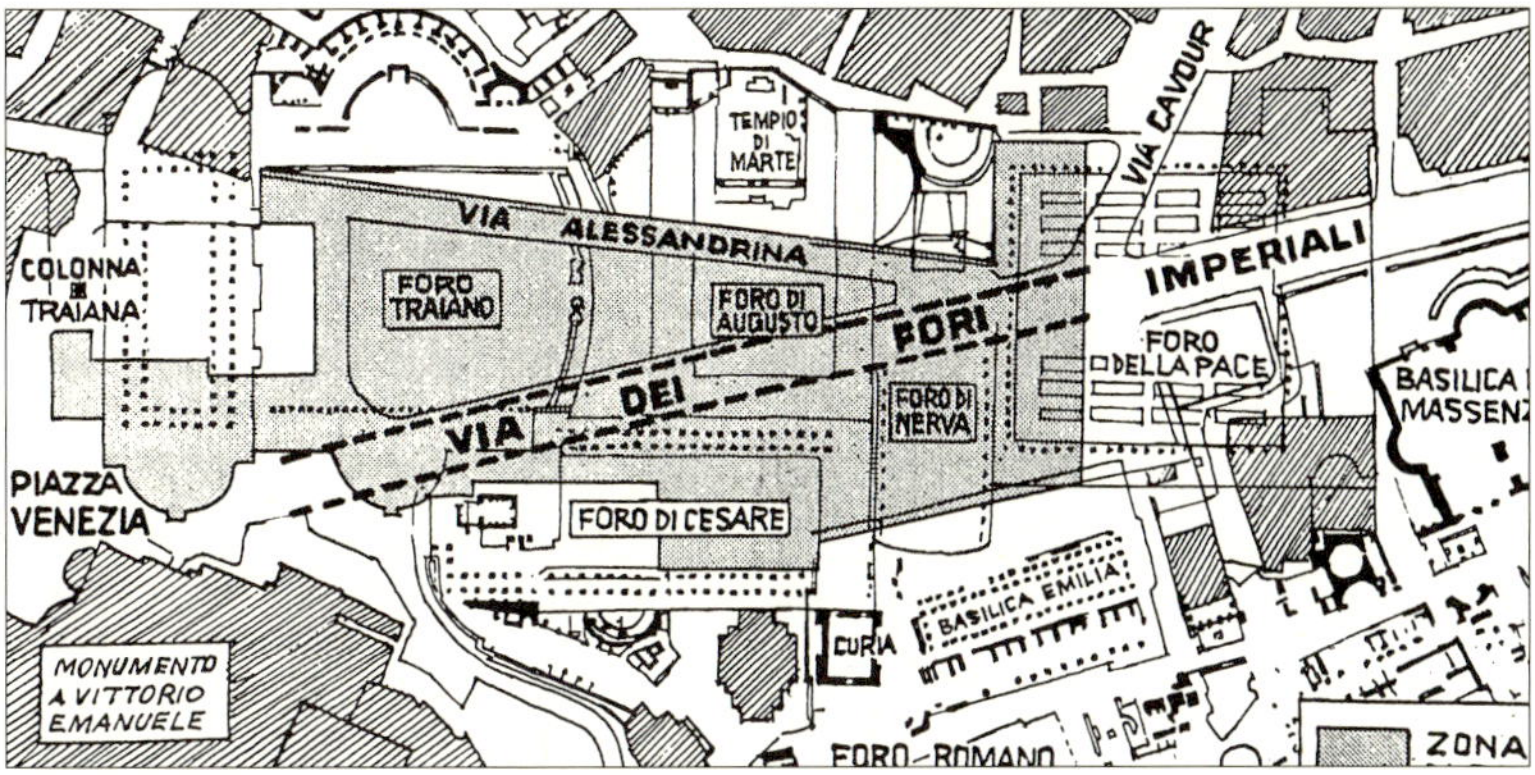

図5-15　諸皇帝のフォルム（広場）に現状を重ねた略図
まだ地中に埋まっているグレーの部分の上にヴィア・デイ・フォリ・インペリアーリ（諸皇帝のフォルム通り）が1930年代に作られた。左端中にトラヤヌスの円柱、その右にトラヤヌスのバジリカとフォルムと半円形の市場

ポラ（離散）を引き起こす因となった。ティトゥスの死後、皇帝となった弟のドミティアヌス帝（在位八一～九六）は、兄のその時の軍功を記念して、フォルム・ロマヌムにティトゥスの凱旋門（八二）を建造したのである。これはユダヤ人からみれば屈辱的な記念門に違いないが、普通は誰も浮彫りの図像や銘文などの意味は気にせず、単アーチの凱旋門として見るだけだろう。

ドミティアヌス帝はまた、ユピテル神に奉納する祭典で音楽、体操競技、騎馬試合などを行うことを八六年に決め、そのためにカンプス・マルティウスにスタディウムを建設した。これは南北二百七十五メートル、東西百六メートルで、三万人を収容できた。四世紀以降、使われなくなると、ここも採石場と化したが、一方でこの地区には中世にも人が住み続けたので、観客席の下の強固な隔壁やヴォールト天井で囲まれた通路空間は、店舗や家畜小屋などに使われるようになった。一四七七年にシクストゥス四世が中央の競技面だった空間に市場を移設することを決めると、周囲に残っていた構造を利用しながら新たに建物を建設する動きが活発化した。こうして元のスタディウムの規模と形を記憶した特異な空間が立ち現れ、現在ピアッツァ・ナヴォナと呼ばれる広場が誕生したのである。

恐怖政治を行うようになったドミティアヌス帝は九六年に暗殺され、フラウィウス朝は三代で幕を閉じる。次に皇帝に迎えられたネルウァ（在位九六～九八）は、すでに老齢であったが優れた人物で、様々な改革を行い、キリスト教徒への弾圧も緩和された。皇帝の世襲もやめて後継者にスペイン出身のトラヤヌスを選んだあとまもなく亡くなったが、以後四代の皇帝はネルウァ帝の穏健路線をほぼ引き継ぎ、五賢帝時代（九六～一八〇）と呼ばれるローマ最盛期が現出する。トラヤヌス帝（在位九八〜一一七）は、穏健・寛大な政治を行ったが、対外政策は積極的で、ローマ帝国の版図は彼の治世に最大となった。しかしここでは、トラヤヌス帝の業績のなかでも彼がローマに作った都市的スケールの建築群にのみ関心を寄せたい。トラヤヌス帝のフォルムは、諸皇帝のフォルムのうちでは最大の、回廊で囲まれた広場であったが、現在は地中に埋まっている（図5−15）。フォルムの西側にはバジリカが作られた。バジリカとは、簡単にいえばフォルムに屋根をかけたようなもの、つまり列柱がめぐる広場を屋内に取り込んだような多目的ホールで、集会や裁判、商取引などに使われた。トラヤヌスのバジリカの一部は発掘されて、長方形の広間を二重に取り巻いていた柱列の内側の二列だけに復原柱が立てられている。

トラヤヌスのバジリカの西隣にはギリシア語の図書館とラテン語の図書館（巻物状の書物が棚に並べられていた）が建てられたが、今は影も形もない。二つの図書館にはさまれた中庭にトラヤヌスの円柱と呼ばれる記念柱が建てられたが、これだけは地上にずっと出ていて破壊されずに残った（図5−14）。トラヤヌスがダキア（現ルーマニア）を征服した記念に建てられたもので、柱の周囲には帯が斜めに巻き付くように連続した場面が繊細な浮彫りで施され、美術史的にも貴重なものである。柱の上にはトラヤヌス帝の像が立っていたが、十六世紀末、シクストゥス五世の都市計画が推進された時代に、聖ペテロの像に置き換えられた。

約三十メートルの高さの円柱には、内側に螺旋階段があり、ゲーテは一七八七年七月二十三日に「夕方トラヤヌス記念柱に登ってすばらしい眺望を楽しむ」と報告している。今は一般には登れないので貴重な証言である。すぐ南に建つヴィットリオ・エマヌエレ二世記念堂も当時はまだ存在せず、パラティヌスの丘まで見渡せ、さらに「沈みゆく陽に照らされてコロッセオがまことに見事な眺め」だったとゲーテは書いている。トラヤヌスの円柱の西側には、トラヤヌスの神殿もあったが現存せず、今はその場所にバロックの教会が建っている。少し東に戻ると、トラヤヌスのフォルムの北側に、クィリナリスの丘の斜面を利用して作られたトラヤヌスの市場と呼ばれる半円形状の多層の建物があり、その背後に作られた古代の商店街も残されていて、立体的な空間のおもしろさがあり、ローマ人もショッピングを楽しんだことが想像できる（図5-16〜18）。今では上部に作られた後世の増築部とすっかり一体化し、ローマの家並の中でも違和感なく存在している。景観的には千九百年もちこたえた都市建築と評してよいだろう。これら一連の建築を手がけたのは、ダマスクスのアポロドロスであったというのが定説になっている。

建築皇帝ハドリアヌス

五賢帝の三人目にあたるハドリアヌス帝（在位一一七〜一三八、図5-21）もトラヤヌスと縁戚でスペイン出身であったが、旅と建築を愛した皇帝として知られる。フォルム・ロマヌムの東端、コロッセウムのすぐ西に一三五年に完成されたウェヌスとローマの神殿は、二柱の女神を祀る祭壇が背中あわせに中央の壁で隔てられて配されていた。この異例のデザインはハドリアヌス自身の設計だとされるが、その途中で意見をはさんだダマスクスのアポロドロスは皇帝の不興を買い、死に追いやられたといわれる。ハドリアヌス帝には他にも東方属州からつれてきた建設集団がつ

図5-16　半円形のトラヤヌスの市場（ヴィットリオ・エマヌエレ２世記念堂からの眺め）

図5-17　トラヤヌスの市場　２世紀初め

図5-18　トラヤヌスの市場の中の商店街　２世紀初め　突き当たりの壁は半円形部分の裏側

きしたがっていて、彼の治世に建てられた独特の建築群は、ハドリアヌス帝の意向を受けて彼らが手がけたと考えられている。属州でも様々な建設事業を展開しており、イギリス北部のハドリアヌスの長城はよく知られるが、ギリシアを愛した皇帝は、アテネにもハドリアヌスの門、ハドリアヌスの図書館、ハドリアヌスの水道橋などを残している。

ローマから北東へ三十キロほどの丘陵地ティヴォリにハドリアヌスが築いた広大な離宮は、現在ヴィラ・アドリアーナ（ハドリアヌスのヴィラ）として公開されている。もちろん廃墟にはなっているが、歩き回ると、様々な工夫を凝らした建物や空間が次々に現れて、その構想の幅広さと豊かさに驚かされる。ここはハドリアヌスが軍団と共に滞在した夏の離宮といわれ、豪華な宮殿のほかに倉庫や兵士の宿泊所、大小二つの浴場、図書館、美術館、競技場、神殿、野外劇場、客室棟、東屋など趣向を凝らした様々な施設が作られた。その中に、高い塀で囲まれた円筒形の閉じた空間があり、その中にはさらに環状に水路がめぐり、その中央の島の上に建てられた中庭をめぐる諸室こそが、ハドリアヌスの居住空間であり、人を寄せ付けずに瞑想にふけるための場所でもあったと考えられている。離宮全体にはハドリアヌスの旅の思い出が様々にちりばめられているとされるが、特に有名なのがカノプスと呼ばれる長い池である（図5-19）。これはかつて皇帝が愛した美青年アンティノウスが、エジプトのカノプスという土地でナイル川に身を投げて死んだことを偲ぶ場所であった。ハドリアヌスはまた、アンティノウスを神格化して彼の像をたくさん作らせ帝国中に送ったので、今もアンティノウス像はあちこちのミュージアムで見ることができる（図5-20）。ナポリ国立博物館でも、ローマ国立博物館分館のパラッツォ・アルテンプス

図5-19　ヴィラ・アドリアーナ（ハドリアヌスのヴィラ）118-134頃　カノプスと呼ばれる長い池

図5-20　アンティノウスの胸像
（Palazzo Altemps, Roma）

図5-21　ハドリアヌス帝の胸像
（Museo Correr, Venezia）

でも、ミュンヘンのグリュプトテークでも、独特の巻毛と甘いマスクに伏し目がちな堅い表情で遠くから見てもアンティノウスだとすぐわかる像に対面することができた。

ハドリアヌスがローマのカンプス・マルティウスに建てたパンテオン（万神殿）は、コロッセウムと並びローマを代表する建築として知られている（図5-22・23）。前二五年頃にアウグストゥスの腹心の部下で娘婿であったアグリッパが建てた同名の神殿があったが、それが火事で焼けたのを建て直したものである（一二〇～一二四）。内部は直径四十三メートルの球がすっぽり入る空間で、下半分は円筒形だが、上半分は半球形で、頂部に直径九メートルもの穴があいており、オクルス（眼）と呼ばれている。昼間は入口とオクルスから入る光だけでほの明るい巨大な堂内だが、そこでの空間体験は特別である。晴天であれば、太陽の光は朝のある時刻にオクルスから入ってドーム天井に光のしみを落とし、それは壁の内側をすべり落ち、色大理石を貼り分けた床の上をゆっくり通過し、反対側の壁に達するとまたドームの内側を登って、やがて夕刻に穴からすっと出て行くはずである。私はその出て行く時を三十分くらいじっと見守っていたことがある。見つめているとなかなか動かないのに、最後はふっと消えたような感じであった。一説では、皇帝が帝国領内の各地を巡察して回る行為の象徴として、太陽の光が堂内をめぐって動くように設計されたのだという。雨の日はオクルスから落ちる雨水が透き通る円柱になるはずだが、私の見た日は、静かな気配だけでほとんど見えないくらいの雨だったものの、床は濡れて鏡面のようになっていた。透かし細工の排水口が四つ、目立たないように作られていたのも確認できた。

パンテオンの壁は下のほうが厚く、上にいくほど薄く作られ、コンクリートの材料も重い砕石

図5-22　パンテオン内部　オクルスから入る太陽光がドームの格天井に光のしみを落とす

図5-23　パンテオン外観　120-124

から軽石まで順に変えられている。下部の六メートルほどの厚みのある壁には八カ所くぼみが作られ、入口のほかは祭壇が置かれた祭室になっているが、その前面にはコリント式の柱が二本ずつ立てられている。これは、十八世紀後半の新古典主義の時代には、特に英国で、「パンテオンのテーマ」として室内の意匠に使われ、「コラムナー・スクリーン（柱のスクリーン）」とも呼ばれて大流行したモチーフである。パンテオンはその後、格間を飾っていた鍍金装飾もポルティコの梁や屋根瓦に使われていた青銅も奪い去られ、何度か火災や洪水にもあったが、時どきの皇帝や教皇がそのたびに修復し、構造的にはほとんど元のまま残されている。特に六〇九年に教皇ボニファティウスがこの建物を聖母マリアとすべての聖人と殉教者に捧げる教会としたことから、ずっと使い続けられ、「サンタ・マリア・ロトンダ（円堂の聖母マリア）」と呼ばれて愛され続けたことが、保存状態のよい一番の理由である。現在は外階段は二段くらいしか地表に露出していないが、元は数メートルの高さの階段が前面にあったはずである。

ハドリアヌス帝は、アウグストゥスの廟墓がネルウァ帝までの埋葬で満杯になったため、トラヤヌス帝の遺灰もあわせ自分と以後の皇帝の墓とするためにハドリアヌスの廟墓を生前から作り始めた。これはアウグストゥスの廟墓よりずっと大きかったが形式は似ており、円筒形の胴体の上に円錐形に糸杉のびっしり植わった小山を築き、最頂部には四頭立ての戦車を操るハドリアヌス帝の彫刻が置かれた。場所はテヴェレ川の右岸で、カンプス・マルティウス側からよく見える川辺の近くである。完成されたのはハドリアヌスの死から一年後の一三九年、後継者に選ばれていた次の皇帝アントニヌス・ピウスによってである。この廟墓は二世紀末まで使われたが、その

図5-24　カステル・サンタンジェロとなったハドリアヌスの廟墓　135-139

図5-25　ピラネージの銅版画（18世紀半ば）に描かれたカステル・サンタンジェロ

図5-26　ハドリアヌスの神殿（139-145）の柱列を取り込んだ証券取引所の建物

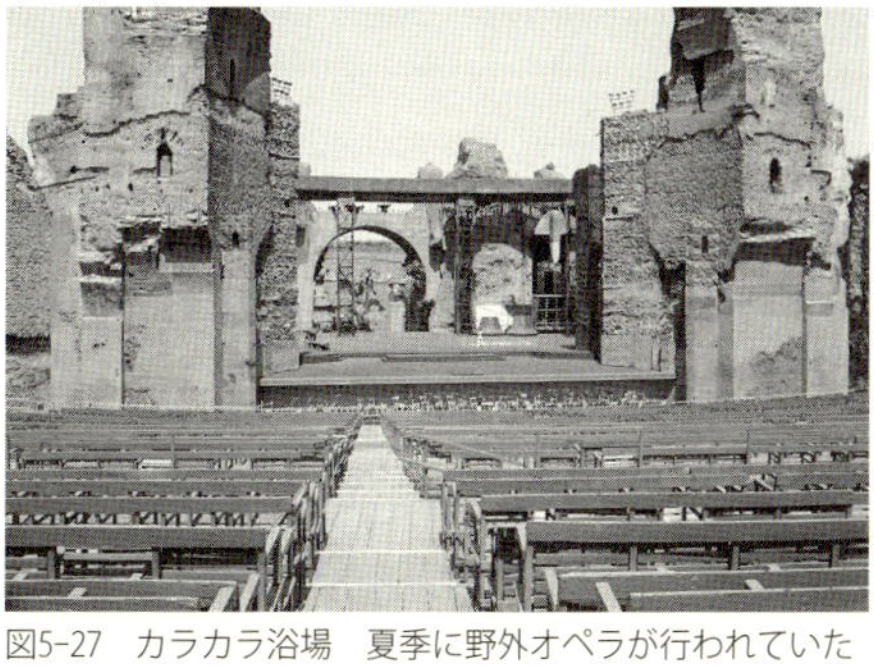

図5-27　カラカラ浴場　夏季に野外オペラが行われていた頃の仮設舞台と観客席

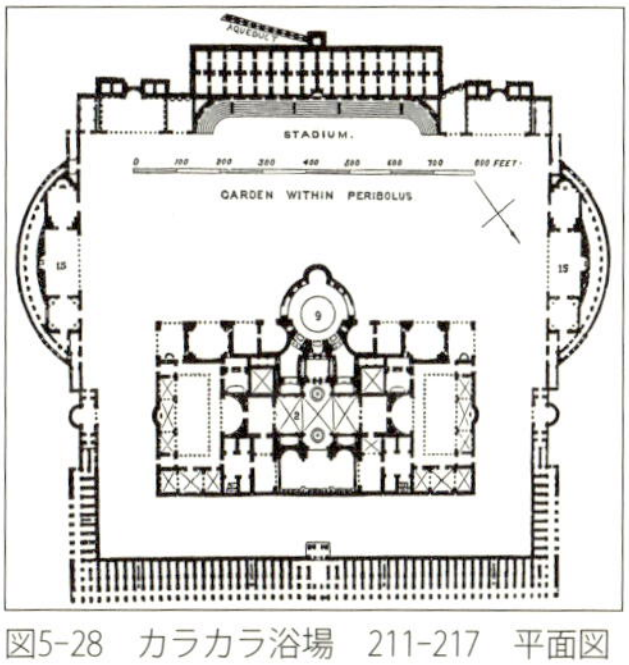

図5-28　カラカラ浴場　211-217　平面図

後は中世に要塞となり、ルネサンス初期に城砦として再整備され、頂部にあったハドリアヌスの彫像にかわって青銅の天使像が置かれ、カステル・サンタンジェロ（天使城）と呼ばれるようになる（図5-24・25）。正方形の基壇に載っていた当初の本体は直径六十四メートルの巨大な円筒形で、周囲には柱列が巡り、壁面はトラヴァーチンの板で覆われていた。それらは失われたが、内部には円周に沿って一周する斜路と直径方向にまっすぐ登る天井の高い斜路、中心の墓室の跡、当初からの空気孔などが残されている。基壇の壁と円筒形の間の空間もおもしろく、城壁の中の小さな街のようである。現在は上の方にもぐるりと回れるテラスがあり、建物の中にも長い通路や展望テラス、ギャラリーなどが配されていて、細い通路を通ったり階段を上り下りしているうちに方向感覚を失う立体的な迷路空間のようでもある。探索するだけで楽しい場所であるが、何と言っても千五百年の時の経過の産物であるということに感動してしまう。上部の十六世紀の諸室については、またあとで語ることにしたい。

軍事・政治面の実践力も教養も芸術的センスもあったハドリアヌス帝が、一面では複雑な性格の暴君でもあり、周囲から愛されるよりは憎まれた皇帝であったというのは、私にはちょっと驚きであった。華麗な建築群を実現させた皇帝に対して勝手に親近感を抱いていたからである。しかし次の皇帝に指名されたアントニヌス・ピウス帝（在位一三八〜一六一）は誠実さを示し、慣例にしたがって先帝ハドリアヌスを神格化し、カンプス・マルティウスのほぼ中央に位置するパンテオンからおよそ百五十メートルほど北東の場所にハドリアヌスの神殿を建てて一四五年に奉献した。この神殿の北側の柱十一本だけが証券取引所の建物に組み入れられた形で現存している

（図5-26）。かつては回廊で囲まれた広場の中心にあったが、今は北側の空間だけが残り、ピアッツァ・ピエトラ（石の広場）と呼ばれている。採石場となっていた時期の名残である。アントニヌス・ピウス帝は、ハドリアヌス関連の建設事業以外はほとんど知られていない。五賢帝の最後にあたるマルクス・アウレリウス帝（在位一六一～一八〇）は、哲学者としても有名であったが、この頃には帝国の辺境の防衛に追われるようになって、建設事業にめぼしいものはない。彼の名前と結びつけて思い出せるのは、ミケランジェロがカンピドリオ広場を整備する際に中心に置いたマルクス・アウレリウスの騎馬像と現在コロンナ広場に建つマルクス・アウレリウス記念柱の二つだけである。マルクス・アウレリウスの記念柱は高さ約三十メートルで、トラヤヌスの記念柱とよく似ている。頂部に立っていたマルクス・アウレリウス帝の像は、一五八九年、シクストゥス五世の都市計画の一環として、聖パウロの像に置き換えられた。この柱（コロンナ）があることから、コルソ通りに面したこの場所はコロンナ広場と呼ばれ、現在、首相官邸になっているパラッツォ・キージが北側を占めている。

建築的な観点から見たローマ時代の最盛期は、ネロの黄金宮が作られた六〇年代から、コロッセウム、パンテオンをはさみ、ハドリアヌスのヴィラや廟墓などが建設された一四〇年頃までの、およそ八十年間がそれにあたる。あるいは一世紀後半から二世紀半ばまでの政治経済的な最盛期とほぼ重なるといってよいだろう。政治経済の動向と建築とは切っても切れない関係にあるのは自明のことである。

混乱の時代の大建築

哲人皇帝マルクス・アウレリウスの死によって五賢帝時代は終わり、その不肖の息子コンモドゥス帝（在位一八〇〜一九二）の頃から、ローマ帝国は目に見えて衰退への道をたどり始める。コンモドゥスは自ら剣闘士試合を熱狂して行う残忍な皇帝で、最後は親衛隊によって殺されるが、その後、短期間に四人の皇帝が次々立っては殺されるという混乱に陥った。そうした事態に決着をつけたセプティミウス・セウェルス帝（在位一九三〜二一一）の治世はかなり長く続いたが、フォルム・ロマヌムの東端に建つセプティミウス・セウェルスの凱旋門（二〇三）を作り、数々の公共建築の修理にあたったという以外に目立った建設活動はない。その後、四世紀初めまでの百年間で注目される建設事業といえば、二つの豪華な大浴場、よく知られたカラカラ浴場（二一七）とディオクレティアヌス浴場（三〇五）の建設があげられる。

公共浴場で入浴や余暇を楽しむ習慣は前二世紀頃からローマ市民の生活に根ざすようになり、数多く作られた公共浴場のほかに、ティトゥス浴場やトラヤヌス浴場のように皇帝の名を冠した立派な浴場もすでにあった。しかしカラカラとディオクレティアヌスの二つの浴場は、特に大規模で豪華なものとなったことで注目される。帝政時代には属州が増えるにしたがってローマにもたらされる穀物そのほかの食料品は膨大となり、皇帝は失業中の市民の不満などをそらすため無料で食料を配り、剣闘士の戦いや戦車競技などの娯楽も提供するようになっていた。いわゆる

「パンと見世物」の政策である。その延長上に皇帝の名を冠した一大娯楽施設のような公共浴場の出現もあったのである。

セプティミウス・セウェルスのあとを継いだ息子のカラカラ帝（在位二一一〜二一七）は、当時のローマ市街の南方に十一万平方メートルの敷地を確保し、カラカラ浴場を建設した（図5-27・28）。高さ六メートルほどの人工地盤の上に浴場本体と広大な庭が作られたが、周囲は高い壁で囲まれ閉じられた空間となっていた。南西の外壁の内側には八万立方メートルの水を貯える水槽があり、マルキア水道から分岐した管によって給水されていた。地下には湯を焚く施設や配管、床下暖房の設備、奴隷たちの働く空間などがあった。浴場の建物は左右対称に作られ、中心軸には庭園に近い方から順に、カルダリウム（温浴室）、テピダリウム（微温浴室）、中央広間と四隅の水槽からなるフリギダリウム（冷浴室）、ナタティオ（プール）と続き、温度の違う浴室に順に体をならしながら入る循環式入浴ができるようになっていた。左右の翼には、入口がそれぞれ二カ所あり、更衣室、前室、列柱廊で囲まれた中庭のパラエストラ（体育場）、スダトリウム（熱気室／サウナ）などが配されていた。広い庭園の南西の端にはスタディウム（競技場）と観覧席があり、その両側には図書館や講義室、集会室、礼拝室なども設けられ、庭には樹木や草花が植えられ、彫刻があちこちに置かれ、散策を楽しむことができた。一度に千六百人の入浴客を収容できたというが、そのために数百人の奴隷たちが、風呂焚き人足としてのほか、入浴者の世話をするために働いていた。洗髪や散髪、マニキュアや香油塗りなどのサーヴィスを行う店舗も併設され、飲食を供する店もあった。人々は入浴や美容のためだけでなく、社交や教養、身体の訓練などの目的でも浴場にやってきたのである。

カラカラ帝のあとは同じセウェルス朝の皇帝がふたり続き、その後は軍人皇帝時代（二三五～二八四）と呼ばれる末期的症状の時代が続く。この頃、ゲルマン民族の辺境侵入が激化し、ローマ帝国は辺境警備でも内政面でも低迷と苦闘を繰り返していた。その中で特筆すべきできごとは、帝国再建に努めたアウレリアヌス帝（在位二七〇～二七五）が出て、ローマの市域全体を囲む全長十九キロの城壁を一挙に作らせたことである。それまでローマは軍事力も強大で、外から侵略される危険や新たな城壁を作る必要は感じていなかったが、首都ローマもいよいよ防衛策を講じなければならなくなってきたのである。アウレリアヌスの城壁（二七一）と呼ばれるこの城壁と十六の門は今でもよく残っていて、それらの存在が防衛という以上の役割を果たしてきたことが窺える。近代以降、人口が増え住宅地が広がったローマでも、その現象は主として城壁の外側で展開され、城壁の内側では歴史都市ローマの姿がよく守られる結果となったからである。この城壁の存在によって、永遠の都ローマの輪郭とその内側の姿とが守られてきたのだと強く感じる。

その後、ダルマチア（クロアチアのアドリア海沿岸地方）出身のディオクレティアヌス帝（在位二八四～三〇五）が登場し、帝国は違う方向へと動き始める。広大な帝国領を細かく統治するために、ディオクレティアヌス帝は二九三年に帝国四分統治制を開始し、他に三名の共同統治者はミラノ、トリーア（ドイツ西部の都市）、テサロニキ（ギリシア北東部の都市）を拠点とさせ、自身は東の正帝としてスミルナ（現トルコのイズミル）に君臨したのである。しかしローマは特別の都として元老院は置いたままとし、三〇五年にはローマ市内の東北部にディオクレティアヌスの名を冠した大浴場を完成させた。

ディオクレティアヌス浴場は敷地面積や平面形式はカラカラ浴場とさほど変わらないが、建物自体はもっと大きく、特に冷浴室でもあった中央広間は幅二十七メートル、奥行き九十二メートル、高さ二十二メートルという壮大な規模を誇った。このホールは一五六〇年代にミケランジェロの設計によって改装されてサンタ・マリア・デリ・アンジェリ教会となったため、かつての浴場の内部空間の大きさや雰囲気をある程度思い浮かべることができる（図5-30）。堂内でも外観（図5-29）でも目立つ大きな半円形に二本の方立の入った窓は、浴場窓あるいはディオクレティアヌス窓と呼ばれる建築モチーフとして広まるものである。ディオクレティアヌス浴場の北東の半分には後に修道院が作られ、その後、近代に改修されてローマ国立博物館となった（図5-31）。ムゼオ・デッレ・テルメ（浴場博物館）という異名があるのは、浴場跡を利用した博物館だからである。展示室のほうはきちんと整備されているが、ここの大回廊や中庭にはまだろくに整理もできていないような古代彫刻や建築の断片などが多数、無造作に置かれており、人影はいつもほとんどなく、広い空間を一瞬でも独り占めできる素晴らしい場所である。

二十世紀にはカラカラ浴場は夏の野外オペラの会場となり人気を博したが、崩壊が進む恐れがあるというので一九九〇年代に中止となった。廃墟の美を維持していくのも大変である。廃墟となったカラカラ浴場と、教会に転用されたため構造や外観はよく残ったディオクレティアヌス浴場、この両方を見ることによって、よりよくかつての浴場の姿に思いを馳せることができるかもしれない。最近では、ヤマザキマリの人気漫画『テルマエ・ロマエ』や、それらにもとづく同名の映画（二〇一二年）と続編（二〇一四年）のヒットによって、日本でもローマ時代のことや浴場のことがかなり知られるようになった。この漫画の主人公、浴場技師ルシウスをハドリアヌス帝の時代の人物としたのはさすがである。二世紀前半にも公共浴場は発達していたが、カラカラ浴場やディオクレティアヌス浴場ほどの規模と設備をもった豪華なものはまだ存在せず、その意味では浴場は発展途上の段階にあり、ルシウスが工夫を凝らす余地はたくさんあったといえるからである。

ディオクレティアヌス帝は、当初はキリスト教徒に対して寛容政策をとっていたが、三〇三年に突如帝国全体にキリスト教弾圧の勅令を発し、三一一年まで続く最後の迫害の因を作った。しかし自身は、三〇五年に退位し、アドリア海沿いのスパラト（現クロアチアのスプリト）に「ディオクレティアヌスの宮殿」を作って隠棲してしまう。海に面した四角い要塞のような城壁の中に十字形の通路があるこの宮殿は、その後、港の市街地として発展し、「家の中の町」と呼ばれて親しまれている。ディオクレティアヌス帝の退位後、ローマでは帝位争いが激しくなるが、三〇六年に東の副帝となったコンスタンティヌスの登場によって、再び歴史が大きく動き始める。

コンスタンティヌス帝は、徐々に他の正帝、副帝を破り、三二四年には帝国を再統一して専制体制を確立する。その間に現れた主要な建築としては、コンスタンティヌスがローマに進軍して三一二年に倒したマクセンティウス帝（在位三〇六〜三一二）がすでに着工させていたバジリカを横取りする形で完成させ、自分の名前をつけたコンスタンティヌスのバジリカ（三一〇〜三一三、図5-32）がある（しかしなおマクセンティウスのバジリカと呼ばれることもある）。これは、現在フォ

図5-29　ディオクレティアヌス浴場（305）を改修したサンタ・マリア・デリ・アンジェリ教会外観

図5-30　同左内部　1560年代

図5-31　ディオクレティアヌス浴場の敷地東側に作られた修道院の回廊（現ローマ国立博物館）

図5-32　コンスタンティヌスのバジリカ　310-313

図5-33　コンスタンティヌスのバジリカ内部想像復原図

図5-34　コンスタンティヌス帝の巨像の断片

ロ・ロマーノの東端近くに三分の一だけが残っているが、それだけでも巨大である。元は三廊式で、三つの半円筒ヴォールトからなる側廊が南北にあり、中央部は三つの交差ヴォールト天井と高窓からなる、ディオクレティアヌス浴場の中央広間と同種の空間であった。残っているのは北側の一列（全長約百メートル）だけであるが、天井まで残ったという点で稀少な遺跡である。想像復原図（図5-33）は、中央部の東から西のほうを見たもので、西端のアプス（半円形の張り出し）には、コンスタンティヌスの巨像が置かれていた。木で作られた胴体と青銅鍍金の着衣部分は失われたが、大理石で作られた巨大な頭部と手足の一部は、現在、カピトリーノ美術館の一部となったパラッツォ・デイ・コンセルヴァトーリの中庭に保存されている（図5-34）。コロッセウムのそばのコンスタンティヌスの凱旋門（三一五）も、マクセンティウスとの歴史的な戦いに勝利したことを記念して、それ以前の建物からとった浮彫り装飾などを再利用して建てられたものである。コンスタンティヌスの陰に沈んだマクセンティウスであったが、アッピア街道脇には今もマクセンティウスのキルクスと呼ばれる戦車競技場跡が残されている（図5-36）。

ローマ帝国が徐々に衰退に向かい混乱状態にあった三世紀から四世紀初めにかけての時期に、今に残るローマの城壁が建設されたこと（図5-35）、また構造技術にたけ、内部空間を得意としたローマ建築の最後の大物として、二大浴場やコンスタンティヌスのバジリカなど、やたらと大きく豪華な建物が打ち上げ花火のように登場するのを見てきた。繊細さからは遠い大雑把な動乱の時代を象徴しているようでもあったが、その後またコンスタンティヌス帝によって、社会的にも建築的にも大きな転換がもたらされることになる。

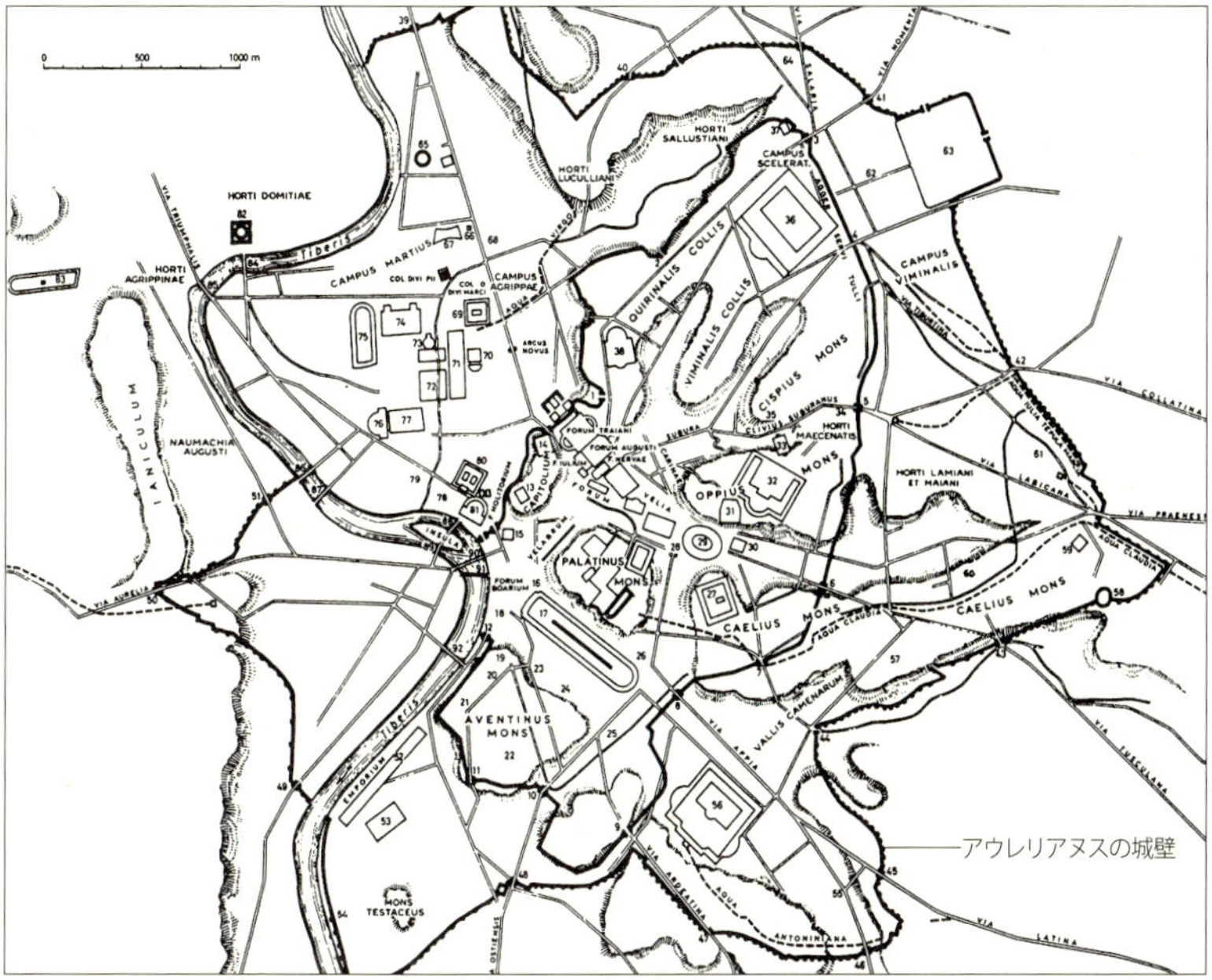

図5-35　帝政時代のローマ　今も残るアウレリアヌスの城壁(271)で囲まれている

図5-36　アッピア街道脇にあるマクセンティウスのキルクス(戦車競技場)跡

初期キリスト教のバジリカ

巨漢であったコンスタンティヌス帝（在位三〇六〜三七）はやってのけたことも大きかったが、その一つが、三一三年にミラノ勅令を発布し、すでに帝国中にかなり広まっていたキリスト教を公認したことである。やがてキリスト教はローマ帝国の国教となり、ローマの神々を信奉するそれまでの多神教は逆に異教とされるのである。まだローマ帝国滅亡までは間があるが、ローマ時代の末期は、美術史や建築史の上では初期キリスト教時代と呼ばれるようになる。その時代の建築様式を新たにもたらしたのも、コンスタンティヌス帝による教会建設事業であった。彼はイエスの生地であるベツレヘムには聖降誕教会を、イェルサレムには聖墳墓教会を建設させて、遠く離れたキリスト教の聖地にそれなりの形を与えた。またローマにも、イエスの使徒として布教に訪れ殉教した二人の聖人ペテロとパウロを祀る教会を始め、いくつもの教会を創建させる。それまでしばしば迫害されながらも勢力を延ばし続けてきたキリスト教徒たちは、伝説的なカタコンベ（地下墓地）や有力信徒の邸宅内、密かに作られた聖堂などに集まっていたが、唐突に公認され、公然と教会堂を建設できるようになったのである。

最も重要な聖堂となるのは、皇帝自らの指令によってテヴェレ川西側のネロ帝のキルクス（競技場）跡付近にあった聖ペテロの墓の上に作られた旧サン・ピエトロ聖堂である（図5-38）。キリスト教会の祖型となるこの聖堂は、トラヤヌスのバジリカの形（図5-37）を変形応用したもの

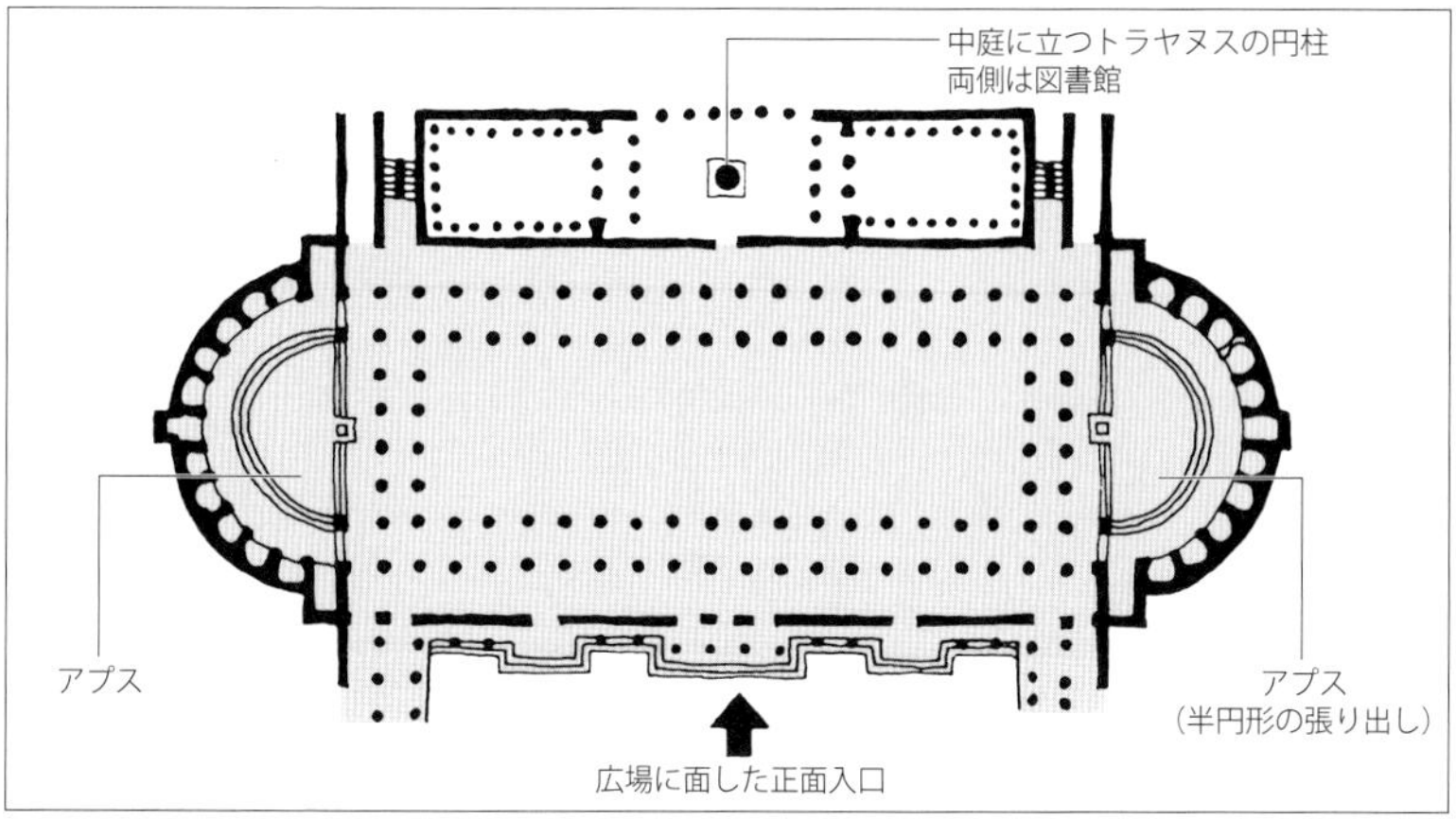

図5-37　トラヤヌスのバジリカ　平面図

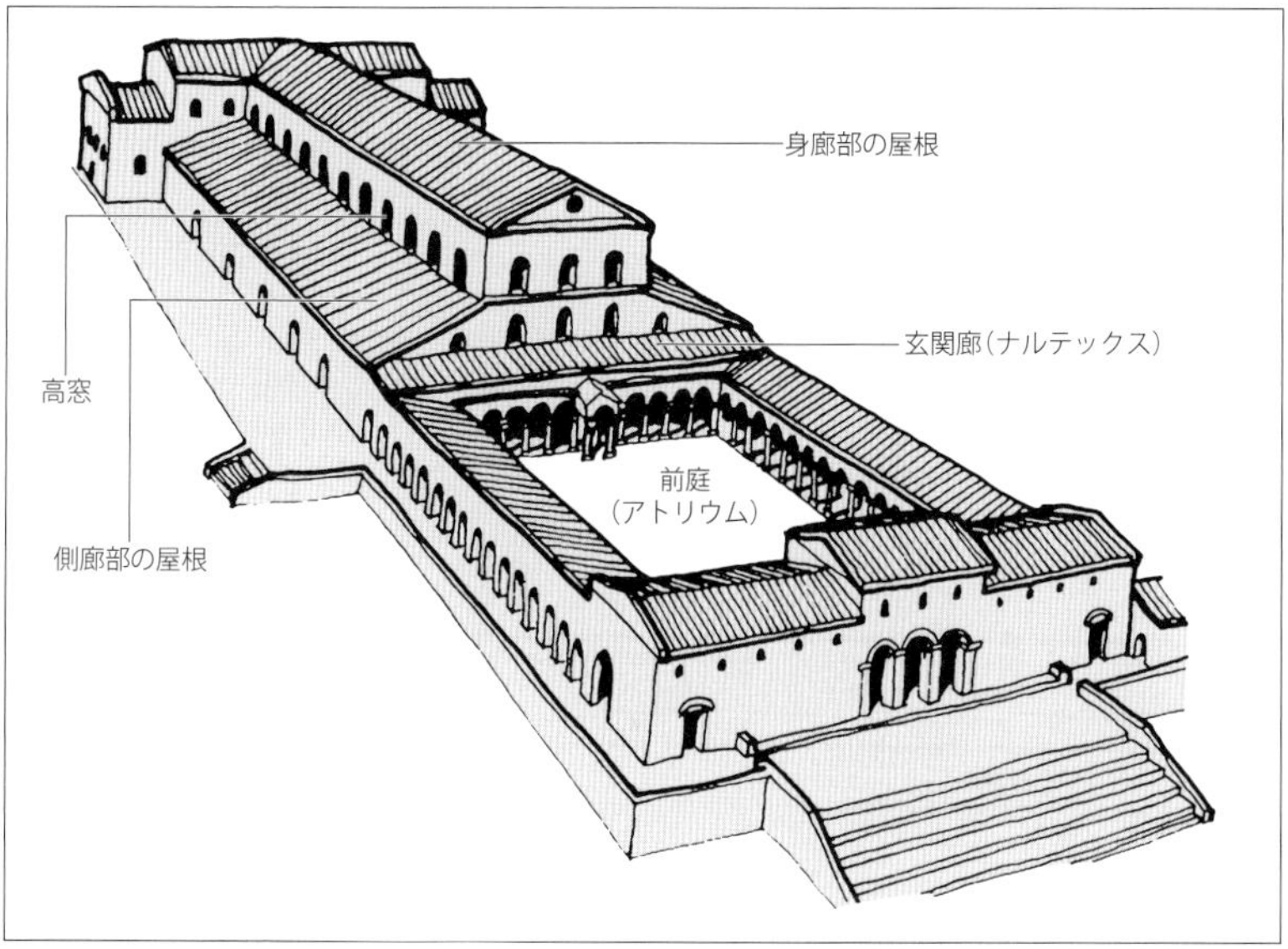

図5-38　旧サン・ピエトロ聖堂復原鳥瞰図

といわれる。このバジリカは長辺に入口があり、両短辺にはアプスと呼ばれる半円形の張り出しがあったが、その一方のアプスは残して祭壇を置く内陣とし、もう一方は取り除き、かわりにナルテックスと呼ばれる玄関廊を設けた。またバジリカ本体には二重に柱列がめぐっていたが、そのうちの短辺の柱列をとりのぞくと、堂内は幅の広い中央の身廊と両側二列ずつの側廊が平行に並ぶ五廊式の空間となる。身廊は天井が高く側廊は低い。身廊の両側の壁の上部には高窓を並べ、堂内への採光を確保する。こうしてできた内部は入口から祭壇まで一直線に中心軸が通る形式となるので、長堂式あるいはバジリカ型の教会と呼ばれる。バジリカという言葉は、これ以後、初期キリスト教時代の教会を意味するようになるが、他にも特権的な教会をバジリカと呼んだりする。元来のバジリカも教会としてのバジリカも、人の集まる大きな会堂という点では共通している。古い形式ではナルテックスの外に回廊で囲まれたアトリウムという前庭が付されていたが、これは後には作られなくなる。旧サン・ピエトロ聖堂は、現在の聖堂への建て替えが進行した十六世紀半ばに取り壊されるまで、約千二百年にわたって使い続けられた最大のバジリカであった。

サン・パオロ・フオリ・レ・ムーラ（城壁の外の聖パウロ教会）は、コンスタンティヌス帝時代に作られたものが一度破壊され、規模を大きくして三九五年に再建されたバジリカがずっと存続していたが、一八二三年に火災が起こり、かなりの部分が焼失した。しかしすぐに世界中から寄付を集めて一八五〇年にほぼ元の形に再建された。外観は少し変わったが、内部では内陣が損傷を免れた上、柱列も一部残ったので、雰囲気は昔のままに再現されている（図5-39）。

もう一つ、初期キリスト教時代のバジリカの内部空間の感じをよく残しているのが、四世紀半

図5-39　サン・パオロ・フオリ・レ・ムーラ内部　4世紀創建／1823年の火災後再建

図5-40　サンタ・マリア・マッジョーレ内部　創建は4世紀半ば／5世紀前半改築

ばに創建され、五世紀前半に再建されたサンタ・マリア・マッジョーレの堂内である（図5-40）。といっても床は十二世紀、格天井は十五世紀末に作り替えられており、他にも後世の手はたくさん入っている。しかし、空間の雰囲気は古代ローマ末の初期キリスト教時代のバジリカを思わせるに十分である。裏正面は十七世紀、表正面は十八世紀に改築されたものである。

洗礼者ヨハネに捧げられたサン・ジョヴァンニ・イン・ラテラーノ（ラテラーノの聖ヨハネ）大聖堂は、コロッセウムから東南東に約一・一キロの距離にあり、城壁のすぐ内側にあった兵舎の跡地にコンスタンティヌス帝が、今も残る有名な洗礼堂と共に創建したものであった。しかし、その後、ヴァンダル族の略奪を受けたり火事にあったりし、何度も修復が行われたが、最も大きな改変は後に述べるシクストゥス五世（在位一五八五〜九〇）の都市計画に伴って行われたもので、堂内の雰囲気はその時代のものになっている（図5-43）。さらに十八世紀前半に増築された壮麗な正面は、バロックから新古典主義への過渡的な様式を示している（図5-41・42）。

この四つのほかに初期キリスト教時代に創建された、やはり由緒正しい三つのバジリカをあわせて、「ローマの七つの教会」と呼んでいる。その一つは、サン・ジョヴァンニ・イン・ラテラーノから東に八百メートルほどの、やはり城壁のすぐ内側に建てられたサンタ・クローチェ・イン・ジェルザレンメ（イェルサレムの聖十字架）教会である（図5-44）。これも創建は四世紀で、コンスタンティヌス帝の母で前帝の皇太后であったヘレナの宮殿の大広間を聖堂に変えたと伝えられている。現在の建物はベネディクトゥス十四世が一七四三年に事実上再建したもので、どこか女性的な優しさのあるロココ調の教会となり、古色は払拭されてしまっている。

二つ目は、アッピア街道沿いにあるカタコンベ（地下墓地）の一つに隣接したサン・セバスティアーノ教会である（図5-45）。セバスティアヌス（セバスティアーノ）は、ディオクレティアヌス帝の近衛兵だったが、キリスト教徒として迫害され、弓矢で射られて殉教した美しい若者として描かれることの多い聖人である。今見る教会の建物は、十七世紀初頭の再建である。ゲーテは、ローマ滞在も終わりに近づいた一七八八年の四月に、見物する予定だったもののリストを眺めて、クロアカ・マクシマ（共和国時代に作られた下水設備の大排水渠）とサン・セバスティアーノ教会のカタコンベという「まるで類を異にした」二つが残されていたことに気づき、悔いが残らないようにそれらを見に行っている。前者はピラネージの版画で見当をつけていた「巨大さの概念を、なおいっそう高めてくれた」が、後者のかびくさいカタコンベには入ったとたん、「ひじょうに不愉快な気持ちになったので、直ちに日の照っている戸外に飛びだし」てしまった。連れの者たちはゆっくり見物していたが、狭い所の嫌いな閉所恐怖症気味のゲーテには耐えられない空間であったようだ。今は照明もあってさほど不気味ではないが、やはりそう長居はしたくない空間である。

最後に、サン・ロレンツォ・フオリ・レ・ムーラ（城壁外の聖ロレンツォ教会）は、ローマの東の城壁外にあるが、三三〇年創建という由緒あるバジリカである。しかし後世に何度も修復され、外観は十九世紀にネオ・ゴシック風に変えられたが、第二次大戦中の一九四三年に爆撃を受けて大きく損傷し、戦後にまた修復されたものである（図5-46）。

以上が初期キリスト教時代に遡るローマの七つの教会であるが、このうち市域の中心部にあるのは、サンタ・マリア・マッジョーレだけ（現在のローマ・テルミニ駅から南西に三百メートルほどの地点）で、あとは城壁のすぐ内側か外側にある。つまりローマのはずれに建てられたものがほとんどであったが、それは当時、まだローマの神々を信仰する人々も多かったため、コンスタンティヌス帝は彼らを刺激しないように、目立たない場所に教会を建てたのだとも言われている。実際、キリスト教化が急速に進み、かつての多神教が異教とみなされるようになると、それに反発する動きも出てくる。

コンスタンティヌスの二代あとに皇帝となったユリアヌス帝（在位三六一〜三六三）は、ギリシア・ローマの古典や美術を愛し、キリスト教徒によって異教の神殿や図書館そして彫像が壊されるのを嘆いて、旧に復することを目指したが、志なかばで早世し、「背教者ユリアヌス」というレッテルを貼られた皇帝となってしまう。学生時代、辻邦生の同名の小説を熱中して読んだ時の感覚を思い出すが、詳しい内容は忘れてしまった。しかし信仰と無縁の身としては、キリスト教かギリシア・ローマの多神教かという二者択一はなく、どちらも好きな世界である。カトリックの歴史には殉教者や聖人がたくさん現れるが、様々な性格や来歴をもった老若男女多数の聖人をそれぞれ大事に個別に祀るということの中に、在来の多神教的要素が入り込んでいるのではないかと考えることがよくある。それまで多数の神を受容したように多数の聖人の存在を許容するという路線をとったからこそ、キリスト教は人々に広く受け入れられ、強化されたように思えるのである。

図5-41　サン・ジョヴァンニ・イン・ラテラーノ大聖堂とラテラーノ宮殿　18世紀の銅版画

図5-42　同左　現状

図5-43　サン・ジョヴァンニ・イン・ラテラーノ内部

図5-44　サンタ・クローチェ・イン・ジェルザレンメ正面

図5-45　サン・セバスティアーノ正面
右手にカタコンベの入口

図5-46　サン・ロレンツォ・フオリ・レ・ムーラ外観

中世という休止期

ローマをキリスト教化したことのほかにコンスタンティヌス帝によるもう一つの大きな事業は、現在のイスタンブール、当時はビザンティウムと呼ばれていたボスポラス海峡に面した小さな古都を大改造し、三三〇年に遷都を行ったことである。都市の名も自分に因んでコンスタンティノポリス(コンスタンティノープル)と変えてしまった。コンスタンティヌス帝の実行力はすごいと思うが、彼は直情径行的な性格などのため賢帝とは呼ばれなかったという。遷都によっても帝国の衰運を止めることはできず、ゲルマン民族の大移動、ローマ帝国への侵入は激化していく。三九五年に帝国は東西に分裂し、やがて四七六年に西ローマ帝国は最後の皇帝が廃されて公式に滅亡したとされる。「ローマは一日にして成らず」というが、滅亡も一日にしてなったわけではなく、長い衰退の坂をくだったあとに破局が訪れたのである。その間、都市ローマも何度か蛮族の侵入や略奪を受け、かつての壮麗な建築群も破壊され廃墟と化していく運命となった。人口はどんどん減り、水道橋などもフン族ら異民族に破壊されて水の供給が途絶えたため、浴場施設も使われなくなる。

五世紀末から六世紀頃のローマを頭の中で描いてみる。ローマの人口は最盛期の二世紀初めには百万を超えていたが、中世末の十四世紀にはようやく回復して二万弱くらいだったというので、帝国滅亡後は目もあてられないほど激減したのだと思う。それでもローマに住むことを続けた人々や、少し落ち着いてから戻った人々は、以前と比べればひどく原始的な暮らしに戻ってしまったに違いない。とりあえず廃墟だらけの町で、雨風を避ける場所には事欠かなかっただろう。水道の供給が絶えたので、人々が暮らす場所は、テヴェレ川の水を利用できる低地の、帝政期に建設が進んだカンポ・マルツィオ（カンプス・マルティウス）と、川向こうのトラステヴェレに集中した。ローマを取り囲むアウレリアヌスの城壁は残ったが、その中の大半以上は放棄されたまま土が積もり草が茂っていく場所となった。ローマは廃墟と荒地に囲まれた小さな集落から再出発して、ゆっくり中世の一地方都市となっていくのである。それでもローマはキリスト教の中心であり、かつて世界の首都（カプト・ムンディ）と呼ばれた都市である。初期の立派なバジリカ聖堂の数々や、七世紀初めに教会に変えられたパンテオンなども残されていた。キリスト教を心の支えとして日々新しく生活を築いていった人々は、かつてのローマ市民が皇帝から「パンと見世物」を提供され、血なまぐさい闘技に興奮し怠惰な日々を送っていたのに比べると、より手応えのある暮らしを知るようになったといえるのかもしれない。

しかし中世のローマについて、私たちはほとんど何も知らない。ローマ時代についてなら、遺跡や文献や美術品など残されたものは元あったものの多大さに比べればほんのわずかにしかすぎないとはいえ、それらは徹底的に研究し尽くされており、おかげで皇帝たちの風貌や性格まで知ることができる。ローマ帝国最盛期の文明状態は相当に高度であったが、それが最後には失われてしまったので、ローマ帝国盛衰の歴史は現代人にとっても今の物質文明の行方を暗示し警告を発する存在ととらえることができる。しかしそういう教訓的なことを抜きにしても、古代ローマの歴史や建築はおもしろさに満ちている。それに比べると中世についての情報は稀薄である。

中世には教皇派と皇帝派の反目、イスラーム教徒の脅威に対する十字軍派遣、各地の支配者間の争い、あるいは都市の内部の有力者どうしの対立などが絶え間なくあって、決して平和でのどかな時代だったわけではない。だが中世は暗黒時代という見方も今は否定され、それなりに興味深い時代であったとみなされている。十二世紀頃からはヨーロッパ中で都市の建設や人々の往来が活発になるが、ローマもその頃からキリスト教の聖地として巡礼者をたくさん迎えるようになる。一二一〇年にフランチェスコ会に認可を与えたインノケンティウス三世は、教皇の権威を押し上げた人物とされる。しかしローマ教皇の周辺は決して安泰ではなく、一三〇九年から一三七七年までは教皇庁がアヴィニョンに移された、いわゆる「アヴィニョン捕囚」と呼ばれる不名誉なできごとがあった。一三七七年にグレゴリウス十一世がアヴィニョンからローマに戻り、この件はいったん落着するが、翌年に新教皇が即位すると対立教皇がアヴィニョンにも立てられ、今度は「教会大分裂」と呼ばれる事態が発生する。その問題もなんとか解決されるのは一四一七年のことであった。

ようやくローマが唯一の本拠地という立場を回復した教皇庁は、ローマの中でかつてのラテラーノ宮からヴァティカン宮に中心を移すが、ヴァティカン宮の増築や整備がさかんに行われるのは十五世紀半ば以降のことである。二度と屈辱的な目にあわないよう、ローマを教皇庁所在地にふさわしい壮麗な都市に造り替えようとする事業に歴代の教皇は邁進していく。五世紀の西ローマ帝国滅亡から十五世紀後半まで、西洋建築史の通史の中でローマが取り上げられることはほとんどない。古代ローマの名建築は枚挙にいとまがなかったのに、その後はざっと一千年の空白状態である。もちろんその間にも多少の建設事業はあったが、大掛かりな建設はほとんどなかったため遺跡の破壊もそれほどではなく、ローマにはまだ古代の面影があちこちに残っていた。中世に千年近い休止の時期があったことは、その後に華々しく都市復興事業を行う側にとってはむしろ好都合ともいえる状態をもたらしたのであった。

教皇に仕えた芸術家たち

千年の休止と百年以上にわたる教皇庁の権威失墜のショックのあと、ローマは眠りから覚めてキリスト教世界の首都にふさわしい都市を目指し、建設活動を開始する。十五世紀頃のローマはまだ地方の小都市のようで、フィレンツェやミラノ、ヴェネツィア、ナポリなどに比べてはるかに見劣りがしていた。歴代の教皇はそれぞれに何とかしなければと、古代の水道の復旧、道路や橋の整備、教会の修復や新たな建物の建設などに手をつけていった。そのために中世末までかなり残っていた古代の遺跡は、手近な採石場と化して目に見えてどんどんその姿を失っていくのがわかるほどであった。遺跡保存の考えが定着するのはまだずっと先のことで、ローマにおける古代遺跡破壊の傾向はしばらく続く。目先の建設のほうが急務だったのだ。

ルネサンス建築は十五世紀前半にフィレンツェでブルネレスキの活躍によって始まったが、やがて各地の宮廷都市に伝播し、一四八〇年以降はブラマンテやレオナルド・ダ・ヴィンチが仕えたミラノのスフォルツァ家の宮廷が建築史上大きく取り上げられる場所となる。しかし、フランス軍がミラノに侵攻するとブラマンテは逃げ出し、一四九九年にローマにやってきて、ローマを盛期ルネサンスの舞台へと押し上げる立役者となるのである。

ドナート・ブラマンテ（一四四四〜一五一四）はウルビーノ出身の画家で建築家であったが、ローマでは本場の古代遺跡に接することができ、ミラノ時代とは異なる作風の建築を設計し始める。サンタ・マリア・デッラ・パーチェ修道院の怜悧で静謐な回廊や、サン・ピエトロ・イン・モントーリオ教会の中庭に建てたテンピエットと呼ばれる円形の堂の完璧な比例美などで、ルネサンス古典主義建築の頂点に達したと評されている（図5-47・48）。

ブラマンテにさらに大きな仕事を与えたのが、ルネサンス最大の芸術のパトロンといわれるユリウス二世（在位一五〇三〜一三）である。ヴァティカン宮より三百メートルほど北の小高い場所にはベルヴェデーレ小宮殿があったが、ユリウス二世はブラマンテに両者をつなぐ建物と中庭の設計を依頼した。ブラマンテはこのベルヴェデーレの中庭を大階段でつなぐ三つの異なるレベルの庭として構成したが、彼の死後、中間にヴァティカン図書館の建物が建てられて中庭は分断され、周囲の建物のデザインもかなり変更を受けた。ここは現在、ヴァティカン美術館となっている（図5-49・50）。

ユリウス二世はまた、すでに十五世紀半ばから老朽化が問題とされていたサン・ピエトロ聖堂の建て替えを行う英断をくだす。千年以上も経た由緒あるバジリカを取り壊す決断がそれまでの教皇にはできなかったのである。ブラマンテは従来のバジリカ型の長堂式教会とするのをやめて、

図5-47　サンタ・マリア・デッラ・パーチェ　回廊
ブラマンテ設計　1500-04

図5-48　テンピエット　ブラマンテ設計
1502-10

図5-49　サン・ピエトロ（東半分はまだ旧バジリカのまま）とベルヴェデーレの中庭　1593年の銅版画

図5-50　ベルヴェデーレの中庭　ブラマンテ設計　1503-13　左奥の丘はモンテ・マリオ

中央にドームが載る集中式（中心のある平面形式）にする案を考え、一五〇六年に着工する。しかし、これも一五一四年にブラマンテが世を去ると後任の人々の手に委ねられることになる。ユリウス二世のもとではウルビーノ出身の若い画家ラファエッロ・サンツィオ（一四八三～一五二〇）もヴァティカン宮の壁画を依頼されて制作にあたっていた。後に「ラファエッロの間」と呼ばれる諸室であるが、その中の署名の間に描かれた有名な《アテネの学堂》には、ブラマンテが構想した新しい聖堂のイメージに近い空間が描かれている。同郷の二人は親子ほど歳が離れていたが、仲がよかったのである。

その後、ミケランジェロ・ブオナローティ（一四七五～一五六四）がローマに呼ばれ、ユリウス二世の墓の設計と制作が依頼された。ミケランジェロは墓を飾る四十体の彫刻のため、大理石を調達しにカッラーラの採石場に自ら出かけ、制作に入るが、気難しいミケランジェロと尊大なユリウス二世の間には何度も悶着が起こる。そのうちユリウス二世は、墓の仕事は中断して、シクストゥス四世（在位一四七一～八四）が建てたシスティナ礼拝堂の天井画を制作するようミケランジェロに強要する。自分の天職は彫刻家であると考えていたミケランジェロは断固として拒絶するが、結局は諦めて仕事にかかるほかなくなる。大変な苦労と四年以上の年月をかけて仕上げた大作《天地創造》の天井画は一五一二年十月に披露され、それを見にやってきた人々を驚嘆させたという。それからかなりの年月を経た後、今度はパウルス三世（在位一五三四～四九）がすでに還暦に達したミケランジェロにシスティナ礼拝堂の祭壇画を描くよう命ずる。五年以上の歳月をかけてその壁画《最後の審判》が一五四一年十月に完成すると、天井画からの作風の変化は明らかで、その凄まじい迫力は人々をより大きな驚嘆と感動に誘った（図5–51）。

ゲーテもミケランジェロには非常な感嘆の念を表している。システィナ礼拝堂は特に気に入りの場所で、『イタリア紀行』の中では少なくとも七回言及がある。一七八六年十一月二十八日、二度目の見学の時には「天井が近く眺められる回廊を開いてもらった。……いささか危っかしい思いをしながら、鉄の手摺につかまって押し合い、へし合いし」ながら眺め、「その瞬間すっかりミケランジェロに心を奪われ」たと書いている。一七八七年八月の「報告」では、システィナ礼拝堂が暑さをしのぐのにもってこいの場所だったという告白もしている。その頃、仲間の画家たちが模写をする必要があったため、管理人に金を払い裏口から入れてもらって「自分の家にでもいるように勝手に振舞った。多少の食物にもこと欠かず、日中のひどい暑さに疲れては、教皇の玉座の上で午睡をむさぼったこともあった」というのである。その頃、「ミケランジェロがあらためて美術家たちの尊敬を受けていた。……そして彼とラファエッロとどちらがより多くの天才を有したかを論争するのが流行となった」という話題も出てくるが、ゲーテ自身はミケランジェロに肩入れしている。すでに「ミケランジェロに心を奪われ」た日、その直後に「ラファエッロの歩廊へ行ったが、これは見るべきではなかったと言えるだろう。眼が、さきの絵の偉大な形姿と、あらゆる部分にわたる見事な完成によって拡大され馴らされているために、アラベスクの才気にあふれたたわむれを見るのに適応できないのだ」と書いている。

「アラベスクの才気にあふれたたわむれ」というのは、ヴァティカン宮のラファエッロのロッジアを飾っている「グロテスク装飾」のことで、ラファエッロ工房の制作によるものである。私自身はミケランジェロはもちろん凄いと思うが、ゲーテが才気だけの瑣末なもののように書いているアラベスク風のグロテスク装飾も嫌いではない。十六世紀に流行したこの装飾についてはむしろ強い関心をもっているので、そのことにも触れておきたい。

グロテスク装飾

グロテスク装飾とは、十五世紀末に発見されたネロの黄金宮（ドムス・アウレア）の天井や壁に描かれていた装飾画に触発されてラファエッロの工房で生み出された独特の室内装飾文様のことである。すでに述べたように、ティトゥスの浴場とつなげられた黄金宮は二世紀初めに埋められて、その上にトラヤヌスの浴場が建てられてしまった。しかしそれから千四百年近い年月が流れたあと、偶然に黄金宮に通ずる空隙が掘り当てられ、天井にあいた穴などから少しずつ中に入れるようになった。中は当然、暗い洞窟のようであった。瓦礫を取り除いていくと次々にかつては壮麗だったはずの部屋が現れる（図5–52）。偶然発見されたこの古代の洞窟（グロッタ）を探検しに行くことは、ローマの芸術家たちの間で一時期かなり流行したという。危険もともない真っ黒に汚れる探検ではあったが、灯火で壁を照らすと他の古代遺跡では削れたり薄れたりして失われてしまった繊細優美な装飾壁画が現れるのが見どころであった。工房の者たちと出かけたラファエッロは、弟子のジョヴァンニ・ダ・ウーディネらにそれらをスケッチさせ、研究させて、そこから同種の装飾文様の手法を編み出させた。そして、グロッタから生じた装飾という意味で「グ

図5-51　システィナ礼拝堂の天井画《天地創造》1508-12と祭壇画《最後の審判》　ミケランジェロ　1536-41

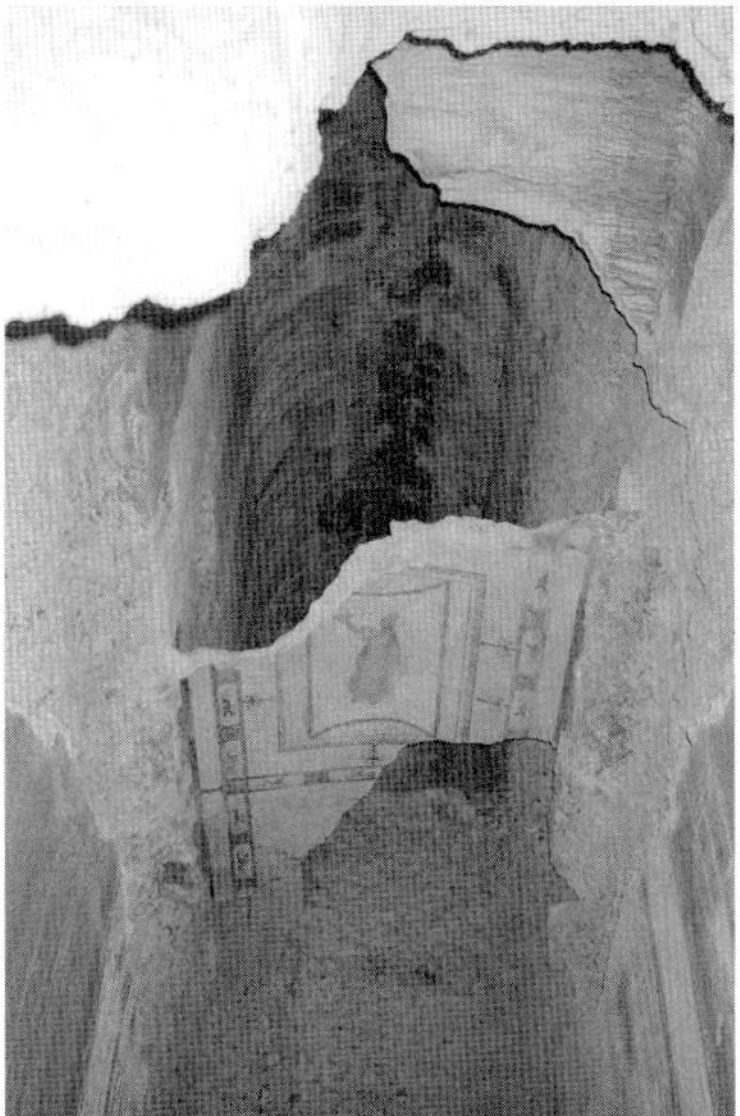

図5-52　ネロのドムス・アウレア（黄金宮）　1世紀半ば　二重に作られた天井見上げ

図5-53　パウルス3世の書庫の間　1544-45　カステル・サンタンジェロ内

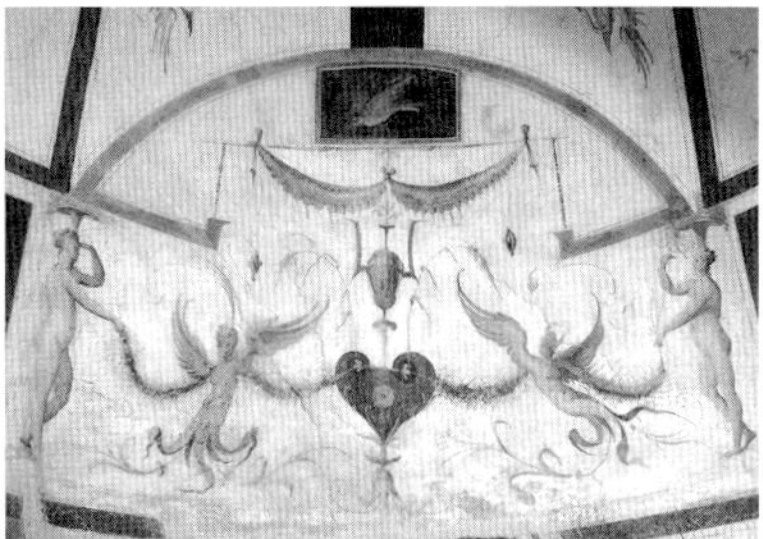

図5-54　グロテスク装飾細部
（カステル・サンタンジェロの天井装飾より）

ロッテスカ（洞窟風／複数形はグロッテスケ）」と名付けた。それがフランス語でグロテスクになり、そのまま英語にもなったのである。

それは、人間、動物、植物、花綱、鳥、虫、壺、燭台、そのほか何でも、元の大きさや属性は無視してみな単なる文様のモチーフとして小さく扱い、左右対称に伸びやかに広がる垂直線と水平線を基調にした枠組の上に並べて、全体として優美で軽やかな装飾図案に構成したものである。ヴァティカン宮の室内装飾を請け負っていたラファエッロ工房は、このグロテスク装飾をそこで大々的に展開し大成功を収めた。そして、それらの装飾図案がスケッチや銅版画の形で、図案集や見本帳として他の芸術家の工房にも出回り、画家たちはそれらを手本に自ら様々な工夫を加えて新たな文様図案を生み出し、そうやってイタリア中に広く流行したのである。

北イタリアではパラーディオの作品に限らず十六世紀のヴィラやパラッツォで何度も目にすることがあったが、グロテスク文様が描かれていれば、その部屋は十六世紀に装飾されたということがすぐわかる。もちろん十六世紀には他の種類のフレスコ壁画も流行するが、「人物画を描ける一流の画家を雇えない時は、風景画かグロテスク装飾を描かせるのがよい」という趣旨のことを、当時のパドヴァの人文主義者アルヴィーゼ・コルナーロが言っている。費用対効果のよい装飾手法とみられていたようだ。ローマではカステル・サンタンジェロの十六世紀の増築部分の室内にグロテスク装飾をまとめて見ることができる。

カステル・サンタンジェロは元は二世紀のハドリアヌスの廟墓であったことはすでに述べた。四世紀にサン・ピエトロ聖堂が近くにでき、巡礼が訪れる場所となると、この近辺はボルゴ（郊外の新開地）として発展し、やがて防備の必要がでてきて、廟墓は城砦に変えられる。城の形が大きく変わるのは教皇庁がヴァティカンに移った十五世紀以降で、周囲の稜堡などが強化され、内部に居室が作られ、十一世紀半ばのレオ九世の城壁の上に作られていたヴァティカン宮につながる八百メートルの通路も再整備された。ここが要塞として役立ったのは、一五二七年に神聖ローマ皇帝カール五世が軍隊を率いてローマに侵攻し、殺戮、破壊、略奪をほしいままにした「ローマ劫略（サッコ・ディ・ローマ）」の時である。クレメンス七世（在位一五二三〜三四）は城壁の上の通路を通ってここに避難し、その後、密かに別の都市へ逃げ出している。事態が収拾したあとも壊滅状態に陥ったローマはしばらく荒廃したままであったが、次の教皇パウルス三世の治世に入り、一五四〇年代半ば頃からようやく建設活動も活発になる。そのパウルス三世がカステル・サンタンジェロの中に増築した諸室に、ラファエッロ派の後継者たちによるグロテスク装飾がふんだんに施されているのである（図5-53・54）。

これらは見ればすぐにグロテスク装飾とわかり、説明を要しない。軽やかで優美な装飾に見えるのは、白地に繊細な筆遣いですべてが細かく上品な色調に描かれ、左右対称など規則性のある構造のために、目に心地よく映るからである。しかし、部分を仔細に見て行くと、奇妙な点がいくつもあるのに気がつく。人間の脚が植物の渦巻あるいは蛇や魚の尾のようになっていたり、とんでもないポーズをとっていたりする。それでなくとも、たとえば蚤や昆虫を拡大し、逆に縮小した人間と並べて描くと気持ち悪いように、本来の大小を無視してすべて同列に扱われた文様というのは異様である。カステル・サンタンジェロのグロテスク装飾はまだおとなしいが、数十年後のフィレンツェのウフィツィ美術館（ガッレリーア・デリ・ウフィツィ、一五六〇～八五）の天井を飾るグロテスク装飾には、ネズミ、老人、仮面、怪物、火事の場面などありとあらゆる奇妙なイメージが、三美神など優美なモチーフと同大に共存して描かれている。画家たちはどんどんエスカレートして一見優雅な装飾の中にさりげなく不気味なイメージを挿入していったのである。そのため、グロテスクという言葉は「奇怪、不気味、異様」といった意味で使われ、形容詞化していった。十六世紀の装飾がもとになった言葉が今では日本語にも入り込んで、語源を意識せずに普通に使われているのである。

都市改造計画

カステル・サンタンジェロに自分の居室群を作らせたパウルス三世は、いっぽうでミケランジェロを独占してたくさんの仕事をさせた教皇でもある。カンピドリオの丘を整備して格調高い広場を建設するように命じ、またアントニオ・ダ・サンガッロ・イル・ジョーヴァネ（一四八四～一五四六）の設計で途中まで工事が進んでいた自身の居宅パラッツォ・ファルネーゼの建設も、サンガッロの死後にミケランジェロに引き継がせた（図5-55・56）。さらに同じくサンガッロのあとを継いでサン・ピエトロ聖堂の建築主任を引き受けることも承諾させたのである。ミケランジェロはいずれの仕事にも天賦の才と努力を傾注し、どれも自身の生前に完成を見ることはなかったが、結果的にすべてが素晴らしい作品としてローマに残されることとなった。このうちカン

図5-55　カンピドリオ広場　ミケランジェロ　1536設計　1547起工（デュ・ペラック画 1569）

図5-56　パラッツォ・ファルネーゼ（1517-89／現フランス大使館）　アントニオ・ダ・サンガッロのあとを1546年に引き継いだミケランジェロは２階中央部と３階をデザインした

ピドリオ広場とパラッツォ・ファルネーゼの前の広場は、パウルス三世による都市改造計画の一環とみなすことができる。

一五一七年にアルプスの北で起こった宗教改革はマルティン・ルターによるカトリック批判の「九十五箇条の意見書」から始まったが、贖宥状《しゆくゆうじよう》(免罪符)乱発を非難された当のレオ十世(在位一五一三〜二一)がルターを破門したためプロテスタントがカトリックから分離し、カトリック側でも対抗宗教改革の動きが現れ、十六世紀は激しい宗教戦争の時代となる。一五三四年にイグナチウス・デ・ロヨラらがパリで結成したイエズス会は、一五四〇年にパウルス三世から認可され、世界中にカトリックの伝道を行っていくが、一五四九年に日本に来たフランシスコ・ザビエルもその尖兵の一人であった。また、北イタリアのトレントにカトリックの聖職者や神学者たちが集結した大規模な公会議がやはりパウルス三世の肝煎りで始まり、一五四五年から六三年までの間にそれぞれ長期にわたり三回開かれた。そこで確認されたのは、聖書を通して神と個人が直接対話することをよしとするプロテスタントに対して、カトリックの側は逆に教会の権威を高め、文字の読めない人々を導くためにも建築や美術の総力をかけて教会や都市空間を壮麗にする努力を今以上に行っていくという方針であった。それがやがて、彫刻や絵画で飾り立てたバロック様式の教会建築やローマを特徴づけるバロックの都市計画として結実するのである。

ローマの一番の課題は各地からやってくる巡礼のために、七つの教会に向かう道をわかりやすく整備し、なおかつキリストの栄光を讃える中心都市として美しく壮麗な印象を演出することであった。実際、二十五年ごとに設定された聖年にローマに押し寄せる人々の数は増大し、ローマ

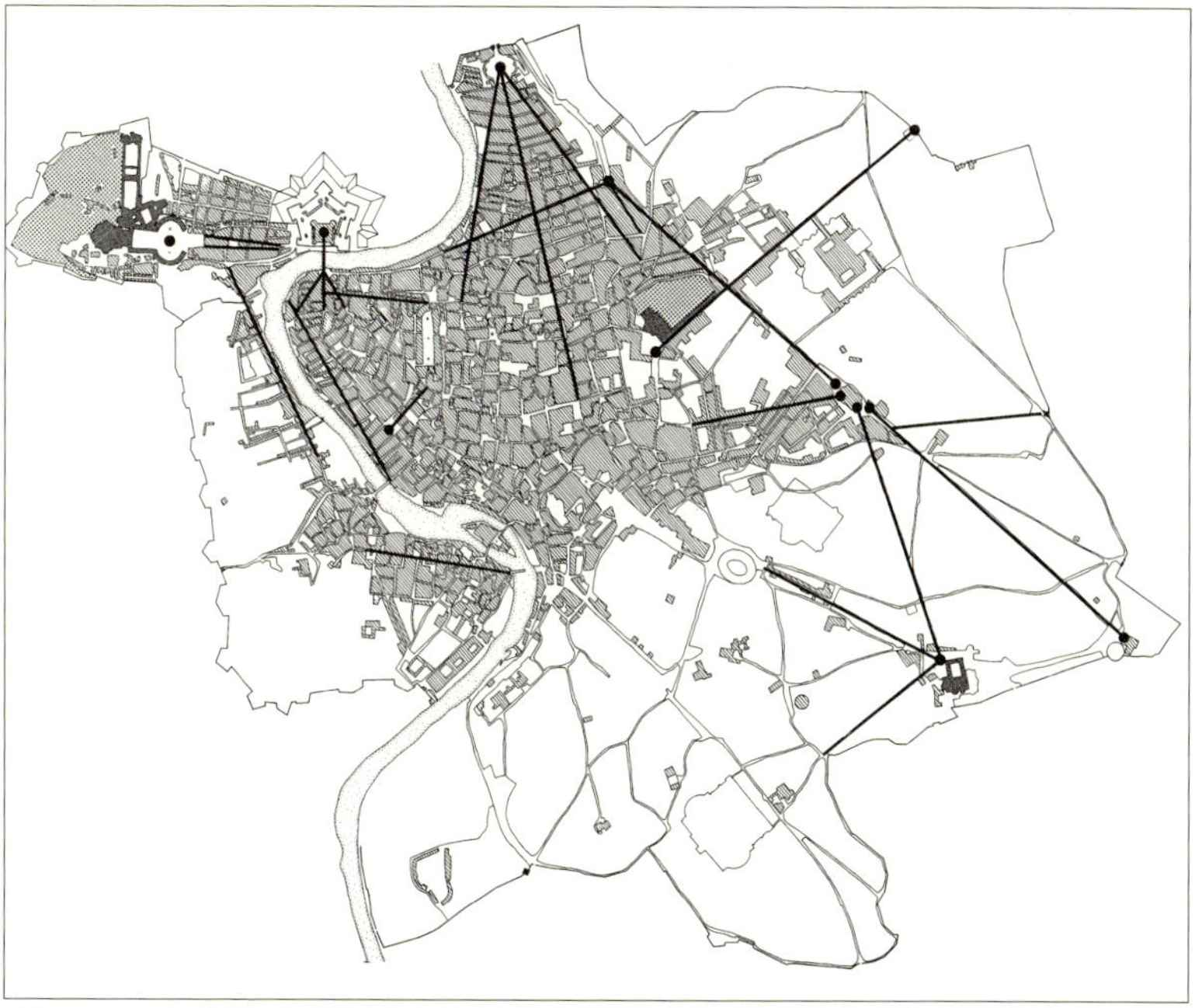

図5-57　15世紀と16世紀に整備されたローマの直線道路（バロック都市の根幹）　中央上部（北）に 3 本の道が集まるポポロ広場

図5-58　ピラネージの版画（18世紀半ば）に描かれたポポロ広場　オベリスクはシクストゥス 5 世時代の1589年設置　双子の教会は17世紀後半の建設　中央がコルソ通り

は毎回ひどい混乱に見舞われたので、それを解消する必要があった。その目的に沿って作られたのが、シクストゥス五世（在位一五八五～九〇）の都市計画と呼ばれるもので、建築家ドメニコ・フォンターナ（一五四三～一六〇七）が主に関わっている（図5-57）。これは、ローマの主要な教会、門、著名な場所などを互いに直線道路で結び、それぞれの建物のそばにはランドマークとなるオベリスクや円柱を置き、広場や四つ角など要所ごとに泉を設置するというもので、ヴィスタ（見晴らし）がよく、水の湧き出る美しい泉が旅人の喉の渇きも心の疲れも癒してくれる、そのような都市を目指したものであった。

オベリスクは、古代エジプトの神殿の前に置かれていたモノリス（一本石）の方尖柱で、前三〇年にエジプトが属州になった時以降に、いつどのようにしてかは謎であるが、合計十三本もローマに運びこまれていた。それらの多くは中世には忘れられ、あちこちに横たわったりしていたものが発見されて再利用されることになった。サン・ピエトロ広場の中心に一五八六年に立てられたオベリスクは、それまで遠くない場所にずっと立っていたものであったが、高さ二十五メートル、重さ三百トン以上のオベリスクをまず地中から抜き出して運ぶ作業は四月に、それを再び立ち上げる作業は九月に行われた。ドメニコ・フォンターナの指揮のもと、何百人という労働者たちと百四十頭という馬がそれぞれに巻き上げ機と連動したロープを引っ張り、大勢の見物人たちが固唾をのんで見守った大掛かりで困難な作業であったという記録が残っている。ローマ時代にどのようにしてエジプトから陸路と船で運搬したのか不思議でならない。

ポポロ門の内側のポポロ広場の中央には一五八九年にオベリスクが設置された。そこから放射状に延びる三本の道のうち、中央はローマ時代から続くコルソ通り、左右は十六世紀になってから作られた道で、レオ十世（右）とパウルス三世（左）の時代の道路である。それらの間にドームを戴く双子のバロック教会が十七世紀後半に建てられて、ピラネージが誇張して描いているようなバロック的景観が完成した（図5-58）。

計画の中心に位置づけられているのはサンタ・マリア・マッジョーレ教会である。その正面からはまっすぐにサンタ・クローチェ・イン・ジェルザレンメ教会へ向かう道、斜め方向にはサン・ジョヴァンニ・イン・ラテラーノの側面広場に向かう道が、いずれもシクストゥス五世の治世中に作られた。さらにサンタ・マリア・マッジョーレの背後の広場にはオベリスクが立てられ、そこからスペイン階段の上のサンティッシマ・トリニタ・デイ・モンティ（山の聖三位一体教会）の前まで、上り下りの起伏を無視してまっすぐに一・五キロの道ストラーダ・フェリーチェも作られた（フェリーチェはシクストゥス五世の俗名／現在は三つの名前の連続した道となり、最後のあたりがヴィア・システィーナ＝シクストゥス五世の道と呼ばれる）。この道の途中にクァトロ・フォンターネ（四つの泉）の辻があり、そこから北東に延びる道の途中には、シクストゥス五世が修復したローマ水道の水を引いた泉アックア・フェリーチェがあり（図5-59）、さらに進むとミケランジェロの設計したポルタ・ピア（ピウス四世の門、一五六一）に突き当たる（図5-60）。

しかし誰でも知っているスペイン階段（図5-62）が、丘の斜面を利用して上下の道をつなぐように作られるのは一七二八年のことで、その上にオベリスクが設置されるのは、さらに後の一七八九年である。ゲーテは一七八七年二月十三日付けで、「トリニタ・デイ・モンティで新しいオベリスクの地盤が掘られている」と書いているので、その設置作業には少なくとも二年以上かかったことがわかる。シクストゥス五世の都市改造計画は、それ以前の教皇が作った道路なども取り込み、さらに新しい要素を付け加えることによって、かくあるべしというローマの姿を示したものであったが、すぐには実現できなかった。しかしこのような都市計画案が作成されていたからこそ、次の十七世紀、十八世紀と二百年の年月をかけてローマはバロック的な景観を様々な地点で実現することができたのである。演劇的で雄大な構想による豪華なトレヴィの泉もバロックの最後期に属する作品で、一七三二年のコンペで選ばれた建築家ニコラ・サルヴィ(一六九七〜一七五一)の案に従って着工し、いく人もの彫刻家の仕事を取り込んで、三十年後の一七六二年に完成したものである(図5-61)。

バロック都市ローマ

シクストゥス五世の都市計画は、道路を中心とした都市の新しい枠組の提案であった。その間を埋めるように、その後たくさんの教会やパラッツォが建設される。ローマで立派な建物といえば、ほとんどバロック期の十七世紀を中心に建てられたか増改築されたものと言っても過言ではない。思いつくままあげていくと(括弧内は現在の用途)、パラッツォ・マダーマ(上院)、パラッツォ・モンテチトーリオ(下院)、パラッツォ・キージ(首相官邸)、パラッツォ・クィリナーレ(大統領官邸)、そのほかミュージアムになっているものではパラッツォ・アルテンプス、パラッ

図5-59　ドメニコ・フォンターナ設計の泉《アックア・フェリーチェ》(1585-87／右)とカルロ・マデルノ設計のサンタ・マリア・デッラ・ヴィットーリア(1610-12)

図5-61　トレヴィの泉　N・サルヴィほか　1732-62

図5-60　ポルタ・ピア(ローマ北東の市門)　ミケランジェロ　1561

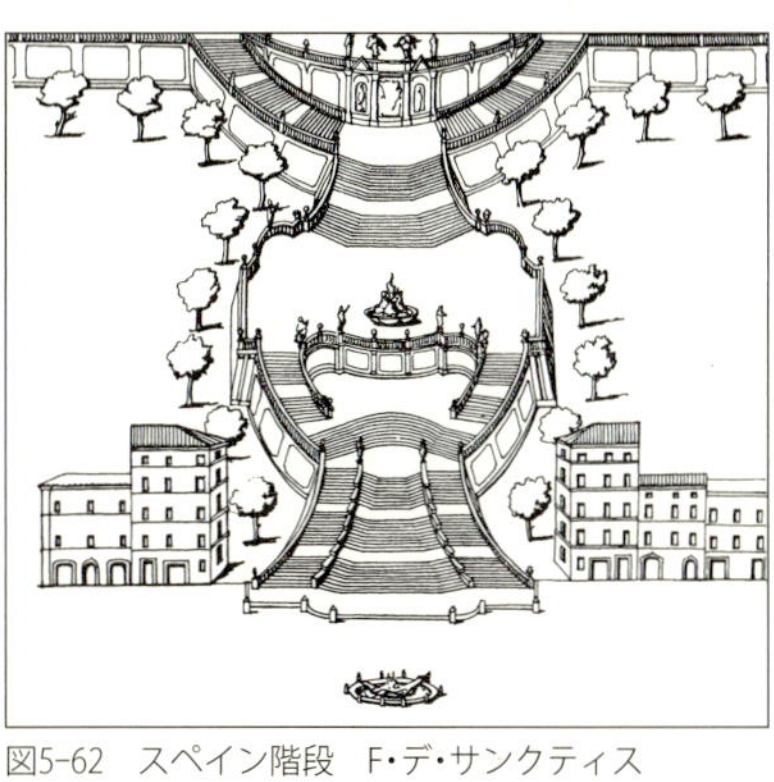

図5-62　スペイン階段　F・デ・サンクティス　1723-28

ツォ・バルベリーニ、パラッツォ・スパーダなど、元はバロック期の貴族の邸宅など立派な建物ばかりである。

しかし先述のように、バロック様式はカトリック教会の改革運動の中で生まれたものなので、やはりその特徴がよく現れているのは教会建築である。イエズス会の本拠として建てられたイル・ジェズ教会（一五六八〜八四、図5-63・64）の内部は華麗に装飾され、天井画には天に昇る人々が描かれ、周囲には天使の彫像が配されている。外観正面の形式は、イエズス会が布教先で建てる教会のモデルとなり、「イル・ジェズ型」と呼ばれて世界中に広まった。ローマにもイル・ジェズ型の正面をもつ教会はいくつかあるが、その一つサンタ・マリア・デッラ・ヴィットーリアの内部にはベルニーニの有名な彫刻《聖テレサの法悦》があり、天使の矢に胸を射られる幻想の中で神と一体になる法悦にひたったという聖テレサの姿が劇的に表現されていて、人々の心をとらえる。そのように情感をゆさぶる表現こそ、この時期のカトリック芸術が目指したものなのである。

バロック建築がどのようなものかは実例を見ていけばすぐに理解できるが、ここではバロックの二大巨匠、二大Bのベルニーニとボッロミーニの作品を対照させていこう。フランチェスコ・ボッロミーニ（一五九九〜一六六七）の代表作サン・カルロ・アッレ・クァトロ・フォンターネは、先述の四つの泉の辻に建ち、正面はうねる曲面からなり、楕円ドームのかかる内部も下の方はやはりうねる壁からなっていて独創性がきわだつ（図5-65）。この教会の前の通りを右に二百メートルほど行くと、ジャン・ロレンツォ・ベルニーニ（一五九八〜一六八〇）のサンタンドレーア・

図5-63　イル・ジェズ教会　ヴィニョーラ他
1568-84

図5-64　同左　内部見上げ

図5-65　サン・カルロ・アッレ・クァトロ・フォンターネ　ボッロミーニ
1638起工

図5-66　サンタンドレーア・アル・クィリナーレ　ベルニーニ　1658-78

図5-67　同左　内部

図5-68　ナヴォナ広場　ベルニーニの噴水とボッロミーニの教会　1653-55

図5-69　サン・ピエトロ聖堂　ピラネージの版画　18世紀

アル・クィリナーレがある。こちらもバロック期に流行った楕円形の教会であるが、端正さと格調の高さが伝わってくる（図5-66・67）。

ライヴァルだった二人はナヴォナ広場でも対決している。この広場の西側中央にボッロミーニのサンタニェーゼ教会が建っているが、その前にはベルニーニの《四大河の泉》があり、河の擬人像のうちの一人が左手をあげてボッロミーニの建物に向かっているのは、それが倒れてこないか心配しているからだ、などと冗談にいわれている（図5-68）。この教会には大きなドームが架かり、両側には複雑な形の塔が建ち、正面の壁も湾曲していて、全体に凹凸が激しく動的な感じのファサードである。正面の大きさから奥行きも相当ありそうにみえるが、実際には内部はドームの下の空間と両側だけからできている。この広場はドミティアヌス帝の競技場跡にできたので、建物の奥行きは観客席の奥行き分しかなく、背後はすぐ道になっているのである。バロックの教会は狭い街区の中に作られ敷地の制約がある場合が多いが、それでも人目を惹き付けるように、正面は立体的に派手に作られるのである。ナヴォナ広場の東側の地区には、かつてローマ大学の本部だったパラッツォ・デッラ・サピエンツァの建物があり、その大きな中庭の奥にあるサンティーヴォ教会もボッロミーニの作品である。これも凹面と凸面が組み合わされてできており、内部は星形のドームが架かる華麗で清楚な空間を呈している。

バロックというのは「歪んだ真珠」を意味する宝飾関係の用語であるが、美術・建築様式にも使われるようになった当初は、「歪んで普通でない、風変わりな」という含意をもっていた。おそらくボッロミーニのうねりのある壁面などから連想されたのだと思うが、今では単に十七世紀のローマを中心に発達した美術・建築様式を指す名称となっている。ボッロミーニの作風は独創的で強烈であり、デザイン的な影響力は大きかった。一方ベルニーニの建築は穏やかな正調の作風で、バロック的な特徴は強くない。しかしベルニーニは彫刻家としても超一流であったので仕事の注文は多く、大きな工房をかまえていた。彼は人柄も温厚で信心深く、歴代の教皇に引き立てられ名声をほしいままにした時代の寵児であった。それに対してボッロミーニは内向的な天才肌で素晴らしい作品は残したが世間との折り合いは悪く、大きな仕事にも恵まれず、最後は神経衰弱となって発作的にナイフで自殺をはかったが、すぐには死にきれず数日苦しんで亡くなったという不運な人である。だが対照的なライヴァルの二人がいたおかげで、バロック建築の世界は豊かな展開を見せてくれたといえる。

十六世紀初頭から始まったサン・ピエトロ聖堂の建て替えが、一世紀半以上の年月をかけてようやく完結した時には、時代は盛期ルネサンスからバロックの最盛期へと移っていた（図5-69）。その間の経緯を簡単にたどってみよう。最初の計画案を作ったブラマンテは、直径四十二メートルのドームを支える四本の柱の基礎を置いただけで一五一四年に亡くなった。そのあと、ラファエッロ、ペルッツィ、サンガッロと次々に建築主任がかわり、設計案も部分的に変更されたりしたが、工事はほとんど中断したままで、サンガッロが一五四六年に死ぬと、パウルス三世の命に従いミケランジェロがそのあとを引き継いだ。彼はブラマンテの案に戻って検討し、四隅を削り壁や柱は太く補強し、平面図で見ただけでも一段と力強い案に改変し、ドームのデザインも作り直した。ミケランジェロが亡くなった翌年の一五六五年にはドームがドラムの部分まではできていたことが知られている。その後またしばらく工事は中断するが、ミケランジェロが残した模型と生前の指示に従って、ジャコモ・デッラ・ポルタとドメニコ・フォンターナが一五八七年から集中的に工事を指揮し、一五九〇年に最初の案より六メートル高く変更されたドームが完成した。頂部の十字架の先まで百三十八メートル、ドームは二重殻でその間に階段と通路があり、ランタン（明かりとりの頂塔）まで登ることができる。

ミケランジェロは集中式の堂の一面にポルティコ（列柱廊）の入口を設ける案にしていたが、宗教行列やミサのためにはやはり長堂式のほうがよいということになり、カルロ・マデルノの設計した身廊とナルテックス（玄関廊）が加えられた（一六〇六〜一二四）。その後しばらくして前面広場の計画を依頼されたベルニーニは、すでに一五八六年に立てられたオベリスクが存在したので、それを中心に長軸二百メートルの横長の楕円形の広場を考え、教会前面の両脇まで細長い建物でつなぐことにした（図5-70）。楕円形の両端は、高さ十八メートルの円柱が一列に三十五本ずつ、四列が同心円状に並ぶポルティコになっている。合計二百八十本ほどの柱によるスクリーン効果で、この広場は外との間に空隙がありながら囲まれ感もある独立した空間となっている。建物の頂部や柱廊の上に並ぶ彫像群もベルニーニ工房による仕事である。ベルニーニは聖堂内部でもドームの下に置かれた祭壇のためにブロンズのねじれ柱が特徴的な壮麗なバルダッキーノ（天蓋）を制作している。壮大なサン・ピエトロの内部は、隅々まで色大理石や天使の彫像などで華やかに装飾された。こうしてサン・ピエトロ聖堂は内外ともにバロック都市ローマを象徴する場となったのである。

ローマの地形

ゲーテはローマ観察を始めてしばらくたった時に、ローマの「不利な地勢」に気づき、「古代民族の都市のうちでローマほど悪い地形にあったものはないとぼくは確信している」と書いている（一七八七年一月二十五日）。そうだろうか。しかし、その不利な地勢の中で二千年以上の年月をかけて作られた都市にはどこにもない魅力が備わっていることも、また確かなことである。

ローマは七つの丘の上に建設されたという。この七つの丘がどれを指すのか、五、六冊のどれも信頼できそうな本をひっくり返しながら、一日悩んだことがあった。本によって違っていたり、曖昧にぼかしていたり、同じ大著の中でも矛盾する記述が出てきたり、ということばかりで判断に迷ったのだ。共和制時代のセルウィウスの城壁の中だけでも十以上の丘や高みがあるのである。一応、通説とされる七つをあげると、中心にパラティヌス（パラティーノ）の丘があり、その北西にカピトリヌス（カンピドリオ）の丘がある（これは小さいので特別な神域のアクロポリスという扱いで、七つには入らないという説が最初は正しいかとも思ったが）。あとは時計まわりに北から南西に、クィリナリス（クィリナーレ）の丘、ウィミナリス（ヴィミナーレ）の丘、エスクィリヌス（エスクィリーノ）の丘、カエリウス（チェリオ）の丘、アウェンティヌス（アヴェンティーノ）の丘ということになる。しかし「七つの丘」というのは「いくつもの丘」というくらいの意味ではないかとも思っている。「七変化」とか「七色の声」とかいうように。いずれにしても、標高は五十メートル前後か六十メートルちょっとの丘ばかりで、長い年月の間に崩れたり建物や道路の建設によって平準化されたりして一層なだらかになり、市街地化されているところでは丘の境もはっきりしない。しかし土地に複雑な起伏があることは確かで、それがローマの魅力になっている。

太古にはテヴェレ川の河床であった平地のカンプス・マルティウス（カンポ・マルツィオ）は、最初は何もない練兵場の野原だったが、帝政時代からさかんに建設が行われ、中世にも人が住み続け、ルネサンス以降も大きな館や教会の建設が続いたので、道も多少迷路的で、最も密度の高い下町的な地域になっている。ナヴォナ広場とパンテオンのあたりを中心に歩きまわるといろいろな発見があって楽しい。ローマは端的に言えば、古代ローマの皇帝たちとルネサンス以降、特に十六、十七世紀の教皇たちによって作られた都市である。中世の面影はほとんどなく、古代ローマの骨格の上にバロックの都市が載っているというイメージである。しかし、シクストゥス五世の都市計画は、アウレリアヌスの城壁の中でも当時はまだ空地の多かった北から東南へかけての地区になされたので、直線道路の見晴らしのよさが見られるのはそのあたりである。その辺は十九世紀にもまだ建て込んでなかったので、首都になった一八七〇年以降の近代化にも対応できた。一八七六年に最初のテルミニ駅ができ、拡幅された道ヴィア・ナツィオナーレが開かれ、その周辺に十九世紀末から二十世紀にかけてたくさんの建物が建てられたのである。

ボルゲーゼ公園のあるピンチョの丘は、「七つの丘」とははっきり別の北の丘である。テヴェレ川の西側では、ヴァティカンの南方にジャニコロの丘、北方にマリオの丘がある。ピンチョの丘のほぼ西向きの斜面に作られたスペイン階段や、クィリナーレの丘の北西あたりに作られたトレヴィの泉は、先述のようにいずれも十八世紀になってから都市空間に挿入された最後のバロック的な舞台装置であった。スペイン階段を上るとサンティッシマ・トリニタ・デイ・モンティ教会があるが、その前の道を北に二百メートルほど行くと、ヴィラ・メディチの入口がある。ここは名前の通りフィレンツェのメディチ家のヴィラであったが、十九世紀初頭からフランス・アカデミーの建物になっている（それ以前はコルソ通りのパラッツォ・マンチーニにあり、ゲーテもそこで学ぶフランスの若者たちの展覧会を見に行ったりしていた）。ヴィラ・メディチは庭園も美しいが、崖の上にあるので眺望も素晴らしく、サン・ピエトロのドームがひと際よく見える（図5-71）。このヴィラ・メディチの庭園側のロッジアは吹き放ちの広い空間になっているが、その背後の壁の古い扉の上に「大ナポレオンに諸芸術は感謝している」と書かれているのを見つけて、なるほどと思った。十九世紀初めのイタリアはナポレオン支配下にあったので、フランス・アカデミーがこの素晴らしいヴィラに移ることができたのは、ナポレオンの威光のおかげなのであろう。同様にミケランジェロが途中から関わったあの有名なパラッツォ・ファルネーゼをフランスが一八七一年から大使館として貸与されたのも、ナポレオン時代からの関係によるものである。

永遠の都ローマ

ローマについては古代ローマとバロック期の話をすれば、ほぼ重点は押さえたといえるが、その後のローマについてはいくつかの建築をあげながら簡単に語るだけにしたい。ナポレオンは侵略者ではあったが、様々な面でイタリアの近代化に貢献している。ナポレオンが作ったイタリア王国は彼自身の失脚と共になくなってしまったが、イタリア人は民族意識を覚醒され、その後各地で起こったリソルジメント（イタリア統一運動）の長い闘争を経て一八六一年にサヴォイア家のヴィットリオ・エマヌエレ二世（在位一八六一〜七八）を王に戴く新しいイタリア王国が成立し、一八七〇年にはローマも併合され首都とされた。このイタリア統一を記念して作られたのが、カンピドリオの丘の北端に位置するヴィットリオ・エマヌエレ二世記念堂（通称ヴィットリアーノ、一八八五〜一九一一）である（図5-72）。この巨大な建築は、外から見ると壮大な階段だけの建物に見えるが、基壇の下には事務所や展示場や様々な施設が入っている。上部の長大な柱廊は展望ギャラリーで、ここからのローマの眺めも素晴らしい。高さ五十メートルほどからの展望だが、他に高い建築などないので十分である。ブレッシャ産の白大理石でできたこの建物は、やや冷たい白が周囲から浮く感じがあり、「巨大な白いタイプライター」とか「ウェディングケーキ」とか陰口されて評判が悪かったが、最近はローマになじんできたように見える。

二代目の王ウンベルト一世（在位一八七八〜一九〇〇）の時代に着工され、王が死んだあと完成したのにウンベルト様式の建物と呼ばれ、いまだに悪評高いのがパラッツォ・ディ・ジュスティーツィア（最高裁判所、一八八九〜一九一一）である。これはテヴェレ川が西に蛇行したあたりの向こう岸にあり、カステル・サンタンジェロの東に位置する大きな建物であるが、全体的にプロポーションが悪く、細部も凝っているが美しくない。費用も時間もかかりすぎだったため竣工前からパラッツァッチョと呼ばれたと本には書いてあるが、私が直接聞いたのはウンベルタッチョ

図5-70　サン・ピエトロ前の広場　ベルニーニ設計 1656-67　直線道路はムッソリーニ時代の1938年開通

図5-71　ヴィラ・メディチ　庭園側　16世紀半ば

図5-73　イタリア労働文明館　1942-45

図5-72　ヴィットリオ・エマヌエレ二世記念堂 1885-1911

図5-74　パラッツェット・デッロ・スポルト　1957

という言葉だった。アッチョは多少冗談っぽく「醜い、汚い、ひどい」という意味をつけたす接尾辞でうまく訳せないが、ひどいパラッツォ、ひどいウンベルト様式の建物、といった意味である。ウンベルト一世はエチオピア侵攻に失敗して政治不安を引き起こし、最後はアナーキストに暗殺されたというので気の毒である。

為政者が建築に力を入れるのは建築の形で権威が示せるからだが、一九二二年にファシスト党の統帥（ドゥーチェ）として政権の座についたベニート・ムッソリーニ（一八八三〜一九四五）は特に建築好きだったことで知られる。ローマ帝国の再来を夢見たことはナポレオンと共通しているが、二十世紀なので無装飾の合理主義建築にローマ的な壮大さが加算されたデザインとなる。大理石やトラヴァーチンで覆われた尊大な感じの四角い建物が、駅舎、役所、郵便局、学校などの形でイタリア中に残された。ファシズムに心酔したあげく戦争でひどい目にあったことが戦後のイタリアではトラウマとなり、これらの建築について語ることはタブーのような雰囲気が一般にもあったが、最近は再評価がなされる傾向にある。

ムッソリーニの時代の遺物に、ローマの南六キロの郊外に作られた新都市エウルがある。これは一九四二年に開かれる予定であった万国博覧会のために建設されたが戦争で中止になり、戦後に再整備されたもので、エウル（ＥＵＲ）という呼称の中に幻に終わったローマ万国博覧会（Esposizione Universale Roma）が記憶されている。エウルも一度は見ておこうと思って地下鉄Ｂ線に乗ったことがあった。しかし駅を出て街に出たとたん、あまりに殺伐としていて、ここには一分もいられないと思い、すぐ引き返してしまった。カタコンベから外に飛び出したゲーテと同じである。フェリーニが映画『甘い生活』(一九五九)の中で、成功者なのに自殺してしまう作家をここに住んでいたという設定にしていたわけが直感的に理解された。しかしイタリア労働文明館だけは見たかったので、二駅戻り、街はずれにあるこの建物だけゆっくり眺めてきた(図5-73)。そのあとバス停で出会った紳士が、あの建物は「コロッセオ・クァドラート(四角くされたコロッセウム)」と呼ばれていると教えてくれた。その言葉はあとで本の中でも見つけたが、一般の人の口から言われると強く印象に残る。そのときも古代ローマの、ひいてはイタリア人の、デザイン感覚の大もとにあるのはこのアーケードの形だと直感的に思った。

一九六〇年のローマ・オリンピックの会場はポポロ門から北へ一キロから二キロくらいの範囲に作られた。ピエール・ルイジ・ネルヴィらによるパラッツェット・デッロ・スポルト(スポーツ小パレス、一九五七)はY字型斜柱がかっこよくて有名だったが、年月には勝てず少々うらぶれた感じになってしまったのを数年前に発見した(図5-74)。修復すればきれいになるかもしれないが、廃墟になっても美しく、時の刻印に耐えられるのはやはり重厚な建築のほうである。近代建築は「時」をどのようにデザインに取り入れるかが大きな課題だと思う。このすぐそばにはレンゾ・ピアーノによるパルコ・デッラ・ムージカ(音楽公園、二〇〇二)ができており、少し西に行ったところには二〇一〇年にザハ・ハディド設計のマクシ(MAXXI／二十一世紀美術館)ができて話題になった。彼女のトレードマークのような流線形のデザインや浮遊感のある階段などが見られておもしろかったが、外観はわりと普通であった。

ローマ市街地から数キロ北側でテヴェレ川の東側の地区にはこのようにスポーツ、音楽、美術の施設をまだ建てられる余地が残っているが、その対岸にあたる西側のマリオの丘（モンテ・マリオ）には自然が残されている。そのことを知ったのは偶然である。近くにラファエッロの設計した有名なヴィラ・マダマがあり、現在は迎賓館になっているので中は見られないとわかっていたが、外観だけでもと思って行ったところ、門は堅く閉じられて建物の姿さえ見ることはできず、兵士のような門衛に追い返されてしまった。そこから坂道を下りていくと、「モンテ・マリオ自然保護区」と書かれた公園の入口があったのである。気楽に入ってみたところ、舗装された坂道がつづれ折りに延々と続く。どこまで登るのか不安になりかけた頃にようやく頂上の公園にたどりついた。

マリオの丘から見たローマは忘れられない。ゆるやかなピレネー山脈をバックに夕闇に沈みかけたローマが静かにそこにあった（カラーページ）。空には満月に近い月がかかっていたが、下のほうで光っているのは気球である。残照を受けて、右のほうにはヴィットリオ・エマヌエレ二世記念堂が見える。中ほどに蛇行するテヴェレ川があるのは、河岸の樹木が点々と見えるのでわかる。手前は十九世紀末から開発されたテヴェレ川西のプラーティ地区であるが、屋根の高さや色が統一されているのであまり邪魔ではない。かつてそのあたりは牧場やヴィラのある田園であった。そのように少し修正して眺めれば、二世紀前、いやもっと前のローマともそれほど変わらないローマが目の前にあった。「永遠の都」というのは、変化しながらも不変の部分をもち、かくもさりげなく存在し続けるローマを讃え、さらにそのようにあり続けてほしいという願いをこめた言葉なのだと思う。

第六章

ナポリ

陰翳深い南国の都市

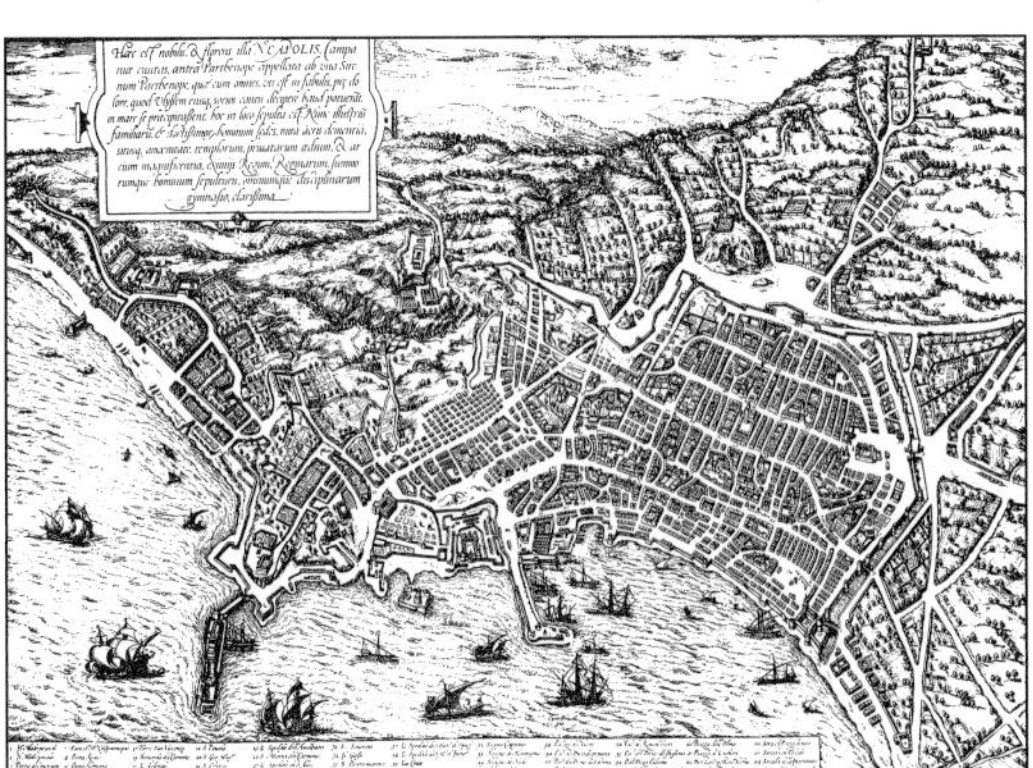

ナポリ 1599

ローマからナポリへ

ローマでの暮らしも三ヶ月半をすぎた一七八七年二月二十二日、ゲーテはティッシュバインと共にローマを出発し、三日後の二月二十五日にナポリに到着した。宿は海に近いカステル・ヌオーヴォのそばの「モリコーニ氏の旅館」で、海が見える角の大広間を占領することができた。南国の都市といっても二月末ではまだ寒く、体調を崩したゲーテは二日目はずっと部屋で安静にしていた。しかしそれですっかり回復し、その翌日は一日中、観光に出ている。そして、「人びとが何と言おうが、語ろうが、絵に描こうが、ここの景色はそのすべてを越えている。海辺と湾と入江、ヴェスヴィオ、街並、郊外、城砦、遊楽場!――ぼくたちはまた夕方ポジッリポの洞窟へも入ったが、ちょうど沈みゆく太陽の光が別の側から射しこんできた。ナポリにくると、みなが気が変になるというのも無理からぬ話だと思う」と早くも魅了されたようすである。

ローマでは当初、名前も隠していたゲーテであるが、ここでは『ヴェルテル』の作者であることもすぐに知れ渡り、芋づる式に濃密な社交生活が始まる。また、ナポリの市内だけでなく周辺にも、カゼルタの王宮やポルティチの王室博物館、古代遺跡のあるヘルクラネウム、ポンペイ、ペストゥムなど見るべきところは多く、しばしば遠出をしている。ヴェスヴィオ火山はちょうど活動期にあってひんぱんに熔岩や煙を噴いていたが、そのようすにもゲーテは大変な関心を抱き、三度も登山を試みている。

図6-01　海から見たナポリと丘の上のサンテルモ城砦　14〜16世紀　18世紀前半の絵

図6-02　サンテルモ城砦から東を見る。旧市街を二分するスパッカナポリ、その奥に駅周辺再開発地区の高層建築群、右奥にヴェスヴィオ山、手前はサン・マルティーノ修道院

ゲーテのナポリ滞在は、途中に一ヶ月半のシチリア旅行をはさみ、前後あわせて二ヶ月近くであったが、その間の言辞を拾っていくと興味深い。「ローマにいると勉強したくなるが、ここではひたすら生きたくなる」（三月十六日）、「ナポリというところは瞑想には向いていない」（五月十七日）、あまりに興味深いことばかりだが、「ぼくたちのような反芻動物は、時折いっぱいに詰めこみすぎ、繰り返される咀嚼と消化を終えてしまわぬうちは、これ以上何も口にすることができない。だが、このような咀嚼と消化はぼくにはたいへん気に入っているもので、これは堅実なドイツ気質というものだ。ぼくはもうナポリを立ち去りたい、いや、去らねばならぬ。……この地にいると、ますます怠惰になっていく」（六月一日）と変化している。ゲーテにとってのナポリは魅惑的かつ享楽的すぎて堅実なドイツ気質には反するものだった。その文化的風土を分析することはむずかしいが、せめてまず都市の形成史だけでも簡単に語っておくことにしよう。

ナポリの成り立ち

ナポリはローマより二百十キロほど南の都市で、ティレニア海が東のほうに深くえぐりこんでできたナポリ湾の北側に位置している。南イタリアには前八世紀頃からギリシア人が入植しており、マグナ・グラエキア（マーニャ・グレチャ／大ギリシア）と呼ばれていた。ナポリ湾の周辺では西北のポッツォーリ（古名プテオリ）が最も栄えた港町であったが、現在のナポリの中心部の南西にも前七世紀半ば頃にパルテノペと呼ばれるギリシア人植民都市ができた。伝説によれば、

カーポディモンテの丘
カーポディモンテ国立美術館
アルベルゴ・デイ・ポーヴェリ
コルソ・ガリバルディ
フォリア通り
サニタ地区
サン・ジョヴァンニ・ア・カルボナーラ
ドゥオモ通り
国立ナポリ考古学博物館
カステル・カプアーノ
中央駅
古代ギリシャ都市部
ドゥオモ
サン・ロレンツォ・マッジョーレ
スパッカ・ナポリ
コルソ・ウンベルト
ダンテ広場
ジェズ・ヌオーヴォ
パラッツォ・ドーリア・ダングリ
サンタ・キアラ修道院
ヌオーヴァ・マリーナ通り
ヴォメロの丘
サンテルモ城砦
サン・マルティーノ修道院
トレド通り
メディナ通り
スペイン地区
ガレリア・ウンベルト1世
カステル・ヌオーヴォ
サン・カルロ劇場
パラッツォ・レアーレ
ナポリ湾
サン・フランチェスコ・ディ・パオラ教会
プレビッシート広場
キアイア
ピッツォファルコーネ
パルテノペ通り
卵城
サンタ・ルチア港
N
0
400m

図6-03　ナポリ中心部

パルテノペというのはオデュッセウスを誘惑しそこねて海に身を投げたセイレーンの名前で、彼女の遺体が流れ着いた場所にその名がついたといわれている。現在、ナポリの保養地として名高いキアイア海岸の東端からピッツォファルコーネの丘の南側の裾を走る通りはヴィア・パルテノペと名付けられているが、そのあたりが発祥の地とされる。

やがて人口が増えると、現在のヴォメロの丘の東側に新しく計画都市が作られ、「ネアポリス（新都市）」と呼ばれた。前五世紀前半（前四七〇年頃）の創建とされる。パルテノペはパレオポリス（旧都市）とも呼ばれるようになるが、やがて新都市のほうに吸収され、ギリシア語のネアポリスがなまっていつしかナポリとなり、都市全体の名前になったのである。

南側にナポリ湾という海があり背後には丘陵地帯のあるナポリは、それだけでも名勝地になる条件を備えている。港から見えるヴォメロの丘のてっぺんには十四世紀に作られた城を十六世紀に星形に改造したサンテルモ城砦があり（図6-01）、そのすぐ東の一段低い位置に十七世紀のサン・マルティーノ修道院が寄り添っている。サンテルモ城砦に登って高い所から東を眺めると、建て込んだ市街地の中に一筋まっすぐ延びる道がくっきりと見える。「スパッカナポリ（ナポリをまっ二つ）」とあだ名されている道である（図6-02）。これはギリシア人によって碁盤目状に作られた計画都市の直線道路の一つ（東西方向に現在も三本はっきり残る道のうち一番南の道）であるが、この道だけでなく、周辺の地区一帯もスパッカナポリと呼ぶことがある。

マグナ・グラエキアもしだいにローマの支配下に入り、ナポリも紀元前一世紀にはローマ都市となった。紀元一世紀後半、七九年のヴェスヴィオ火山の大噴火によって、ヘルクラネウム（エルコラーノ）やポンペイは熔岩や火山灰に埋もれてしまったが、風向きなどの関係で直撃を免れたナポリは、その後も数世紀にわたって発展を続ける。しかし西ローマ帝国の滅亡（四七六年）前後の混乱期には、人々は都市から四散し、都市は人口が減って荒廃した。

ナポリとその周辺はランゴバルド族に侵略され、六世紀半ばからはビザンチン帝国の支配下に入る。やがて荒廃し半分埋まった都市の上に、あるいは遺構の一部を利用して、新たな建設が始まり、その後もとぎれることなく発展は続いた。そのため、古代に起源を持ちながら、現在のナポリでは地表に現れている古代遺跡はほんのわずかしかない。スパッカナポリの一路北のかつての中心広場だった近くにはゴシック様式のサン・ロレンツォ・マッジョーレ教会があるが、その地下に埋まっていたローマ時代の遺跡が掘り起こされて公開されている。ポンペイの街の一画を切りとったようなごく小さな遺跡が、野外ではなく地下空間の中にあるのである。ヘルクラネウムやポンペイは十八世紀まで地中で眠り続けたあと発掘されて古代都市そのままの実物大展示場となったが、ナポリでは古代の名残は現在地表に建つ建物の下に断片的に見つかるくらいのものである。噴火時の風向きなど明暗を分けた歴史上の偶然と、その瞬間以後に流れた長い長い時の営為とに思いを馳せずにはいられない。

中世のナポリ

中世以降のナポリの歴史は、支配者のめまぐるしい交代劇からなっている。侵略、戦争、和議、婚姻関係による王位継承などが引き起こした王朝の交代は複雑すぎて理解しがたいが、王様がかわるごとに都市や建物への新たな介入があるので、ナポリの都市と建築を理解するには歴史を避けて通るわけにはいかない。

六世紀半ばから何世紀もナポリはビザンチン帝国の属領であったが、ノルマン人がシチリア島と南イタリアを征服して一一三〇年にシチリア王国が成立すると、ナポリも一一四〇年からその支配下に入った。古代の東西中心軸にあたる道（現在のヴィア・トリブナーリ）の東端に十二世紀末にカステル・カプアーノという城砦が建設され（十六世紀から裁判所に改築転用）、続いて南西のサンタ・ルチア港に浮かぶ小島の上に有名な卵城（カステル・デッルオーヴォ）がやはり城砦として建設されて、両端で都市を守るという形ができた。また一二二四年にはナポリ大学がフェデリーコ（フリードリヒ）二世によって創設されている。一二二二年創立のパドヴァ大学は「ボローニャ大学についで二番目に古い」ということを誇りにし謳い文句にしているが、ナポリ大学もそのたった二年後にできたのだと知った。

一二六六年にはフランス王聖ルイの弟シャルル・ダンジューが両シチリア王となるが（在位一二六六〜七五）、一二八二年には「シチリアの晩鐘」事件（晩鐘を合図にした反乱）が起きてアンジュー家はシチリアから追放されてしまう。その後しばらく争いは続いたが、二十年後にシチリア王国はアラゴン家が、ナポリ王国はアンジュー家が支配するという既成事実にもとづいた和議が成立する。中世のナポリは、このアンジュー家支配時代（一二六六〜一四四二）に都市として大きく発展することになる。アンジュー家の王たちはすでにあったカステル・カプアーノと卵城では不十分だと考えて、ヴォメロの丘の上にサンテルモ城を、また海の近くに中庭を囲む居城としてカステル・ヌオーヴォ（新城）を建設した（一二七九〜八二）。

アンジュー家時代の建築としては、城のほかにかなり本格的なゴシック様式の教会が多く作られたことが知られている。それらを手がけたのは、当初はアンジュー家の故郷フランスから連れてこられた工匠たちであったが、後には地元の職人たちに技術が引き継がれた。ナポリの旧市街には今も驚くほどの数の古い教会がひしめいているが、中でも中世の代表的な教会として有名なのが、古代ローマ時代の中心広場フォルムがあったあたりに十三世紀末に再建されたサン・ロレンツォ・マッジョーレ教会（地下に古代ローマの街の一部が保存されている、先述の教会）である（図6-04）。もちろん本場フランスのゴシック建築に比べれば簡略なものであるが、イタリアのゴシックとしてはかなり本式といえる。

このサン・ロレンツォ・マッジョーレは、フィレンツェからやって来たジョヴァンニ・ボッカッチョ（一三一三〜七五）が、後に作品の中で「フィアンメッタ」と呼んで永遠化した美女と一三三六年にこの堂内で出会って恋に落ちたということでも知られている。ボッカッチョは商業見習いのため少年時代から十数年をナポリで過ごしたが（一三二七〜四〇年）、その間アンジュー家の宮廷に頻繁に出入りできたのは、彼の父もその一員であったフィレンツェの金融業者たちがナポリ王に多額の融資をしていたからだという。当時の王は賢王と呼ばれたロベルト王（在位一三〇九〜四三）で、借金をしながらも外交政策や文化保護に力を入れ、宮廷の祝典などは華やかに行ったので、ナポリには南国の首都らしい享楽的な雰囲気が漂っていたという。後にフィレンツェに戻ったボッカッチョは、一三四八年のペスト禍を目のあたりにし、その惨状を詳しく語ることを導入部として代表作の『デカメロン』を書きあげるが、登場人物たちはみな生命力にあふれ、陽気でしたたかである。ナポリを舞台にした話もあり、ボッカッチョが青春時代を過ごしたナポリの影響を強く受けていることを感じさせる。

もう一つこの時代の重要な遺構とされるのが、ロベルト王夫妻によって一三一〇年に設立されたサンタ・キアーラ修道院である。建て込んだスパッカナポリに面しながら大きな敷地を維持するこの修道院の中では時の集積が見てとれる。ゴシック様式の教会本体と主祭壇の背後に作られた聖職者のための祈禱室（コーロ・デッレ・モナケ）は、第二次世界大戦で損傷を受けたあとに修復されたもので、装飾などは失われているが、それでも当時の偉容を感じさせる（図6-05）。施設内には現在ミュージアムも開設されているが、そのそばでは発掘も行われていて、一世紀か二世紀頃のローマ浴場の跡が掘り出されている（図6-07）。修道院の回廊に囲まれた広い中庭は十八世紀に改造されて、マジョリカ焼きの明るいタイルで飾られた柱とベンチが十字形の通路を構成している。その周囲には樹木もたくさん植えられており、今はとりはずされてしまったが葉陰を作りだすつる棚もかつては柱の上に据えられていた。外界から隔絶された緑の楽園のイメージをこの中庭に読み取ることができる。

「アンジュー家時代のゴシック建築」に関しては、たまたまこのテーマで行われたシンポジウムに参加したことがあって強い印象を抱いている。二〇〇五年十一月に、ヴェネツィア建築大学とナポリ大学の建築史に関する交流シンポジウムがナポリで開かれたが、その時のテーマがこれ

図6-04　サン・ロレンツォ・マッジョーレ教会（6世紀／1270-75にゴシック様式で改築）

図6-05　サンタ・キアーラ教会　聖職者用祈禱室
14世紀前半

図6-06　ナポリ大聖堂内部　14世紀

図6-07　サンタ・キアーラ修道院敷地内の発掘現場
1～2世紀頃のローマ浴場跡

図6-08　サン・ジョヴァンニ・ア・カルボナーラ教会、カラッチョーロ・デル・ソーレ礼拝堂　1427

だったのである。参加者は両大学の教授たちと研究者の卵たち、すなわちすでに博士号は取得済みだがまだ就職待ちの身で「ドットラーティ」と過去分詞形の造語で呼ばれる人たちと、博士号準備中という意味で「ドットランディ」と進行形のような造語で呼ばれていた人たちである。三日間の日程のうち二日は見学にあてられ、現地で詳しい説明をドットランディたちが各自の研究テーマに沿って交互に行い、質疑応答やコメントもその場でなされるというものだった。そのため、サン・ロレンツォ・マッジョーレはもちろん、スパッカナポリ近辺のサン・ドメニコ・マッジョーレ、サンタ・キアーラなどの主要な教会、内部にいくつも礼拝堂があり様々な時代の痕跡を擁するドゥオモ（大聖堂、図6-06）、そのほか自分では決して行くことはなかったろうと思われる教会や礼拝堂をいくつも集中的に見ることができた。

中でも新鮮な驚きを覚えたのは、旧市街の北東のはずれに建つサン・ジョヴァンニ・ア・カルボナーラ教会（一三四三〜一四一八）を訪れたときのことである。この教会はアンジュー家支配時代の最後の頃に建てられたので、ファサードは未完で内部の平面計画も混乱したまま、また現在の入口の外は裏町のような不思議な光景を呈している。ところがここは「パンテオン」のように国王や家令を合祀した霊廟を擁しているので、内部には思いがけず立派な空間が現れてびっくりさせられた。特に素晴らしかったのがカラッチョーロ・デル・ソーレ礼拝堂である（図6-08）。これは、アンジュー家最後の継承者となったジョヴァンナ二世の愛人で家令であったセルジャンニ・カラッチョーロによって一四二七年に建てられたものであるが、カラッチョーロが一四三二年に殺された後、ジョヴァンナ二世によって彼を祀る霊廟となった。堂内は中世からルネサンスへの過渡期の様式を示すフレスコ画や彫刻で飾られており、凛とした格調を感じさせる。同じくジョヴァンナ二世が一四一四年に死んだ兄のラディスラオ王のために作った別の礼拝堂ともあわせ、当時の宮廷の雰囲気をどこよりも強く感じさせる場となっているのである。主要な観光ルートからはずれてひっそり建っているため、このような雰囲気が保持されたのかもしれない。

前章で語ったように、ローマは中世のあいだは眠ったような休止状態にあったが、ナポリはその間もずっと活気のある都市であったことが、特にアンジュー家支配時代の建築が城や教会や礼拝堂の形でたくさん残されていることからも窺える。ただし、いつの時代にも見られることだが、王位をめぐっての争いは特に最後のほうに激しかったようである。

スペイン支配時代

シチリア王でもあったスペインのアラゴン王アルフォンソは一四三五年頃からナポリの王位も要求してアンジュー家と争っていたが、一四四二年に軍隊を率いてナポリを蹂躙し、征服してナポリ王への即位を果たす。ナポリはフランスのアンジュー家からスペインのアラゴン家の支配下へと移ったのである。習俗、習慣など現在まで続くナポリらしさの多くは、中世の基礎の上に、以後、断続的に四世紀ほど続いたスペイン支配下でおおむね醸成されたといわれる。

征服者アルフォンソ王（在位一四四二〜五八）は、自身の軍隊の攻撃によってすでに見る影もなくなっていたアンジュー家の居城カステル・ヌオーヴォを全面的に改築させる。中庭を囲む諸室は宮廷にふさわしく豪華に作り直させるいっぽう、外観はより堅固な城砦へと改造させた。重々しい円筒形の塔を新しく五つ配した外観はカタルーニャの建築家によるもので中世スペインの要塞そのものであったが、陸側の双塔の間にはイタリア人の建築家を起用して白大理石の凱旋門をはめこませた（図6-09）。入口の上には王のナポリ入城の光景がレリーフで描かれている。古典主義のオーダー（柱式）や開放的な半円アーチで構成された白く輝くこの門は、アルフォンソ王の栄光を表現すると同時に、王が当時の最新動向、すなわち古代復興を目指したルネサンスの建築にも理解があったことを示すものとなった。

十六世紀になるとスペインではハプスブルク王朝が始まり、ナポリにはスペイン本国から副王（ヴィチェレ）と呼ばれる総督が派遣されるようになる。特に目立った動きをしたのは、スペイン王カルロス一世（同時に神聖ローマ皇帝カール五世、在位一五一九〜五六）の任命した副王ペドロ・デ・トレド（在位一五三二〜五三）である。当時は政略結婚があたりまえであったが、彼も娘のエレオノーラ・デ・トレドを莫大な持参金つきでフィレンツェのコジモ一世（在位一五三七〜七四）に嫁がせている。いっぽうでナポリの近代化に着手したトレドは、旧市街の西側に新しく南北に走る道路を作らせ、トレド通りと名付けた（図6-10）。さらに人口増加に対応するため、トレド通りの西側にある傾斜地をスペイン地区として開発している。トレド通りはナポリ随一の目抜き通りに発展していき、それは今もさほど変わらないが、隣接するスペイン地区のほうは今では高密度化し疲弊度の高い地区になってしまっている（図6-11）。トレド通りは、今よりも十八、十九世紀の頃にもっと評判が高かったことが、一八一七年にナポリを訪れたスタンダールの証言か

図6-09　カステル・ヌオーヴォ（13世紀末の城を1453-65に改造）双塔の間にルネサンス様式の凱旋門

図6-10　現在のトレド通り

図6-11　トレド通りから西のスペイン地区を覗く。坂道の先はヴォメロの丘の急な崖

ら窺われる。彼の旅行記には、トレド街こそ「私の旅の大きな目的の一つで、これは世界一の繁華街である」と書かれており、また「私の目には比類なく、世界中でいちばん美しい」街であったと表現されている。まだパリやウィーンの都市大改造がなされていなかった頃の話である。

「新城」を意味したカステル・ヌオーヴォも十六世紀末には時代遅れとなる。そこで、ローマで活躍していた建築家ドメニコ・フォンターナを招請して、新しい王宮を建設する計画が進められた。当時は市街地の南西のはずれであった緑野に建設されたパラッツォ・レアーレ（一六〇〇～〇二）は、豪華な諸室からなる壮大な王宮であるが、ルネサンス様式の外観はむしろ簡素で質実剛健な建物という印象を与える。この王宮は十八世紀に増築され、十九世紀以降も何度か改装されている。

常に侵略の危険にさらされていたナポリでは、大きな建物は堅固だが外観は素っ気なく造り、装飾は内部空間の方で豊かにするというのが大きな伝統となっている。十七、十八世紀のパラッツォなども外観はおおむね地味であるが、室内装飾や中庭に面した半外階段などは華麗に作ることが多い。かつての貴族の館も現在は公共施設にかわったり、雑居ビルのような使われ方をされている例がよく見られる。サンテルモ城砦のすぐ下に建つサン・マルティーノ修道院も外観はただ白く大きいだけの建物に見えるが、内部や中庭をめぐる回廊などは豪華で、バロック期のナポリで最も重要な建築とされている（図6‐12）。

ナポリでは目立ったバロック建築は意外とみあたらない。むしろ、スパッカナポリに面して建つジェズ・ヌオーヴォ教会の前の広場に聳えるグーリアと呼ばれる塔状の装飾モニュメントが最

図6-12　サン・マルティーノ修道院（現国立博物館）　回廊　17世紀

図6-13　グーリア（左／1747-50）とジェズ・ヌオーヴォ教会（15世紀後半の建物を17世紀に改造）

図6-14　ジェズ・ヌオーヴォ教会内部　17世紀

もバロック的な造形物といえる（図6−13）。これはヴィチェンツァで近年復活した「ルーア」（図1−42）と同じく宗教的な祝祭の際に街を引き回す装置だったものを大理石で永遠化したもので、カトリック信仰のさかんだったバロック期のナポリを特徴づけるモニュメントである。同じ通りを東に進むと、サン・ドメニコ・マッジョーレ広場にももう少し控えめなグーリアが建っている。ジェズ・ヌオーヴォ教会は、ダイアモンド型の黒っぽい石で凹凸をつけた外壁をもつ十五世紀後半のパラッツォを、十六世紀末から十七世紀にかけて教会に改造したものである。外観はもとの壁面をうまく利用したシンプルでユニークなものとなっているが、内部はバロック様式で華麗に装飾されている（図6−14）。とはいえ本場ローマのバロックと比べれば、これでもやや渋い感じがする。十七世紀前半はドイツを中心に三十年戦争（一六一八〜四八）のあった時代で、ハプスブルク家のスペインも巻き込まれ、属国のナポリからは兵士や軍事費が大量に徴収されていた。同時期のローマに比べれば、ナポリでは教会建設などに回せる資金はずっと少なかったに違いない。同新税導入に反対したマザニェッロの乱（一六四七）やペストの流行（一六五六）なども続き、圧政や異端審問などの圧力で民衆は疲弊していたはずだ。しかし気候風土のよさのおかげで快活さを失わずにすんでいるのがナポリの民衆だ、といった分析をゲーテも折にふれてしている。

カルロ・ディ・ボルボーネの時代

ヨーロッパの諸王家は姻戚関係や同盟関係でつながったかと思うとすぐ離反したり、政治的な動向はいくら解説を読んでもよくわからないことが多い。わかりやすいのは、王様が嗣子なしに死んだ場合、すぐに次の王位をめぐって権利を主張する者が多く現れることであるが、その内実や駆け引きはやはり複雑すぎて理解できない。十八世紀初頭にはスペインのカルロス二世に世継ぎができなかったため、スペイン継承戦争（一七〇一〜一四）が起き、その余波でナポリの支配者はスペインのハプスブルク家からオーストリアのハプスブルク家にかわった。オーストリア支配時代は一七〇七年からの二十七年間であるが、その間に建築的には見るものはない。

その後、どういう駆け引きの末かはやはり理解できないが、ナポリではオーストリアにかわって一七三四年にフランス王家の血を引くスペイン・ブルボン家の支配が始まる。スペイン王フェリペ五世と彼の後妻になったパルマ公女エリザベッタ・ファルネーゼとの間に生まれた長男ドン・カルロス（シャルル・ド・ブルボン）がマドリードからやってきて、「ブルボン家のカルロ王」としてナポリに君臨するのである。彼はフランス・ブルボン家のルイ十四世の曾孫にあたるが、曾祖母すなわちルイ十四世の正妻マリー＝テレーズ・デスパーニュがスペイン王家の出身であった。二代前のそのスペインの血筋によってブルボン家出身の父フィリップがカルロス二世からスペイン王位を遺贈され、一七〇〇年にフェリペ五世となったのであった（それに反対して起こったのがスペイン継承戦争である）。

フランス語名の「ブルボン」はイタリア語では「ボルボーネ」と変わり、愛嬌のある響きになる。ブルボン家の血を引くナポリ王は「カルロ・ディ・ボルボーネ」と呼ばれて、当時もそして今もなぜかそこはかとなく親しみをもたれているが、それは彼が在位した二十五年間がナポリにとって大建設の時代となり、都市に活気が生まれた時代だったからである。カルロ・ディ・ボルボーネ（一七一六生まれ、ナポリ王カルロ七世としての在位一七三四～五九、スペイン王カルロス三世としての在位一七五九～八八）がナポリで行った建設活動をざっと見ていこう。

一七三七年には王の守護聖人の名を冠したサン・カルロ劇場が、建築家ジョヴァンニ・アントニオ・メドラーノの設計で王宮の脇に建設される。ミラノのスカラ座（一七七八）やヴェネツィアのフェニーチェ劇場（一七九二）よりも四、五十年早かったというのが今もナポリの自慢である。十八世紀のナポリはもちろん音楽や演劇もさかんであったが、ヴェネツィアであれほど演劇に熱中したゲーテが、ここでは海や火山や植物などの自然に関心を移すようになり、「これに反して劇場などは、もう少しもおもしろくない」と言い出している。サン・カルロ劇場では「ネブカドネザルによるイェルサレムの破壊」という演し物を見たが、「ぼくには大きなのぞきからくり同然で、こういうものには興味を失ってしまった」（三月九日）というのである。

市街地の北の狩猟地であったカーポディモンテの丘の上では新王宮の建設がメドラーノともう一人の建築家との共同設計によって一七三八年に始まるが、三つの中庭をもつ長大な建物がすべて完成するまでにちょうど百年の年月がかかり、一八三八年に竣工した（図6-15）。灰色の石の縁取りが目立つ古典主義様式の建物であるが、壁が赤っぽい珊瑚色に塗られているので、南国的なヤシの木や青い空によく似合っている。ここは二十世紀半ばまでは王宮であったが、一九五七年からカーポディモンテ国立美術館になった。ナポリ王家をはじめ、スペインやナポリにゆかりのボルジア家、ファルネーゼ家、教皇パウルス三世、サヴォイア家、そのほかのコレクションが

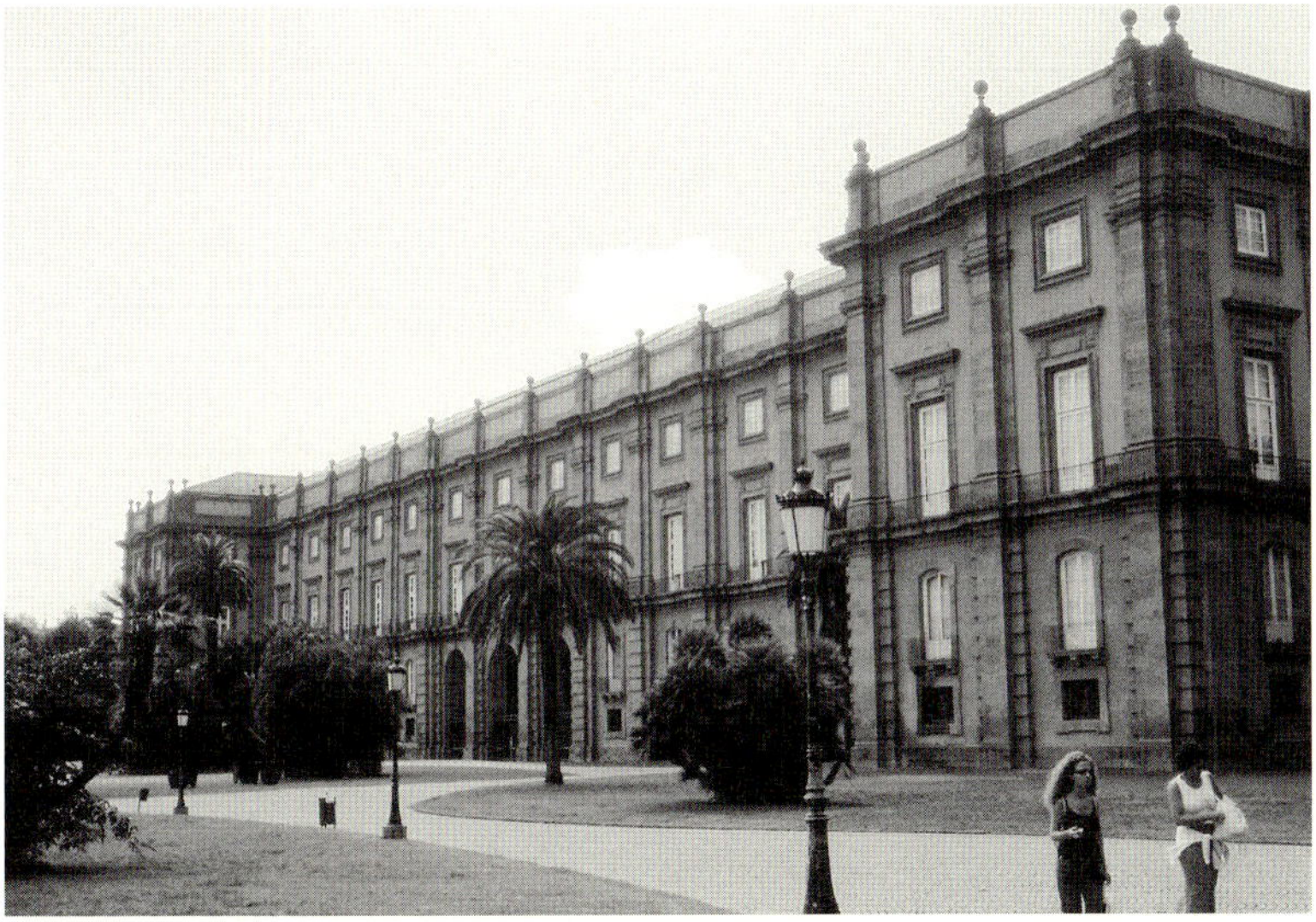

図6-15　カーポディモンテの王宮（現国立美術館）　1738-1838

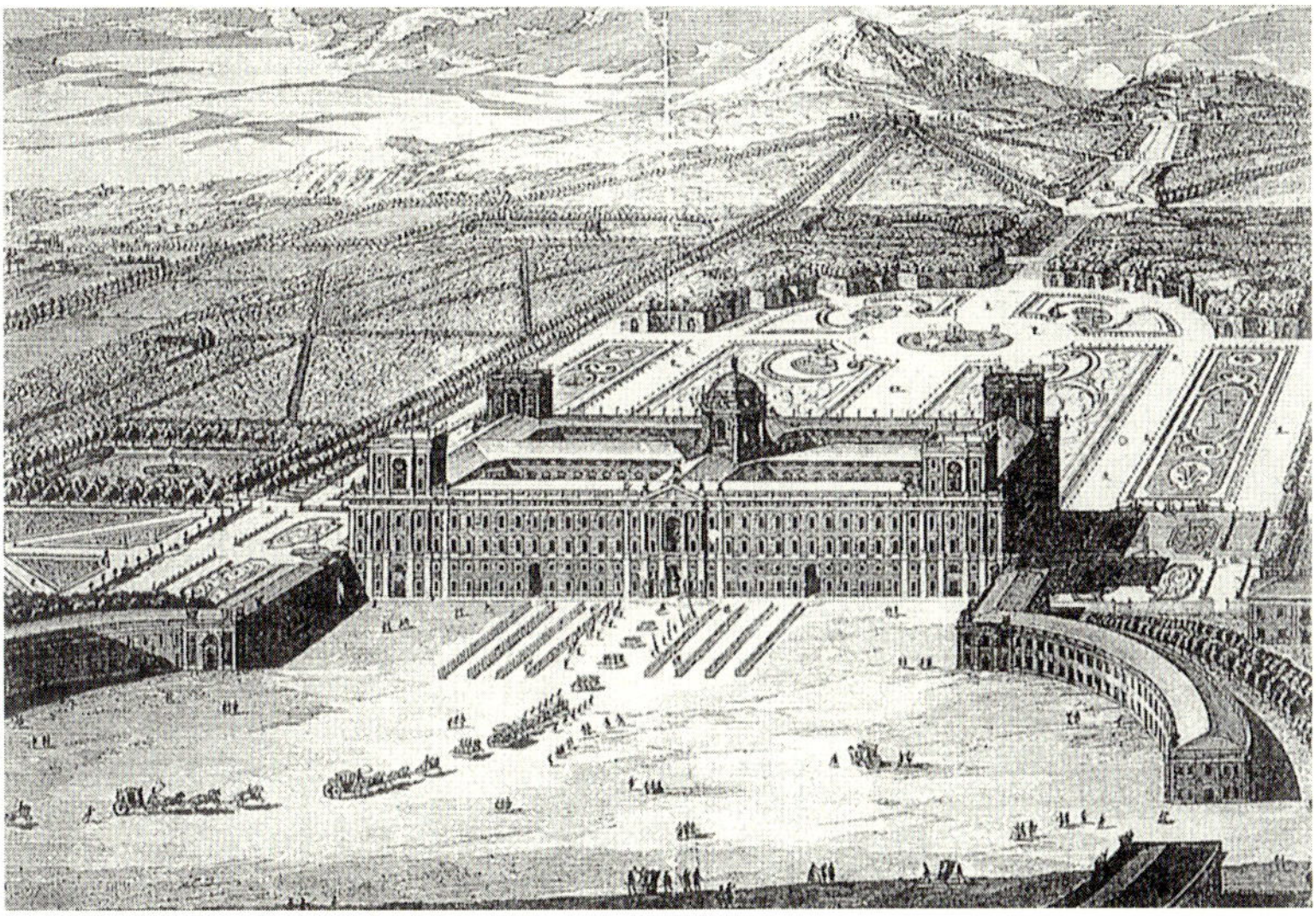

図6-16　カゼルタの王宮と庭園　完成予想図（1756の版画）　前面の湾曲した両翼部、主屋のドームや四隅の塔などは実現されなかった　建物の幅と奥行きは247×184m

納められている。部屋数は数えきれず、それぞれに趣向をこらした室内装飾を眺めながら歩いてすべて回るだけでも大変だが、各部屋に展示された様々な美術作品や工芸品などもまさしく膨大にあり、鑑賞し感嘆するというよりは茫然と圧倒される経験をしに行くのにはもってこいの場所である。

庭園は百二十四ヘクタールもあり、カーポディモンテ（山の頂）の名の通り、ここからの眺めも素晴らしい。ゲーテはローマに向けて出発する前日（六月二日）に、当時ナポリで王妃の侍女をしていたドイツ人に初めて挨拶をしに行く約束をしていたので、彼女が住んでいたカーポディモンテの王宮を訪ねている。建設工事はまだ続いていたはずだが、できあがった部分ではもう普通に暮らしていたことがわかる。「たくさんの階段をのぼり、いくつもの廊下を案内されていったが、いちばん上の廊下には、箱や戸棚や宮中の衣裳類などあらゆる見苦しいものが所狭しとおいてあった」という記述が興味深い。ゲーテが会ったのはジョヴァーネ公爵夫人という若い女性であったが、天井の高い部屋を歩きながらドイツ語で心おきなく文学の話などをした。夕闇が迫った頃、夫人が鎧戸をあけるとヴェスヴィオ山が真正面にあり、ゲーテを驚かせる。熔岩は海まで流れ下り、巨大な煙雲が焔で金色に染まり、そこに満月が現れる光景を見たのである。ゲーテの記述はこの二十倍くらい詳しいが、「生涯に一度しか見られぬほどのもの」を見たという感動が伝わってくる。その頃ヴェスヴィオ山は活発に火山活動をしていたが、興味津々のゲーテはすでに三回も登っており、そのうち一度は、案内人と一緒だったとはいえ、危険すれすれの所まで迫る冒険をしていたのである。

図6-17　カゼルタの王宮　1752-74　南側正面ルイジ・ヴァンヴィテッリ設計

図6-18
カゼルタの王宮
大階段室

図6-19　カゼルタの王宮庭園　中心軸上にある一連の水路の端から宮殿を見る

事業欲旺盛な王様カルロ・ディ・ボルボーネは、ナポリから北に三十キロのカゼルタにも王宮を建設させる。イギリス海軍の大砲の射程距離などから判断すると海のそばのナポリは危ないので、宮廷の機能をそのまま移せる宮殿を離れた場所に作ろうと考えたのである。四つの中庭を囲み千二百の部屋を有する巨大な宮殿の設計には建築家ルイジ・ヴァンヴィテッリ（一七〇〇～七四）があたった（図6–16～19）。外観は抑制のきいた古典主義系のデザインであるが、内部の大階段や諸室はバロック様式で華麗さを演出している。中心軸上にはいくつかの水路のような細長い池が並び、最後は山腹のグロッタから落ちて来るカスケードが岩山状の滝となっている。グロッタから流れ出す水は四十キロも離れた水源から引いたものである。五つの山の中をくぐるトンネルと三つの大きな水道橋（そのうち最大のものは長さ五百二十九メートル、高さ五十六メートル）からなる「アックエドット・カロリーノ（カルロ水道）」の工事もヴァンヴィテッリが手がけた（一七五三～六九）。

カゼルタの壮大な宮殿と庭園はもちろん、カルロ王の曾祖父ルイ十四世が建てたヴェルサイユ宮殿を意識して模したものである。しかし、カゼルタの庭園にはヴェルサイユほどの広がりはなく、横に広いのは途中までで、そのあとは中心だけ百数十メートルの幅で北に延びており、両側の木立の外側は現在ではすぐ市街地（東側）や庭園外の緑地（西側）になっている。ただ、山に近づいたあたりの東側の傾斜地には、ヴァンヴィテッリの死後、彼の息子カルロの監督下で一七八二年に造園家G・A・グレーファーによって作られた風景式のイギリス庭園がある。ここは木陰が多いので、人工的な軸線に沿って太陽の下を二キロも歩いた後ではようやくほっとできる安らぎの空間に思える。

ルイジ・ヴァンヴィテッリはカゼルタの王宮の仕事と並行して、ナポリ市内にも王の名に因んでフォロ・カロリーノ（カルロ広場）と称する半楕円形の広場を取り巻く建物も設計した（一七五七〜六五、図6-20）。これはトレド通りを北にしばらくいったあたりの東側にあり、通りに面して西に開いた格調の高い広場となった（現ダンテ広場）。ここから通りを少し南に下ると、Y字路の股の台形の敷地に建つ印象的なファサードのパラッツォ・ドーリア・ダングリがあるが、これもヴァンヴィテッリの設計である（一七五五、図6-21）。ナポリではめずらしく瀟洒な外観のこの建物は、内部のロココ調の装飾も素晴らしい（図6-22）。カゼルタの王宮と同じ職人たちの手によるものである。

この時代のナポリは貧富の差による階層の二分化が進み、王侯貴族と富裕市民の層は厚かったが、中間層が薄く、いっぽうで街には下層の庶民と貧民があふれかえっていた。この事態に対処するためカルロ王が建築家フェルディナンド・フーガ（一六九九〜一七八二）に命じて建設させた施設が、「アルベルゴ・デイ・ポーヴェリ（貧者たちの宿）」と今もその名のまま呼ばれている巨大な建物である（一七五一〜一八二九／図6-23）。当初の予定では五つであった中庭が三つになるなど、規模は縮小されたが、それでも正面の長さ三百五十四メートルの長大な建物である。これは職業訓練の学校や授産施設なども含む救貧院であったが、「全王国の貧民たち」の施設であることがラテン語で明記されていた。北東からナポリに入る街道の脇に大きく目立つ建物として作らせたのは、王国全土からの貧民を迎えるためという意図もあったが、他の都市から来る外来者に対しても貧民救護という政策を立派に行っていることを誇示する目的があったからだともいわれている。

カルロ・ディ・ボルボーネはナポリ王だった十八世紀半ばの二十五年間に、このように大規模な建物を次々と着工させ、ナポリに南国の王都らしい偉容を与えた。また、ヘルクラネウムやポンペイの発掘の開始と推進を命じたのも彼で、十八世紀後半からの新古典主義の流行の因の一つを開いた。ところが彼は、スペイン王だった異母兄のフェルナンド六世が一七五九年に死ぬと、そのあとを継ぎスペイン王カルロス三世（在位一七五九～八八）として即位するためにナポリを離れてしまう。まだ八歳だった三男フェルディナンド（一七五一生まれ、ナポリ王として在位一七五九～一八〇六および一八一六～二五）が次の王としてナポリに残されたのであった。

スペインに移ったカルロス三世はマドリッドでも建設事業熱を発揮し、周囲に優秀な人物を集めた啓蒙専制君主としてそれなりの評価を得るようである。ナポリでは「カルロ・ディ・ボルボーネ」と呼ばれたものの正式には「カルロ七世」であったはずなのに、今ではスペイン王「カルロス三世」の称号を尊重して、たとえばアルベルゴ・デイ・ポーヴェリの前の広場は「カルロ三世広場」と呼ばれている（経緯を知らないと、時々わけがわからなくなる）。次のスペイン王カルロス四世（三世の次男、一七四八～一八一九、在位一七八八～一八〇八）は、ゴヤの描いた有名な集団肖像画《カルロス四世一家》などから風貌も窺えるが、王妃と宰相ゴドイに振り回されたお人好しの王様という印象が強く、父王とはだいぶ違うことがわかる。王室関係は複雑でわかりにくいが、細部を知ると結構おもしろい。

図6-20　ダンテ広場（旧フォロ・カロリーノ）　1757-65　L・ヴァンヴィテッリ設計

図6-21　パラッツォ・ドーリア・ダングリ　L・ヴァンヴィテッリ設計　1755

図6-22　パラッツォ・ドーリア・ダングリ階段室

図6-23　アルベルゴ・デイ・ポーヴェリ　F・フーガ設計　1751-1829

国際的文化都市ナポリ

すでに見たように、恵まれた気候風土のためにナポリには古来たくさんの民族が去来した。ギリシア植民都市についでローマ都市となった古代のあとは、支配者がビザンチン帝国、シチリア・ノルマン王朝、フランス・アンジュー家、スペイン・アラゴン家、オーストリア・ハプスブルク家、スペイン・ブルボン家と順に変わったが、すべてイタリア以外の外国勢力であった。王朝が変わるたびに新しく異国の要素が加わり、すでにあった建物も改造される。ナポリにはよく言えば重層的、悪く言えばごた混ぜのカオス的な文化が蓄積されていった。そのおもしろさと自然の美しさとがさらに外国の人々、特にアルプスの北の人々を惹き付け、十八世紀には国際的な文化都市が形成されたのである。

ゲーテが画家のティッシュバインと共にナポリにやってきた一七八七年には、ドイツ語圏の人々も大勢ここに暮らしていた。ゲーテらがまず訪ねたのは、ナポリ国王夫妻に重用されていたドイツ人の風景画家フィリップ・ハッケルト（一七三七〜一八〇七）で、彼の紹介によって他の上流階級の人々との交際が始まった。ゲーテはナポリに到着するとすぐに、「ナポリは見るからに楽しげで自由で活気にあふれている。……国王は狩猟に、王妃はおめでた。これ以上よいことはあるわけがない」と書いている。この国王は、スペイン王になった父のあとを八歳で継いだフェルディナンドであるが、この時はもう三十六歳で狩猟好きの国王として知られていた。王妃はウィーンの王室から来たマリア・カロリーネで、ウィーンのヨーゼフ二世やフランスに嫁したマリー・アントワネットの姉妹にあたる人である。彼らの母の女帝マリア・テレジアは十六人も子供を産んだことで有名だが、彼女も母に負けず最終的に十七人も出産している。

ゲーテのナポリ滞在中の記述はどれもおもしろいが、最も興味を引かれるのは、「享楽する人間」の代表のように語られているイギリス公使ウィリアム・ハミルトン（一七三〇～一八〇三）とその愛人エンマ・ハート（一七六四～一八一五）の話である。ウィリアム・ハミルトンはイギリスの全権公使として一七六四年以来ナポリに在住していたが、公職のほかに古代美術の研究や蒐集、火山の研究などを熱心に行う学者のような好事家としても知られていた（図6-24）。一七八二年に妻を亡くして独身であったが、ゲーテが知り合った頃はエンマと暮らし、二人で客たちをもてなしていた。ハミルトンはナポリの自邸のほかにカゼルタとポジッリポにも別荘を持っていたが、おそらくゲーテが彼らに初めて会ったのは、カゼルタの別荘においてである。二晩続けてそこを訪れたゲーテは次のように書いている。

「彼女はひじょうに美しく体つきもよい。彼は彼女の衣裳をギリシア風に作らせたが、それが彼女にとびきりよく似合う。それに彼女は髪を解いて二、三枚の肩掛をかけ、ポーズ、身ぶり、顔つきなどをいろいろと変えるので、見る人はついにほんとうに自分が夢を見ているのではないかと思うほどである。……老騎士は明りをもってそれを照らし、全心をあげてこの対象に打ちこんでしまっている。彼は彼女のなかにあらゆる古代の作品、シチリアの貨幣に刻まれた美しい横顔、いやベルヴェデーレのアポロンまでも見出す。たしかにこの喜びは類のないものだ！　ぼくたちはすでに二晩この喜びを味わった。今朝はティッシュバインが彼女を描いている」(三月十六日)。

ハミルトンとエンマが客たちに披露したこの活人画のようなパフォーマンスは、ゲーテたちが見た時にはまだ始めて間もない頃であったが、少しずつ新たな工夫を加え、数年は続いたようである。彼らはこれを「アッティチュード(姿態)」と名付けていた。ナポリのハミルトン邸を訪れる客は数多く、ティッシュバインのようにエンマを描いた画家たちもたくさんいた(図6-25)。

次にゲーテが彼らに言及しているのは、ナポリに楽しく暮らす条件として、「ひまと手腕と財産」があれば、と考えている文脈の中でである。「たとえばハミルトンなどは立派な居を構えて晩年の生活を楽しんでいる。彼がイギリス趣味にしつらえた部屋はきわめて好ましいもので、角の室からの眺望はおそらく天下一品であろう。眼下は海で、カプリ島に面し、……」と描写しているのは、キアイア海岸沿いのヴィラ・レアーレ(現ヴィラ・コムナーレ)という細長い公園の近くにハミルトンが構えていた邸宅、パラッツォ・セッサ(現存せず)のことである。「ハミルトンはあまねく広い趣味をもった人で、創造のあらゆる領域を遍歴した後、造化という偉大な芸術家の傑作である、一人の美しい女性に行きついたのだ」(三月二十二日)という冷静なコメントにも多少の羨望が感じられる。

三度目に彼らが登場するのは、ゲーテがシチリア旅行から戻ったあとの五月二十七日付けの記述においてである。「ハミルトンとその美しい恋人は、相変らずぼくに親切にしてくれる。二人によばれて食事をともにしたが、夕方にはハート嬢が音楽と唱歌の才をも披露してくれた」。

この日一緒にいた画家のハッケルトに促されて、ハミルトンは秘蔵の蔵に彼とゲーテを案内した。そこにはあらゆる時代の芸術骨董品、「胸像、トルソー、飾りつぼ、ブロンズ像、シチリア産の瑪瑙で造った様々な家庭用装飾品、そのほか、小さな礼拝堂、彫刻、絵画、偶然に買い集めたものなど」が雑然と乱雑に置かれていた。「床におかれた長い箱の蓋がこわれていたので、好奇心から押しのけてみると、なかにはブロンズ製のじつに見事な飾り燭台が二つ横たわっていた。ぼくは目配せしてハッケルトの注意を引いてから、これはポルティチにあったのとじつによく似ているではないかと囁いた。彼はそれにたいして、何も言わぬようにと合図した。これはもちろんポンペイの廟から横流しされてここの穴蔵のなかに迷いこんだものらしかった……」。

ポンペイとヘルクラネウムの発掘も最初の頃はいいかげんだったようである。ヘルクラネウムは十八世紀初めのオーストリア支配時代に、オーストリア軍の将校が人夫を雇って宝物探しのように掘り始めていた。そうした略奪のような個人的な発掘はローマ教皇からの抗議で禁止されたが、カルロ王が一七三八年に発掘を宮廷の独占事業として再開する。ポンペイの発掘も一七四八年から測量技師らを入れて行われるようになり、これらの遺跡で発掘された貴重な古代遺物はポルティチの王宮に運ばれて展示されていた。しかしゲーテがハミルトンの家で見たように、まだ横流しなどもあったようである。本格的に科学的な発掘が行われるようになるのはイタリア統一以後の十九世紀末からだという。

ゲーテは一七八七年三月十八日にヘルクラネウムに出かけたが、「洞穴の中へ六十段ほどおりてゆくと、そこにはその昔、大空のもとに建っていた劇場が松明の光に照らし出されるのを見て、驚嘆」したと書いている。この劇場は今でも地中に埋まっていて、要請がある場合だけカルロ王の時代に造られた地下への階段を通ってゲーテと同じように案内されるらしい。ゲーテはそのあとにポルティチの王宮の博物館に行って、ヘルクラネウムやポンペイからのたくさんの発掘品を熱心に見たが、その後もまたここに足を運んでいる。ポルティチの王宮に展示されていた膨大なコレクションは一八二二年に現在のナポリ国立考古学博物館に移され、その主要な所蔵品となった（図6-26）。

レディー・ハミルトン

さて、五月二十七日にハミルトン邸に招かれた時の記述に戻ると、ゲーテは途中でいくつか別の話題にそれたあとで、不思議なことを書いている。

「もちろんぼくのように厚くもてなされた客の言うべきことではなかろうが、あえて一言所見を述べさせてもらうならば、ぼくらを楽しませてくれたあの美しい人は、じつは精神を欠いた存在のように思われることを、告白しておかなくてはならない。たしかにその容姿によって、つぐないをしてはいるが、声や言葉の表現に魂がこもっていないために、どうも引き立たないのだ……」。

このあとも同様のことを言葉を換えてさらに繰り返している。ゲーテは演劇などにも詳しく鑑賞眼は確かなはずなので、最初はエンマのパフォーマンスに魅了されたものの、しばらくしたら

図6-24　サー・ウィリアム・ハミルトン
（David Allan 画、National Portrait Gallery, London 蔵）

図6-26　ナポリ国立考古学博物館

図6-25　演技するエンマ
（F. Rehberg の素描からの版画　1794）

図6-27　プレビッシート広場とサン・フランチェスコ・ディ・パオラ教会　1817-46

図6-28　サン・カルロ劇場（Aniello De Aloysio 画　19世紀前半）

図6-29　ガレリーア・ウンベルト１世　1866-90

彼女を客観的に眺めるようになったらしい、と読めるところである。しかし、ゲーテの『イタリア紀行』は、当時書いたものを元にしてはいるが二十数年後に編集したもので、あとから付け加えた部分も多い。ここはもしかしたら、後にエンマの噂を聞いてゲーテの彼女に対する評価が変わり、付け足した部分なのではないかというのが、確かめようはないが、私の頭に浮かんだ疑問である。ゲーテが会ってから十数年後に、エンマはゴシップ的なスキャンダルの渦中の人としてヨーロッパ中の噂になるからである。今ではよく知られた彼女の物語は次のようなものである。

エンマは一七六四年に貧しい家庭に生まれ、少女の頃からメイドなどをして働いていたが、その美貌ゆえに十代半ばで愛人として囲われ一女を産んだがその子とはすぐ引き離されるという経験をしていた。その後、ロンドンでハミルトンの甥のチャールズ・グレヴィル（一七四九〜一八〇九）と出会い、彼の愛人になる。元はリヨンだった姓をハートに変えたのは、グレヴィルの要求に従ってのことであった。ところが一七八三年にグレヴィルは金持ちの結婚相手が見つかったためにエンマが邪魔になり、一年前に寡夫になっていたナポリの伯父のもとに彼女を送ることを思いつく。エンマにはそのうち迎えに行くと約束していたが、あとで真相を知った彼女は怒り狂ったといわれる。しかしやがて境遇を受け入れ、三十四歳も離れたハミルトンの愛人として暮らすようになったのである。ゲーテが会ったのはその数年後、まだ二十二、三の頃のエンマである。その後、一七九一年にハミルトンとエンマは一時帰国してロンドンで結婚し、エンマはレディー・ハミルトンと呼ばれるようになる。ナポリに戻った彼女はイギリス公使夫人として王宮にも出入りし、マリア・カロリーネ王妃と子供たちとも親しくなる。

一七九三年にハミルトン公使夫妻はナポリに来たイギリス海軍のホレイショ・ネルソン提督（一七五八〜一八〇五）を歓待し、またナポリ王に援軍を要請する提督の手助けもした。五年後の一七九八年九月に再びネルソンがナポリにやって来た時、彼はエジプトのアブキール湾でフランス艦隊を破った後であったが、その戦いで右目と右腕を失い病も患っていた。ハミルトン夫妻は彼を自宅で静養させ、エンマは彼を献身的に看護するが、やがて彼女とネルソンは恋に落ち、ハミルトンはそれを黙認する。その後、ネルソンの本国への帰還命令と、ハミルトンが長らく願っていた公使解任とが重なり、彼らはエンマをはさみ三人で大陸を旅行しながら一八〇〇年にイギリスに戻り、ロンドンでも同じ家に三人で住んだ。三人は互いに尊重しあっていたというが、すでに老齢のハミルトンはエンマの父親のような気持ちだったのであろう。しかしネルソンには不仲ながら離婚せずにいる妻がおり、世間はエンマとネルソンのスキャンダルを下世話に取り上げ、大々的に糾弾したのである。ハミルトンもしばしばコキュとして戯画に登場させられた。

エンマは一八〇一年一月にネルソンとの間の娘ホレーシャを産むが、一八〇三年にはハミルトンが亡くなり、ネルソンはナポレオンとの戦いに再び召集される。一八〇四年の初め、ネルソンの不在中に生まれた次の娘は生後まもなく亡くなり、エンマは孤独感の中でギャンブルと浪費に走るようになったといわれる。一八〇五年十月二十一日、トラファルガーの海戦でネルソンの艦隊はフランス・スペインの連合艦隊を全滅させるが、ネルソンは狙撃されて戦死してしまう。イギリス海軍の威力を世界に示して死んだネルソンは国民的英雄として祀られ、トラファルガー広場の高い円柱の上にその立像が載るまでになる。しかしエンマには何ももたらされず、やがて借金まみれになった彼女はドーバー海峡を渡ってカレーに逃れ、一八一五年にそこで極貧のうちに見る影もない姿となって亡くなるのである。

レディー・ハミルトンの話は、かつて何度かテレビで放映された往年の名画「美女ありき」(原題は「ザット・ハミルトン・ウーマン(あのハミルトンという女)」、アレクサンダー・コルダ監督、一九四一年)をヴィヴィアン・リーの主演(ネルソン役はローレンス・オリヴィエ)で見て以来、忘れられない。ゲーテの『イタリア紀行』の中に若き日の彼女の姿が書かれているのを見つけた時は嬉しかった。ハミルトンとエンマとネルソンの大らかな三角関係もナポリという特別な異国の土地でこそ成立しえたのではないかと思う。

十九世紀のナポリ

一七八九年に始まるフランス革命はヨーロッパ全土にも大きな変革をもたらすが、ゲーテがイタリアを旅したのはその少し前の一七八六年から八八年までであったので、まだ穏やかな時代の雰囲気を『イタリア紀行』からは読み取ることができる。しかし、その後、時代は変動期を迎える。ナポリは一七九八年末にフランス革命軍に占拠されるが、実はその時にハミルトンらも一時パレルモに避難したのであった。ハミルトンは甥のグレヴィルに手紙でこう書いている。「フランス軍は私のナポリ、カゼルタ、ポジッリポの家から家具などのほとんどを奪い去ってしまった。急いでナポリを離れたため、持ち出すことができなかったものすべてだ」。それまでに蓄積したものの多くを失ったあとで、彼はエンマとネルソンと共にイギリスに帰国したのだとわかる。

一七九九年一月にナポリではフランスのジャコバン党の影響を受けた知識層のジャコビニ派（急進的共和主義者）の人々によってパルテノペア共和国が成立するが、民衆の支持は得られず六月に瓦解する。その後、ナポレオンのイタリア王国（一八〇五〜一四）が成立したことに関連する一連の動きの中で、ナポレオンの妹と結婚し元帥になっていたジョアシャン・ミュラ（一七六七〜一八一五）が一八〇八年にナポリ王に即位する。しかしナポレオンの失脚ののちミュラも失脚し、一八一六年には元のブルボン家のフェルディナンドが、ナポリを追われていた間もシチリア王ではあり続けていたが、ナポリ王にも復活し、ここから両シチリア王フェルディナンド一世と名乗ることになるのである（「両シチリア王国」という言い方は以前からあったが、一八一五年にウィーン会議で初めて正式な国名として承認された）。

ミュラがナポリ王だった間にしたのは、すでにあったサン・カルロ劇場のファサードを建築家アントニオ・ニッコリーニに命じて一八一〇年に当時流行の新古典主義様式に改造させたことである。ところがこの劇場は、一八一六年二月に火災で損傷してしまう。王位に返り咲いたばかりのフェルディナンド一世はすぐに同じニッコリーニに再建を命じ、一八一七年一月に劇場は再開された（図6-28）。王はこの迅速な再建によって民衆の心をつかんだとスタンダールが書いている。

王宮の西側に広がる大きな空地の西側にドリス式の柱を並べた半楕円形の柱廊を作らせたのはミュラであったが、フェルディナンド王は建築家ピエトロ・ビアンキに命じて柱廊の真ん中に割り込ませるようにサン・フランチェスコ・ディ・パオラ教会を建てさせた（一八一七〜四六）。これは王位復帰を記念した奉献教会として建てられたものであるが、内部にはローマのパンテオンを模したドームが架かっている。ブルボン家の父子二代、カルロ王とフェルディナンド王の騎馬像が離れた位置でそれぞれの台座の上に置かれ、舗装された広場はフォロ・フェルディナンドと名付けられた。現在はプレビッシート広場と呼ばれ、二十世紀後半には所狭しと車のひしめく駐車場と化していたが、今は車は排除され、各種の催しを行う広場として利用されている（図6-27）。現在のダンテ広場もかつてはフォロ・カロリーノ（カルロ王の広場）と呼ばれていたが、この二つのフォロのような王権広場はあっても、自治の歴史のないナポリには市民広場はできなかった。市場とか教会前の小さな生活広場などはあっても、市庁舎を中心としたシエナのカンポ広場のような市民自治のための広場は育たなかったのである。しかし人々はむしろ街路にはみだして今も昔も生き生きと暮らしている。ここの人たちは度重なる外国からの圧政に苦しんだはずだが、そんなことには負けずナポリ人としての気概を独特の庶民文化という形で残し、王様のナポリも庶民のナポリも両方ともに愛してきたように見える。

十九世紀を通じて近代化は急速に進展するが、イタリアで一番早く鉄道が敷かれたのはナポリ―ポルティチ間の七キロで、一八三九年十月三日の開通式には両シチリア王国の若いフェルディナンド二世（一八一〇生まれ、在位一八三〇〜五九）が初乗りして祝った。このフェルディナンド二世は時代の潮流に反して専制的な態度を通し、リソルジメント（イタリア統一運動）に敵対したまま一八五九年に没する。しかし次の王となったフランチェスコ二世はわずか一年後の一八六〇年に遠征してきたガリバルディ軍のナポリ入城を前に逃亡し、両シチリア王国は崩壊する。ガリバルディは過激な共和主義者であったが、もう一つの統一運動勢力であったサヴォイア王家（サルデーニャ王国）と妥協せざるを得なくなり、シチリアと南イタリアをヴィットリオ・エマヌエレ二世に献上する。そのことをナポリ市民に向けて宣言したのがトレド通りに面するパラッツォ・ドーリア・ダングリのバルコニーからであった。

一八六一年三月にサヴォイア家のヴィットリオ・エマヌエレ二世にイタリア国王の称号が与えられてイタリア王国（一八六一〜一九四六）は成立し、一八六六年にヴェネト地方、一八七〇年にローマが併合されて国家統一はほぼ完成される。統一の象徴となったヴィットリオ・エマヌエレ二世を記念した有名なガレリーア（アーケード）がミラノのドゥオモ広場にできたのは一八七七年であったが、ナポリでは一八九〇年に次のウンベルト一世の名を冠したガレリーアがサン・カルロ劇場の向かいに姿を現す（図6-29）。鉄とガラスの屋根で覆われた商業的通路空間は、すでに十九世紀前半からフランスではパッサージュ、イギリスではアーケードと呼ばれて都市の中に組み込まれていたが、イタリアでは少し遅れて十九世紀後半以降にこのようなガレリーアが、近代文明を象徴する都市空間として他の国の例よりずっと大規模な形で出現したのである。

明暗のナポリ

二十世紀の二つの大戦を経たあと、一九四六年には国民投票が行われて王政が廃止され、イタリアは共和国となった。戦後のナポリは都市問題も悪化し、一時は治安も悪く街も汚いと言われていた。その論調が少し変わったのが、一九九四年にナポリでサミット（先進国首脳会議）が開かれた頃からで、その開催にあわせて都市再生が進み、成果が着実に現れていると明るく報告されていた。かつてはむりやり駐車する車で埋まっていたプレビッシート広場から車が追い出されたのもこの時の成果の一つである。しかし二〇〇六、七年頃には再びゴミ問題などが浮上してきて、日本でも大きく報道された。その少し前にカゼルタで、王宮や庭園はきれいなのに、駅前がゴミでいっぱいなのに驚いたことがあった。またナポリの街の中でも道路はお世辞にもきれいと思えなかった（一度、脇道でネズミの死骸を踏みそうになった）ので、ニュースを見てやはりそうかと思った覚えがある。いまだに根本的には解決していないようなのは、最近でもコリエーレ・デッラ・セーラ紙のサイト版で、ナポリの近郊に山積みされたゴミの臭いがひどいので近所の者が火をつけたというニュースを見たからだ。ナポリのゴミは昔からの伝統の一部でもあるのだが。

この章では、歴史的な都市や建築の話と王様の話以外は、ゲーテの見た風光明媚なナポリと上流有閑階級の人々の話を中心にしてしまった。しかし、ゲーテの名誉のために言っておくと、彼はどこにいても民衆にかなり関心を向けており、庶民の挙動や生活ぶりもよく観察している。ナポリでは下層民も快活でよく働く、無為徒食の怠け者が多いというのは嘘だ、ただ北の者たちとは働き方が違うだけだ、と所見を述べている。温暖な気候で野菜や果物も豊富なナポリでは、常に冬に備えなければならない北国と違い、あまり明日を思い煩う必要がないからだというのが彼の見立てである。十八世紀当時、下層民はあふれかえるほどいて、そのために「アルベルゴ・デイ・ポーヴェリ」のような施設も建てられたのであったが、現在の貧困問題は次元も性質もその頃とは違っている。難民問題やマフィアがらみの犯罪などナポリの暗部とされるものはどれも近代になってから出てきた問題である。

そんなことを考え始めていた時にたまたま日本経済新聞の書評欄で目にとまったのが、桐野夏生著『夜また夜の深い夜』という本の紹介であった。すぐに買って読む気になったのは、尊敬する美術史家の友人が、同性の作家では彼女に注目していると言っていたのと、主人公が「ナポリのスラム」に住む十八歳の日本の少女という設定だったからである。私には初めての作家だったが、すぐに引き込まれて二晩で読み終えた。母親と共に日本以外のあちこちの都市を点々としたあげく、四年前からナポリに住む十八歳の少女の書簡と手記による語りで話は進む。何度も整形して顔を変える謎の多い母とけんかして家出した主人公は、モルドバとリベリアからの難民である二人の同世代の女性と仲間になり、何とか力をあわせて生きていく。一年余の過酷なサヴァイヴァルの物語である。

まず主人公が母親と住むスラムというのが、十六世紀のトレド通りの西側に作られたスペイン（スパニョーリ）地区の斜面に設定されている。地図で見るとよくわかるが、ナポリの中心部は建て込んでいるようでも教会など大きな敷地を占めるものが多く、道路で囲まれた街区はみな大きい。ところがスペイン地区だけは道路網が細かく、教会は小さなものがちらほらあるだけ、あとは小さな建物が詰まっているのである。トレド通りの西側の斜面はヴォメロの丘の東にあたるが、上のほうは急峻な崖になっていて丘には直接行くことができない。ヴォメロの丘にはサンテルモ城砦やサン・マルティーノ修道院のほかに高級住宅地もあるが、そこにはナポリ名物の数本のケーブルカーのどれかで行くか、地下鉄で行くのが普通で、歩いたらひどい回り道になるはずである。丘の上とは隔絶されたスラムが東の麓にあるのである。ここは一九八〇年の地震のあと、半壊のまま放置された建物が残って住環境が悪化し、一時は日本のガイドブックにも立ち入らないようにという注意があったという。その後、都市再生プログラムの重点対象地区になったので、今は下町的な賑わいも取り戻していると思うが、この本ではスラム地区として登場している。

そして難民の少女たちがねぐらにしていたのが、ナポリの地下都市の一画である。ナポリの地下には古代のギリシア人が凝灰岩を切り出した採石場の跡が広大な空洞として残っていて、アリの巣のような迷路空間を作っている。地下の空間は貯水槽に使われていたこともあったが、二十世紀初頭には近代的な水道の普及でその役目は終わった。戦時中には防空壕に使われ、今は倉庫などに利用されているほか、犯罪者のたまり場やゴミの不法投棄場となったりしているという。全体で六十万から八十万平方メートルの広さがあるらしいが、全貌はわかっていない。現在は「ナポリ・ソッテラーネア（地下のナポリ）」という協会が運営するガイド付きツアーがあって、四十メートル下の前四世紀の採石場跡など一定のルートに沿った地下空間を一時間ほどで案内してくれるとのことである。その入口の近くにあるサン・ロレンツォ・マッジョーレ教会の地下ではローマ時代の街の遺跡を見たが、それ以上深い所にあるという「地下のナポリ」にはとても入る気にはならない。ロウソクを持って、身体を横にしないと通れない通路もあるなどと聞くとなおさらである。しかしもちろん著者はツアーに参加して想像をふくらませ、彼女たちの居場所を考えついたに違いない。

その後、三人の女性たちは地下を出て一部屋借りることに成功する。その場所はサニタ地区というスラムで、スパニョーリ地区と並んで疲弊度が高く、都市再生プログラムの対象地区になっているところである。トレド通りを北に進み、カーポディモンテ美術館に行く道をバスで通った時、道の両側が低い谷の斜面になっていて、映画で見たことのある低層で白い箱のような建物がびっしり並んでいる光景を目にした。そこがサニタ地区だと後で知った。彼女たちが冒険に出かける墓地もその近くにある。

桐野夏生の小説は、このように観光客は行かないナポリばかりを舞台にしているのだが、難民、貧困、虐待、犯罪など世界の直面する問題も考えずにはいられないような設定で、しかも謎がからむサスペンスでもある。日本人なら誰でも知っている事件や人物をモデルにしている部分もあり、スラムも地下都市も行ったことはないが、本で読んだり映画で見たりした人にはイメージしやすくなっている。マッテーオ・ガッローネ監督の『ゴモッラ』（二〇〇八）はナポリのマフィア組織「カモッラ」をもじった題名で、産業廃棄物の不法投棄などマフィアがらみの犯罪をあばいた小説を元にした映画で、衝撃を受けたことがある。そのイメージなども取り込まれているようだ。書評によれば、桐野夏生の作品には純文学寄りとエンターテインメント寄りの二通りがあるが、『夜また夜の深い夜』は後者だとされており、テンポよく読めたのでそうなのだと思う。しかしエンターテインメントの中にこれだけ考えさせる要素を投入しきっているのは並大抵のことではない。

ナポリは陽光に満ちている分、陰も影も深く、生と死や人の生き方、時の流れ、様々なことに思いを導く都市でもある。ゲーテはこのあと、ナポリで知り合った画家のクニープを伴ってシチリアに出かけることになるが、クニープは長くナポリを離れることの唯一の心残りである恋人の少女にゲーテを引き合わせる。その場面が私にはナポリに暮らす庶民の素晴らしさを象徴しているように心に残ったので、この章はその引用で終えることにしたい。

クニープがゲーテを連れて行ったのは、「ある家の平たい屋根の上」だった。「そこからは波止場へかけての町の下半分や、湾や、ソレントの海岸を完全に見わたすことができた」というので、これはまさしくサニタ地区の、今もよくある四角い家だったと思われる。屋根の上のテラスで美しい景色に感嘆していると、「不意に、じつに愛らしい頭が屋根裏部屋から現われた」。テラスの床には四角い穴があり、落とし戸をかぶせてあるだけなのである。天使のように現れた少女は「じつに容姿が美しく、顔は愛らしく、振舞も立派で自然であった」。その姿を前に友がいかにもしあわせそうなのを見てゲーテは喜ぶ。そして、彼女が立ち去ったあとクニープは、「彼女の足ることを知る無欲さを尊重するようになった」ので、自分は貧乏に甘んじて彼女の愛を楽しむことができたのだ、と告白したのである。「この愉快な出来事のあと、ぼくは海岸に沿うて散歩したが、心静かで楽しかった」とゲーテは述懐するのであった。

第七章

パレルモ
文明の交差した異国情緒の都市

パレルモ 1599

ナポリからシチリアへ

一七八七年四月二日の午後、ゲーテはナポリから四日の航海を経てシチリア島の北西部に位置するパレルモに到着する。同伴者はナポリでティッシュバインから紹介され、すでに気心もわかっていた六歳下のドイツ人画家クリストフ・ハインリッヒ・クニープ（一七五五〜一八二五）である。彼はヒルデスハイムの出身で、ローマで肖像画家として出発したあと、一七八三年から亡くなるまでをずっとナポリで風景画家として暮らしたという人物である。彼を雇ったのは旅の記録となるスケッチ画を作成させるためであったが、「いたずら者」で気働きのよいクニープは様々な面で何かと助けになる男で、ゲーテは一ヶ月以上旅を共にした時点で、「幸運によって引き合わされたクニープを、ぼくはいくらほめてもほめきれない」（五月八日）と評している。当時の旅は今とは比べものにならないほど大変だったに違いないが、二人でめげずに乗り切ったようすが窺われる。

パレルモに上陸する前の数時間、クニープは甲板で熱心に写生をつづけた。それらの写生画は現在ヴァイマールのゲーテ・ハウスに保管されているが、図7-01は、クニープが一八〇四年に再びパレルモを訪れたときに港をスケッチしたものである。当然、彼の頭の中にはゲーテと一緒だった最初の旅のことが想起されたに違いない。パレルモ港の北には独特の形のモンテ・ペッレグリーノ（巡礼の山／パレルモの守護聖女ロザリアの聖域がある）が描かれている。なにしろカメラなどはまだないので、ゲーテは自分でも時々スケッチはしているが、肝心なところはクニープにまかせ、あとはもっぱら言葉で記録し友人たちに伝えることを自身に課していた。忙しい今の時代に読むとやや悠長なゲーテの詳しい叙述をそのまま引用することはできないので、大胆に要点をかいつまみ、大事な言葉だけ引用していることをお断りしておきたい。パレルモの第一印象は、モンテ・ペッレグリーノの「明るい光をいっぱいに浴びたその優雅な形」と、建物を縁取る「かわいらしい樹々の若い緑」とがもたらすものであった。港の近くの大きな宿屋では、絹の天蓋つきの寝台が一段高くなった壁のくぼみの中に置かれているような豪華な部屋に通される。使ってよいと言われた控えの広間のバルコニーからは「多様な眺望」や夜の船着場の静かで優雅な気配も楽しむことができた。

パレルモ略史

シチリア島は地中海に浮かぶ島のなかでは一番大きく、ブーツの形をしたイタリア半島のつま先で蹴りあげられたように、ひしゃげた三角形の形をしている。地中海の真ん中に位置し、アフリカにも近いこの島は、気候などの自然条件にも恵まれ、古来たくさんの民族が去来した。

前八世紀頃にはギリシア人とカルタゴのフェニキア人がやってきて、互いに競いながら海岸沿いに点々とそれぞれの都市を築いていった。パレルモはカルタゴが築いた都市である。しかしカルタゴはローマとのポエニ戦争に敗れ、前三世紀から七百年間はローマがシチリア島の支配者となる。西ローマ帝国が四七六年に滅亡すると異民族の侵入などもあったが、ビザンチン帝国が六世紀からシチリアを支配する。その後、七世紀にアラビア半島で興ったイスラーム教の勢力は、「剣とコーラン」を手に「ジハード（聖戦）」を展開し、アフリカの北とスペインを征服して行ったことで知られるが、シチリア島にも八三一年に侵入し、以後一〇七二年までシチリアはイスラームの支配下で栄えた。当時のイスラーム圏はヨーロッパより進んだ文明をもっており、イスラーム教徒たちはシチリアにも様々な文化的恩恵をもたらした。中でも進んだ水道施設や灌漑の技術によって乾いた土地を耕作可能な農地に変え、柑橘類をはじめ、綿、桑、サトウキビ、ナツメヤシ、パピルスなど様々な作物をもたらし、商業も活発化させたためシチリアは豊かな島となった。イスラーム教徒たちはパレルモを拠点にシチリア全土の征服を行い、パレルモを首都としたのである。

その後、十一世紀にはノルマン人による南イタリアとシチリア征服という大きなできごとがあった。同時代ではノルマンディー公ウィリアムによるイギリス征服、いわゆるノルマン・コンクェスト（一〇六六）がよく知られているが、これはヘースティングスの戦いという一度の戦争による征服であった。それとは異なり、南イタリアとシチリアの征服は何十年もかけての漸次的な勢力拡大の末に達成されたものであった。それに成功したのは、フランス北西部のノルマンディーに定着していたノルマン人の一族で、武力に長けたオートヴィル家の男たちであった。彼らは兵を募って次々と一〇三五年頃から南イタリアに向かい、着々と領土を増やしてゆき、一〇六〇年からシチリア征服を開始する。そして一〇七二年にルッジェーロ（フランス語ではロジェ、ラテン語ではロゲリウス）一世が、イスラーム教徒の首都だったパレルモを陥落してシチリア伯となった（在位一〇七二～一一〇一）。その後、シチリア伯を継いだ次男のルッジェーロ二世に対して教皇アナクレトゥス二世によってシチリア王の冠が与えられ、一一三〇年にノルマン・シチリア王国が誕生するのである。教皇がノルマン人によるシチリア王国の存立を公式に認めたのは、彼らがイスラーム教徒の手からシチリアを奪還したからであった。

シチリア王となったルッジェーロ二世（在位一一三〇～五四）は、治世を確かなものにするために賢明な政策をとる。イスラーム教徒の残した文化を尊重し、彼らの知恵や知識、技術を活用する方策をとったのである。役人にはイスラーム教徒を多用し、宮廷ではギリシア人やアラブ人の学者たちが活躍し、パレルモはスペインのトレドと並んで、イスラームの進んだ知識をラテン語などに翻訳しヨーロッパに広める拠点の一つとなった。ノルマン人は武力に長けてはいたがシチリアでは少数派であり、イスラームほどの高い文化や効率的な行政組織をもっているわけでもなかった。宗教的に寛容な政策をとり、イスラーム教徒に活躍の場を与えて国の行政や軍隊の運営にあたらせたことは、合理的で現実的な政策であったといえる。ルッジェーロ二世の生前に戴冠した息子のグリエルモ一世（ギョームまたはウィレルムスとも表記、在位一一五一～六六）と孫のグリエルモ二世（在位一一六六～八九）も、同じ政策を踏襲した。その結果、十二世紀のパレルモは歴史上稀にみるほど理想的な、異文化混交の魅惑的な首都となったのである。

アラブ・ノルマン建築

イタリアの都市を観光客として訪れれば、その都市が最も文化的に栄えていた時代が主要な建築や街並を通して見えてくる。トスカーナ地方のシエナは中世末の十四世紀前半、ルネサンス発祥の地フィレンツェは十五世紀から十六世紀、ヴェネツィアは十五世紀後半から十六世紀、ローマは十六世紀から十七世紀といったぐあいである。ところがパレルモはこれらの都市よりずっと早く、十二世紀に最も輝いていたことが、今も人々を惹き付ける観光スポットが、その時代の建築に集中していることから明らかである。それらはアラブ・ノルマン建築と呼ばれている。

一一三〇年にシチリア王となったルッジェーロ二世は、まず王宮を豪華に改造することから手をつける。ここは一〇七二年にパレルモを陥落させてシチリア伯となった父ルッジェーロ一世の代からすでに改築が行われていたが、元はイスラーム時代の城砦であった。さらにさかのぼれば、ここはカルタゴ人が最初に集落を築いた中心の場所にあたり、地下からはカルタゴ時代の壁が発掘され、現在は博物館となった王宮（一部は州議会場にもなっている）の地下室でそれを見ることができる。

パレルモは東に海がある。その港のほうから西（正確には西南西）に向けてごくゆるやかに登っていく全長一・八キロほどの東西道路があり、西端にある市門のすぐ南に王宮が位置している。そのあたりがパレルモという都市の最初の核ができた場所である。古くから存在し、イル・カッ

図7-01　クニープ画《パレルモの港とモンテ・ペッレグリーノ》 1804

図7-02　パレルモの王宮　東側外観

図7-03　王宮礼拝堂　1130起工

図7-04　王宮　ルッジェーロの間

サロと呼ばれたこの東西道路（現コルソ・ヴィットリオ・エマヌエレ）は、パレルモの都市構造を理解する鍵となる最も重要な道である。

王宮はイスラーム時代の建物を基本にしているが、後に何度も増改築されていることが外観からも見てとれる（図7-02）。いくつか塔状に建てられた部分があるが、そのうちのジョアーリアの塔と呼ばれる塔の三階に「ルッジェーロの間」が残されている。そのほかにも豪華な内装の部屋はいくつもあったとされるが、現在残っているノルマン時代の空間は、他にカッペッラ・パラティーナ（王宮礼拝堂）があるだけである。しかしこれらを見るだけでも、十二世紀のアラブ人建築家やビザンチンのモザイク技術を引き継いだ職人たちの凄さが伝わってくる。

王宮の二階レベルに作られたカッペッラ・パラティーナは、使徒ペテロに捧げられたキリスト教の礼拝堂であるが、内部空間だけの建築ということができる（カラーページ）。ここではビザンチン、イスラーム、ラテンの職人技が混在しているのが見られる。すぐに目につくのは、ビザンチン美術の特徴とされる金色を主体としたモザイクの輝きであるが、パントクラトーレ（全能の神）としてのキリストの姿がドームと内陣奥の半ドームの両方に描かれている。身廊の天井はアラブの職人たちによるイスラーム建築特有のムカルナス（英語ではスタラクタイト／鍾乳石または蜂の巣状の凹凸からなる装飾）で覆われている（図7-03）。平面形は三廊式で、袖廊はないが交差部にドームの載るラテン十字形に近い。身廊の壁面には旧約聖書からの場面がモザイクで描かれ、側廊の壁には聖ペテロと聖パオロの物語が表されている。

ルッジェーロ二世の名を冠したルッジェーロの間も王宮礼拝堂に負けず豪華であるが、違った美しさを示している（図7-04）。浅い交差ヴォールトの天井から壁面の上部までが金色を地とするモザイクで飾られているが、この部屋は宗教空間ではないので、ヤシの木の下で鹿狩りを行う場面などもあり、おもしろい形の植物やライオン、孔雀、蔓草などが楽しげに装飾的に配されていて楽園のイメージへと誘われる。

王宮はその後、十三世紀後半からしばらくは使われずに放置された時代があったが、十六世紀以降、スペインの副王統治時代に大きく増改築がなされ、大階段や二つの中庭なども作られた。また十八世紀のスペイン・ブルボン家の支配時代にも諸室の改装がなされている。もちろんそれらは立派ではあるが、十七、八世紀のヨーロッパには他にも豪華な宮殿はいくらもあり、特にいうほどのものではない。やはりパレルモの王宮内では、十二世紀に作られて残された礼拝堂と王の部屋の二つの空間が最も異彩を放っているということができる。

王宮の少し南には、四角い建物と塔の上に赤い半球形の大小のドームが計五つも載る不思議な建物があり、そばにはヤシやシュロなど南国的な植物が生い茂って、異国情緒を醸し出している（カラーページ）。イスラーム建築のようにみえるが、これもルッジェーロ二世の時代に作られたサン・ジョヴァンニ・デリ・エレミーティという教会である。その一部にはかつてモスクだった建物が利用されたという説もあるが、確かではない。現在はもう教会として使われてはいないが、がらんどうの空間そのものも魅力的である。四角い空間にドームを載せる時には四隅の処理が問題になるが、ここではまだ過渡期のスキンチと呼ばれる形が見られて興味深い（図7-05）。庭には修道院だった時代の回廊の、アーチの並ぶ四面の枠だけが残されていて、ますます秘密の園のような雰囲気である。

四角い箱の上に赤い丸帽子のようなドームが載る建物は、町の中心部にも存在する（図7-07）。現ベッリーニ広場の南側に建つサン・カタルド教会（一一六〇年）がそれである。イスラーム教徒の建築家が作ったので外見はイスラーム風であるが、ノルマン王朝のキリスト教徒のための建物である。イスラーム教の建物と誤解されないように、イスラームという言葉は使わず、かわりにアラブという言葉を用いてアラブ・ノルマン様式とかアラブ・ノルマン建築と呼ばれている。内部はサン・ジョヴァンニ・デリ・エレミーティ教会と同様に壁面装飾はないが、柱、アーチ、ドーム、石積みなどがむき出しで力強い存在感を発揮しており、構造的な美しさの際立つ空間である（図7-06）。

その隣に建つのは、ルッジェーロ二世のアンミラリオ（海軍提督）だった人物が建造を指揮したサンタ・マリア・デッランミラリオ（海軍提督の聖母マリア教会、一一四三年）であるが、この教会は隣のマルトラーナ修道院に接収されたため、現在はラ・マルトラーナと呼ばれることが多い。内部は王宮礼拝堂と同様に華麗なモザイク装飾で覆われているが、その中にルッジェーロ二世がイエス・キリストから王冠を授かる姿を描いた有名なモザイク画がある。実際には一一三〇年にルッジェーロ二世のシチリア王即位の戴冠式を行ったのは教皇アナクレトゥス二世であったが、当時は叙任権論争をはじめ教皇と皇帝の政治的・宗教的な争いが絶えなかった時代である。俗世の争いにまみれていた教皇の手から王冠を受けはしたが、精神的には「王権は神から授かったもの」ということを強調するために、キリストから直に戴冠されるルッジェーロ二世の姿が華麗な

図7-05　サン・ジョヴァンニ・デリ・エレミーティ教会内部　1136

図7-06　サン・カタルド教会内部　1160

図7-07　ラ・マルトラーナ教会（1143／入口は17世紀）とサン・カタルド教会（右／1160）

モザイク画として残されたのである。

楽園のイメージ

パレルモの市内で圧倒的な存在感を示すのは、王宮にほど近く、東西軸の道路の北側に印象的な庭園を介して建つカテドラーレ（大聖堂）である（図7-08）。パレルモの大聖堂はイタリアのほかの都市とちがってドゥオモとは呼ばれず、カテドラ（司教座）のある教会という本来の意味を保持してカテドラーレと呼ばれている。カテドラーレは十二世紀末にアラブ・ノルマン様式で建設されたが、その後、支配者がかわるごとに何度も改築や増築が行われ、当初の意匠をのこしているのは、内陣（アプス）の外側のあたりだけとなった。屋根の上に突出する丈の高いドームの建設と堂内の改装がなされたのは十八世紀後半から末にかけてのことで、共にルネサンス様式に近い新古典主義様式を呈している（図7-09）。西側は道路をはさんで建つルネサンス様式の司教館との間をネオ・ゴシック様式の塔と大きなアーチ形の中空の壁二つがつないでいるのが印象的である。カテドラーレの主入口は西側ではなく南側の庭園に面して作られている。広場ではなく庭園とセットになっているところがいかにもパレルモというイメージである。比較的に地味な内部よりも、庭園越しに見た外観の様々な時代の様式が混在しているキッチュさのほうが感性に訴える度合いが強い。屋根の上も歩けるようになっているので、なおさら眺望と冒険を楽しむテーマパークの施設のようでもある。

図7-08　パレルモのカテドラーレ（大聖堂）　12世紀末起工

図7-09　カテドラーレ内部　18世紀末の改装

パレルモのカテドラーレを建てたグリエルモ二世は、十二世紀末の同じ頃にパレルモから南西におよそ八キロほどの丘の上に修道院と教会を建ててベネディクト修道会に寄進した。モンレアーレはその修道院を中心に発展した町であり、修道院付属の教会がこの町の大聖堂となった。これはカテドラーレではなくドゥオモと呼ばれている。

モンレアーレのドゥオモはパレルモのカテドラーレとは違って後世の改変が少なく、十二世紀のアラブ・ノルマン様式（モザイクなど、ビザンチン建築の要素も含めてこう呼ぶ）をよくのこしている。外観は大きく堅固で、北側の広場はちょっとした庭園のようになっており、現在はひょろりとしたヤシの木が二本突っ立っているのが可愛らしい（図7-10）。西側にも広場はあり正面玄関もあるが、そこは通常閉じたままで、北側に付加されたポルティコの中に教会の側廊に通じる入口が設けられている。内部はパレルモの王宮礼拝堂よりずっと大きいが、同じように金色を主体としたモザイクで華麗に装飾されている（図7-11）。

修道院のキオストロ（回廊で囲まれた中庭）は広大で、二本ずつ対の柱で支えられた尖頭アーチは各面二十六個ずつ並んでいる。南西の隅には水盤を囲む泉亭が作られ、中庭の造りも今は十字形でシンプルであるが、かつてはもっと緑豊かな楽園の様相を呈していたであろうことが想像される（図7-12～14）。この中庭を上から眺めることができるのは、ドゥオモの中から階段を上り、南側の側廊の屋根の上の通路を通り、また建物の中の狭い通路を複雑に通り抜け、最後は足元に気をつけながら外階段を上って、内陣の外側の後陣上部に作られた簡単な展望台に出られる見学コースが作られているからである。

図7-10　モンレアーレのドゥオモ(大聖堂)北側外観　1176

図7-11　ドゥオモ内部

図7-12　ドゥオモの南側にある付属修道院中庭

図7-13　中庭の回廊南西隅にある泉亭

図7-14　回廊　南東から北西を見る

モンレアーレのドゥオモ後陣の展望台からは丘陵地帯と海に囲まれたパレルモの盆地の全貌が見渡せるが、この盆地はコンカ・ドーロ（黄金の盆）と呼ばれている（図7-15）。手前にはモンレアーレの町の家並が目立つが、その向こうには樹々の緑と建物の屋根が混在する平地が続き、海のすぐ手前左方にはパレルモの市街が、超高層など目立つ建物はないので、平たくかたまって見える。今でこそパレルモの郊外にあたるこの地域には一面に住宅地が広がっているが、近代以前はほとんど緑地からなる盆地であった。

シチリアの大地は概して樹木がほとんどなく荒涼としているが、パレルモ周辺の盆地はイスラームの進んだ技術によって灌漑がなされ、豊かな緑地となったためコンカ・ドーロと呼ばれるようになったのである。耕作地のほかにノルマン王室の広大な私園として使われた土地も多くあり、丘陵に近いところは狩猟場となり、また王宮に近いあたりの緑園には別荘がいくつも作られた。その中でよく知られているのが、クーバとジーザの別荘である。クーバは王宮から南西に数百メートルという近さであったので、特によく使われたという。四角い人工の池の中に主屋と東屋が浮かび、両者のあいだは小舟で行き来した（図7-16）。今はこの池も失われ、建物は残るが丸屋根はなくなって、かつての面影はない。しかし想像復原図は地上の楽園というイメージで描かれている。

ジーザは王宮から北西に一キロほどの所に位置し、庭園は狭められたが、建物としてはクーバより大きな主屋がよくのこされている。図7-17は十九世紀の初め頃の絵であるが、現在はすぐそばに鉄柵がめぐらされ、住宅地が近くまで迫っている（図7-18）。パレルモの中心から遠くな

図7-15　コンカ・ドーロ　モンレアーレのドゥオモ後陣からの眺め

図7-16　クーバ　12世紀後半　R. Lentini による想像復原図

図7-17　19世紀初めの絵に描かれたジーザ

図7-18　現在のジーザ

いのに道は狭く入り組んでいて、何度も尋ねながらようやくたどりつくことができた。しかしその日は公開されておらず、中は見ることができなかった。一七八七年四月十五日にジーザを訪れたゲーテは、「ムーア様式の、これまで立派に保存されてきた家屋はぼくたちをことのほか喜ばせた、……大きいものではないが、美しく、広くてよく均整のとれた、調和した部屋がいくつかあって、北国の気候ではちょっと住めそうにないけれど、南国の気候では最高に居心地のよさそうなところだ」と書いているので、内部もつぶさに見たことがわかる。

ジーザはグリエルモ一世晩年の一一六五年に起工し、次のグリエルモ二世によって一一六七年に完成された、余暇を楽しむための別荘である。三階建てで、中央の連続した広間は二層分の高さがあり、庭園に続く開放的な噴水の間として作られた。両側には左右対称に同じ配置の部屋が並んでいるが、その時どきの風向きや陽の方向によってより快適な室内環境になっているほうを選んで使ったという。ジーザの建物は自然の風の流れを取り込み、通風が建物全体に行き渡るような工夫がなされていたことで知られている。広間の床はタイル貼りで、水路と噴水が中央の軸線上に作られ、周囲の壁面は王宮のルッジェーロの間とよく似た石貼りや柱、モザイクなどで装飾されていた。水と風と光と緑をいかしてデザインするのがイスラーム建築の特徴だとされるが、スペインのグラナダのアルハンブラ宮殿の例などを思い浮かべていただきたい。アルハンブラはイスラーム教徒によるイスラーム教徒のための宮殿であったが、パレルモではノルマン人の王たちのためにイスラームの建築家たちによって水と風と光と緑の楽園のような建築が用意されたのであった。

十二世紀のノルマン王朝はルッジェーロ二世、グリエルモ一世、グリエルモ二世の三代の治世（一一三〇〜八九）にイスラーム教徒らの知恵も取り込んで独特のアラブ・ノルマン文化の花を咲かせて栄えたが、そのことを今もパレルモと周辺にのこる建築を通して納得することができた。その後、曲折を経て、歴史上名高いフェデリーコ（フリードリッヒ）二世が三歳でシチリア王に即位する（シチリア王として在位一一九八〜一二五〇、神聖ローマ皇帝として在位一二二〇〜五〇）。父親はドイツのホーエンシュタウフェン家出身の神聖ローマ皇帝（在位一一九一〜九七）であったが、母親がルッジェーロ二世の娘であったので、ノルマン王家の血は引いていた。しかし彼の時代にはかつてのおおらかな異文化交流の伝統もしだいに薄れ、一二二〇年代にはたびたび反乱を起こすイスラーム教徒をシチリアから南イタリアに強制移住させ追放することまで行った。そのためイスラーム教徒たちが担っていた農業や商業をはじめとする豊かな文化は失われ、フェデリーコ二世の死と共にシチリアの華やかな時代は終わったといわれる。その後、しばらくは政治的混迷（短いフランス・アンジュー家支配時代とスペイン・アラゴン家支配時代）や経済的衰退の数世紀が訪れ、次に活発な文化的動き、特に都市的な規模での建設活動が顕著に見られるのは十六世紀のスペイン・ハプスブルク家の副王支配時代ということになるのである。

バロックの都市改造

パレルモとナポリは支配者が共通することが多く、政治的に常に密接な関係にあった。しかし建築的には同じ現象が起きてはいない。前章で見たナポリでは、ノルマン支配時代にもパレルモのようなアラブ・ノルマン建築はほとんど出現しなかったが、一二六六年からのフランス・アンジュー家支配時代にゴシック様式の建築が多く作られた。いっぽうで、反乱によってアンジュー家を追い出したシチリアにはゴシック建築は根付かなかったのである。その後少し歩調がそろうのは、十六世紀のスペイン支配時代である。

図7-19は、一五八一年のパレルモの地図である。北は一応右のほうと考えてほしい。現代の地図（図7-20）は北を上に描かれているが、この図では中心よりやや左上で二本の道路が直角に交差しているのがすぐに目につく。そのうちの少し左に傾いた東西道路が、一五八一年の地図にはまっすぐの縦の道として描かれているのである。この東西道路は古代からあるイル・カッサロと呼ばれた尾根道で、長さは約一・八キロ、西のほうが二十八メートルくらい高く、海に向かって低くなっている。この時点ではまだ直交する南北の長い道はなかったことがわかる。この図は大々的な都市改造がなされる少し前のものである。パレルモの市域はほぼ長方形で、ルネサンス式の稜堡のある城壁で囲まれていた。

パレルモの都市改造は十六世紀の後半に始まった。まず一五六四年から七〇年にかけて港湾が北西に拡張されるが、それは図7-19の右下にすでに描かれている。その後、一五八二年から八三年に東西道路イル・カッサロが整備されて港のすぐ近くまで延長され、港のそばにはフェリーチェ門、西の王宮のそばにはヌオーヴァ門（ポルタ・ヌオーヴァ）が建てられた。これはルネサンス様式の加味されたアラブ・ノルマン様式の堂々たる門である。さらに港からまっすぐ来たイ

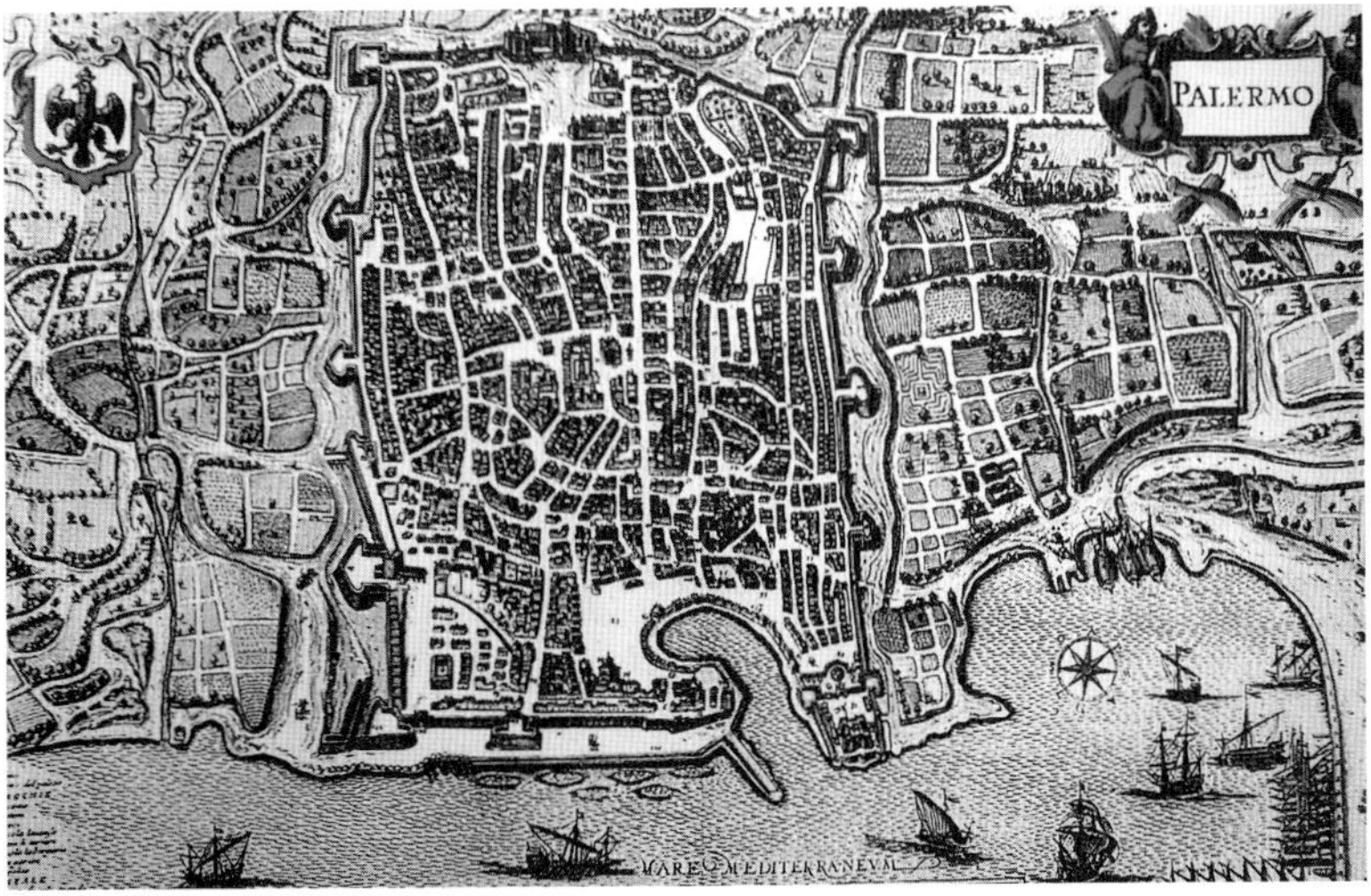

図7-19　1581年のパレルモの地図　北はほぼ右

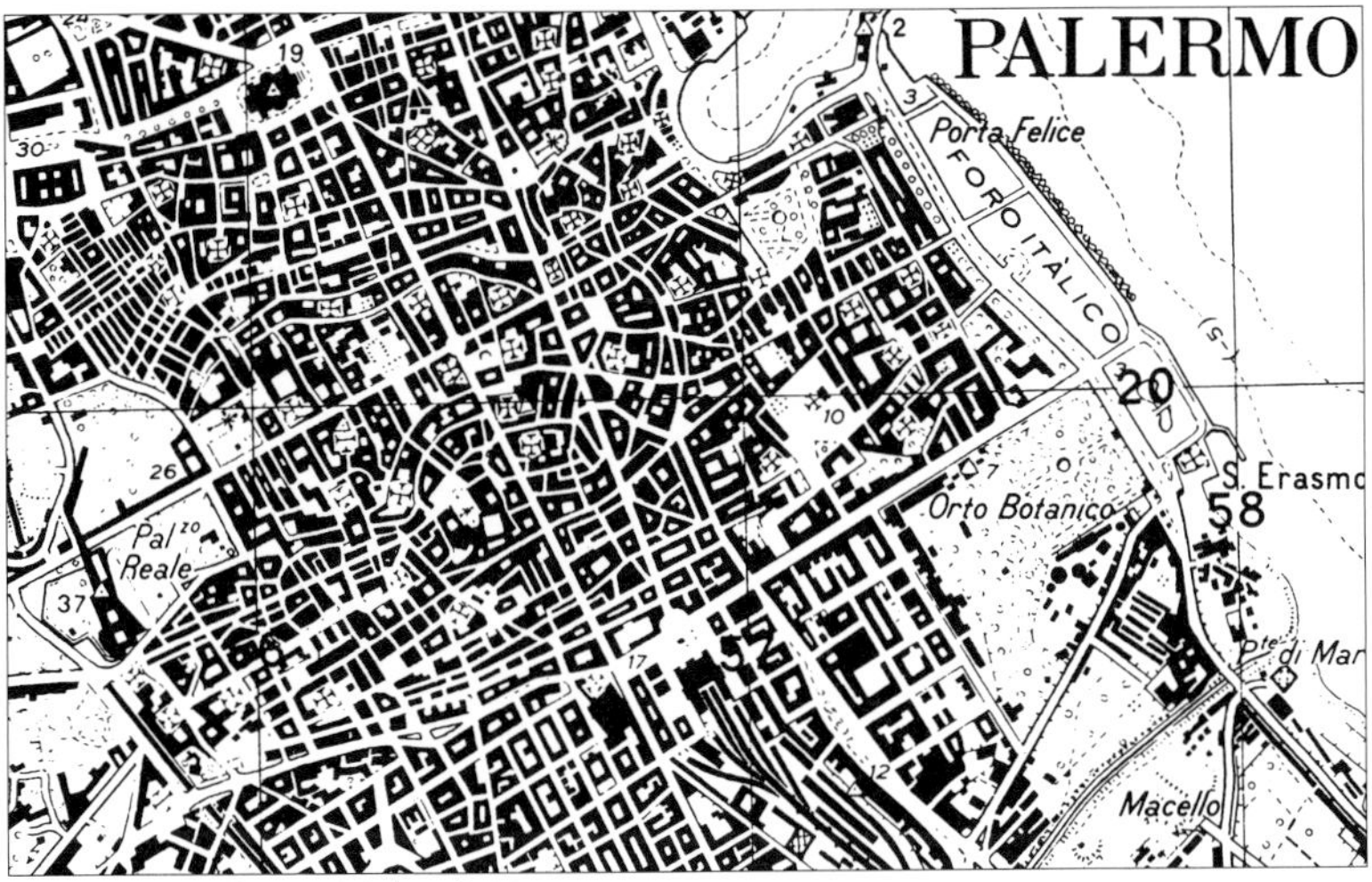

図7-20　現代のパレルモ中心部　北は上

ル・カッサロ（現コルソ・ヴィットリオ・エマヌエレ）は、ヌオーヴァ門を突き抜けて西に数キロ延長され、海から内陸の山のほうへと向かうヴェクトルが明示される。一五九七年には中心部でこの道に直交する南北道（現ヴィア・マクェーダ）が作られ、東西・南北の道がまじわる交差点は隅切りされて八角形の広場となった。クァトロ・カンティ（四つ角）と呼ばれるこの交差点の四隅には凹状の曲面をなす三層の建物のファサードが作られ、一層目には春夏秋冬をそれぞれ表す擬人像で飾られた泉、二層目にはスペインの四人の王、三層目にはその守護聖人の像がニッチの中に置かれ、全体に彫塑的でバロック的な景観が創出されたのである（図7-21）。

クァトロ・カンティが完成するのは一六二〇年であるが、それよりも数十年早く、四つ角の南東の建物の背後にあたる位置には大きな広場が整備され、フィレンツェから運ばれて来た巨大な噴水と彫刻による都市的な装置が一五七五年に据えられていた。プレトーリアの泉と呼ばれるこの舞台装置のような噴水は、同心円を基調として階段や手摺、ニッチなどの建築的要素で構成され、様々なポーズの人物像のほかに馬をはじめとする種々の動物の像が点々と配され、中央の最上階には三段の水盤をかかげる噴水が置かれている（図7-22）。これは当初、一五五四〜五五年にフィレンツェのヴィラのために彫刻家フランチェスコ・カミッリアーニが制作したものであったが、どういう経緯からかパレルモが購入することになり、解体されて船で運ばれ、この広場でまた組み立てられたものである。現在残念なのは、柵で囲まれて近づけないようにされていることで、階段を上り下りする楽しみが奪われている。人がいっぱいこの上を行き来すればもっと生き生きとした感じになるに違いない。十六世紀後半の作品であるが、バロック的な構想で作られ

図7-21　パレルモのクァトロ・カンティ　1620　東のほうを見る

図7-22　プレトーリア広場の噴水彫刻　1575設置

図7-23　ヴッチリアの市場の中の小広場

図7-24　ジェズ教会正面　1564

図7-25　ジェズ教会　バロック期の内装

た噴水である。

ゲーテはパレルモの町を観察しながら歩きまわった結果、「公共の記念物、たとえば噴水などは、とうていよい趣味とはいえない」という結論に達し、この噴水を実例にあげている。「ここにはローマと異なり、制作を支配する芸術精神といったものがない」、それは「教会についても同じようなことがいえる」と手厳しい。クァトロ・カンティから南西の一画に少し入ったところにはイエズス会の建てたジェズ教会がある（図7-24）。正面はイル・ジェズ型のファサードにパレルモに特徴的な白と黄土色の色調でメリハリをつけていてそれなりであるが、内部は床から天井まで大理石の象眼細工やスタッコ装飾などで覆われ、満艦飾もいいところである（図7-25）。このように華美になるのは、職人たちがそれぞれ腕にかけて作ったものを「何の好みも指導もなしにある場所に取り付けようとしてできた」ものだから、結果は偶然なのだというのがゲーテの見立てである。同時期のローマの洗練されたバロック建築を知ったあとでは、シチリアのバロックが垢抜けしないものに見えるのはいたしかたない。

ともあれ、ローマでシクストゥス五世（在位一五八五〜九〇）の都市計画が作られたのと同じ頃にパレルモでもバロック的な四つ角をもつ直交道路の計画が実施されたのである。この明快な道路のおかげで、パレルモの都市のわかりやすさが飛躍的に向上したことは疑いがない。ゲーテはパレルモについて、「概観するのはやさしく、精通するのは困難な町である」と評している。直交する二本の道路のそばにある主要な建物は見つけやすいが、町の内部に入り込んでしまうと、他国者は「案内人の助けを借りなくてはこの迷宮から抜け出すことはできない」というのである。

町のつくりはその通りで、内部に入りこむと細い路地のほかに川の跡の曲がりくねった道などもあり、庶民的な迷路空間が今でもかなり残されている。ジェズ教会の近くにはバッラロの市場という食品を中心に何でも売っている市場があり、朝から午後まで営業している。私はたまたまこの近くにホテルをとったが、最初の晩の帰路に曲がり角を一つ間違えてこの市場に迷いこんでしまった。すでに商品やテントは片付けられていたが、薄暗い中、電灯の下に何やら様々な人種の人が三々五々たむろするのが異様な雰囲気に見え、ドキドキしながら足早に大通りに戻って道をたどり直した。が、翌朝また通ったら何ということもなく普通に賑わう市場だった。さらに、中心より三百メートルほど北のあたりで北西から北東に走る路地には衣料品や日用品を主にしたカーポの市場、また北東の一画には「パレルモの胃袋」と言われる生鮮食品を中心としたヴッチリアの市場がある（図7-23）。このように、中近東のバザールや北アフリカや中東のスークにも似ているらしい（行ったことはないが）庶民的で迷宮的な市場空間がパレルモでも、よそゆき顔の中心街路のすぐ外側にいくつもみられるのは、中世のイスラーム支配時代に形成された市場空間の名残にほかならないと言われている。

奇怪さへの傾倒

十八世紀頃には田園回帰熱が再び高まるが、パレルモを取り巻くコンカ・ドーロからは離れて、南東に十三キロほどのバゲリーアのあたりに別荘を営むことが貴族たちのあいだに流行した。その中で、パラゴニア公子が親子二代かけて奇怪な趣味で飾りたてていると評判のヴィラ・パラゴニアを、ゲーテはクニープと共に見に行って、その「無軌道ぶり」や「愚かしさの数々」を書き立てている（四月九日）。初めて『イタリア紀行』を読んだ時にパレルモのくだりで最も印象に残ったのが、この館と庭の叙述だった。そんなに奇妙な建物と庭園があるならぜひ見てみたいと強く憧れたのだ。

このヴィラは一七一五年頃から建設が始まったものだが、当初はドメニコ会修道士でハンガリーで軍事建築家として活躍したトンマーゾ・マリア・ナポリという建築家が雇われて設計にあたった。その後も何人か建築家は関係しているが、建物や庭のあちこちに見られる奇怪な意匠は、パラゴニア公の先代と当時の公子が職人たちに指示して作らせたもので、しだいにエスカレートしていったようすが窺われる。奇怪なイメージのもとは、主として塀の上にずらりと並ぶ怪物や奇妙な格好の人物や動物たちの彫刻によるものである（図7-27・28）。「きわめて低俗な石工の手になる不細工な彫刻のいとわしさは、それがきわめて粗悪な貝殻凝灰岩でできているので、なおさら助長される」と、ゲーテは手厳しい。そして、「パラゴニア公子の妄狂ぶりの諸要素」を目録にしてあげつらい、「人間の部では、男女の乞食、スペイン人男女、ムーア人、トルコ人、……、楽士、道化師、古代の服装をした兵士、……、動物の部では、部分的なものばかりで、人間の手をもつ馬、人間の胴体をもつ馬の首、ひんまがった顔の猿、たくさんの竜と蛇、……花瓶の部では、あらゆる種類の怪物と渦巻き装飾、……」といった具合に数えあげている（今なら差別語になる項目も……で省略した中に含まれている）。

図7-26　ヴィラ・パラゴニア（現在の表側／かつての背面 1715年頃起工）

図7-27　塀の上の怪物たち

図7-28　現在の裏門の両側を守る怪物２体

図7-29　かつての表門とアプローチ

館を中心に庭をとりまく曲面の塀は、全体で細長い四葉形をなすように巡っているが、塀の上の彫像群も現在ではだいぶ汚れて、分類の手がかりになるような細部や輪郭もさだかではない。確かに奇怪な彫像群ではあるが、漫画やアニメ、映画やテーマパークなどで商業的に過剰に提供される大量の奇妙なイメージに日々慣らされてしまっている私たちの目にはさほど驚くような衝撃はない。しかし一つ一つが石を刻んだものだと思うと、その執拗さと数の多さには圧倒される。また、午前の陽光の下だったから何ともなかったものの、薄暮の時刻に一人でこの庭にいたら相当うす気味悪く感じたことだろう。

現在、バゲリーアはパレルモの衛星都市の一つとして発展しており、このヴィラの近くには明るい広場と幅広の道があって、小ぎれいなリゾート地の町のような雰囲気がある。他にも大きな庭に囲まれたヴィラがいくつかあり、その中ではこのヴィラ・パラゴニアはむしろこぢんまりと見えた。現在の広場に面した入口はかつての裏門で、反対側のゲーテが入った門（図7-29）からの長いアプローチは、今では住宅街の中の道になってしまっている。当時は耕作地をまっすぐに突っ切ってくる道で、両側は塀で区切られ、その上にこのような彫像がずらっと並んでいた。それらに囲まれた中を数百メートルも歩いたなら、やはり異様な気分に陥ったに違いない。

ヴィラの中心の建物は、外観は簡素で上品なバロック様式といえる。正面は凹面をなし、両側から上る石段が付され、中央にはトンネル状の通路が背面まで達している。背面（現在の表側）のファサードもゆるい凸状の曲面をなしているが、白い壁に黄土色の縁取りというパレルモ・カラーの落ち着いたデザインである（図7-26）。ところが中に入ると、室内装飾は一見まともながら、よく見ると材料や色彩や形のとりあわせなどに過剰さや異様さが感じられる。特に「サローネ・デリ・スペッキ（鏡の大広間）」と呼ばれる部屋の細部は不気味である。今は家具は置かれていないが、ゲーテの証言では、「椅子の脚は違う長さにひき切られ、だから腰をかけることができないし、坐れそうな椅子があれば、そのビロードのクッションの下には針がかくれていると管理人に注意される」といった具合だったらしい。

どんなに異様かと見に来た私の期待はやや裏切られたが、むしろ適度な大きさの庭は、ヤシやサボテンや夾竹桃や柑橘系の樹々などが自然に配されていて、気持ちのよい場所であった。このヴィラを有名にするのに『イタリア紀行』が大きく貢献したことは間違いない。ゲーテはあきれながらも執拗にその異様さを言葉で詳しく表現し続けているからである。一緒に行ったクニープは気圧されてしまったらしく、「彼がいらいらしているのを初めて見た」と書かれているが、結局ここでは一、二枚スケッチするのがやっとだったようだ。それに比べれば、理知の人ゲーテは、趣味にあわないものでも目をそらさずに観察し、どのように無軌道で馬鹿げているか分析し批評するのである。

ヴィラ・パラゴニアを訪れてから三日後に、ゲーテはパレルモの町なかでパラゴニア公子の一行に遭遇する。身なりのよい下僕が何人か銀の皿を人々に差し出して寄付金を集めており、帽子を小わきにかかえ「宮廷人らしい服装をして、上品にゆったりと通りの真ん中の塵の上を歩いてくる」背の高いやせた老人がパラゴニア公子その人だと教えられたのである。彼は時おり町の中を歩いて人々の目を惹き付け、捕虜になった者たちのために身代金を集めているが、そうした善行を行う協会の会長もしているのだという。そこでゲーテが、「田舎の屋敷の馬鹿げた普請のかわりに」その莫大な金額を寄付すればよいのにと叫ぶと、それを聞いた相手は、誰しも「馬鹿げたことには好んで自分からお金を払うが、善行のためには他人に金を出させるのです」と言うのであった。

パラゴニア公子を見たいというゲーテの願いはこうして叶えられたが、もう一つパレルモ滞在の終わり頃にゲーテの好奇心をとらえたのが、当時ヨーロッパで稀代の詐欺師と騒がれたカリオストロ（一七四三〜九五）が、パレルモ出身のジュゼッペ・バルサモという男と同一人物だと話題になったことである。ゲーテは人を介してつつましく暮らすバルサモの母や妹一家らに会いに行き、自分は「イギリス人になりすまし、ちょうどバスティーユの獄から放免されてロンドンにやってきていたカリオストロの消息を、家族に伝えるということ」にするのである。そうして芝居をしながらも、「彼らの自然のままの善良な振舞い」に感動し、心から同情したりもしている。この話も長々と書かれているが、ゲーテは変わった人物に常に関心を寄せるのがわかる。そうした人間観察が、『ファウスト』に登場する複雑な性格の悪魔メフィストフェレスなどの造形へとつながるのだろう。異文化混交の歴史をもち、太陽が強烈なだけ陰翳も深いパレルモでは、複雑で奇怪な人々や事物が多くてもなにも不思議なことではないと思われるのである。

十九世紀以降のパレルモ

十八世紀末から十九世紀のパレルモの状況はナポリに起こったことと連動している。一七九八年にフランス革命軍がナポリに侵入した時、ナポリ王でシチリア王でもあったスペイン・ブルボン家のフェルディナンド（一七五一～一八二五）は家族と共にパレルモに逃れ、ナポレオン時代が終わってナポリに復帰する一八一六年までの大半の期間、パレルモに留まっていた。その間に、狩りの好きなフェルディナンド王はモンテ・ペッレグリーノの西側の麓にあった中国風の木造家屋と周辺の土地を買い、建築家ジュゼッペ・ヴェナンツィオ・マルヴッリア（一七二九～一八一四）に家の改造を依頼している。一七九九年から一八〇二年にかけて改造された建物は、パラッツィーナ・チネーゼ（中国風の小館）と呼ばれるが、外観では屋上に八角形のパゴーダ（塔）が載り、その屋根の緑と壁の赤によるチャイニーズ・トーンがかろうじて中国風といえるかもしれない（図7-30）。一階外周の灰色のアーケードと両側面の外側にある螺旋階段の細い塔は、ジュゼッペ・パトリーコロという建築家が付加したものである。

外観はいかにもキッチュだが、写真で見る限り内部はロココ時代に流行ったシノワズリーの流れをくむ瀟洒なインテリアになっている。イギリスの保養地ブライトンに建つ有名なロイヤル・パヴィリオン（ジョン・ナッシュ設計、一八一五～二三）が、外観はタマネギ形のドームを持つインド・イスラーム風の鋳鉄製の軽い建物で、内部は中国風であるのを思い起こさせるが、パレルモのパラッツィーナ・チネーゼのほうが十年以上も前である。一八六一年のイタリア統一後はサヴォイア王家の所有に移ったが、一九四六年にイタリアが共和国になってからは国有となった。現在はパレルモの北に広がる広大なファヴォリータ公園の北端の一画を占めている。

ナポリがフランスに支配されていた時代も、フェルディナンド王はパレルモで狩りを楽しむための家や庭園を造らせていたことがわかった。さらに他の貴族の館に逗留することもあったことを、最近読んだ『ランペドゥーザ全小説』（脇功・武谷なおみ訳　作品社）所収の「幼年時代の想い出」という短編で知った。ジュゼッペ・トマージ・ディ・ランペドゥーザ（一八九六～一九五七）は、死後に作品が評価されたパレルモ出身の作家で、一九五八年に出版された『山猫』はイタリア中に大変な話題を引き起こし、一九六三年にルキーノ・ヴィスコンティによって映画化されたことでさらに有名になった。日本でもこの映画は見たという人が多いと思う。生きている間に出版された本はなく、職業はと問われて「プリンチペ（公爵）」と答えたというエピソードが知られている。

ランペドゥーザ家にはパレルモ市内の館のほかに時々出かける田舎の家が四つあり、そのうちの一つはパラゴニア公子のヴィラと同じくバゲリーアにあったが、一番お気に入りの家はサンタ・マルゲリータという何十キロも離れた内陸の土地にある広大で美しい家だったと「幼年時代の想い出」には書かれている。部屋は大小あわせて三百くらいあり、「一種、ヴァチカンのようでもあって、分かりやすく言えば無数の迎賓の間や居間、三十人はもてなせる客室、使用人部屋、広大な三つの中庭、厩舎と馬車置き場、私設の劇場と教会、この上なく美しい大庭園と、広い菜園が含まれていた」。そして、この家は「一六八〇年の建設で、一八一〇年頃、母の曾祖父にあたるニコロ・クトー公爵によって全面的に改修がなされた。ナポレオンの義弟ミュラがナポリで統治していた間、シチリア移住を余儀なくされたフェルディナンド四世と王妃マリア・カロリー

図7-30　パラッツィーナ・チネーゼ　1799-1802

図7-31　テアトロ・マッシモ　1875-97

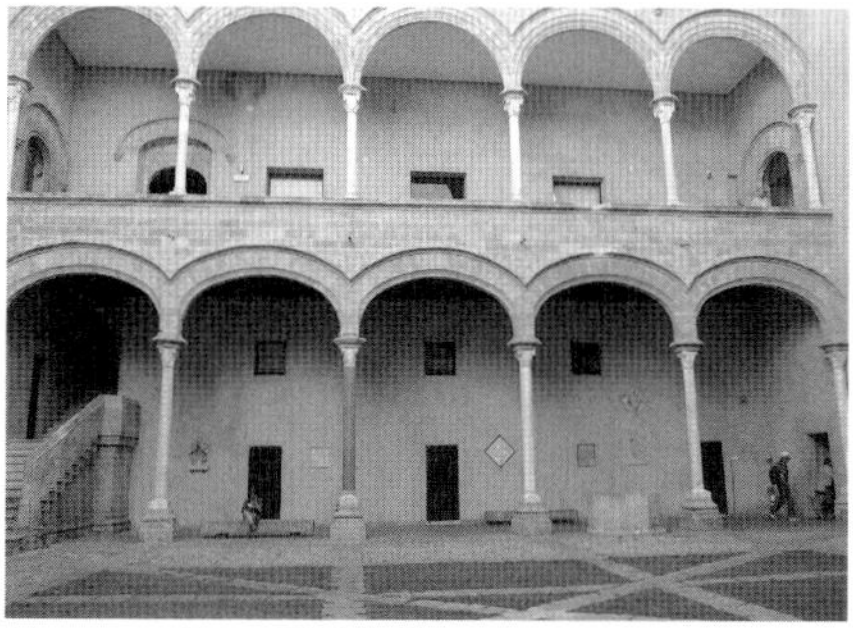

図7-32　シチリア州立美術館（旧パラッツォ・アバテッリス）中庭

図7-33　作者不詳《死の凱旋》（15世紀半ば）を上から眺める

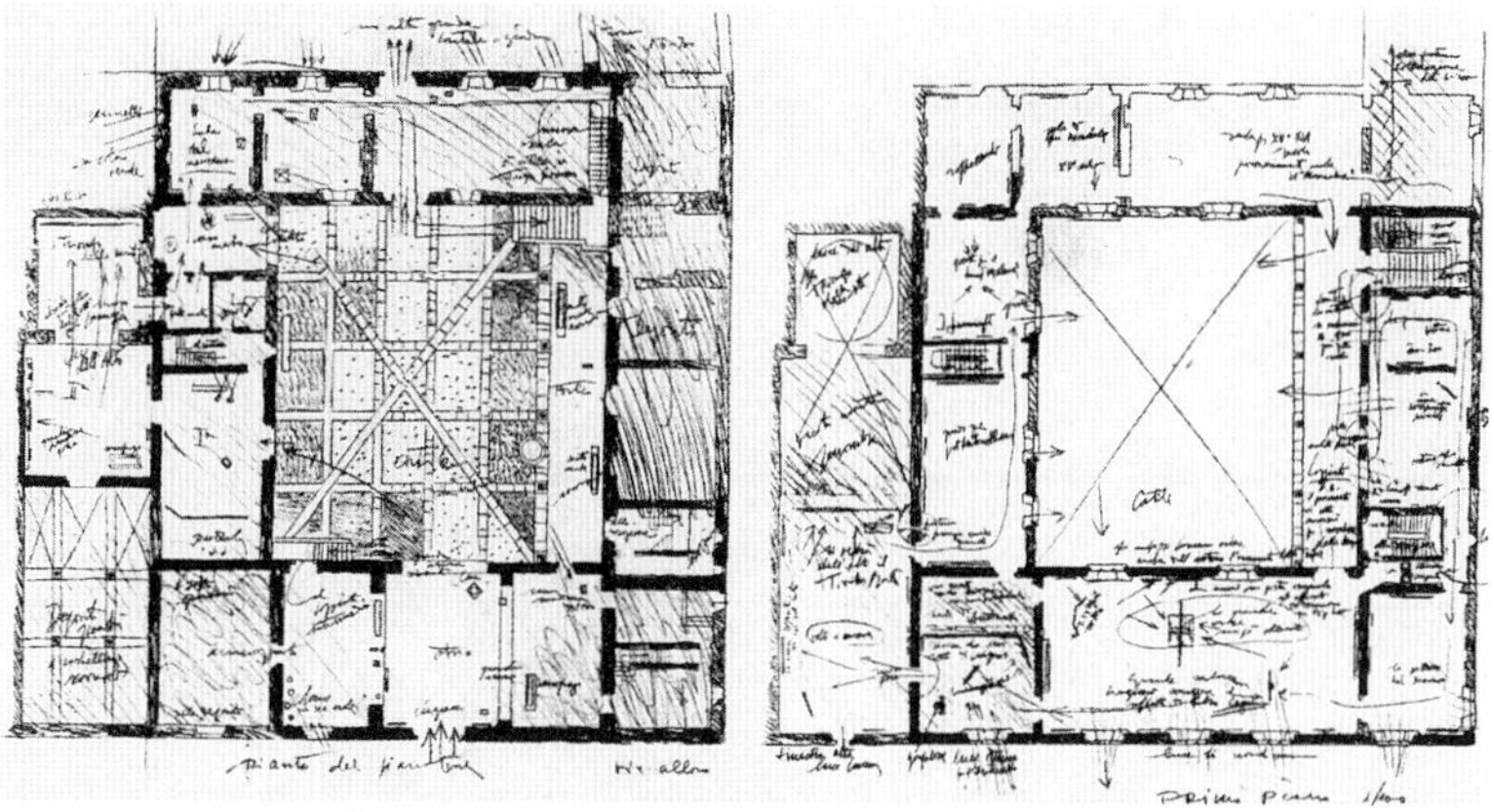

図7-34　シチリア州立美術館　カルロ・スカルパによる改修のためのエスキース図面　1953-54

ナがそこに長く滞在したからである」という記述を見つけたのである。この家は国王夫妻を迎えるために改装し、訳注によれば、彼らは一八一二年の十一月から二ヶ月間、ここに滞在したのであった。この家は、その後も管理と修理が行き届いたため、「シチリアのほかのすべての家々が廃屋同然になったのと違って」二十世紀の初めまで美しさを保つことができた。その頃また当世風に一部改修されたその家に、幼年時代のランペドゥーザは何度か家族と滞在したのであった。

『山猫』の主人公サリーナ公爵にはランペドゥーザ自身が投影されているといわれるが、時代設定の中心はガリバルディがシチリアに上陸した一八六〇年におかれていて、作者が生まれる三十六年も前の話である。物語の中で、新しい時代の到来を目前にしたサリーナ公爵は、自分が属する大地主の貴族階級もやがて没落していく運命にあることを自身の老いの自覚と重ねて予感し、若く野心的な甥には新興成金の村長の娘との結婚を奨励しさえするのである。

この物語の筋とは直接関係ないが、十九世紀の中頃、時代の変わり目にあったシチリアでマフィアは誕生したといわれる。シチリアの農村の支配権が大土地所有の貴族から農村ブルジョアジー階級に移行する過程で、伝統も威厳ももたない新興ブルジョアジーが農民に対する支配を確実にするため私兵を雇ったのが始まりだという説がある。いっぽうでは大地主の圧政に反抗した農民集団を起源としているという説もある。いずれにしても、公権力よりも「沈黙の掟」という私的強制力を通じて人々を縛り支配する、表に出ない仕組ないし社会慣行のようなものらしい。マフィアは実在するが、「沈黙の掟」の陰で実態は謎のままにされ、定義は困難である。その後、農村ではなく都市がマフィアの主要舞台になり、シチリアからの移民を通してアメリカにも別のタイプのマフィアが誕生したということは皆が知っている。しかし普通に暮らす人たちにはマフィアの姿は見えないらしい。本家本元のパレルモでは、マフィアはいったいどこにひそんでいるのであろうか。

シチリアで最初の鉄道が開通したのは一八六三年四月二十八日、パレルモとバゲリーアの間の十三キロの区間であった。パレルモの駅は城壁の南に作られ、その後、城壁は壊されて、市街地は外に拡大していった。十六世紀末にできた南北軸のマクェーダ通りも近代化にともなって北と南の両方向にまっすぐ延長された。マクェーダ通りに東面して、かつて北側の城壁だったあたりに、パレルモの誇りとする壮麗なオペラ劇場テアトロ・マッシモ（マッシモ劇場）が一八九七年にオープンする。建築家ジョヴァンニ・バッティスタ・フィリッポ・バジーレ（一八二五〜九一）の設計によって二十二年もかけて建設されたものである（図7‐31）。外観は古典主義系の折衷様式である。パリではベル・エポック（よき時代）と呼ばれた十九世紀末から二十世紀初頭の同じ頃、パレルモも都市文化の華やかな時代を迎えたが、マッシモ劇場は社交と文化の殿堂としてその時期を象徴する存在となった。

パレルモの古くからの背骨と言ってよい東西道路（現ヴィットリオ・エマヌエレ通り）と十六世紀末にできた南北道路（マクェーダ通り）が直角に交わる四つ角に作られたのがバロック様式のクアトロ・カンティであった。十九世紀末以降、そこから東へ二百メートルほどのところから北と南に延びる二本目の南北道路がローマ通り（ヴィア・ローマ）として新しく誕生する。北に延びる部分が最初に作られ（一八九五〜一九一〇）、ついで南半分がパレルモ中央駅前の広場まで達して開通した（一九一五〜二二）。マクェーダ通りとローマ通りの二本の南北道路は完全に平行ではなく、ほんの少し北に向かうほど間が広がっている（図7-20）。

第二次大戦中の一九四三年に行われたアメリカの空爆によって、パレルモの町もかなりの損傷をこうむった。マッシモ劇場から直線距離で東へ五百メートルほどのランペドゥーザ通りにあったランペドゥーザ家の館も爆撃で破壊され、堅牢な外壁だけが放置された状態がずっと続いていたが、それも二〇一四年には取り壊され更地になって、外観だけ元のデザインを復原して新しいマンションとして売り出す計画があるらしい、と先述の本の訳者が報告している。ランペドゥーザが自分の屋敷をパラッツォでなくカーサ（家）と呼ぶ理由は、「パラッツォという言葉は、いまでは十五階建ての共同住宅にも用いられるようになり、すっかり印象が悪くなってしまった」からだ、と「幼年時代の想い出」の中で語っている。

パレルモにも来たスカルパ

パレルモでは戦後も長いあいだ、大戦中の損傷の跡の残る建物がかなりあったというが、いち早く修復された建物もあった。その一つが、現在はシチリア州立美術館になっているパラッツォ・アバテッリスである（図7-32）。植物学にも造詣の深いゲーテがよく訪れたヴィラ・ジュリアという当時の城壁の東南の外にあった庭園（その西側の一画は一七八九年に植物園になった）と港の中間くらいに位置し、十五世紀末に建てられた中庭型のパラッツォである。この館も爆撃でかなり破壊されたが、戦後に外壁や構造体などが修復され、そのあとでヴェネツィアの建築家カルロ・スカルパ（一九〇六～七八）が呼ばれた。内装を整え美術館に改造する仕事が彼に託されたのである。パレルモでまさかスカルパの作品にお目にかかれるとは思っていなかったので、嬉しい驚きであった。

スカルパは収蔵品の主なものをどのような順番でどこに配置し、どのように見せるかを徹底的に研究している。小石と切り石を使った中庭の舗装も、入口や階段の位置に向かう動線を意識してデザインされている（図7-34）。

この美術館で一番目立つのは、天井の高い一階の部屋の壁に架けられた作者不詳の大作、《死の凱旋》である（図7-33）。これはパレルモ市内の別のパラッツォの壁画として描かれたフレスコ画を壁から剝がし、パネルに仕立てたものである。骨が透けて見える馬に乗った骸骨姿の死神が現世を楽しむ人々に向けて次々と矢を射る様を描いたもので、題材は恐ろしいが、色調も図柄もどこか陽気でパレルモらしい作品である。スカルパはこれを隣室の奥に設けた二階レベルの床の上からも見せる工夫をしているのである。そこには壁のかわりに強化ガラスの手摺がつけられ、その内側にはベンチが置かれていて、坐ったままガラスごしに《死の凱旋》を眺めることができるようになっている。もちろん立ったままガラスの手摺壁の上からのぞくことも、一階ですぐそばから見上げて鑑賞することもできる。しかし長い時間をかけて意味を考えながら眺めるのに適したこのような作品を見せるにはベンチがあったほうがよい。大作なので、遠くからでも楽しめるのである。

スカルパがこの美術館に携わったのは一九五三年から五四年にかけてのことで、彼の代表作となるヴェローナのカステル・ヴェッキオ美術館（一九五六～六四）より前の仕事である。戦後復興期の改装なので、後に奥のほうに作られた増築部に比べても簡素であるが、素朴な材料による工夫のよさを味わうことができる。スカルパはこの仕事で国内の賞を受け、グロピウスに激賞されたというが、この後、彼は古い建物を美術館に蘇らせる改修の魔術師のような存在となってゆく。イタリアには古い建物を改造したミュージアムはたくさんあるが、そうしたレスタウロ（修復、改修、改造、改変、復原等を含んだ言葉）にモダンで独特なセンスを持ち込んだ巨匠として、スカルパは死後三十年以上経った今も常に注目されているのである。

第一章の初めでヴェローナについて語ったとき、カステル・ヴェッキオ美術館には簡単に触れただけだったが、思いがけずスカルパがその直前にパレルモで仕事をしたことを確認することができた。その余韻を残して、パレルモの話はここで終わりにするが、シチリアについてはまだもう少し語りたいことが残っている。

シチリアの中のギリシア

パレルモに十六泊した後の一七八七年四月十八日、ゲーテはクニープと共に馬丁を雇ってラバに乗り、シチリア島のほかの部分をめぐる四週間弱の旅に出発する。最初のうちはギリシアの遺跡を訪ねることが主目的であったことが行程から窺われる。

パレルモから内陸に入って南西に向かい、最初に滞在したのは「もの静かで清潔な小さいアルカモの町」で、そこの宿が気に入って二泊したゲーテは、さらに西南西へと向かい、山あいの小高い丘に建つセジェスタの神殿を見学した（図7-35・37）。シチリアのギリシア遺跡は海岸沿いに点々といくつもあるが、セジェスタは数少ない内陸部の遺跡の一つである。パレルモからは南西におよそ六十キロ、西海岸の港町トラーパニからは東に約三十キロ内陸に入ったところにある。現在も近くの町までかなりの距離があるが、なぜこれほど辺鄙なところに前五世紀に神殿が作られたのか、謎のままである。

セジェスタの神殿は遠くから見る限り非常に保存のよいギリシア神殿の姿をしている。東と西の正面にはドリス式の柱が六本並ぶ六柱式で、側面には十四本並んでいる。「トラヴァーチンに似た石灰岩」でできた全部で三十六本の柱は、一七八一年に行われた修理によってすべて建ち上げられていた。しかし屋根はなく、内部の壁や床も建設された気配はない（図7-38）。また、柱には溝彫りがなく、ゲーテが観察しているように、「石を運ぶのに用いられるほぞが神殿の階段の周囲に切りとられぬままにしてある」などの状況証拠から、この神殿は未完のまま、放置されたと考えられている（図7-36）。

神殿の東側に位置するバルバロ山（標高約四百三十メートル）の北側斜面には、前二世紀の後半に、ローマ支配下の自由都市だった時代に作られた、典型的なギリシア劇場がのこされている（図7-39）。直径六十三メートルの野外劇場で、舞台奥の建物はなくなっているが、観客席からは北北東の方向に平野部と十数キロ離れた海がかすかに見える。この劇場と神殿とは直線距離ではほぼ一キロ離れているが、ここまで歩くのは大変である。ゲーテは「劇場の見ばえのしない廃墟を上がり下りするのにくたびれて、町の廃墟をおとずれる気が失せた」と書いている。劇場上部の通路の床に「レスタウロ（修復）一九六七」と書かれた黒い石が嵌められているのを見たが、ゲーテの頃は本当に廃墟然として見栄えがしなかったのだろう。近くには小さな要塞跡と外から見るだけの遺跡があるが、広場は現在、神殿のある丘とこちらの丘を結ぶバスの発着所になっており、そのそばにかつてあった建物の復原図が看板で示されている。

　ゲーテはセジェスタを去ったあと南下してカステルヴェトラーノで一泊し、そこから南東に向かって南海岸に面した温泉のある町シャッカで一泊、その翌日の四月二十三日にアグリジェント（ギリシア時代はアクラガスと呼ばれた。ゲーテはジルジェンティと表記している）に到着する。アグリジェントは言うまでもなく、シチリアで最大のギリシア神殿群の遺跡がのこる町である。古代には三十万もの人口を擁するほど栄えた都市で、詩人ピンダロス（前五一八頃〜前四三八頃）が「人間の都市のうちで最も美しい」と讃えたという。ここには前六世紀から前五世紀にかけていくつもの巨大な神殿が建てられたが、前四〇六年にカルタゴによって破壊され、その後も何度かの地震によって崩れ、ほとんどが瓦礫の山としてのこされた。ゲーテの頃には一部は復原されていたが、もちろんまだ現在ほどには復原や修復は進んでいなかったし、博物館もなかった。ユピテル神殿の柱に付けられていたテラモーネという七・七五メートルの巨大な人像柱の復原された姿も当時は見ることはできなかった。それでもゲーテはクニープと共に一つひとつの神殿を検証しながら遺跡をめぐり、周辺の地質や植生、農作物などの研究もしながら、神殿の谷から離れたアグ

図7-35　セジェスタの神殿　前５世紀
南東からの眺め

図7-37　ハッケルトの原画によるリトグラフ《セジェスタの神殿》　18世紀後半

図7-36　神殿南側土台部分

図7-38　神殿内側

リジェントの丘の町に五日もいたのであった。

ゲーテはパレルモを出たあと、半円を描くように西回りで南海岸のアグリジェントにたどりついたが、私はパレルモから南東にシラクーザに向けてシチリアを斜めに横切る旅をした。ゲーテは四十日以上かけてシチリア旅行を行ったが、私の場合は馬車や馬やラバではなくレンタカーで機動性は高かったとはいえ七泊分の時間しかとれなかった。セジェスタにはパレルモ三泊の間に半日の日帰りで出かけたが、そのほかにもっと見たい町との関係で、アグリジェントとセリヌンテはあきらめることにしたのである。ゲーテはセリヌンテのそばを通ったはずなのに、寄っていない。それはセリヌンテのほうがアグリジェントよりもっと「瓦礫の山」状態がひどいということを、持参していたリーデゼルの『シチリアおよび大ギリシア旅行記』(一七七一)という案内書を読んで事前に知っていたからである。

ゲーテが五日もいたアグリジェントを私が簡単にあきらめることができた理由の一つは、矛盾するようだが、『イタリア紀行』を先まで読んでいたからである。シチリアからナポリに戻るとすぐ、ゲーテはペストゥムにのこるギリシア神殿群を見に出かけており、その中のポセイドン神殿(図7-40)について、「ぼくの意見では、シチリアでまだ見られるどれよりもすぐれている」と述べている。ゲーテがそう言っているのなら、ペストゥムには行ったことがあるのでアグリジェントは飛ばしてもよいか、と思ったのである(もちろんわざわざ行く価値は他にも十分にあるが)。

もう一つの理由は多少馬鹿げているが、アグリジェントの遺跡に立つのが何となく恐ろしかったのである。それは、もうだいぶ以前に読んだ英国の作家E・M・フォースター(一八七九〜一

図7-39　セジェスタのギリシア劇場　前2世紀後半

図7-40　ペストゥムのポセイドン神殿　前470-前460頃

図7-41　エンナにあるフェデリーコの塔
13世紀前半

図7-42　エンナのロンバルディア城
13世紀前半以降

九七〇）の「アルベルゴ・エンペドークレ（エンペドクレスの宿）」という短編が原因である。一時期フォースターに凝ったのは、「眺めのよい部屋」や「モーリス」という彼の作品が原作の映画を見たせいである。二十世紀初頭、第一次大戦以前の「よき時代」にイギリスのインテリ層の人々はイタリアによく出かけていた。それは十八世紀の貴族のグランド・ツアーとは少し趣向の異なる教養旅行であった。上記の短編の中では、婚約者とその家族と一緒にイタリア旅行中の二十四歳のイギリス青年が、三晩続いた不眠症のまま訪れたアグリジェントの遺跡で、横たわる柱の陰に入り込んで寝込んでしまう。そして起こされた時に、自分はかつてこの場所に生きていた、と言い出し、その後、周囲の無理解のなかで気がおかしくなり、廃人となって精神病院に収容されてしまう。その話をあとで知った友人が微細にその顚末を想像して語るという設定の短編であった。

ギリシアの哲学者エンペドクレス（前四九三頃〜前四三三頃）は地水火風の四元素を万物の根として唱えたことで知られるが、アグリジェントの出身で、仏教の輪廻転生にも似た「魂の転生」を信じていたという。この短編に登場する青年は、エンペドクレスの名を冠した安直な宿に泊ってしまったこと、当時はもう鉄道があったのでパレルモからまっすぐアグリジェントに来て一泊でまた別の所に移るというハードな旅程だったこと、不眠症だったのに太陽に照りつけられ、ベデカーの案内書を読んでくれる知的で少々スノッブな婚約者からエンペドクレスの魂の転生の話を聞いたあとに遺跡で眠ってしまい、そのあとの彼女の態度の変化から頭がおかしくなっていったということ、すべてありありと想像できて読み終わったあと震撼し、アグリジェントに行くには覚悟がいると思ってしまったのである。

ノーベル賞作家ルイジ・ピランデッロ（一八六七〜一九三六）の短編集『カオス・シチリア物語』から自由に題材をとった同名の映画はずっと以前に見て最近出た翻訳書も読んだが、ピランデッロの故郷もアグリジェントで、近傍の「カオス」という名の土地の出身だという。この短編集に出てくるシチリアもまた強烈すぎる印象を残してくれた。シチリアの地霊（ゲニウス・ロキ）を思い浮かべるとすれば、それはおそらく一つの性格で語れるような精霊ではなく、様々な民族の葛藤の中から生じた混沌とした姿を帯びたものであるにちがいない。

穀倉地帯と丘上都市

ゲーテは当初シラクーザに行く予定にしていたが、どうしようかと迷っていたマルタ島行きとあわせて断念している。それはアグリジェントで仕入れた情報によって決断したことであった。それまで穀物の豊かな地方をほとんど見なかったので、豊穣の「女神ケレスがこの土地に特に目をかけたとかいう話はどうにもふにおちなかった」と人に語ったところ、それならシラクーザに行く海岸沿いの道はやめて、アグリジェントからカターニアまでシチリアを横断して周囲を眺めるのがよい、と助言されたのであった。

四月二十八日にアグリジェントを発ったゲーテは、カルタニセッタに向かう道中、肥沃な土地を目にして、「シチリアがいかにしてイタリアの穀倉という名誉ある称号をかちえたかということとについて、明白な概念をつかんだ」、と満足の態《てい》であった。「いたるところ小麦や大麦が植えてあって……これらの植物に適した土地は、どこにも一本の樹も見えないほどに利用」しつくされている。「小さな村落や住居はすべて丘の背」の「ほかに使いみちのない土地」にあり、「そこには女たちが一年じゅう住んで」糸紡ぎやはた織りをしている。「男たちは農繁期には土曜と日曜だけを女房のもとで過ごし、他の日は下のほうにとどまり夜には葦ぶき小屋へひきあげる」というのがゲーテの見聞きした内容である。そのほか地質や地形、植生、農作物の種類、家畜の種類などについても細かい観察が記されている。

一日目には肥沃な穀倉地帯を目にして喜んだゲーテであったが、翌日には事情は一変する。雨が降り出して、旅は「ひじょうに不愉快なものとなった」のである。カルタニセッタからエンナへの道の途中に流れるサルソ川には橋がなく、かわりに奇妙な仕組があって驚かされる。屈強な男たちが待ち構えていて、ラバに乗った客と荷物を二人一組で両側から支えて川を渡らせるのである。何やら江戸時代の東海道中の大井川の渡しを思わせるような光景である。そのあともひどい道を雨にぬれてやっとたどりついたエンナの町（ゲーテはカストロ・ジョヴァンニと表記している。十九世紀初めまでその名が使われていた）では、またもやひどい宿しかなく、「みじめな一夜を過ごした」ゲーテは、「もう二度と神話の名前にひかされて行先を定めるようなことはしないという、厳粛な誓いをたてた」のであった。エンナは古代にはギリシア植民都市であったが、神話によれば豊穣の女神ケレス（ギリシア神話ではデメテール）の娘プロセルピナ（ペルセポネ）が冥界の王プルート（ハーデス）にさらわれた場所がエンナであったとされており、デメテール信仰の盛んな

図7-43　エンナの中心部北東外観（ロンバルディア城の北側広場から見る）

図7-44　エンナの北に位置する丘上都市カラシベッタ

図7-45　丘上都市ピアッツァ・アルメリーナ（西からの眺め）

土地であったという。しかしこの町にはもう神殿などのギリシア遺跡はのこされていない。

エンナはシチリア島のちょうど重心のあたりに位置する丘の上の都市である。標高九百四十八メートルで、県庁所在地としてはイタリア中で一番高い所にある。中世には防衛の拠点であったこの町に、十三世紀前半にフェデリーコ（フリードリッヒ）二世が要塞や塔を建てている。エンナの西側を占める新市街の公園の中の小高い場所には、フェデリーコの塔と呼ばれる八角形の塔がのこされている（図7-41）。彼が南イタリアに建てた有名なカステル・デル・モンテよりはずっと小さく、八つの隅の塔もないが、天文台のような不思議な塔という点は共通している。

エンナの東のはずれには、カステッロ・ディ・ロンバルディア（ロンバルディアの城）と呼ばれる城壁で囲まれた広大な城跡があるが、ここもフェデリーコ二世が元からあった城砦を拡充・整備し、その後はスペインのアラゴン王朝に引き継がれたものである。内部は荒廃しており、かつては二十あったという塔も今は六個がのこるだけである（図7-42）。この城の前の広場からエンナの旧市街の中心部の北東側を見ることができる（図7-43）。エンナの北にはやはり丘の上にイスラーム教徒が九世紀半ばに建設したカラシベッタの町が周囲の風景の中に浮かんでいるように見えて幻想的である（図7-44）。

シチリア島の内陸部では、ゲーテの動線と私のたどった動線が交わるところがエンナであった。エンナには西のほうから近づいたが、突如、緑の台地の上に都市が浮かんでいるように見えて印象的であった。ゲーテの時は雨で道がひどく上り坂で難儀したのと、町の中でろくな宿に行き当たらなかったために、とても悪印象をもったようで残念である。このあとゲーテ一行は東に進み、

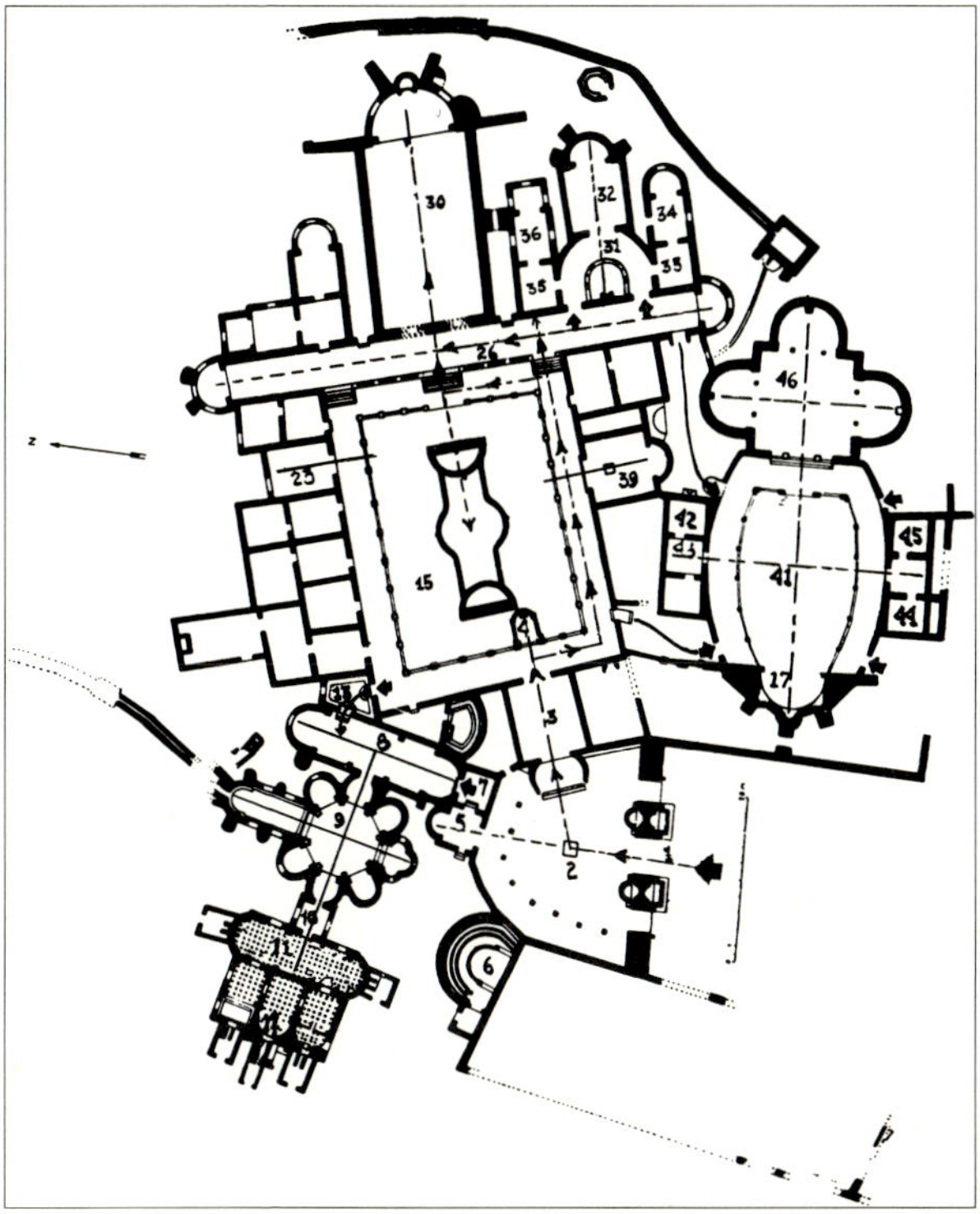

図7-46　ピアッツァ・アルメリーナ近郊　ヴィラ・ロマーナ・デル・カサーレ　3～4世紀　復原平面図

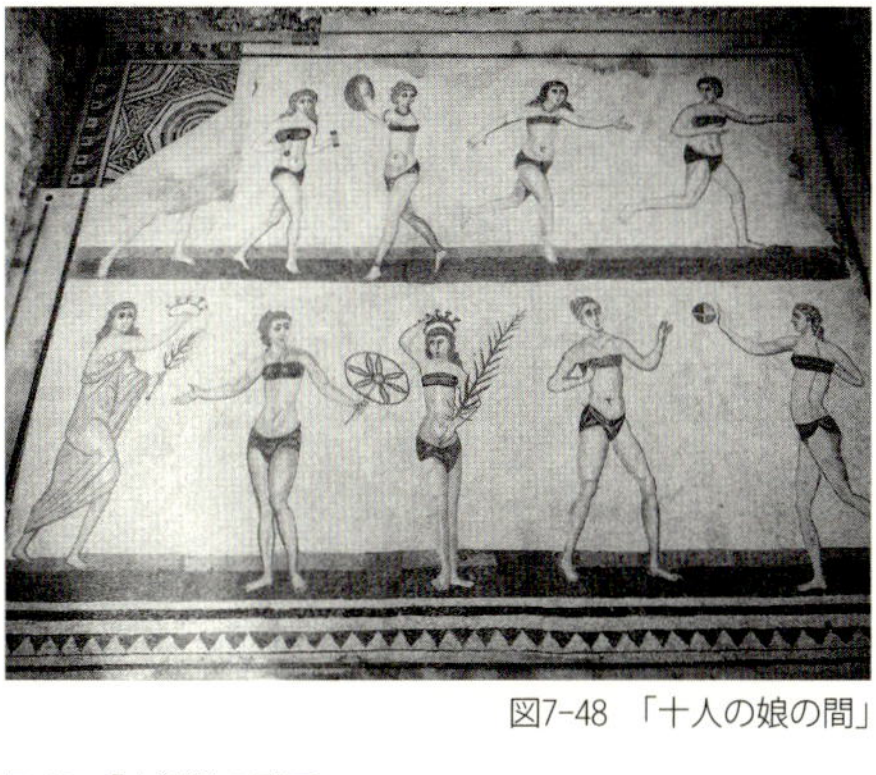

図7-48　「十人の娘の間」

図7-47　「大狩猟の廊下」

さらに多少の苦労を重ねながら三日かけてカターニアに到着する。私はシラクーザを経由し、そこから北上してカターニアに入ったので、たどった道は異なる。エンナを出たあとは二十キロほど南南東に位置するピアッツァ・アルメリーナを目指した。その近郊にローマ時代の遺跡があるからである。ここは十九世紀に発見されたので、ゲーテの時には知られていなかった。

ピアッツァ・アルメリーナもシチリアによくある丘上都市の一つである（図7-45）。その名が有名になったのは、町から南西へ五キロほどの近郊の低地にローマ時代のヴィラの遺跡が見つかり、二十世紀後半に大々的な発掘整備が行われ、一九九七年に世界遺産に登録されたからである。遺跡はヴィラ・ロマーナ・デル・カサーレ（カサーレのローマ時代のヴィラ）と名付けられている。このそばには中世にイスラーム人の集落があったらしいことが最近の調査から推測されているが、十二世紀後半にそこが破壊され、丘の上に新たに都市が建設された後は、この場所のことは忘れられ、ヴィラは地中に埋まり、一帯は農地になって、十九世紀に柱の一部などが見つかるまで眠っていたという。

十九世紀半ばから部分的な発掘は始まっていたが、学術的・組織的に本格的な発掘と調査が行われるようになるのは一九五〇年からである。シチリアにはギリシア時代の遺跡はかなりあるが、ローマ時代の遺跡は意外に少ないので、ここは大変に貴重である。しかも、芸術的にも質の高い床モザイクが良好な状態で総計三千五百平方メートル分くらいのこされているのが驚異的といえる。復原平面図（図7-46）で見てもペリスティリウム（ペリスタイル／列柱回廊で囲まれた中庭）を中心に四十室ほどの様々な部屋、浴場、広間、七十メートルもの長廊下（図7-47）など変化に富んだ空間からなり、ひじょうに豪華なヴィラであったことがわかる。建設年代はローマ帝政期後半の三世紀末から四世紀半ば頃だと推定されている。

このヴィラは建物の構成もおもしろいが、一番の見所は上品な色調で生き生きとした情景や文様が描かれた床モザイクにある。床より二、三メートル高い位置に作られた仮設の通路の上から各室の床モザイクを眺めることができるようになっている。「大狩猟の廊下」と呼ばれている長い廊下に描かれた一場面には象を船に乗せようとしている光景が描かれている。熱帯の動物の絵などが多いことから職人は主としてアフリカ出身の人々だったと言われているが、都会的な図柄のものはローマ人の職人によるとも推測されている。特に有名になったのは、ビキニ姿でスポーツにいそしむ若い女性たちの姿をほぼ等身大に描いた「十人の娘の間」である（図7-48）。このヴィラの存在が有名になった現在は、近くに広い駐車場も作られ、人気の名所となりつつある。

東海岸の都市と火山

シチリアは古来「トリナークリア」（ギリシア語で「三つの岬」の意）と呼ばれてきた。真ん中にメドゥーサらしい怖い女の顔があり、その周囲に折り曲げた脚が三本、左回りについているのがトリナークリアを象徴する形とされ、観光地で陶製などの土産物としてたくさん売られている。シチリア島が三角形をしているという認識は広く一般化している。海岸線はもちろん直線ではなく凹凸や湾曲はたくさんあるが、西側に頂点のある細長い二等辺三角形に近いと思ってみれば、そのように認識でき、東側は底辺にみえるのである。

シチリア島をアグリジェントから東海岸中央部のカターニアまで横断してきたゲーテは、このあと北上し、タオルミーナを経てメッシーナの港まで行く。私は東海岸の南端に近いシラクーザからカターニアに移動し、タオルミーナにも日帰りで出かけた。シラクーザの歴史的中心部のあるオルティージャ島は一九九〇年代まではさびれていたと聞いたが、二〇一四年の夏にはどこもかしこもきれいになっていて夜まで観光客で賑わっていた。ゲーテはアグリジェントで方向転換してシラクーザをあきらめた理由を、「このすばらしい都市も、いまではもうその輝かしい名前のほかは何も残っていないということを、知らないではなかったからだ」と言っている。シラクーザが古代に非常に栄えた都市であったことは、本島側にのこる巨大なギリシア劇場の遺跡からも窺えるが、今はよく復原されたこの劇場もゲーテの時代にはかなり荒廃していたことが知られている。都市の文化や経済の盛衰は、政治や治安などと大きく関係し、変化の早い現代なら十年単位で変わる可能性もある。

パレルモでは支配者の交代や異文化交流など歴史的なことに関心を奪われたが、シチリアの東に来たら、むしろ自然との関係による変化のほうが気になりだした。シチリアで有名な活火山のエトナ山は、カターニアからは北北西の方向に、タオルミーナからは西南西の方向に見える。エトナ山は標高約三千三百メートルで富士山よりは低く、もっとなだらかだがよく似た形をしていて、存在感が大きい。カターニアの目抜き通りはエトナ山に向かってまっすぐ延び、ヴィア・エトネーア（エトナ通り）と呼ばれている（図7-49）。残念ながら山頂は雲がかかっていることが多

図7-49　カターニアのヴィア・エトネーア（エトナ通り）　奥には雲に隠れたエトナ山

図7-50　カターニアのサン・ニコロ教会　1687着工

図7-51　タオルミーナのギリシア劇場

図7-52　ラグーザの西側の丘（台地の上に新市街がある）を東側から眺める

いが、町の人々は常にこの山を意識しているわけである。ナポリでヴェスヴィオ登山に三度も挑戦したゲーテは、エトナ山にもクニープと出かけている。有史以来二百数十回も噴火してきたエトナ山は当時も煙を吐いており、ゲーテも強風のため火口までは近づけず大変な苦労をして下山してきた。

旅行先のどの都市が気に入るかは、季節や天候、曜日による混み具合、ホテルや飲食店などのよしあし、たまたま出会った人や出来事の印象など、様々な要素で決まると思うので、事前の情報はあてにならないことも多い。ある本によれば、カターニアは一時、イタリア中で最も犯罪の多い都市だったというが、今はむしろ明るくきれいな町に見える。カターニアはパレルモに次ぐシチリア第二の都市だが、帰りの便をカターニア空港からにしたこととと、ゲーテが寄った都市という理由だけで、私はここに二泊した。そして思いがけずとても気に入ったのだが、その一番の理由は都市構造が明快で広場も多く、観光地然としていなくて落ち着いているということである。しかしこの美しい都市はすべて、一六六九年のエトナ山の歴史的大噴火と一六九三年の大地震によって町が壊滅状態になったあと、防災のために道路を広く明快にし、広場や緑地も多く設けるという都市計画を作成して同じ場所に再建されたものなのだ、と知って厳粛な気持ちになった。

ゲーテは人を介して、カターニアで一番大きなベネディクト修道院に、ある僧侶を訪ねたが、この人物は見かけによらず素晴らしいオルガン弾きであることが判明する。隣接するサン・ニコロ教会の巨大なパイプオルガンを演奏してもらってゲーテは深く感銘を受けたのである。このサン・ニコロ教会のファサードは一六八七年に着工されたものの、一六九三年の大地震で建設が中断し、今も未完のままの異様な姿を見せている（図7-50）。あえてそのままにしてあれば、誰しも地震のことを忘れないだろう。しかし修道院のほうは非常に立派に作られていて、特にバロック様式の階段室は宮殿のようである。驚くほど長い廊下は天井も高く、装飾は入口まわりのみに抑制されているが、空間的には贅沢な作りである。ここは現在、カターニア大学の文学部の校舎に使われており、中庭の回廊に面した通路は現代風に改装されて、自習室になっていた。シチリアではこれにかぎらず、古い建物の内部をとても上手に改装している例をいくつも目にした。前後に訪れたローマやヴェネツィアやミラノのどこよりも、シチリアのホテルや飲食店などの内装は、自然素材を活かしたシンプルな今風のモダンデザインでセンスよく仕上がっている場合が多いように感じられた。もしかしたら、古い建物の内部を現代風に改装するという習慣がシチリアでは他よりも遅く広まったせいかもしれない、と考えたほどである。

シチリアの地震

一六九三年の大地震で大きく破壊された後によみがえった町が、カターニアから南の内陸部にもいくつかある。丘上都市ラグーザもその一つである。ここは旧市街が破壊されたあと、西側のもう一つの丘に碁盤目状の街路をもつ計画的な新市街を作り、同時に元の場所も再建して、東西二つの丘上都市を谷間の一点でつなげたようなユニークな都市となった（図7-52）。しかも再建にはバロック様式が採用されたので、華やかで演劇的な外観をもつ教会建築やバロックの細部で飾られたパラッツォ建築などの多い、美しい都市となったのである。

さて、カターニアのあとにタオルミーナに行ったゲーテは、有名なギリシア劇場を見て、自然の地形と人工作品の融合の素晴らしさをここに見ている。前三世紀にギリシア人が作った劇場を二世紀にローマ人が一部改造したもので、今も夏の野外劇場として使われているが、そのロケーションの素晴らしさはよく知られている。観客席の上のほうからは左手に海が、正面から右にはエトナ山が眺められるのである（図7-51）。タオルミーナで美しい景観を楽しんだあと、海の波や岩石のようすなどを観察しながら道中を続けたゲーテは、メッシーナに到着して驚くような光景に遭遇する。そのくだりを読んだ時は私もびっくりしてしまった。

「町へ足を踏み入れるとすぐに、破壊された都市という凄惨な概念があたえられた。十五分ほど廃墟また廃墟のそばを通って馬を進め、やがて到着した宿屋は、この界隈でただ一つ修復されたもので、二階の窓から見わたせるものは、廃墟と化したぎざぎざの荒野ばかりであった」というのである。メッシーナはゲーテが来る四年前の一七八三年二月と三月に地震があって全壊していたのである。その時には「一万二千の住民が死亡し、残りの三万人には住むべき家がなくなった。……そこでメッシーナの北にある広大な草地に、大急ぎでバラック街を建てた。……住民はかなりの時間を野天で過ごすのである」が、もうそれが三年も続いていた。しかもゲーテが到着する二十日ほど前の四月二十一日に、メッシーナでは「相当はげしい地震がまたもや大地を揺り動かした」のだという話も聞き、「人びとは、当時の驚愕からまだ回復していないようだった」と記している。

好奇心旺盛なゲーテは悲惨さに胸を痛めながらも、バラックの中を見せてもらったり、波止場近くの「全部が石造りの四階建築」の並ぶ場所では、きちんと残っているものも崩れてしまったものもあるが、「昔の豪壮な家並は、歯が抜けたようにひどく不快に見える」と観察したりしている。壊れたのは、それほど裕福でない人々が外観だけをまね、「大小の河漂石や多量の石灰石からこねあげて作った古い家を、切石を築きあげて作った新しい前面の背後にかくしていた」からだと分析している。他にもここでのいろいろな出来事や、わがままな総督に気に入られて引き止められそうになった話などが書かれているが、フランスの商船に乗る機会をとらえ、逃げるように帰路についてしまう。そして往路よりもさらに危険な目にあいながら、五月半ばにナポリに帰りつくのである。

メッシーナでは百二十五年後の一九〇八年十二月二十八日にも大地震があり、町が全壊したことが知られている。先述のランペドゥーザの「幼年時代の想い出」には、「この時にパレルモでも大きな揺れが感知され、……イギリス製の祖父の大きな振り子時計が、運命の時をしめす五時二十分で止まっていた」、そして何日かして叔母夫婦が死んだという知らせがあり、孤児になった従弟がやってきたという話が書かれている。同じ地震国に住む者として、このような話は身につまされる。しかし、その後のメッシーナは立派に復興しているようで、ガイドブックには普通に紹介されているし、イタリア半島からのフェリーの発着所として機能し続けている。十二世紀のノルマン時代にルッジェーロ二世によって作られたドゥオモは「一九〇八年の大地震によって、ほとんどが崩壊して」しまい、「現在は全体的に改造された状態になっている」という説明があるほかは地震の影は感じられない。

ゲーテは帰路の船の中で船酔いに苦しみながら、「シチリア旅行の全般について考えてみると、それはけっして愉快な印象をあたえはしなかった」と書き、シチリアで見たものは、自然の暴力や人間同士の敵対的分裂、建設してはまた破壊する行為などだった、と述懐している。ゲーテが旅で苦労したのはパレルモを出てから以降だが、まだパレルモ滞在中の四月十三日に「シチリアなしのイタリアでは、ぼくらの心の中にいかなるイメージもつくりえない」という、よく引用される有名な言葉を書き付けている。しかしすべてが進んだ今では愉快に観光旅行を楽しむことは十分可能で、シチリアが観光地としてどこよりも優れていることは、ますます多くの人々を惹き付けていることでも証明されている。私自身は映画や文学作品などを通してシチリアに関心はあったものの、腰が重くてわざわざ出かける気にはならなかった。旅行に費やせる日数が限られているなら、よくなじんだ北イタリアを再訪するほうが楽しいと思っていたのだ。しかしシチリアを初めて旅行し、この章を書き上げた今、私のイタリアのイメージもかなり変わったということを認めざるをえない。ゲーテの言葉は真実である。

終章

旅の余韻

その後のゲーテ

一七八七年五月半ばにシチリアからナポリに帰ったゲーテは、しばらくナポリに滞在したあと、六月初旬に再びローマに戻って行く。観光中心の旅はそこで終わり、ローマでは執筆と社交の日常がまた始まるが、十一ヶ月が過ぎたあと、一七八八年四月下旬にローマを離れ、帰国の途につく。帰路は往きと少し違う道をたどり、フィレンツェにもゆっくり滞在するが、ボローニャから先はヴェネツィア方面には向かわず、ミラノ、コモを通ってアルプスを越え、六月十八日にヴァイマールに到着した。二年前の九月三日にカールスバートを張りつめた気持ちで出発した時から数えると、一年九ヶ月半ぶりの帰還であった。

二十一ヶ月半の旅が彼にもたらしたものは何であったか。出発前の閉塞感からは脱することができ、イタリアに期待した再生の効果もあったようである。長い不在のあとに再会したヴァイマールの宮廷人たちの態度はよそよそしかったが、新たな生き方を模索し始めたゲーテは意に介さず、身辺には変化がすぐに現れた。帰国後まもなく知り合ったお針子のクリスティアーネ・ヴルピウス(一七六五〜一八一六)という女性と恋に落ち、すぐに同棲を始めたのである。翌一七八九年の十二月には息子が生まれ、大公の名をもらってアウグストと名付ける。その間に事情を知ったシュタイン夫人とは絶交状態となる。ヴァイマールの宮廷では政治的な公職からは遠ざかり、一七九一年からは宮廷劇場の監督に(後には図書館長にも)就任するなど文化的な役割に徹し、それ以外は自身の文学活動に専念する日々となった。

イタリア旅行で見聞きしたことの数々はもちろんその後の創作の内容に反映されるが、私生活に及ぼした変化については、『イタリア紀行』には書かれなかったことが関係しているといわれる。帰国後まもなく、「エロティカ・ロマーナ」と題して書いた一連の大胆な内容の詩を、ゲーテは友人たちの助言を受け入れて『ローマ悲歌』という題に変え、数年後に発表する。その中に一回だけ名前の出てくる「ファウスティーネ」という女性について詮索的な研究がなされ、ゲーテが一七八七年から八八年にかけての冬にローマで知り合った、居酒屋の娘で幼子のいる若い未亡人がそのモデルだったのでは、という説が浮上している。ゲーテはローマで官能に目覚め、以前より自信に満ちた男としてヴァイマールに戻ったという見立てである。また、金銭出納簿の精査から、帰国前にかなりの金額を知人に託しているのは、この女性にあてたものであったという推測までなされている。

帰国後すぐに同棲したクリスティアーネも身分違いの女性であったが、妊娠を告げられたあと、お金で解決して追い払うことも、また堂々と結婚することも、どちらもゲーテの立場では可能であった。しかし彼はそのどちらでもなく、ただ一緒に暮らし続けることを選んだ。クリスティアーネは肖像画で見ると理知的で愛らしく個性的な顔立ちの女性である。四十歳で父親になったゲーテは息子を溺愛し、家庭の幸福を知るのである。その時期のもう一つの変化は、『群盗』(一七八二)の成功によって有名になった詩人で劇作家のフリードリッヒ・シラー(一七五九～一八〇五)との交友が一七九四年から始まったことである。対照的な性格の二人は互いに高め合い、ゲーテはシラーの始めた文芸批評誌「ディ・ホーレン」の編集に協力し、十年にわたる二人の親交と文学活動によってヴァイマールは古典主義文学の拠点となった。

ゲーテは一七九〇年に大公の母后を迎えに行くという公務で再びヴェネツィアだけ訪れている。さらに一七九七年には、二度目のイタリア旅行を計画して家を離れたものの、家族への愛とイタリアへの情熱との間で引き裂かれ、スイスの村からクリスティアーネにあてた手紙にはその気持ちが率直に書き記された。そしてその後、サン・ゴッタルド峠まで登ったゲーテは、イタリアの方を眺めて決別の挨拶を送り、そのままヴァイマールに引き返したのである。

一八〇五年の冬、ゲーテとシラーはそれぞれに重い病にかかる。ゲーテは回復したものの、シラーは五月に肺炎で死んでしまう。シラーの死は堪え難い悲しみで、ゲーテは葬儀に参列することもできなかった。この頃、ヨーロッパはナポレオン戦争のまっただ中で、一八〇六年にはフランス軍によるヴァイマール占拠という事件もあった。自分にもしものことがあった場合のことを考え、妻子を守るため、ゲーテはこの年にようやくクリスティアーネを入籍したのである。しかし十年後、ゲーテは自分より十六歳も下のクリスティアーネに五十一歳の若さで先立たれてしまう。その時期に『イタリア紀行』の第一巻と第二巻は刊行された（一八一六〜一七／第一巻はローマ到着まで、第二巻は第一次ローマ滞在とナポリ・シチリア旅行）。

主な作品だけをあげると、『ヴィルヘルム・マイスターの修業時代』（一七九五〜九六）、『ファウスト・第一部』（一八〇八）、『詩と真実』第一〜三巻（一八一一、一二、一四）などはすでに世に出ていたが、ゲーテはその後も『ヴィルヘルム・マイスターの遍歴時代』（一八二一〜二九）、『イタリア紀行』第三巻（一八二九／第二次ローマ滞在）、と発表を続けてゆく。晩年のゲーテが知的好奇心をたやさず、日々、イギリスやフランスの新刊本のほか、新聞・雑誌にも目を通し、国内外から訪れる客に対応し、穏やかな日々を送っていたことは、一八二三年から秘書となったエッカーマンの『ゲーテとの対話』（全三巻）を読むとわかる。この本にはゲーテが家族と暮らした大きな家の見取図もあり、エッカーマンがゲーテを訪ねて昼食を共にし、様々な文学談義や思い出話を聞き、ゲーテの版画コレクションを見せてもらい、客があれば同席し、時には馬車で散歩のお伴をしながらゲーテの話に耳を傾け相づちを打ったさまが活写されている。先述のようにゲーテの妻は一八一六年に亡くなっていたが、その翌年に結婚したアウグストの妻オッティーリエが若夫人と呼ばれて家政を仕切っており、彼らの三人の子供たち（ゲーテの孫にあたる男の子二人と女の子一人）の賑やかなようすなども時どきに伝えられている。

穏やかで豊かなゲーテの晩年ではあったが、一八二七年にはシュタイン夫人が八十五歳で亡くなり、翌一八二八年にはゲーテより八歳若いカール・アウグスト公が七十一歳で世を去ってしまう。シュタイン夫人とはすでに決別していたが、アウグスト公は親友といってよいほど気の合う同士であった。しかし長生きしたために味わう悲哀の最大のものは、一八三〇年にイタリア旅行に送り出した最愛の息子アウグストがローマで客死したことであった。

ゲーテとクリスティアーネの間には五人の子供が生まれたが、成人したのは長男アウグスト一人だけで、そのため彼は過保護に育てられ、陽気で優しい性格だが、やや依存心の強い所があったといわれる。彼は祖父が三十歳で、父が三十七歳で出かけたイタリアに、四十歳になってようやく出かけることにした。あまり体調のすぐれなかった息子を心配したゲーテはエッカーマンに同行を依頼する。一八三〇年四月二十二日に出発した二人の旅はヴェネツィアからジェノヴァあたりまではよかったが、エッカーマンが熱病にかかったことから別行動をとることになり、一人旅になったアウグストは七月末、ラ・スペツィア付近での馬車の転覆事故で鎖骨を折ってしばらく治療に専念する。その後、フィレンツェを楽しんだあとリヴォルノから海路ナポリに向かい、ナポリも楽しく過ごしたあと、ローマに移る。ところがローマ滞在中に軽い猩紅熱にかかり、その療養中に卒中を起こして十月二十七日未明に亡くなったのである。解剖によって彼の肝臓が通常の何倍も肥大していたこと、脳の血管もいつ破裂してもおかしくない状態だったことが判明した。彼の飲酒癖は尋常の度を越していたのである。旅の間、彼はずっと日記や手紙を丹念に書き続けていたが、それらが死後百七十年を経てドイツで公刊され、日本語の翻訳も出た（『もう一人のゲーテ』二〇〇一）。その中に関係者や友人が書いた詳しい報告も収められている。アウグストは父ゲーテの『イタリア紀行』を意識して、様々な観察を行っているが、父と違って食べ物の話も多く、グルメで酒好きで陽気だったことが伝わってくる。死ぬ少し前にローマで描かせた横顔の肖像画も明るく穏やかそうな風貌を示している。彼の遺体はケスティウスのピラミッドの近くにあるプロテスタントの墓地に埋葬され、墓標は当時ローマにいたデンマークの彫刻家ベルテル・トーヴァルセンによって作られた。少し前の一八二一年と二二年に同じくイタリアで死んだイギリスの詩人、キーツとシェリーの墓もこの墓地にある。

ゲーテ家三代のイタリアへの情熱が最後にこのような形で終わったのは悲しいことである。ゲーテが受けた衝撃のほどが窺えるが、それでも彼は気丈にその後も穏やかな日々の営みを続け、翌年に『ファウスト・第二部』を完成させ、息子の死から一年五ヶ月後、一八三二年三月二十二日に八十二年と七ヶ月の偉大な生涯を閉じたのであった。

旅することの意味

イタリア旅行に出る前のゲーテは、『若きヴェルテルの悩み』の作者として名を知られ、ヴァイマールでも皆の尊敬を受けた若い大臣であった。しかし、その狭い世界の中で窒息しそうに感じた彼はイタリアに飛び出し、新たな活力を得て戻ってくる。生涯の半ば近くで敢行したイタリア旅行はゲーテにとって大きな意味を持っていた。その後は、フランス革命の嵐が時代の空気を震わせるのを感じながらも、ゲーテは封建領主であるアウグスト公への忠誠心を変えることなく、保守的な良識人の立場にとどまり続ける。『イタリア紀行』には、フランス革命以前のヨーロッパを見ることができる。また知的好奇心に満ちたゲーテの姿を通して、理性の時代、啓蒙主義の時代と呼ばれた十八世紀後半の知識人の模範的な姿を見ることもできる。しかしゲーテの魅力はそれ以上に、自然に親しむ野生児的な面や感性豊かで率直な人間性にあることは間違いない。

ゲーテの旅の枠組を借りることによって、私の机上の旅はなんとか形をつけることができた。ゲーテの旅のあとを追いながら、七つの都市について勝手に語らせてもらうことにしたのがこの本である。ここでは、ゲーテが見たもののほかに、見なかったもの、見ようとしなかったものも取り上げている。都市と建築を主に論じた章もあれば、歴史的な推移に重点を置いた章もあるが、いずれも私が知りたいと思った側面が強調されている。アッシージの聖フランチェスコとパドヴァの聖アントニオが師弟関係にあったなど、章を越えたつながりもいくつか発見していただければと思う。十八世紀は神という中心が失われ、科学的な思考が重視された時代といわれるが、中世のものや教会に関心を示さないゲーテの態度にもそのような傾向が読み取れる。逆に信徒でもない現代の私が中世のキリスト教の聖人に関心をもつのは自分でも不思議であるが、現代世界の矛盾の根源である近代主義の呪縛から解き放ってくれる別の価値観の出現、新しい思想家の登場を願う気持ちがどこかにあるからである。

トラヴェルという言葉はフランス語のトラヴァイエ（骨折って働く）を語源とし、「苦労して旅をする」が原義である、と知って以来、よくそのことを思い出す。さらに語源は別だが、語感の似た「トラブル」がトラヴェルにはつきものであるということも。ゲーテの息子アウグストを襲ったような致命的なトラブルは困るが、小さなトラブルがない旅というのもめったになく、それらをどのように乗り越えたかは後にはよい思い出となる。しかし旅行は出発するまでは面倒で億劫であり、旅の途中も慌てる事態はしょっちゅうである。しかし旅するとは身体を移動させることであり、運動にもなれば早起きの生活にもなるので、不健康を正すきっかけにもなる。土地や空気が変われば気分も変わり、精神的にも解放される。

旅の効用についてわざわざあげるまでもないが、「百聞は一見に如かず」ということわざの意味を真に納得するのも旅の途上においてである。しかし見ただけでは思考は深まらない。第六章の冒頭で紹介したが、ゲーテは反芻動物のように見たこと経験したことを消化し反芻するのが好きだということを、あまりに刺激的なことが続きすぎると胃もたれしてしまうという文脈の中で書いている。ゲーテは実際の旅から三十年も経てから、かつての旅日記や書簡を整理・編集して『イタリア紀行』にまとめたのである。何という壮大な消化・反芻ぶりであろう。

私の場合、反芻するのは好きだが、自分が見聞きしただけの材料ではたらず、本で知識を補って納得することが多い。そうして調べてみると、現在、名所旧跡にのこされたものも、実はごくわずかに残ったものにすぎず、歴史上、支配者の交代や自然災害によって破壊され失われたものがどれほど多かったかを認識する。特に南イタリアではそのことを再確認し、現在に至る南北格差の遠因も実感することができた。また、人間にも都市にも当然ながら栄枯盛衰の歴史のあることも再認識した。立派な建物は権力の象徴だが、当の建て主がその建物を享受できた歳月はごくわずかであったりする。しかしそれはむなしく儚いことではなく、むしろ後世に寄与できたと考えれば、財力や権力の限りを尽くし、才能ある建築家や芸術家を動員しただけのことはあるのである。限りある命の人間がそれぞれに力をそそいだ結果がのこされた今の世界である。そのように考えれば、すべてはいとおしく思える。欠点のない人間はむしろ魅力がないように、暗部のない都市もおもしろくない。そうした見方を獲得できたことが、七つの都市をめぐった私の今回の机上の旅の成果である。これらの都市が、そしてイタリアが以前にまして親しい存在となったことはいうまでもない。

あとがき

イタリアの七つの都市を取り上げたこの本は、文章と限られた数の図版によって各都市の肖像を描こうとした試みである。対象は、私の研究領域として長くなじんだヴェネト地方の三つの都市、ヴィチェンツァ、パドヴァ、ヴェネツィア、よく知らないのに惹かれる聖都アッシージ、常に気になる大物のローマ、遠くて異質に見えるナポリ、そして今回初めて出会ったシチリア島のパレルモ、の七つである。いずれも魅力的な都市であるが、それぞれに個性も強く、歩んできた歴史も異なる。人はよく知って理解すれば欠点も含めて好きになれるが、都市も同じで、知りたいと思い理解できたと思った側面を浮き彫りにしたのがこの本である。

執筆にあたっては、文学や美術や歴史の分野から学んだことも援用させてもらったが、基本的には自分の専門である建築史や都市史の観点をいかして、それぞれの都市の姿を描くことに努めた。大まかな都市構造を示すことが全体の輪郭を描くようなものとすると、建築はその風貌や特徴を形づくるパーツのようなものである。よく知りすぎているために、性格描写のようなことまで試みてしまった対象もあれば、細かいところまで気になって厚塗り気味の肖像になったもの、逆にあっさりと素描風に終わってしまったものもある。章ごとに異なる仕上がりになったことは確かだが、自分でできばえを評価することはできない。読者はおそらく個々に違う反応をされることだろう。それぞれの知識や体験に応じて、共感したり反発したり、自分ならもっと違う切り口で語るのに、と思ってもらえたなら、考える手がかりを提供できたことになり嬉しい。しかし気楽に七つの都市をめぐる旅を楽しんでいただけたなら、それにまさる喜びはない。

序章でも触れたように、この本の枠組みはゲーテの『イタリア紀行』から借りている。なぜか私はゲーテには昔から親しんでいて、『若きウェルテルの悩み』は中学二年で読み、大学では建築学科で学びながら、文学部のドイツ語講読クラスにもぐって『ファウスト』を齧《かじ》ったりした。ゲーテは知れば知るほど魅力的なので、書き始めてからはあまり引きずられないように用心し、「コン・ゲーテ、マ・ノン・トロッポ（ゲーテと共に、でも度を超さずに）」という呪文を自分で作って唱えていた。序章と終章でゲーテの生涯に触れたほか、七つの都市を旅する間にゲーテの言葉を頻繁に引用しているので、全体としてこの本はゲーテの紹介にもなっている。彼の素晴らしいところは、すべてを公正かつ理性的に判断し、常に前向きな好奇心を示し、心底まじめなことである。いっぽうで閉所恐怖症気味だったり、常に逃げる男だったり（結婚からは長いこと逃げていたし、親しかったシラーや妻や大公の葬儀にも辛くて出ていない等）、人間的な弱点も見つけて、ますます親しみを覚えた。

しかし後世に多大な影響を与えたゲーテの偉大さも強調しておきたい。たとえば人智学の創始者でシュタイナー学校を創設した哲学者のルドルフ・シュタイナー（一八六一～一九二五）は、自然科学に傾倒し宇宙的な視野を有していたゲーテを尊敬し、スイスのドルナッハに「ゲーテアヌム」と名付けた特異な建築を建てたことで知られる。たまたまこの本を書き始めたばかりの二〇一四年七月に渋谷区神宮前のワタリウム美術館でシュタイナー展をやっていた。そこで、丸屋根の並ぶ木造の第一ゲーテアヌムの建設過程を撮影した数百枚の写真が連続自動投映されているのを見て、ゲーテの大きさをこのような形で表現しようとしたのだと感動したものであった（惜しくもこれは焼失し、現在建つ第二ゲーテアヌムはコンクリート造による再建）。

さて、本書では旅の先導をゲーテにしてもらったが、書き下ろしという長い旅の間、常に励ましてくれたのは、編集者の松井晴子さんである。「七つの都市にしましょう。数は七つがいい」と提案してくれたのも松井さんである。しかし、これまでに書いたものも部分的に利用したとはいえ、七章分を新たに半年で書くのは大儀で、一人では貫徹できなかったと思う。一つの章を書き終わるまでは次の構想を考えるのは無理で、ひと山越えると息をついてしばらく準備をし、また執筆にかかる。期日になるとメールが入り、数日待ってもらって原稿を送る。するとすぐに読んで短い感想をくれて、「この調子でどんどん書いてください」と言われてまたその気になる、という繰り返しだった。ようやく脱稿したあとは、書き過ぎた分を削り、頁数を数え、図版や地図を揃えるなど膨大な作業があったが、これも松井さんの主導で乗り切ることができた。出版を引き受けていただいた平凡社の日下部行洋さんにも、さまざまな点でお世話になったので、お二人には心から感謝申し上げる。装丁は守先正さんにお願いしていただき、予定より分厚くなったのに美しい本に仕上げていただいた。家では諸事万端おろそかになった私に忍耐と理解を示し、シチリア旅行では運転もしてくれた夫にも感謝の意を表したい。

二〇一五年二月　　渡辺真弓

『イスラーム建築の見方』深見奈緒子　東京堂出版　2003
『ノルマン騎士の地中海興亡史』山辺規子　白水社　2009
『カオス・シチリア物語　ピランデッロ短編集』ルイジ・ピランデッロ　白崎容子・尾河直哉訳　白水社　2012
『ランペドゥーザ　全小説』ジュゼッペ・トマージ・ディ・ランペドゥーザ　脇 功・武谷なおみ訳　作品社　2014
E. M. Forster, "Albergo Empedocle", in *The Life to Come and other Stories*, edited by O. Stallybrass, Penguin Books, 1988

【終章】

『ゲーテとの対話』（上・中・下）エッカーマン　山下肇訳　岩波文庫
『知られざるゲーテ　ローマでの謎の生活』ロベルト・ザッペリ　津山拓也訳　法政大学出版局　2001
『もう一人のゲーテ　アウグストの旅日記』A・フォン・ゲーテ　A・バイヤー・G・ラデッケ編　藤代幸一・石川康子訳　法政大学出版局　2001
A. Piper, *Brief Lives: Johann Wolfgang von Goethe*, Hesperus Press, London, 2010

【その他全般】

G. C. Argan, *The Renaissance City*, Braziller, New York, 1969→第3・第6・第7章扉絵
『建築全史』スピロ・コストフ　鈴木博之監訳　住まいの図書館出版局　1990
『建築家ムッソリーニ　独裁者が夢見たファシズムの都市』パオロ・ニコローゾ　桑木野幸司訳　白水社　2010
『建築家とファシズム』ジョルジョ・チウッチ　鹿野正樹訳　鹿島出版会　2014
『世界の建築・街並みガイド3　イタリア・ギリシア』［新装版］　鵜沢隆・伊藤重剛編　エクスナレッジ　2012
Italia / Guida artistica, Electa, Milano, 1992
『イタリア文化事典』日伊協会監修　イタリア文化事典編集委員会編　丸善　2011

【その他の図版提供者】

Archivio dello Stato di Venezia→図3-29
Fototeca del CISA→図3-22
大和田卓→図1-19、図1-29、図1-35、カラーページ Vicenza 上下
山辺規子→図2-28
横地節子→図5-22、図5-48
野口昌夫→図7-30、図7-31
渡辺　徹→図7-02〜04、図7-23、図7-35、図7-38、図7-43〜45、図7-47
特記以外はすべて著者による（撮影、図版作成指示、版画複製所有等）

D. Calabi, *Storia della città : l'età moderna*, Marsilio Editori, Venezia, 2001→図6-16
C. Knight, *Hamilton a Napoli*, Electa Napoli, 2003→図6-24、図6-25
C. De Seta, *Napoli tra Barocco e Neoclassico*, Electa Napoli, 2002→図6-28
Civiltà dell'Ottocento: Architettura e urbanistica, a cura di G. Alisio, Electa Napoli, 1997
L. Savarese, *Il Centro Antico di Napoli*, Electa Napoli, 2002
Napoli / Guide Artistiche, Electa Napoli, 2002
『南イタリアへ！　地中海都市と文化の旅』陣内秀信　講談社現代新書　1999
『ナポリの肖像　血と知の南イタリア』澤井繁男　中公新書　2001
『イタリア紀行　1817年のローマ、ナポリ、フィレンツェ』スタンダール　臼田紘訳　新評論　1990
『ナポリ』週刊朝日百科「世界100都市」031　朝日新聞社　2002
『古代ポンペイの日常生活』本村凌二　講談社学術文庫　2010
『夜また夜の深い夜』桐野夏生　幻冬舎　2014

【第７章】

F. Horvat, *Goethe in Sizilien; Fotografien / Goethe in Sicilia*, catalogo della mostra, Casa di Goethe, Roma, 1998→図7-02
G. Masson, *Italian Gardens*, Antique Collectors' Club, Woodbridge, Suffolk, 1987→図7-16
C. De Seta, *L'Italia del Grand Tour / Da Montaigne a Goethe*, Electa Napoli, 2001→図7-17
"Palermo: Capitale senza Tempo", speciale di *Ulisse* (Rivista dell'Alitalia), Edizione Agosto, 2004
T. Cordonea & M. Curatolo, *Totò e Giufà alla scoperta di PALERMO arabo-normanna*, illustrazioni di Francesca Tesoriere, Edizioni Sicard S.r.l., Palermo, 2005
『図説・都市の世界史　2. 中世』L・ベネーヴォロ　佐野敬彦・林寛治訳　相模書房　1983→図7-20
N. Tedesco, *Villa Palagonia tra norma ed eccezione*, Lombardi Editori, Siracusa, 2013
S. Los, *Carlo Scarpa: guida all'architettura*, arsenale editrice, Venezia, 2001→図7-34
Segesta, Text editor: R. Von Guten, La Medusa Editrice, Marsala, 2006→図7-37
N. Neuerburg, "Some Considerations on the Architecture of the Imperial Villa at Piazza Armerina", in *Ancient Art: Roman Art and Architecture*, The Garland Library of the History of Art, 1976→図7-46
『楽園のデザイン　イスラムの庭園文化』ジョン・ブルックス　神谷武夫訳　鹿島出版会　1989
『中世シチリア王国』高山博　講談社現代新書　1999
『シチリア〈南〉の発見』陣内秀信　淡交社　2002

第５章扉絵
La Casa di Goethe a Roma, a cura di U. Bongaerts, Casa di Goethe, Roma, 2010→図5-01、図5-02
『女性画家列伝』若桑みどり　岩波新書　1985
『図説・都市の世界史　1. 古代』（全４巻）レオナルド・ベネーヴォロ　佐野敬彦・林寛治訳　相模書房　1983→図5-04
M. Wheeler, *Roman Art and Architecture*, Thames and Hudson, 1964→図5-14、図5-33
D. S. Robertson, *Greek and Roman Architecture*, Cambridge University Press, 1929, Reprinted 1979→図5-28
L. Benevolo, *La Città nella Storia d'Europa*, Editori Laterza, Roma-Bari, 1993→図5-35、図5-57
I. Insolera, *ROMA*, Editori Laterza, Roma-Bari, 1980
C. Hibbert, *ROME: The Biography of a City*, Penguin Books, 1987（『ローマ　ある都市の伝記』クリストファー・ヒバート　横山徳爾訳　朝日新聞社　1991）
『古代都市ローマ』青柳正規　中央公論美術出版　1990
『古代ローマの建築家たち　場としての建築へ』板屋リョク　丸善出版　2001
『イタリアの初期キリスト教聖堂　静かなる空間の輝き』香山壽夫・香山玲子　丸善出版　1999
P. Pergola, *Christian Rome: Early Christian Rome, Catacombs and Basilicas / Past & Present*, Vision S.r.l., Roma, 2000
『イタリア・ルネサンスの建築』C・L・フロンメル　稲川直樹訳　鹿島出版会　2011
『記憶の中の古代』小佐野重利　中央公論美術出版　1992
M. G. Bernardini, *Museo Nazionale di Castel Sant'angelo*, Ministero per i Beni e le Attività Culturale, 2011
C. A. Luchinat, *Grottesche : Le volte dipinte nella Galleria degli Uffizi*, GIUNTI, 1999
S. Borsi, *Roma di Sisto V (la Pianta di Antonio Tempesta, 1593)*, Officina Edizioni, Roma, 1986→図5-49
C. Ricci, *L'Architettura del Cinquecento in Italia*, Casa Editrice "Itala Ars", Torino, 1923→図5-55
A. Blunt, *Guide to Baroque Rome*, Granada Publishing, London - New York - Sydney - Ontario - Auckland, 1982
P. Portoghesi, *Roma barocca*, Editori Laterza, Roma - Bari, 1984.→図5-58、図5-62
H. Hibbard, *Bernini*, a Pelican Original, 1978
『磯崎新＋篠山紀信　建築行脚９　バロックの真珠』「ボッロミーニとサン・カルロ聖堂」横山正　六耀社　1983
『ローマ歴史散歩』エリザベス・ボーエン　篠田綾子訳　晶文社　1991
『ローマ散策』河島英昭　岩波新書　2000

【第６章】

C. De Seta, *Napoli fra Rinascimento e Illuminismo*, Electa Napoli, 1997→図6-01

La città degli ingegneri, a cura di F. Cosmai e S. Sorteni, Marsilio Editori, Venezia, 2005→図3-17

M. McCarthy, *Venice Observed* / HBJ Publishers, San Diego - New York - London, 1963

P. F. Brown, *Private Lives in Renaissance Venice: Art, Architecture and the Family*, Yale University Press, New Haven & London, 2004→図3-18

D. Howard, *Venice and the East*, Yale University Press, New Haven & London, 2006

『迷宮都市ヴェネツィアを歩く』陣内秀信　角川書店　2004

『パラーディオの時代のヴェネツィア』渡辺真弓　中央公論美術出版　2009

『スターバト・マーテル』ティツィアーノ・スカルパ　中山悦子訳　河出書房新社　2011

M. Moresi, *Jacopo Sansovino*, Electa, Milano, 2000→図3-33

D. Calabi et al., *La Città degli Ebrei*, Marsilio Editori, 1991→図3-43

VENEZIA in FUMO : I grand incendì della città – fenice, a cura di D.Calabi, Leading Edizioni, Bergamo, 2006→図3-44

A. Foscari, *Andrea Palladio : Unbuilt Venice*, Lars Müller Publishers, Baden, Switzerland, 2010

A. Foscari, *Tumullto e Ordine : Malcontenta 1924-1939*, Mondadori Electa, Milano, 2013

G. Foscari, *Elements of Venice*, foreword by Rem Koolhass, Larsmüller Publishers, Zürich, Switzerland, 2014

【第 4 章】

R. Giorgi, *Francesco : Storie della Vita del Santo*, Mondadori Electa, Milano, 2014→第 4 章扉絵

Il Leggendario dei Santi, narrato da Don C. Angelini, illustrato da I. Zueff, Unione Tipografico-Editrice Torinese, Torino, 1958

Arte e Storia di Assisi, Testo di Padre N. Giandomenico, Foto di Padre G. Ruf, Casa Editrice Bonechi, Firenze, 1995→図4-06、図4-13、図4-14

『聖フランチェスコの小さな花』田辺保訳　教文館　2006

『アッシジの聖フランチェスコ』ジャック・ルゴフ　池上俊一・梶原洋一訳　岩波書店　2010

『イタリア古寺巡礼』和辻哲郎　岩波文庫

『美術・建築・デザインの研究　I』［第十章「ゲーテと建築」］ニコラウス・ペヴスナー　鈴木博之・鈴木杜幾子訳　鹿島出版会　1980

『イタリア中世の山岳都市』竹内裕二　彰国社　1991

『イタリアの都市再生』（「造景」別冊）パオラ・ファリーニ・植田暁編集　陣内秀信監修　建築資料研究社　1998

【第 5 章】

L. Benevolo, *La Città Italiana nel Rinascimento*, Edizioni Il Profilo, Milano, 1969→

Palladio, catalogo della mostra a cura di G. Beltramini e H. Burns, Marsilio Editori, Venezia, 2008→図1-27
『冷たい星』G・ピオヴェーネ　千草堅訳　河出書房新社　1971
G. Parise, *L'eleganza è frigida*(prima ed. 1982), Rizzoli, Milano, 2000
V. Trevisan, *I quindicimila passi／Un resoconto*, Einaudi, Torino, 2002

【第２章】

S. Bettini, G. Lorenzoni e L. Puppi, *Padova: Ritratto di una Città*, Neri Pozza Editore, Vicenza, 1976→第２章扉絵、図2-21、図2-33
G. Zatti, *La Basilica del Santo e Padova*, Edizioni Messaggero, Padova, 1981
L. Puppi e M.Universo, *Padova*, Editori Laterza, Roma-Bari, 1982→図2-01
Padova: il volto della città, catalogo a cura di E. Bevilacqua e L. Puppi, Editoriale Programma, Padova, 1987→図2-18、図2-19
G. De Roma, *Antonio di Padova*, Edizioni Paoline, Milano, 1988
M. Bolzonella, *Padova Racconta*, Centro Editoriale Veneto, Padova, 1989
J. G. Links, *Canaletto*, Phaidon Press, New York, 1994→図2-20、図3-51
N. Gallimberti, *Giuseppe Jappelli*, Padova, 1963→図2-27、図2-31
Il Caffè Pedrocchi in Padova, a cura di B. Mazza, Signum Edizioni, Padova, 1984→図2-30
L. Puppi, *Il Caffè Pedrocchi di Padova*, Neri Pozza Editore, Vicenza, 1980→図2-26、図2-29、図2-32
P. Giuriati e N. Pressi, *Nei Quartieri, tra le Piazze*, Editoriale Programma, Padova, 1990→図2-08、図2-09、図2-11
P. L. Fantelli, *Padova*, Electa, Milano, 1993
Autori vari, *Padova: Città tra Pietre e Acque*, Biblos Edizioni, Cittadella (PD), 2003
『ジオ・ポンティ作品集』鹿島出版会　1986

【第３章】

Jacopo De'Barbari, *Perspektivplan von Venedig*, UHL Verlag, Unterschneidheim, 1976→図3-07、図3-12
G. Zucconi, *Venezia : Guida all'Architettura*, Arsenale Editrice, San Giovanni Lupatoto (Vr), 1991, ristampa 2001
『図説・ヴェネツィア　水の都歴史散歩』ルカ・コルフェライ　中山悦子訳　河出書房新社　1996
『ヴェネツィア歴史図鑑』アルヴィーゼ・ゾルジ　金原由紀子・松下真記・米倉立子訳　東洋書林　2005
『トニオ・クレーゲル／ヴェニスに死す』トーマス・マン　高橋義孝訳　新潮文庫
『水都学Ⅰ・特集：水都ヴェネツィアの再考察』陣内秀信・高村雅彦編　法政大学出版局　2013
Punta della Dogana: François Pinault Foundation, Beaux Arts éditions, Paris, 2009→図3-09
V. Sgarbi, *Carpaccio*, Fabbri Editore, Milano, 1994→図3-14

主要参考文献／図版クレジット

【序章および全般】

『イタリア紀行』ゲーテ　相良守峯訳　岩波文庫（上・中・下）

『イタリア紀行』ゲーテ　高木久雄訳　ゲーテ全集11　潮出版社　初版1979　新装普及版2003（本文中の引用はこの本から）

Johann Wolfgang von Goethe, *Diari e lettere dall'Italia (1786-1788)*, a cura di R. Venuti, Artemide Edizioni, Roma, 2002→図3-49

『わが生涯より　詩と真実抄』ゲーテ　斎藤栄治訳　白水社　新装復刊2002

『ヴィルヘルム・マイスターの修業時代』ゲーテ　前田敬作・今村孝訳　潮出版社　1982

『ヴィルヘルム・マイスターの遍歴時代』ゲーテ　登張正實訳　潮出版社　1981

『ゲーテさん こんばんは』池内紀　集英社　2001

『闊歩するゲーテ』柴田翔　筑摩書房　2009

【第１章】

F. Pesci, *La Verona di Giulietta e Romeo*, Electa, Milano, 1999

『ヴェローナ』週刊朝日百科「世界100都市」035　朝日新聞社　2002

A. Palladio, *I Quattro Libri dell'Architettura*, 1570, Riproduzione a facsimile, Ulrico Hoepli Editore, 1980→図1-34、図3-04、図4-17

『パラーディオ「建築四書」注解』桐敷真次郎編著　中央公論美術出版　1986

Vicenza Illustrata, a cura di N. Pozza, Neri Pozza Editore, Vicenza, 1976→第１章扉絵

Andrea Palladio: Il Testo, L'Immagine, La Città, Electa Editrice 1980→図1-17

Vicenza Città bellissima, Biblioteca Civica Bertoliana, Vicenza, 1984→図1-15

F. Barbieri, *Vicenza: città di palazzi*, Silvana Editoriale, Milano, 1987

『パッラーディオ』福田晴虔　鹿島出版会　1979

『ルネッサンスの黄昏　パラーディオ紀行』渡辺真弓　丸善出版　1988

F. Barbieri, *The Basilica*, The Pennsylvania State University Press, 1970→図1-25

L. Puppi, *Breve Storia del Teatro Olimpico*, Neri Pozza Editore, Vicenza, 1973→図1-36

Il teatro Olimpico; una macchina scenica dalla cronaca al mito, a cura di G. C. F. Villa, Marsilio Editori, Venezia, 2005

Le Fabbriche e i Disegni di Andrea Palladio, raccolti ed illustrati da Ottavio Bertotti Scamozzi (1796), ristampa, Vicenza, 1984→図1-37、図1-38

『ベルトテッティ・スカモッツィ「アンドレア・パラーディオの建築と図面」解説』本の友社　桐敷真次郎　1998

L. Olivato, *Ottavio Bertotti Scamozzi: Studioso di Andrea Palladio*, Neri Pozza Editore, Vicenza, 1976

Vincenzo Scamozzi 1548-1616, catalogo della mostra a cura di F. Barbieri e G. Beltramini, Marsilio Editori, Venezia, 2003→図1-40

渡辺真弓（わたなべ　まゆみ）

建築史家、博士（工学）。専門は西洋建築史・都市史。

東京大学工学部建築学科卒業、同大学院修了。

1976-77年イタリア政府給費留学生としてパドヴァ大学に学ぶ。

1979年より東京造形大学専任講師、助教授、教授を経て2014年より名誉教授。

著書に『石は語る　建築は語る』（ほるぷ出版）、『ルネッサンスの黄昏——パラーディオ紀行』（丸善）、『パラーディオの時代のヴェネツィア』（中央公論美術出版）、『図説　西洋建築史』（共著、彰国社）など。訳書に『完璧な家——パラーディオのヴィラをめぐる旅』（リプチンスキ著、白水社）ほか。

イタリア建築紀行　ゲーテと旅する7つの都市

2015年3月25日　初版第1刷発行

著者　渡辺真弓
発行者　西田裕一
発行所　株式会社平凡社
〒101-0051 東京都千代田区神田神保町3-29
電話　03-3230-6584（編集）
03-3230-6572（営業）
振替　00180-0-29639
印刷　株式会社東京印書館
製本　大口製本印刷株式会社
地図作成　尾黒ケンジ
DTP　平凡社制作

ISBN 978-4-582-54452-7
NDC分類番号523.37　四六判（18.8cm）　総ページ448

平凡社ホームページ　http://www.heibonsha.co.jp/